HEINZ BRAUN

FORMEN DER KUNST

EINE EINFÜHRUNG IN DIE KUNSTGESCHICHTE

mit Beiträgen zur Kunst des Mittelalters

von

Wilhelm Drixelius

Gesamtausgabe

VERLAG MARTIN LURZ GMBH · MÜNCHEN

Umschlaggestaltung von Eugen O. Sporer

Ministeriell genehmigt in Baden-Württemberg, Bayern, Berlin, Bremen, Hamburg, Nordrhein-Westfalen, Rheinland-Pfalz, Saarland, Schleswig-Holstein; keine Zulassung erforderlich in Hessen und Niedersachsen.

Gesamtherstellung: EOS-Offizin, St. Ottilien
ISBN 3-87501-020-5

INHALT

(Ausführliche Inhaltsangaben befinden sich am Schluß der vier Teilbände auf den Seiten 104, 208, 336 und 496)

TEIL I ALTERTUM

Grundbegriffe der Kunstbetrachtung 7

Anfänge der Kunst 9

Die Kunst im Alten Orient 12

Die Kunst der Ägypter 20

Die minoische Kunst Kretas 33

Die Kunst der Griechen 38
Die mykenische Kunst 38; Die griechische Baukunst 44; Die griechische Plastik 56; Die griechische Malerei 72

Die Kunst der Römer 77
Die etruskische Kunst 77; Die römische Baukunst 79; Die römische Plastik 90; Die hellenistisch-römische Malerei 100

TEIL II MITTELALTER

Die altchristliche Kunst 107

Die byzantinische Kunst 110

Germanische Kunstformen 116

Die karolingische Kunst 123

Die romanische Kunst 128
Der romanische Baustil 128; Die romanische Plastik 143; Die Malerei der Romanik 158

Die gotische Kunst 163
Der gotische Baustil 164; Die gotische Plastik 183; Die Malerei der Gotik 191

TEIL III RENAISSANCE UND BAROCK

Die Kunst der Renaissance in Italien 211

Der Stilwechsel 211; Die Baukunst der italienischen Renaissance 213; Die Plastik der italienischen Renaissance 227; Die Malerei der italienischen Renaissance 233

Die Kunst der Renaissance im Norden 249

Die Baukunst in Deutschland 249; Die deutsche Plastik 256; Die Malerei im Norden 261

Die Kunst des Barock und Rokoko 276

Allgemeine Stilmerkmale 276; Die Baukunst des Barock 277; Die Plastik des Barock 300; Die Malerei des Barock 309

TEIL IV 19. UND 20. JAHRHUNDERT

Die Kunst im 19. Jahrhundert 339

Die Baukunst im 19. Jahrhundert 339; Die Plastik im 19. Jahrhundert 358; Die Malerei im 19. Jahrhundert 370

Die Kunst im 20. Jahrhundert 410

Die Baukunst unserer Zeit 411; Die Plastik unseres Jahrhunderts 426; Die Malerei unserer Zeit 445

Erklärendes Fachwortverzeichnis 497

Namenregister 511

Ortsregister 515

Hinweise auf Schrifttum 518

Bildnachweise 520

Verzeichnis der Farbtafeln 522

Am Schluß eines jeden Teilbandes befindet sich ein entsprechender Registerteil.

FORMEN DER KUNST

EINE EINFÜHRUNG IN DIE KUNSTGESCHICHTE

TEIL I

DIE KUNST IM ALTERTUM

von

HEINZ BRAUN

VERLAG MARTIN LURZ GMBH · MÜNCHEN

Umschlagzeichnung zu Teilband I von Eugen O. Sporer
Athena: Innenbild einer Schale
des Duris (Ausschnitt), um 480 v. Chr.

Ministeriell genehmigt in Baden-Württemberg, Bayern, Berlin, Bremen, Hamburg, Nordrhein-Westfalen, Rheinland-Pfalz, Saarland, Schleswig-Holstein; keine Zulassung erforderlich in Hessen und Niedersachsen

Gesamtherstellung: EOS-Druckerei, St.Ottilien
ISBN 3-87501-021-3

Grundbegriffe der Kunstbetrachtung

Gleichgültigkeit gegen bildende Kunst liegt nahe an Barbarei.
Friedrich Karl Schinkel

Als der Mensch sein erstes Werkzeug schuf und das Feuer entzündete, hatte er die Stufe des bloßen Naturwesens verlassen. Die Gabe des Bewußtseins erlaubte ihm, sein Dasein unter einen Plan zu stellen, — im Gegensatz zum Tier, dessen Lebensäußerungen vom unbewußten Instinkt bestimmt werden. Aus der planvollen Ordnung menschlichen Lebens entstand die **Kultur.** Der Begriff ist aus dem römischen Wort für Ackerbau (cultura) abgeleitet. Man bezeichnet damit die Summe aller Werte, die der planende Mensch schafft. In ihr vereinen sich verschiedene menschliche Bereiche zu einem großen, geschlossenen Ganzen: Religion, Wissenschaft, Recht, Sitte, staatliche Ordnung, Erziehung, Wirtschaft, Technik und — die **Kunst.**

Auch »Kunst« ist ein Sammelwort, in dem Erscheinungsformen des Künstlerischen zusammengefaßt werden: die Dichtkunst, die Musik (Tonkunst), die Kunst des Theaters und des Tanzes. Diese Betrachtung gilt der bildenden Kunst, das heißt, der Kunst, soweit sie bleibende Gebilde schafft, die man mit den Augen in sich aufnimmt. Sie erscheint als Baukunst (Architektur), Bildhauerkunst (Plastik, Skulptur) und Malkunst (Malerei und Graphik). — An diese Hauptgruppe der freien Künste schließen sich die angewandten Künste, so genannt, weil sie nicht selbständige Werke schaffen, sondern praktischen Zwecken dienen: das Kunsthandwerk und die Innenraumkunst.

Neben der »hohen Kunst« der Fachleute blüht die Volkskunst. Ihre Werke stammen von einfachen Menschen, die eine gewisse künstlerische Begabung, keine oder nur geringe Fachausbildung, aber viel Liebe zur Kunst besitzen. Man nennt sie Dilettanten. Dieses Wort wird anerkennend für »Liebhaber« (ital. dilettare = erfreuen), abfällig für »Stümper« verwendet.

Kunstwerke pflegt man einem **Stil** zuzurechnen. Der Begriff ist abgeleitet von stilus = Schreibgriffel. Jeder Mensch hat seine besondere Art, eine Feder zu gebrauchen. Diese Handhabung liefert das äußere Schriftbild. Im übertragenen Sinn meint »Stil« auch Anordnung und Ausdrucksweise der Gedanken. Die Art des Schreibens hängt von Wesen, Grundstimmung und Begabung des Schreibers ab. Sein »Stil« ist also das Spiegelbild seiner äußeren und inneren Verfassung. Allgemein gesprochen: **Stil ist der Ausdruck einer besonderen Haltung.**

Wie jeder Mensch seine nur ihm eigene Handschrift schreibt, so schafft jeder Künstler seine eigenen Formen, die durch die Gesamthaltung ihres Schöpfers bestimmt werden. Mit dem Wort »Persönlichkeitsstil« meinen wir die Eigenheiten, die einem

Kunstwerk aus der Persönlichkeit des Meisters zufließen. Aber nicht nur der Einzelmensch, sondern auch ein ganzer Zeitabschnitt hat seine eigene Haltung, die durch weltanschauliche Überzeugung, wirtschaftliche Verhältnisse, staatliche und gesellschaftliche Ordnung, politische Lage und noch manches andere gebildet wird. Diese Grundhaltung eines Zeitabschnittes beeinflußt die Formgebung des Kunstwerks ebenso wie das Temperament des Meisters; sie erzeugt den Zeitstil. Stilbildend wirkt schließlich noch der Charakter des Volkes, in dem das Kunstwerk entsteht. Jeder Stamm hat seine bestimmten Eigenschaften. Friesen und Bayern sprechen ihren besonderen Dialekt wie Deutsche und Italiener ihre eigene Sprache. Diese Eigentümlichkeiten werden als Nationalstil im Kunstwerk deutlich sichtbar.

Die Kunstgeschichte teilt man in Zeitabschnitte ein, die von einem bestimmten **Kunststil** regiert werden: Romanik, Gotik, Renaissance, Barock usw. Die Begriffe selbst sind recht nichtssagend: die Gotik hat nichts mit den alten Goten zu tun, die Romanik beschränkt sich nicht auf die romanischen Länder. Aber die Bezeichnungen kommen dem Ordnungsbedürfnis des Menschen zu Hilfe. Wie der Briefmarkensammler seine Schätze nicht kunterbunt in einer Schachtel verwahrt, sondern im Album nach bestimmten Gesichtspunkten anordnet, so gibt auch der Kunstfreund mit den Stilbezeichnungen dem Reichtum der Kunstformen eine gewisse Einteilung. Sie kann zwar nicht sehr genau sein, aber doch entstehen in uns bei dieser groben »Vorsortierung« bildhafte Vorstellungen. Beim Wort »Gotik« erscheint in uns das Bild himmelstrebender Dome und mächtiger Städte, beim Wort »Barock« denken wir an prächtige Schlösser und Gärten, prunkvolle Altäre und Kirchen. So helfen die Kunststile die Kunstformen unterscheiden und vermitteln in einem einzigen Begriff das Gesamtbild eines Zeitabschnittes.

Man kann nicht Anfang und Ende der Kunststile jeweils auf ein bestimmtes Jahr festsetzen. Wie alle Erscheinungen der Kultur sind auch die Formen der Kunst gewöhnlich einem allmählichen Wechsel unterworfen. Oft entwickelt sich ein neuer Stil aus einem alten, manchmal erst im Laufe vieler Jahrzehnte (Evolution). Die Formen des Barockstils z. B. entstanden während eines Jahrhunderts langsam aus der Renaissance, und oft lief dabei das Neue zeitlich neben dem Alten her. Aber selbst wo sich religiöse, politische oder gesellschaftliche Umwälzungen rasch vollziehen, erfordert der Stilwechsel Zeit. Der Umbruch vom Mittelalter zur Neuzeit verlief in einer Art Revolution (Umsturz); trotzdem hielten die Formen der Kunst manchenorts noch lange an den gotischen Überlieferungen fest, während gleichzeitig an anderen Orten die neue Renaissancekunst über den vergangenen Stil triumphierte. Doch auch innerhalb jedes Stiles sind die Formen in stetigem Fluß. Man pflegt daher die einzelnen Stilepochen in einen Frühstil, Hochstil und Spätstil zu unterteilen, z. B. den Barock in Frühbarock, Hochbarock und Spätbarock.

Stileigenarten werden am deutlichsten aus den Gegensätzen. Manche Kunststile bevorzugen klare Umrißlinien (Konturen) und deutliche Abgrenzung der Flächen und Räume, andere neigen dazu, die Formen auf malerische Weise zu verunklären, manche lieben große, geschlossene Formen, andere wieder zerklüftete und aufgerissene Konturen; der eine Stil kann gar nicht genug Einzelformen aneinanderreihen, ein anderer bevorzugt die abgeklärte Einheit weniger Formen. Die Abbildungen lassen solche Gegensätze erkennen.

Viele Wege führen zur Kunst. Das Wissen um ihre Geschichte und um ihre Formen wird uns ihr näherbringen, die Liebe zu ihr wird uns das Tor öffnen.

Anfänge der Kunst

Löwin und Mammut, Ritzzeichnung aus der Höhle von Les Combarelles

Die Urformen der Kunst reichen bis in vorgeschichtliche Zeiten zurück. Die Menschen der jüngeren Altsteinzeit lebten als Jäger, Fischer und Sammler in ständigem Kampf mit ihrer unwirtlichen Umgebung. Sie kannten weder Ackerbau noch Viehzucht. Sie wohnten in Höhlen, in denen sie auch ihre Toten bestatteten. Durch Zufall entdeckte 1868 ein Jäger den verschütteten Eingang der großen Höhle von Altamira im nördlichen Spanien. Als man ihre unterirdischen Gänge durchforschte, fand man an Decken und Wänden Malereien von überraschender Schönheit. Die Gelehrten bezweifelten zunächst ihre Echtheit; als man aber weitere Höhlenmalereien in Spanien und Südfrankreich entdeckte, war man überzeugt, wirkliche Bilder aus der jüngeren Altsteinzeit vor sich zu haben. Man schätzt ihr Alter auf annähernd 20000 Jahre.

In den Höhlenbildern von Altamira werden Tiere meist in ruhiger Haltung wiedergegeben: Wisente, Bären, Mammuts, Höhlenlöwen, Wildpferde und Hirsche. Die Farben beschränken sich auf schwarze und bräunliche Töne und dienen der Umrißzeichnung und der Schattierung der plastisch wiedergegebenen Tierleiber. Die Maler der jüngeren Altsteinzeit haben die Lebensgewohnheiten und die Bewegungen der verschiedenen Gattungen scharf beobachtet und die

Tiere mit großer Sicherheit lebendig und wirklichkeitsnah (realistisch) gezeichnet. Die Wildheit der Rassen und die Gefährlichkeit ihrer Körperkräfte wurde mit raschen Farbstrichen eingefangen. In den großen Umrissen haben die Maler auf alle Nebensächlichkeiten verzichtet. Wüßte man nicht um ihr Alter, so könnte man auf den Gedanken kommen, ein Künstler der impressionistischen Schule (Teil IV) habe die Körperformen mit lockerem Pinselstrich skizziert.

Die Zeichnungen waren sicherlich nicht als künstlerischer Wandschmuck der dunklen Behausung gedacht. Sie entsprangen vielmehr magisch-fetischistischen Vorstellungen: vermutlich veranstalteten die Jäger vor ihnen eine Art Scheinjagd, bei der sie mit Pfeilen auf die gemalten Tiere schossen (H. Kühn). Von diesem Tötungszauber erhoffte sich der Jäger eine reiche Beute. Eine Wurzel menschlichen Kunstwillens reicht somit in die geheimnisvolle Welt des Magischen, der Vorstufe sittlich-religiöser Vorstellungen.

Weitere Tierbilder sind als Kleinplastiken und Ritzzeichnungen auf Knochen bekannt. Auch kleine, plumpe Nachbildungen menschlicher Körper wurden in den Ablagerungen gefunden, meist kaum faustgroße Statuetten aus Stein und Elfenbein. Auch sie dienten rätselhaften Kultgebräuchen; man nennt sie Idole. Manche von ihnen stellen Mutter- und Erdgöttinnen vor.

Kriegerhorde, Malerei in Grauschwarz. Gusalla-Schlucht (Ostspanien)

In den Schluchten der ostspanischen Küstengebirge entdeckte man zahlreiche Felsmalereien kleineren Formats, die jünger sind als die Altamirakunst und sich wesentlich von ihr unterscheiden. Neu an ihnen ist, daß der Mensch in größeren Verbänden als gesellschaftliches Wesen auftritt und daß in den Bildern viel erzählt wird. In figurenreichen Szenen werden Jagden und Kämpfe beschrieben. Dabei gilt das besondere Interesse der ostspanischen Maler fast ausschließlich der Bewegung, die ausdrucksvoll (expressiv) dargestellt wird. Wieder überrascht die scharfe Beobachtung, mit der Wild und Jäger in packenden »Momentaufnahmen« an die Wände skizziert sind. Die menschlichen Körper werden jedoch nicht in allen Einzelheiten naturgetreu (naturalistisch)

Stürzender Krieger, Malerei in Hellrot.
Valltorta-Schlucht (Ostspanien)

wiedergegeben, sondern in merkwürdiger Verformung (Deformation) als dunkel ausgefüllte Umrißzeichnungen (Silhouetten), für die eine Art Schema erfunden wurde: meist sitzt ein kreisförmiger Kopf auf einem dreieckigen Oberkörper, und auch die Gliedmaßen erscheinen als einfache Flächen. In der Verwandlung der Naturformen in einen geometrischen Umriß kann man den unbewußten Vorgang der »Abstraktion«, d. h. der Rückführung der Formenvielfalt auf das Wesentliche, erkennen (F. Behn). Der Wechsel von Form»vereinfachung« und -»präzisierung« findet sich in allen Epochen der Kunst.

Was den Menschen dieser frühen Stufe dazu bewogen hat, sich und seine Gefährten als Horde in wilden Kämpfen darzustellen, kann nur vermutet werden. Wieder mag es ein Zauberkult in Verbindung mit einem starken Mitteilungsbedürfnis gewesen sein (H. Kühn). Die vereinfachten Naturformen, die wie Zeichen und Symbole die Schilderungen erfüllen, geben so gleichsam in einer ersten Bilderschrift Aufschluß über die Lebensformen der erwachenden Menschheit.

Die Entwicklung der Steinzeitkunst vom höchsten Naturalismus zur letzten Vereinfachung, »vom Abbild zum Sinnbild«, macht eine Gesetzmäßigkeit sichtbar, die sich in späteren Abschnitten der Kunstgeschichte wiederholen wird.

Hirsche. Malerei in Dunkelrot. Calapata (Ostspanien)

Die Kunst im Alten Orient

»König, deine Macht ist groß und deine Gewalt langet bis an das Ende der Welt.«
Daniel 4, 19

Die altorientalische Kunst bildet zusammen mit der Ägyptens und der griechisch-römischen Antike trotz vieler Gegensätze eine geschichtliche Einheit, die als Kunst des Altertums zusammengefaßt wird. Wie Ägypten gebührt auch Vorderasien das Verdienst, Lehrmeisterin der jungen europäischen Kunst geworden zu sein. Die Kunstgeschichte des Alten Orients führt uns in den fruchtbaren Tieflandstreifen, der von Palästina bis zum Persischen Golf sichelförmig die arabische Wüste säumt. Sein Herzstück ist das von Euphrat und Tigris gebildete Zweistromland, die Heimat des Erzvaters Abraham. Die ungeschützte Lage Mesopotamiens ließ das Land nie zur Ruhe kommen. Aus den Gebirgsländern des Nordens und aus den südlichen Wüsten fielen häufig fremde Völker ein und verhinderten einen gleichmäßigen Verlauf der kulturellen Entwicklung. Im langen Zeitraum der altorientalischen Kunst begegnen sich daher verschiedene neben- und nacheinander auftretende Erscheinungen. Doch lassen sich aus der Vielfalt mehrere Epochen von besonderer kunsthistorischer Bedeutung herausheben:

Altsumerische Zeit	(Uruk — Ur)	um 3000—2350
Akkadisches Reich	(Akkad — Ninive)	um 2350—2150
Neusumerisches Reich	(Uruk — Lagasch — Ur)	um 2050—1955
Altbabylonisches Reich	(Babylon)	um 1830—1531
Neuassyrisches Reich	(Assur — Ninive — Nimrud — Chorsabad)	um 930— 606
Neubabylonisches Reich	(Babylon)	um 625— 539
Persisches Reich	(Persepolis — Susa)	539— 330

Das Land **Sumer** tritt schon um das Jahr 3000 v. Chr. in das Licht der Geschichte. Seine Bewohner entwickelten eine hohe Kultur, in der städtische und bäuerliche Elemente zu einer glücklichen Einheit gelangten. Sie besaßen vorzügliche Kenntnisse auf den Gebieten der Technik, der Astronomie und der Zeitrechnung. Ihre Gedanken überlieferten sie der Nachwelt in den Keilschriftzeilen ihrer Tontafeln. Kunst und Religion waren eng verbunden. Priesterkönig und Volk standen im Dienst der Götter, selbst das Land galt als Eigentum der Gottheit.

Vornehmste Aufgabe wurde der Tempelbau, der in Uruk durch zwei Funde überliefert ist. Der »*Weiße Tempel*« des Himmelsgottes Anu steht auf hoher Terrasse.

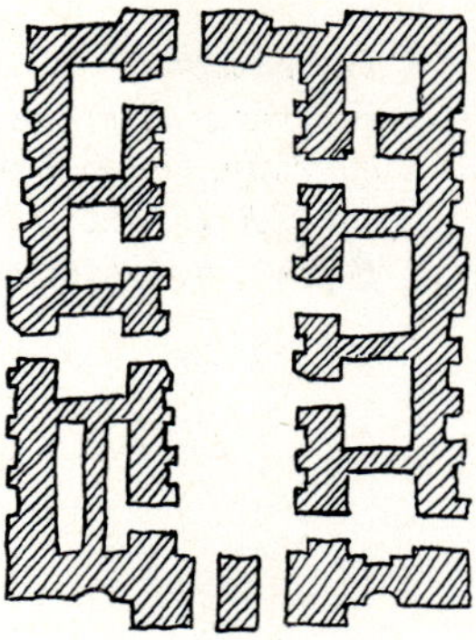

Grundriß des »Weißen Tempels« aus Uruk (frühsumerisch)

Er ist um 2700 v. Chr. als der erste Bautypus der sog. »*Zikkurat*«, eines auf mehreren Terrassenstufen errichteten Hochtempels, erbaut worden. Der andere Tempel liegt ebenerdig im Heiligtum der Erdgöttin Inanna, wo sie und ihr Gemahl Tammuz verehrt wurden. Der Grundriß beider Bauwerke zeigt ein Rechteck mit Mittelschiff und seitlichen Nischenreihen. Baumaterial waren luftgetrocknete Ziegel.

Daneben standen Palastbau und Stadtbaukunst in hoher Blüte. Die Residenz in Kisch glich einer mauerbewehrten Festung mit vielen Sälen, Terrassen, Hallen und Wandelgängen, der doppelte Mauerring von Uruk umschloß die Stadt in einer Länge von 9,5 km.

Die Kunst des Wölbens

nahm im Lande Sumer ihren Anfang. Die Wölbung wird durch keilförmig vermauerte Ziegel gebildet, die durch eine Holzschalung gestützt werden, bis der Mörtel getrocknet ist. Druck und Gegendruck wirken zusammen, um die Steine dauerhaft in der Schwebe zu halten: das Gewicht der Wölbsteine und der Widerstand der Seitenmauern, die meist durch Widerlager verstärkt werden.

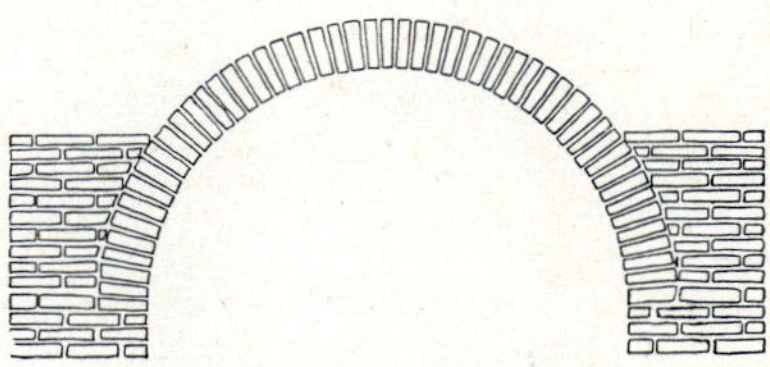

Ziegelgewölbe mit Widerlager

Am Beginn sumerischer Plastik steht der herrliche »*Frauenkopf*« aus Uruk, ein Bildwerk voll mütterlicher Gelassenheit und Würde (Abb. 1). Nicht nur das fast lebensgroße Format des Bruchstücks und seine vollendete Technik überraschen, sondern mehr noch seine geheimnisvolle Beseeltheit. Wir wissen nicht, ob die Statue einen Menschen oder eine Göttin darstellt. Ihre Augen und Brauen waren mit Lapislazuli und Silber ausgelegt, feine Goldblechfolien schmückten das Haar. Um den Beginn des 3. vorchristlichen Jahrtausends tauchte auch das *Rollsiegel* auf, dessen Walze auf weichem Ton abgerollt wurde. Eines der schönsten Siegelbilder beschäftigt sich mit der Tammuz-Legende (Abb. 2). Inmitten der durch Schilfrohrbündel (den heiligen Zeichen der Inanna) begrenzten Umfriedung nährt Tammuz, der göttliche Heger, die Herde mit blühenden Ranken, die wie Symbole der Lebenskraft seinen Händen entsprießen. — Auch die Mosaikbilder der sog. *Standarte* aus Ur bekunden die friedfertige Gesinnung eines Bauernvolkes, dessen organisierte Gemeinschaft mehr auf Bewahrung und Schutz als auf kriegerische Taten und Angriff ausgerichtet war. In der beidseitig in je drei Bändern angelegten Komposition nehmen Kampfszenen den geringsten Raum ein. Die kostbare Einlegearbeit, bestehend aus gravierten Muscheln und Steinen auf Lapislazuli-Grund, wurde 1926/31 von Sir Leonard Wooley ausgegraben. Unser Ausschnitt (Farbtafel 1) zeigt den thronenden König mit Würdenträgern und Dienern beim Siegesmahl, darunter die Anlieferung von Rindern und den Transport von Waren. Der wollene Zottenrock der Männer charakterisiert die bäuerliche Struktur des sumerischen Staates. Die hölzernen Traggestelle bezeugen

1
Frauenkopf
Fragment einer Marmorstatue aus Uruk, um 2700 v. Chr.
Bagdad, Irak-Museum

frühe technische Fertigkeit. — Nach 700jähriger Dauer wurde die bäuerlich-städtische Hochkultur der Sumerer um 2350 v. Chr. im Ansturm kühner Beduinenstämme aus dem Süden überrannt.

»König der vier Weltgegenden« nannte sich Sargon, der ostsemitische Begründer des neuen Großreiches, das nach seiner Hauptstadt **Akkad** bezeichnet wird. Der anspruchsvolle Titel verrät den Wandel: Der König, bei den Sumerern nur erster Diener der Himmlischen, steigt zur Gottgleichheit empor. Eine neue kämpferische Gestaltungskraft bemächtigt sich der Kunst. Sieges-Stelen werden errichtet, auf denen der die göttliche Hörnerkrone tragende König über seine Feinde triumphiert, die grausam vernichtet werden. Den grundlegenden Wesenswandel der herrischen Akkad-Kunst gegenüber der poe-

2 *Tammuz-Rollsiegel, um 2700 v. Chr., Ausschnitt. Frühsumerisch. Berlin, Staatliche Museen*

tischen Hirtenkultur der Sumerer bezeugt der Bronzekopf des *Naram-Sin* aus Ninive (um 2250 v. Chr.), ein Beispiel für die Meisterschaft der Formreduzierung. In dem symmetrischen Aufbau sind alle Naturformen in straffe, klare Kunstformen verwandelt. Aus dem Haupthaar werden geritzte halbkreisförmige Scheiben, die Brauen überziehen in ebenmäßiger Kurve die dunklen Augenhöhlen, die einst mit Lapis eingelegt waren, und die Bartlocken werden zu spiraligen Gebilden. Befehlsgewohnter Tatendrang und unerbittliche Strenge sprechen aus dem scharfgeschnittenen Gesicht des Herrschers (Abb. 3).

3 *Bronzekopf des Naram-Sin, um 2250 v. Chr. Akkadisch. Bagdad, Irak-Museum*

Um 2150 v. Chr. wurde das akkadische Reich von dem kriegerischen Bergvolk der Guti (Gutäer) zerstört. Nur den alten Stadtstaat Lagasch verschonte die Katastrophe.

Die Fremdherrschaft dauerte ein Jahrhundert. Um 2050 v. Chr. vernichteten die wiedererstarkten Sumerer ihre Unterdrücker. Ein großes Wiederaufbauwerk begann, in dem akkadische und sumerische Lebenformen verschmolzen. Der Staat von **Lagasch** gewann neue politische Bedeutung. In den Tempeln wurde wieder den alten Göttern geopfert. In U r entstand der gewaltige Bau

4 *Nanna-Zikkurat in Ur nach der Ausgrabung*

der Nanna-Zikkurat, — ein Stufentempel, dessen Ruine dank der wetterfesten Verkleidung mit gebrannten Ziegeln noch heute erhalten ist. Das eigentliche Gotteshaus stand auf der obersten Plattform dreier mächtiger Terrassen. Rampentreppen führten nach oben (Abb. 4).

Unter den politischen Führern ragt der Priesterkönig Gudea von Lagasch hervor. Eine Dioritfigur zeigt ihn in sitzender Haltung, die Hände im Gebet gefaltet. Sein Antlitz ist von maskenhafter Starre, eine mächtige Krone überschattet sein Haupt. Die Schwere und Unbewegtheit der alten sumerischen Plastik scheint in dem Bildwerk weiterzuleben (Abb. 5).

In die Zeit um 1800 v. Chr. fallen die Anfänge einer westsemitischen Dynastie, die in **Babylon** zur Herrschaft gelangte. Der geniale Hammurabi einigte das Zweistromland. Das Reliefbild seiner berühmten *Gesetzesstele* knüpft stilistisch an die Kunst der sumerisch-akkadischen Königszeit an (Abb. 6).

5

Der thronende Gudea von Lagasch, um 2000 v. Chr. Diorit. Neusumerisch. Paris, Louvre

6 *Gesetzesstele des Hammurabi (1728—1686 v. Chr.). Diorit. Altbabylonisch. Paris, Louvre*

7 *König Assurnasirpal II. (884—859 v. Chr.). Assyrisch. London, Brit. Museum*

Es zeigt den bärtigen König mit der erhobenen Rechten betend vor Schamasch, dem Sonnengott, stehen, der ihm mit dem Zepter die Gesetze übergibt. Gemessen an dem thronenden Gott erscheint der demütig verharrende König klein. Die Rückkehr zum Priesterkönigtum ist vollzogen.

Das Relief

(ital. rilievo = erhaben) bezeichnet in der Bildhauerkunst eine Skulptur, bei der das Bild aus einer Steinfläche erhaben herausgearbeitet wird. Je nach dem Grad des Hervortretens unterscheidet man zwischen Flachrelief, Halbrelief und Hochrelief.

In altbabylonischer Zeit entstand in Mari eine Palastanlage von 200 × 125 Metern im Geviert. Sie umfaßte mehr als 300 Räume, die sich ohne symmetrische Zuordnung um einen Haupthof und mehrere Nebenhöfe gruppierten. In der Tempelarchitektur hielt man an der überkommenen Form des Zikkuratbaus fest. Die Fundamente des »*Babylonischen Turmes*« wurden zwischen 1899 und 1917 von der Deutschen Orient-Expedition ausgegraben. In Rekonstruktionen hat man versucht, sein Bild wieder-

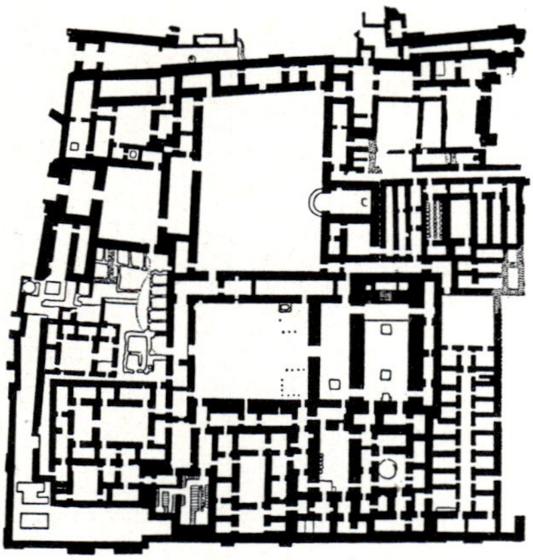

Palast in Mari

herzustellen. — Um 1531 wurde die Hauptstadt Babylon durch den Hethiter Mursili eingenommen und geplündert, 300 Jahre später schleifte der Assyrerkönig Tukulti-Ninurta ihre Mauern.

Mit der Zerstörung Babylons begann der Aufstieg **Assurs** zur Weltmacht. Im Feudalstaat der Assyrer zogen heroische Motive in die bildende Kunst ein. In den Königsfiguren entwickelte man einen heldischen Typ zu besonderer Größe, wie im Standbild *Assurnasirpals*, der als hünenhafter Mann mit Sichelschwert und Keule dargestellt ist (Abb. 7). In seinem Antlitz kehren die harten Züge des Naram-Sin wieder, die großen Augen unter buschigen Brauen, die kühngeschwungene Nase, der grausame Mund. Das Element des Phantastischen meldet sich in der Plastik immer stärker zu Wort. Mischwesen treten auf: geflügelte Stiere mit Menschenhäuptern, Flügelpferde.

Einen Höhepunkt realistischer Naturbetrachtung bedeuten die *Reliefbilder* sterbender Tiere aus dem Palast Assurbanipals in Ninive. Eine von Pfeilen durchbohrte Löwin brüllt in ohnmächtiger Wut im Todeskampf auf und schleppt mühsam ihre bereits gelähmten Hinterläufe nach (Abb. 8). Alle Naturformen sind genau beobachtet. Die Natur wird sogar in die Architektur einbezogen. Die »Hängenden Gärten der Semiramis« verbinden das Landschaftliche mit der Anlage des Palastes und nehmen damit eine Bauplanung vorweg, die von der Renaissance bis zur Gegenwart reicht.

8 *Sterbende Löwin. Alabasterrelief vom Palast Assurbanipals (668—628 v. Chr.) in Ninive. Assyrisch. London, Britisches Museum*

Unter den konzentrierten Angriffen der Meder und Chaldäer brach am Ende des 7. Jahrhunderts v. Chr. das assyrische Großreich rasch zusammen. Für Babylon begann die Zeit eines neuen Aufstiegs.

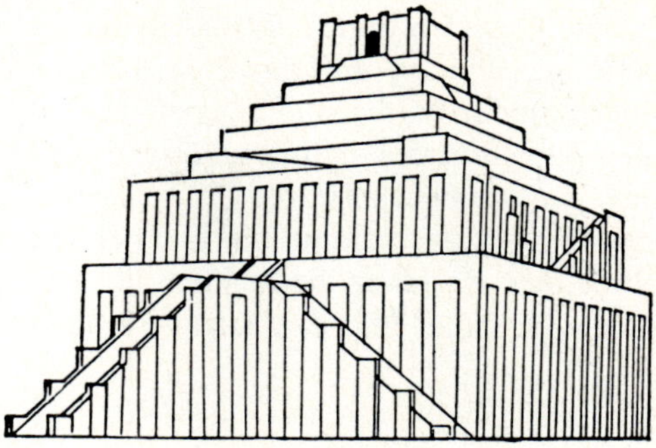

Rekonstruktion
des Babylonischen Turmes

Das **neubabylonische Reich** Nebukadnezars II. (604—562) ließ die alte Hauptstadt wiedererstehen, die im Jahre 689 v. Chr. auf Befehl des Assyrers Sanherib erneut zerstört worden war. Die neue Stadt erstreckte sich über eine rechteckige Fläche, deren Umfang mehr als 8 km betrug. Sie war durch eine doppelte Mauer und einen breiten Wassergraben gesichert. Unter ihren Stadttoren war das *Ischtar-Tor* das prächtigste (Farbtafel 2). Es trug seinen Namen nach der Göttin Ischtar, wie die sumerische Inanna in Babylon hieß. Die Wandverkleidung der Toranlage zeigt Reliefziegelschmuck mit schreitenden Löwen und Stieren. Die Rundbogenwölbung der Durchfahrt gehörte zu den technischen Errungenschaften des Zweistromlandes. — Im Jahre 539 eroberte der Perserkönig Kyros II. die Stadt. Ihre Kultur aber lebte im Parther- und Perserreich weiter.

Mit den **Persern** errangen Indoeuropäer die Vormacht in Mesopotamien. Durch sie drangen neue Elemente in die altorientalische Kunst ein. Sie äußern

9
Geflügelter Stier vom Palast in Susa, um 400 v. Chr. Glasierte Ziegel. Persisch. Paris, Louvre

sich im quadratischen Grundriß der Königspaläste. Man führt diese merkwürdige Bildung auf das frühiranische Fürstenzelt zurück. Eine besondere Leistung der Perser sind eigenartige Kapitellformen. Die schlank aufschießenden Säulen laufen häufig in Tierkonsolen aus. — Von den Babyloniern übernahmen die neuen Herren das glasierte Ziegelrelief. Aus dem Palast des Artaxerxes in Susa stammt die Darstellung eines *geflügelten Stieres* (Abb. 9). In derselben Residenz bewachten die »Unsterblichen«, die Soldaten der Leibgarde, in ihrem Bild den Zugang zu den Gemächern des Königs.

Die Kunst der Ägypter

»Wie groß ist der König für sein Volk:
Er ist wie ein Berg . . .!«
Aus einem Papyrus

Man pflegt die Jahrtausende ägyptischer Geschichte nach drei großen Reichen und diese wiederum nach Dynastien einzuteilen.

Vorgeschichte und Frühzeit	V. und IV. Jahrtausend	
Reichseinigungszeit	3000—2660	1./2. Dyn.
Altes Reich	2660—2160	3./6. Dyn. (Memphis)
Mittleres Reich	2040—1660	11./13. Dyn. (Theben, Memphis)
Neues Reich	1550—1085	18./20. Dyn. (Theben, Amarna, Karnack, Luksor, Abydos)
Spätzeit	**1085—332**	21./31. Dyn. (einheim. u. fremde Herrschaften)
Ptolemäer-Zeit	332—30	

Die Ordnung des Geschehens nach königlichen Geschlechtern weist auf die überragende Stellung der ägyptischen Pharaonen hin. Ebenso bezeugen die Kunstformen des alten Nillandes die Macht gottähnlicher Könige. Dazu gesellten sich zwei weitere Aufgaben: die Verehrung mächtiger Gottheiten, deren Bilder in riesigen Tempeln verwahrt wurden, und der Totenkult, der in dem Glauben wurzelte, daß die Seele des Verstorbenen in seinem Bildnis weiterlebe.

Die Baukunst

Um ihren irdischen Leib für ewige Zeiten unzerstört zu erhalten, türmten die Pharaonen gewaltige Steinpyramiden über ihre künftige Ruhestätte. Noch heute gehören die drei *Pyramiden von Giseh* (Abb. 10), in denen die Grabkam-

Sog. Mosaikstandarte aus dem Königsfriedhof in Ur (Ausschnitt), um 2660 v. Chr. London, Britisches Museum

Tafel 1

Ischtar-Tor von Babylon, Prozessionsstraße Nebukadnezars II. (um 604—562 v. Chr.). Rekonstruktion mit originalen Teilen. Berlin, Staatliche Museen (Vorderasiatisches Museum)

10
Sphinx von Giseh. Im Hintergrund die Chephrenpyramide. 4. Dyn. um 2723—2563 v. Chr.

mern der Könige Cheops, Chefren und Mykerinos (um 2700 bis 2500) verborgen sind, zu den gewaltigsten Bauwerken der Erde. Ihr Stufenbau, der sich in vielen Schichten gleichmäßig nach oben verjüngt, gleicht der staatlichen Ordnung des Reiches: die breite Unterlage des dienenden Volkes trägt die Schichten des Hofadels, der Priesterschaft und des Beamtentums, die krönende Spitze ist der Pharao, der göttergleich der Sonne am nächsten steht. Tief im Innern der ungeheuren Steinmassen befinden sich die geheimen Grabkammern des Königs und der Königin. Kein Unberufener darf den Ewigkeitsschlaf der Toten unterbrechen; deshalb wurden die Zugänge durch verwickelte Steinkorridore und falsche Türen vor Eindringlingen verborgen.

Noch heute sind die technischen Leistungen des Pyramidenbaues fast unbegreiflich. Bei der Errichtung der *Cheopspyramide*, die mit ihren 146 Metern die Höhe des Kölner Domes fast erreicht, mußten über 2,5 Millionen Kubikmeter Felsblöcke von den arabischen Gebirgen zu den Bauplätzen befördert werden. Auch die konstruktive Leistung der Ingenieure ist erstaunlich. Die Pyramiden sind nach der mathematischen Körperlehre (Stereometrie) berechnet. Als Monumente des Todes erfüllen sie eine ewige Bestimmung.

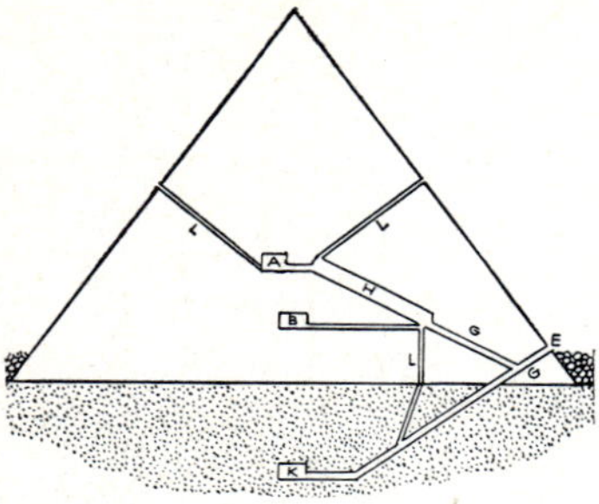

Schnitt durch eine Pyramide
A Königskammer, B Königinnenkammer, E Eingang, G Gänge, H Halle, K unterirdische Kammer, L Luftschächte

Mit den Grabpyramiden waren weitere Bauwerke für den Kult am toten König verbunden. Die Anlagen begannen mit einer Allee von Sphinxen, geheimnisvollen Mischwesen aus Mensch und Tier, die den Besucher zum **Totentempel** des Pharao leitete. Dahinter erhob sich die Pyramide am Wüstenrand, dem Reich der Todesgötter und der Seelen.

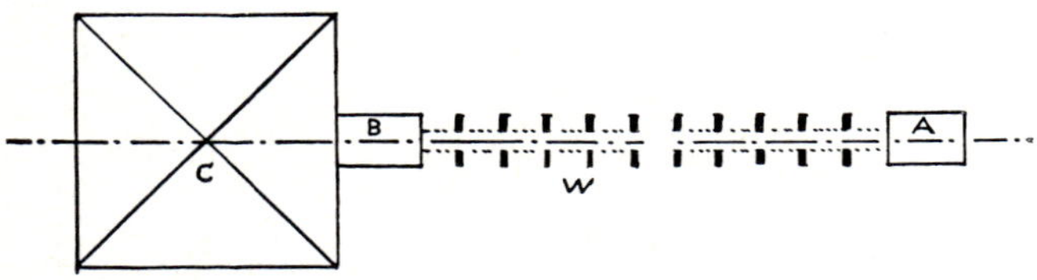

Pyramidenanlage
A Portaltempel, W von Sphinxen gesäumter Weg, B Totentempel, C Pyramide

Der ägyptische Göttertempel hat mit der Zeit eine ganz bestimmte Grundform (Typus) herausgebildet, die sich am gewaltigsten an den großen Reichstempeln von Karnak und Luksor (Abb. 11) zeigt.

Wie bei den Totentempeln empfängt den Ankommenden eine Doppelreihe einander zugekehrter Sphinxe. Das letzte Stück Weg zum Tempeltor bezeichnen schlanke Obelisken, hohe, sich nach oben verjüngende Pfeiler, zuweilen aus einem einzigen Stein bestehend (Monolith). Mächtige Pylonen (griech. pylon = Tor) flankieren den Tempeleingang (Abb. 12); er führt in einen Vorhof, den doppelte Säulen-

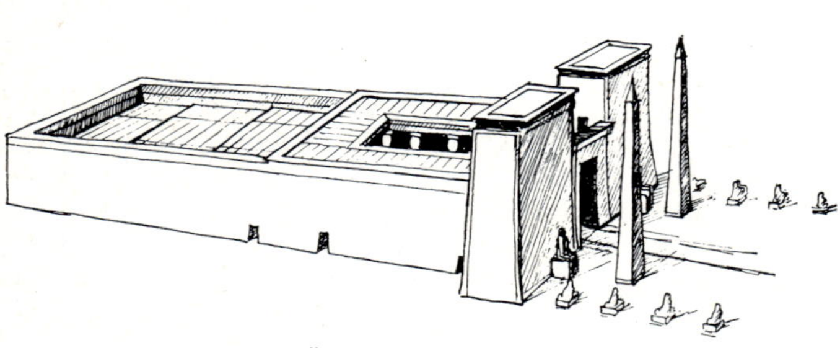

Ägyptischer Tempel

11
Tempel von Luksor. Blick zum Säulensaal. 18. Dyn., um 1580—1314 v. Chr.

reihen (Kolonnaden) umziehen. Dem Hof folgt meist ein riesiger Säulensaal (Abb. 11), dessen Halle oft durch Säulenreihen in drei und mehr Räume gegliedert ist. Beim Ammon-Tempel von Karnak ist der Mittelraum erhöht und erhält sein Licht durch Seitenfenster des Oberbaues. (Dem überhöhten Mittelschiff wird man in kirchlichen Bauten späterer Zeiten – Basilika – wieder begegnen.) Nach Durchquerung des Saales betritt man den eigentlichen Tempel, dessen Mitte die schweren Mauern des Allerheiligsten einnehmen. Das Götterbild war nicht in diesem Raum, der Cella, aufgestellt, sondern in einer Seitenkammer verborgen, zu der nur die Priester Zutritt besaßen. Auffallend ist die große Regelmäßgkeit der Anlage: alle Raumformen

12
Portal vom Chons-Tempel in Karnak. Ptolemäerzeit, um 150 v. Chr.

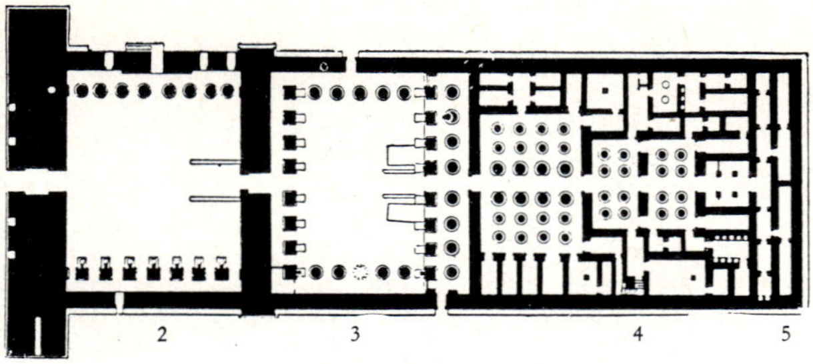

Grundriß eines ägyptischen Tempels
1 Pylonen, 2 Säulenhof, 3 Säulensaal, 4 Allerheiligstes, 5 Räume der Priester

liegen, streng hintereinander geordnet, im Umriß eines Rechtecks. Zieht man durch die Mitte der Längsrichtung eine Gerade, so bemerkt man, daß sich im Gegensatz zu altorientalischen Anlagen die Säulen und Gebäudegruppen beider Seiten entsprechen. Sie liegen symmetrisch zu der Mittelachse der Anlage (Symmetrie-Achse). Auch diese Eigenschaft kehrt in viel späteren europäischen Bauten wieder.

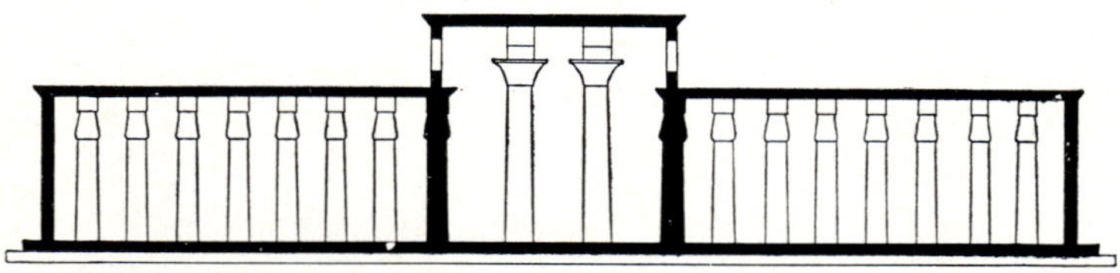

Schnitt durch die große Halle (»Basilika«) des Ammon-Tempels in Karnak

Maßlos in ihrer Größe erscheinen die Kolosse der **Säulen.** Sie bestehen oft aus drei Baugliedern: einer Fußplatte (Basis), dem Schaft und dem Kapitell (lat. caput = Kopf), einem Säulenhaupt, das die Last des Gebälks aufnimmt. Das Rund der Schäfte ist oft aus feingeglättetem Stein, manchmal in kantige Längsstreifen aufgeteilt oder aus dicken Bündeln schwellender Stämme gebildet; dabei ist die Naturform des Pflanzenstammes in starker Vereinfachung in den Stein übertragen. Aus Blumenkelchen und Pflanzenbüscheln formen sich die Säulenhäupter (Lotosblüten und Palmkränze).

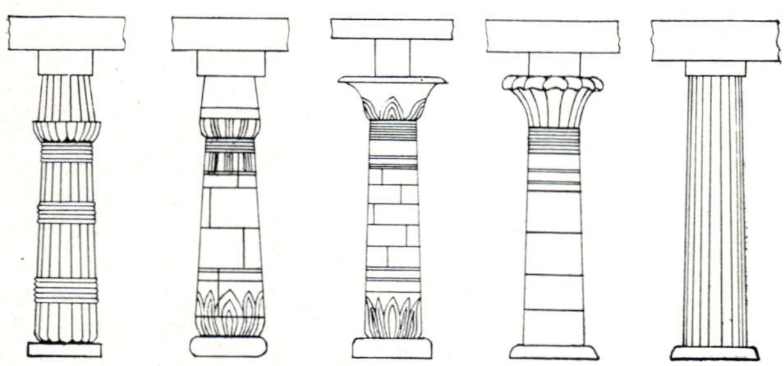

Ägyptische Säulenformen

13 *Totentempel der Königin Hatschepsut bei Theben. 18. Dyn., um 1580—1314 v. Chr.*

Eine Sonderform des ägyptischen Tempelbaus sind die **Felsentempel,** die seit etwa 1800 zum Schutz vor den immer häufiger auftretenden Horden der Grabräuber in die steilen Felswände der Nilgebirge geschlagen wurden. Der große Totentempel der Königin Hatschepsut (Abb. 13) besitzt eine ähnliche Raumeinteilung wie die freistehenden Tempel der Städte und Königssitze. Vor dem Eingang zum Felsentempel Ramses' II. in Abu Simbel halten vier Kolossalstatuen des Königs Wache (Abb. 14). Dort drohte der Nil infolge der Errichtung des Assuan-Staudamms die beiden Tempel zu überfluten. Durch eine einzigartige internationale Unternehmung wurden 1964 die Tempel mit den Statuen in Teile zerlegt und an einem höhergelegenen Ort wieder aufgerichtet.

14
Eingang zum Felsentempel des Königs Ramses II. bei Abu Simbel. 19. Dyn. um 1314—1200 v. Chr.

Alle ägyptische Architektur ist eine Meisterleistung wahrhaften Bauens. Die große Aufgabe aller Baukunst ist, Stütze und Last im Bauwerk gleichmäßig zu verteilen. In dieser königlichen Kunst harmonischen Abwägens von Tragendem und Getragenem waren die ägyptischen Architekten Meister. In vollendeter Genauigkeit wurden die schweren granitenen Quader übereinandergeschichtet. Ihre Lagerflächen sind so fein geschliffen, daß man nicht einmal eine Messerklinge zwischen die Fugen einführen kann. Die Bauregeln des uralten Stromlandes haben in der abendländischen Architektur weitergewirkt.

Die Plastik

Der Totenglaube der Ägypter lehrte, daß die Seele (der »Ka«) des Verstorbenen nur dann ewiges Leben habe, wenn sie in einem immerwährenden Bildwerk des Dahingegangenen eine bleibende Heimstatt finden könne. In der Sorge, daß einmal der einbalsamierte Leib zerfalle, ließen die Könige ihr steinernes Abbild in einem geheimen Raum in der Pyramide aufstellen. Ein zweites Standbild des Herrschers stand im Tempelbezirk, damit der Dargestellte ständig dem Gottesdienst beiwohnen könne. Im Verlangen, ihre Persönlichkeit zu verewigen, hinterließen die Pharaonen eine überwältigend reiche Bilderwelt, gemeißelt aus härtestem Urgestein: Granit, Basalt, Diorit und Porphyr.

15/16
Prinz Rahotep und seine Frau Nofret. 4. Dyn., um 2723—2563 v. Chr. Kalkstein bemalt. Kairo, Museum

17 *König Chefren im Schutz des Horus-Falken. 4. Dyn., um 2723—2563 v. Chr. Diorit. Kairo, Museum*

Das *Sphinx-Monument von Giseh* (Abb. 10) ist ein steingewordenes Sinnbild der königlichen Herrlichkeit. Der Leib eines furchterregenden Löwen trägt ein mit dem Kopftuch des Herrschers geschmücktes Menschenhaupt, das die Züge Chefrens verewigt. Das Antlitz des Gottkönigs ist von keiner seelischen Regung bewegt. Streng wie das Gesicht ist der Aufbau der ganzen Figur. Die größte künstlerische Wirkung geht von ihrer Vorderansicht aus. Diese bildnerische Anordnung nennt man Frontalität (lat. frons = Stirn): das Werk will von seiner Stirnseite betrachtet werden. Die frontale Anordnung der Plastik war für den ägyptischen Bildhauer Gesetz, sie verbürgte eine feierliche und hoheitsvolle Wirkung. Man fühlt die verschlossene Erhabenheit des »Frontalen« am deutlichsten in den Statuen der Herrscher. Die Bildnisse eines königlichen Ehepaares, des Prinzen *Rahotep* und seiner Gemahlin *Nofret*, sind aus hellem Stein gemeißelt und reich bemalt (Abb. 15/16). Um die ausdrucksvollen Gesichter so menschenähnlich zu gestalten, daß die den Leib suchende Seele das Bildwerk des Verstorbenen erkennen kann, wurden Mund und Wimpern mit dem Pinsel nachgezeichnet und die Augen aus farbigen Gläsern eingesetzt. Nach dem strengen Gesetz der Frontalität sind die eng an die Rückwand gelehnten Figuren wie mit dem Richtscheit gebaut. Überall zeigen sich senkrechte und waagrechte Kanten. Starr richten sich die Blicke in unendliche Fernen, keine Empfindung spricht aus den Mienen. Wir können nicht glauben, daß die verschlossenen Münder lächeln, die glashellen Augen weinen können. Ägyptischer Großplastik haftet meist ein Zug des Menschenfernen an. Das Göttergleiche wirkt auch im Sitzbildnis des großen *Chefren*. In genauer Symmetrie fallen die Enden des königlichen Kopfschmucks auf die breite Brust des Herr-

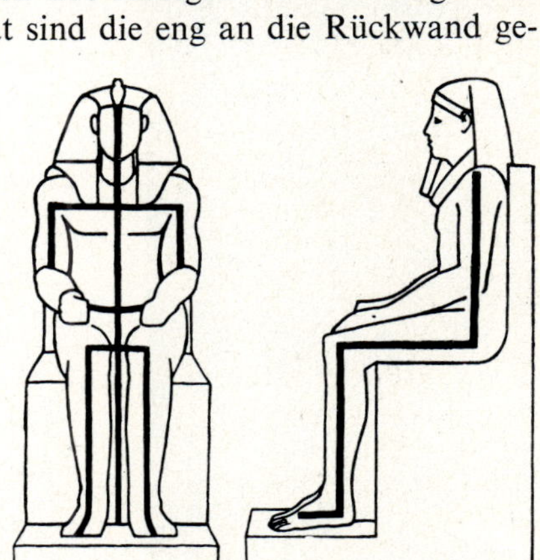

Sitzfigur, Frontal- und Seitenansicht (Schema)

schers (Abb. 17). Der Horusfalke umfängt mit seinen Schwingen das Haupt des Pharao, göttliche Kraft auf ihn übertragend. Auch die Hofbeamten suchten im Bildnis ihren »Ka« unvergänglich zu bewahren. Im Steinbild eines hockenden *Schreibers* (Abb. 19), der mürrischen Gesichts den Betrachter aus großen Augen unfreundlich anstarrt, hat der Bildhauer die Gesichtszüge des Dargestellten wirklichkeitsnah geformt und ein echtes Porträt geschaffen. Das Stand-

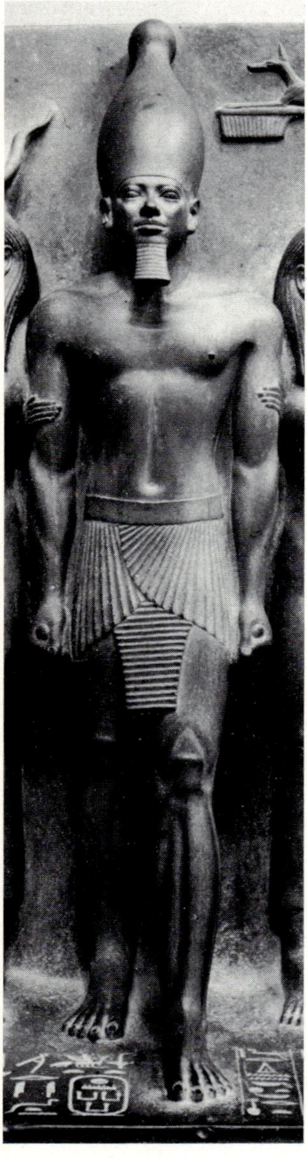

18 *König Mykerinos. Ausschnitt aus der Gruppe »Mykerinos zwischen zwei Göttinnen«. 4. Dyn., um 2723—2563 v. Chr. Schiefer. Kairo, Museum*

19 *Hockender Schreiber. 5. Dyn., um 2563—2423 v. Chr. Kalkstein bemalt. Kairo, Museum*

bild des Königs *Mykerinos* (Abb. 18) ist ein besonders einprägsames Beispiel für die ägyptische Stehfigur. Aus Gründen der Standfestigkeit lehnt sich die Statue des Pharao an eine Steinplatte. Starr liegen die Arme des Königs am Körper an, den der Bildhauer nach dem Gesetz des Frontalen in vollkommener Symmetrie aufgebaut hat. Der Versuch, den Eindruck des Schreitens wiederzugeben, verblieb bei der Darstellung einer bloßen Schrittstellung, in der beide Fußsohlen am Boden haften.

Erst im Mittleren und Neuen Reich löste sich die Strenge. Unter dem unglücklichen Echnaton (Amenophis IV., um 1350), der es wagte, die alten Götter zu stürzen und an einen einzigen Gott (Aton) zu glauben, entstanden Bildwerke, in denen sich zögernd Gemütsregungen zeigen. Im feinen Kopf seiner Gemahlin *Nofretete* (Abb. 20) deutet sich zarte Beseelung, ein Hauch menschlicher Persönlichkeit an. Eine graziöse Verfeinerung ist das Kennzeichen des neuen plastischen Stils. Nach dem Regierungssitz Amarna heißt die Kunst Echnatons Amarna-Kunst.

20 *Königin Nofretete. 18. Dyn. um 1360 v. Chr. Kalkstein bemalt. Berlin, Staatliche Museen*

Im Gegensatz zum Ernst der aristokratischen Großplastik sind die Bildwerke der **Kleinkunst** oft von heiterem Charakter. In ihnen stellt sich das Volk vor. Schon in der memphitischen Epoche werden dem Toten bemalte Holz- oder Tonfiguren beigesellt, Lehensleute und Sklaven, Diener und Dienerinnen, Handwerker und Soldaten, die in der Art der Volkskunst frisch und lebendig bei ihren Verrichtungen wiedergegeben sind. Eine naive Erzählerfreude macht diese Kunst besonders liebenswert.

Neben der Rundplastik entstand in Ägypten eine reiche **Reliefkunst.** Fast alle Bauwerke wurden mit flach-plastischen Bildern geziert, die ganze Wände bedecken und hohe Säulen überziehen (Abb. 12). In der ägyptischen Kunst tritt die besondere Form des »versenkten« Reliefs auf. Bei ihm stehen die Figuren nicht erhaben vor der Fläche, sondern sind »versenkt« eingeschnitten.

Auch in der Reliefkunst galten in Ägypten strenge Regeln. Der Bildhauer mußte seine Figuren in die Lage drehen, in der der Körper eine ergiebige Ansicht bot: der Kopf wurde von der Seite (Profil) gezeigt, der Oberkörper in seiner vollen Breite von vorn, Beine und Füße in ausgreifender Schrittstellung wieder in der Seitenansicht. Räumliche Tiefe ist aus dem Reliefbild verbannt, sie hätte der Hintergrundfläche widersprochen, deren Eintönigkeit oft durch

21
Trauernde aus dem Reliefbild eines Leichenzuges. Memphis. 18. Dyn. um 1340 v. Chr. Kalkstein. Berlin, Staatl. Museen

heilige Schriftzeichen (Hieroglyphen) unterbrochen wurde. Auch im Relief sind die Naturformen in große und einfache Zeichen übersetzt wie in den Köpfen der *Trauernden* (Abb. 21), deren Gesichter stummen Schmerz ausdrucksvoll wiedergeben.

Die Malerei

Die Aufgaben der Malerei ähneln in Ägypten denen des Reliefs: sie verherrlicht die Taten der Herrscher, beschreibt in Grabbildern Lebensgewohnheiten und häusliche Umgebung der Verstorbenen oder stellt Geschehnisse im Totenreich dar. Die Schönheit der Farbgebung ägyptischer Wandmalerei zeigt sich in dem lebensgroßen Bild der Königin *Nefertari*, die von der Göttin Isis zu Osiris geleitet wird (Farbtafel 3). Beide Frauengestalten sind in der für die ägyptische Kunst charakteristischen Profilstellung als Fresko gemalt.

Das Fresko
ist ein Wandgemälde, das auf den frischen (ital. fresco = frisch) Kalkverputz aufgetragen wird. Die Farben dringen rasch in den feuchten Wandbewurf ein. Während des Trocknens entsteht ein chemischer Prozeß, bei dem eine Art Kristallbildung auftritt. Dadurch verbinden sich die Farben — kristallinisch eingeschmolzen — unlöslich mit dem Grund.

Nicht immer sind die Grabmalereien von düsterem Ernst erfüllt. Viel häufiger wird der Verstorbene inmitten der Freuden des Lebens abgebildet, im Kreis seiner Familie und Freunde, umgeben von Dienern, Musikanten und Tänzern. Diese Freiheit der Darstellung lebt in einem *Grabgemälde* der thebanischen Epoche, auf dem festlich gekleidete Damen sich mit zierlichem Fächer Kühlung fächeln oder einander Früchte reichen (Abb. 22).

22 *Damen mit Blüten und Früchten. Wandbild aus einem Grab bei Theben (Ausschnitt). 18. Dyn. um 1400 v. Chr.*

Die ägyptische Kunst offenbart das Machtbewußtsein von Königen, die den Göttern näher stehen als den Menschen. Ihre Unnahbarkeit rückt sie in die Verwandtschaft zur Kunst Asiens. Und doch hinterließ das Land der Pharaonen Formgesetze, an die Europas werdende Kunst anknüpfte.

Die minoische Kunst Kretas

»Die kretischen Mädchen tanzten im Takt
Rings um den schönen Altar auf jungen und zarten Füßen
Über die kaum entsprossenen, weichen Blüten der Wiese.«
Sappho, griech. Dichterin um 600 v. Chr.

Wie die Insel Kreta in der Mitte zwischen dem afrikanischen, kleinasiatischen und europäischen Festland liegt, so steht auch die Kunst ihrer alten Bewohner zwischen den Welten des Orients und des Abendlandes. Man rechnet sie zum minoischen Kulturkreis, benannt nach dem sagenhaften blutgierigen König Minos des alten Kreta.

Der *Palast von Knossos* gleicht in seinem unüberschaubaren Zusammenschluß zahlloser ungleicher Gebäude, die ohne rechte Ordnung einen großen Innenhof

Frühminoische Zeit	um 3000—2000	
Mittelminoische Zeit	um 2000—1600	(1. Katastrophe: Erdbeben, Hyksos?)
Spätminoische Zeit	nach 1600—1200	(um 1400 1. Eroberung, Achäer?, um 1200 2. Eroberung, Dorer)

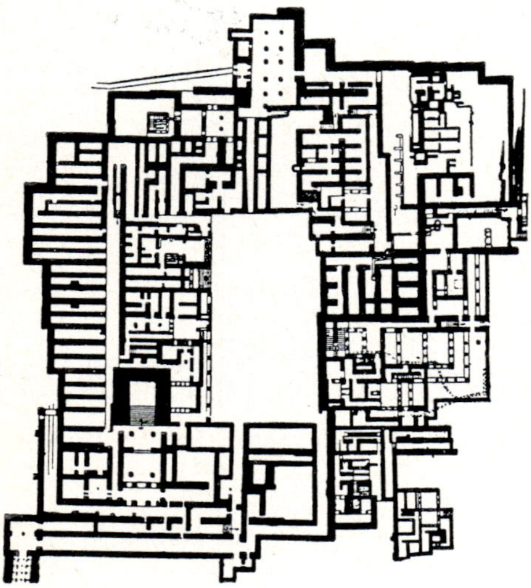

umstehen, vom Grundriß her den mesopotamischen Palästen. Wie dort ist der Hof das eigentliche Zentrum, an das sich eine verwirrende Zahl von Gebäuden regellos anfügt. Man glaubt das Urbild des alten minoischen Labyrinths vor sich zu haben. Nirgends im Grundriß ist auch nur der Versuch einer symmetrischen Einteilung zu entdecken, die in der ägyptischen Baukunst längst entwickelt war. Auch die Schauseite des Königssitzes zeigt keine regelmäßige Gliederung. Hangaufwärts

23 *Palast von Knossos. Treppenanlage. Um 1550 v. Chr.*

24 *Stierspiel. Wandbild aus Knossos. Um 1500 v. Chr. Heraklion, Nationalmuseum*

türmen sich die verschiedensten Gebäudeformen übereinander, zuweilen unterbrochen durch Terrassen, Galerien und prächtige Freitreppen (Abb. 23). In dem malerischen Bild fehlen schützende Mauern und wehrhafte Türme völlig.

Das Innere des Herrschersitzes war mit allen Bequemlichkeiten ausgestattet. Die Leistungen der Bauingenieure erregen große Bewunderung. Sie richteten Warmwasserheizungen, Entwässerungs- und Entlüftungsanlagen, Wasserspülungen und ähnliche modern erscheinende Annehmlichkeiten ein. Die Wände der Gesellschaftsräume bestanden aus bemaltem Stuck und waren aufs feinste geglättet.

Der Stuck
ist orientalischen Ursprungs. Er besteht aus einer Masse, die aus feinem Sand, Kalk, Gips und Wasser breiartig angerührt wird und, auf die Wand aufgetragen, mit heißer Kelle spiegelglatt gestrichen werden kann (ital. stucco lustro). In weichem Zustand läßt sich der Stoff gut formen, so daß der Künstler (Stukkator, Stukkateur) wie ein Bildhauer plastische Gebilde schaffen kann. In erhärtetem Zustand kann der Stuck mit scharfem Eisen nachgeschnitten werden.

Kretische Säule

Wenn auch das »Labyrinth des Minos« in seiner Gesamtanlage orientalisch-fremdartig anmutet, enthält es doch Einzelformen, die später auf dem Festland weiterentwickelt wurden: Toranlagen, die sich aus Vortor (griech. própylon) und Haupttor zusammensetzen (Propyläen), einen Saalbau, dessen Decke von Säulen gestützt wird, einen Säulenhof (Peristýl) und eine Säulenform, deren Kapitell aus Wulst (Echínus) und Deckplatte (Ábakus) gebildet wird.

Die **Malerei** Altkretas tritt an den Saalwänden in leuchtenden Fresken auf. Die kretischen Maler liebten bewegte Szenen: in manchen Wandbildern von Knossos setzen Jünglinge und Mädchen in kühnem Sprung über den Rücken

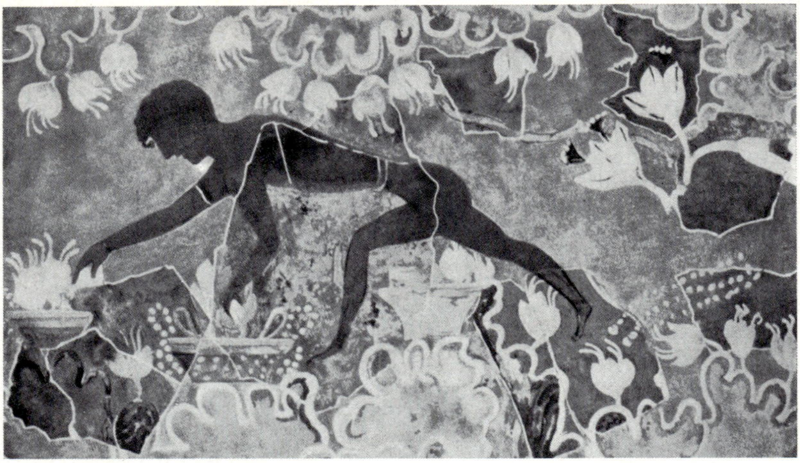

25 *Safranpflückender Jüngling. Wandbild aus Knossos. Um 1500 v. Chr.*

wildstürmender Stiere hinweg. Der atemberaubende Vorgang ist mit größter Lebendigkeit geschildert (Abb. 24). Doch fehlen auch zartere Bildvorwürfe nicht: Knaben beim Pflücken von Safranblüten (Abb. 25) und schmalhüftige Jünglinge beim Spiel in lilienbestandenen Sommerwiesen (Abb. 27). Diese Weichheit gehört zum Wesen der Kunst dieses heiteren Volkes, das seine

26 *Spätminoische Henkelkanne. Um 1500 v. Chr. London, Britisches Museum*
27 *Jüngling in Schwertlilienfeld. Ausschnitt aus einem bemalten Stuckrelief in Knossos. Um 1500 v. Chr. Heraklion, Nationalmuseum*

Sorglosigkeit mit völliger Zerstörung seiner Kultur durch Naturkatastrophen und fremde Eroberer büßen mußte. In dem verfeinerten Lebensstil der Insel spielte die Frau eine bedeutende Rolle. Der weibliche Einfluß ist in den weichen und schmuckfreudigen (ornamentalen) Formen der Kunst zu erkennen.

Die mondäne Eleganz kretischer Weiblichkeit hat dem Freskofragment eines jungen Mädchens den Beinamen »*Die Pariserin*« eingetragen. Die selbstbewußte Haltung der jungen Dame, ihre hochtoupierte Frisur mit den langen Nackenlocken, die mit dem Schminkstift nachgezogenen Lippen, Augen und Brauen, das modische Dekolleté kehren nach mehr als drei Jahrtausenden in den anmutigen Damenbildnissen der französischen Impressionisten wieder. Das Bruchstück ist der Rest eines schmückenden Wandfrieses im Palast von Knossos (Farbtafel 4).

An **Plastik** sind Figuren aus Elfenbein, Bronze und Ton erhalten. Die Töpferkunst stand in hoher Blüte. Mit Vorliebe wurden schöngeschwungene *Kannen* mit phantastischen Pflanzen oder Meerestieren bemalt, nicht in kleinlicher Naturnachahmung, sondern in lockeren, freien Schwüngen (Abb. 26).

Die Keramik

reicht in ihren Ursprüngen bis in die mittlere Steinzeit zurück. Der rohe Ton wird durch Zerkleinern, Schlämmen und Kneten in einen sauberen, fest zusammenhängenden Werkstoff verwandelt, dem härtende Zutaten wie Quarz und Feldspat beigemischt werden. In ältester Zeit wurden die Gefäße aus freier Hand geformt. Später erlaubte die Erfindung der Töpferscheibe das »Drehen« der Tonformen. Bei diesem Gerät wird eine Drehscheibe in schnell rotierende Bewegung versetzt, die durch eine Achse auf eine darüberliegende Scheibe übertragen wird. Auf dieser liegt der sich rasch drehende Tonklumpen, den der Handwerker zur Vase oder Schale hochzieht. — Nach dem Austrocknen wandern die Gefäße in den Brennofen, um im Scharfbrand Härte und Dichte zu erhalten. In einem zweiten Brand wird dem Gefäß eine Glasur aufgeschmolzen (Salz-, Blei- oder Zinnglasur), welche die Undurchlässigkeit des Scherbens steigert. Vor dem Glasieren, aber auch nachher bei einem dritten Brand, kann das Gefäß bemalt werden. Beim Brennen verschmilzt die Farbe mit der Glasur. Die Erzeugnisse der Töpferkunst reichen von der einfachen Irdenware zu Steingut, Steinzeug, Fayence und Majolika.

Meisterhaft sind minoische **Metallarbeiten** wie der berühmte *Goldbecher von Vaphio* (Abb. 28), in dessen getriebener Arbeit Fang und Bändigung wilder Stiere geschildert werden. Der Hochstand der minoischen Kleinkunst war schon den alten Völkern bekannt: kretische Kunstgegenstände fanden sich als Einfuhrware in ägyptischen und mykenischen Gräbern.

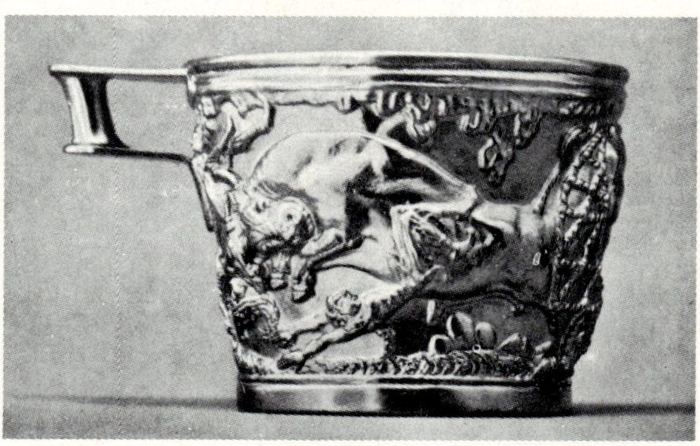

28
Goldener Becher mit Darstellung eines Stierfangs aus dem Kuppelgrab von Vaphio bei Sparta. Um 1500 v. Chr. Paris, Louvre

Die Kunst der Griechen

Die mykenische Kunst

»Immer der erste zu sein und voranzustehen den andern
Und nicht der Väter Geschlecht zu beschämen...«
Homer, 8. Jh. v. Chr.

Die achäischen Bewohner der peloponnesischen Halbinsel waren aus härterem Holz geschnitzt als ihre überfeinerten kretischen Nachbarn. Sie waren ein kampffrohes Geschlecht, das in wehrhaften Burgen unter streitbaren Königen hauste, die der Dichter Homer später in der Ilias unsterblich gemacht hat. Im Gegensatz zur weiblich-zarten Kunst Kretas tritt uns in der Hinterlassenschaft der homerischen Helden eine männliche Lebenshaltung von rauher Größe entgegen. Der Deutsche Heinrich Schliemann hat die Kunst dieses frühen Volkes der Erde entrissen. Nach dem bedeutendsten Fundort Mykene heißt sie die mykenische Kunst.

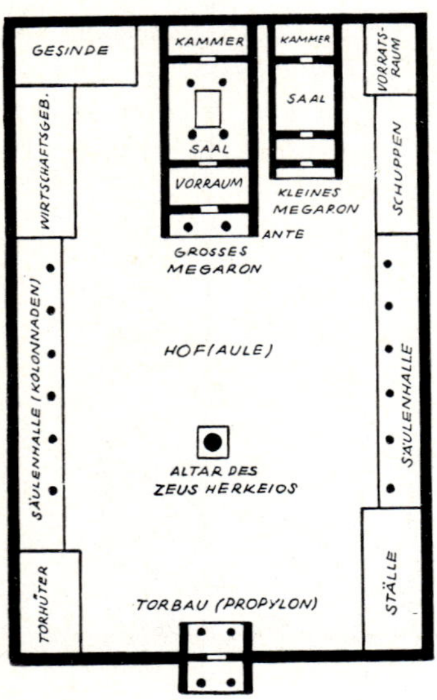

Die Grundform des mykenischen **Hauses** erscheint im sogenannten »Haus des Odysseus« bei Phylakopi. Durch eine Toranlage (Própylon) trat man in einen großen Hof, dessen lange Seiten niedrige, von Säulen getragene Gebäude bildeten. Der Hofplatz wurde rückwärts durch das Herrenhaus (Mégaron) abgeschlossen, ein einstöckiges Bauwerk mit offener Vorhalle, zwischen deren Seitenwänden (Anten) zwei stämmige Säulen das Dachgebälk stützten. An einen Vorraum (Pródomos) schloß sich der Männersaal an, der sein Licht durch eine rechteckige Öffnung im Balkendach erhielt. Die Mitte des Raumes nahm die Feuerstelle ein. Vier mächtige Holzsäulen umstanden den Herd und stützten die Decke. Die Grundform des Megarons liegt nicht nur dem griechischen Tempelbau zugrunde, sondern wurde auch zum Urbild des europäischen Hauses.

Wandbild aus dem Grab der Königin Nefertari, Gemahlin des Königs Ramses II. (um 1292—1225 v. Chr.). Theben, Tal der Königinnen. Königin Nefertari von Isis-Hathor geführt

Tafel 3

Weiblicher Kopf, sog. Pariserin. Freskofragment aus dem Palast von Knossos, um 1500/1450 v. Chr

29
Das Löwentor der Burg von Mykene. Um 1370 v. Chr. Pfosten und Sturz aus je einem riesigen Steinbalken (Monolith). Darüber im »Entlastungsdreieck« Löwenrelief mit Darstellung einer mykenischen Säule.

Auch in den Burgen von Tiryns und Mykene ist das Megaron mit seinem Herdfeuer der geheiligte Mittelpunkt der Anlage. Im Gegensatz zum offenen Aufbau des kretischen Palastes zeigt sich Tiryns als gewaltige, von außen abgeriegelte Festung, deren ungeheure Mauern mehrere Meter stark sind. Die Torbauten (Propyläen) sind mit Türmen und Bastionen zu einem wohldurchdachten Verteidigungssystem zusammengefügt. Im Kern der Burg stand das Mégaron vor einem mit niedrigen Säulenhallen (Peristýl) eingefaßten Hof. Kleinere Wohngebäude für Frauen, Gäste und Diener, dazu Ställe und Wirtschaftsräume schlossen sich dem Hauptbau an.

Besser als in Tiryns sind uns in Mykene bauliche Einzelformen erhalten. Im *Löwentor* (Abb. 29) offenbart sich die ganze Größe dieser heroischen Kunst. Auf schweren Steinpfosten ruht als Türsturz ein gigantischer Quader. Über ihm ist zur Entlastung des Sturzes ein Dreieck aus der Mauer ausgelassen. Die Aussparung ist

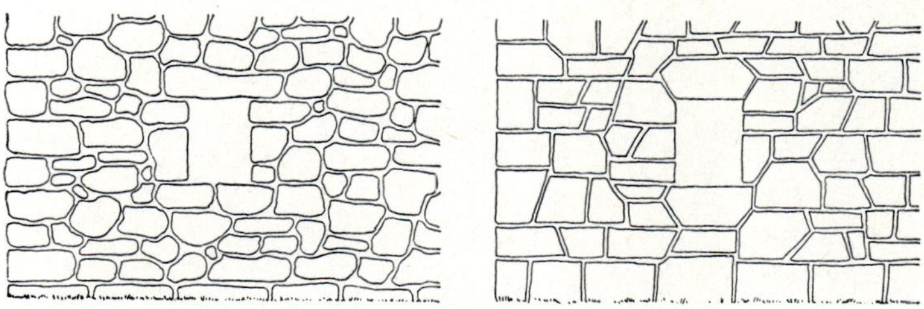

Zyklopisches und polygonales Mauerwerk

mit einer Reliefplatte ausgefüllt, auf der zwei Löwen eine Säule flankieren. Das Säulenkapitell gleicht dem von Knossos und besteht aus Ring, Hohlkehle, Wulst und Deckplatte.

Man findet in Mykene die Urformen der Mauer. Im zyklopischen Mauerwerk werden die Steine ohne Zurichtung aufeinandergetürmt. Beim polygonalen Mauerwerk werden die Blöcke durch Behauen in die Form von Vielecken gebracht; dabei deutet sich eine horizontale Fugenbildung an.

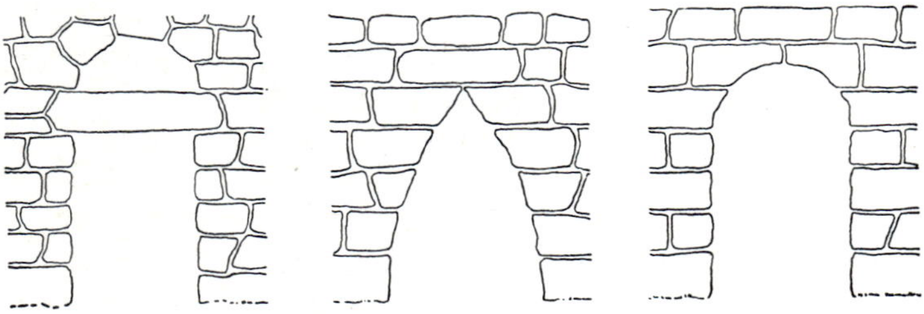

Mykenische Torbildungen

Beide Burgen besitzen lange Korridore, die dem Anschein nach spitzbogig überwölbt sind. Die Spitzbogenform entstand aber nur dadurch, daß die Baumeister die Steinlagen nach oben hin vorstehen ließen, bis sie sich im Scheitel berührten; die überflüssigen Kanten wurden abgeschlagen. Dieses einfache Verfahren ergibt keine echte Wölbung, bei der die Steine keilförmig in den Gewölbebogen eingesetzt werden. In Mykene wurden auch falsche Rundgewölbe in kugeliger Form gefunden, die aus vorkragenden Steinringen gebildet sind. Im »Schatzhaus des Atreus« beträgt die Scheitelhöhe des Kuppelraumes 13 m bei einem größten Durchmesser von 14,5 m. Wie ein steinerner Bienenkorb lag der Bau in der Erde. Auch seine Kuppel ist ein Scheingewölbe. Neben dem Hauptraum lag eine kleine Grabkammer, die den Leichnam des Königs barg.

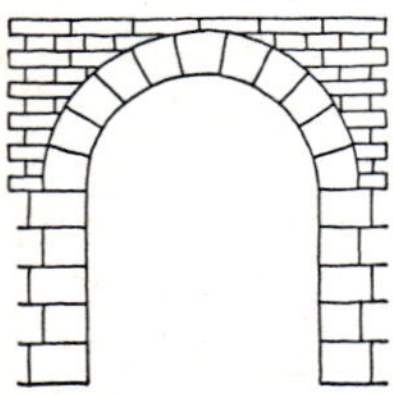

Echter Bogen

Die mykenische **Malerei** ist nicht von der lyrischen Feinheit der kretischen. Kriegerische Szenen werden bevorzugt (Abb. 30). An ihrer Anordnung (Kom-

30 *Wandbild aus Mykene. Aufbruch zum Kriegszug. Um 1300 v. Chr.*

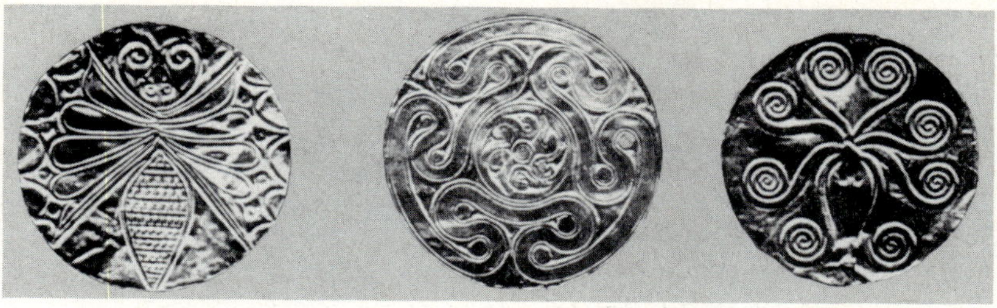

31 *Schmuckscheiben aus dünnem Goldblech mit Schmetterling (links) und Tintenfisch (rechts). Um 1550 v. Chr. Athen, Nationalmuseum*

position) ist zu erkennen, daß die achäischen Maler von den Kretern gelernt haben. Oft mögen kretische Künstler mitgearbeitet haben.

Am deutlichsten zeigen sich die kretischen Einflüsse in der **Kleinkunst,** bei der die Arbeiten der Einheimischen nur schwer von der kretischen Einfuhrware zu unterscheiden sind. Goldene *Schmuckscheiben* werden häufig mit den zart-stilisierten Formen von Seetieren und Schmetterlingen verziert (Abb. 31). Das eigentliche Wesen der Achäer offenbart sich in den ernsten Formen lebensgroßer *Totenmasken* (Abb. 32) aus getriebenem Goldblech, in denen die strengen Gesichtszüge der bärtigen Eroberer Trojas ausdrucksvoll der Nachwelt überliefert wurden.

32
Mykenische Totenmaske aus Goldblech. Um 1550 v. Chr. Athen, Nationalmuseum

Das Zeitalter dieser tüchtigen Geschlechter ist eine Epoche der Aussaat. In der klassischen Kunst Griechenlands reifte die Frucht.

Die griechische Baukunst

»Wenn damals schon jeder Bau in seinem Glanz den Adel des Alters trug, besitzt er noch heute den Adel der Frische wie am ersten Tag.«
Plutarch (um 100 n. Chr.) über die Bauten des Perikles

Als die mykenische Welt in den Stürmen der dorischen Einwanderung untergegangen war, begannen sich die griechischen Stämme nach vollzogener Landnahme voneinander abzuheben. Unter ihnen zeichneten sich die Volksgruppen der Dorer und Ionier durch schöpferische Leistungen aus. Beide Stämme sollten fortan die griechische Kunst einer Vollendung entgegenführen, die noch vielen späteren Jahrhunderten zum Vorbild diente.

Geometrische Kunst	um 900—700	
Früharchaische Epoche	um 700—600	(orientalisierender Stil)
Hocharchaische Epoche	um 600—530	(schwarzfiguriger Stil)
Spätarchaische Epoche	um 530—480	(rotfiguriger Stil)
Strenger Stil	um 480—460	
Frühe Klassik	um 460—450	(Olympia)
Hohe Klassik	um 450—400	(Akropolis)
Nachklassischer (weicher) Stil	um 400—330	
Hellenismus	um 330— 30	

Nach allem, was wir von den Dorern wissen, müssen sie aufrechte und stolze Menschen gewesen sein. Tapferkeit, Sittenstrenge und Tüchtigkeit galten ihnen mehr als Reichtum und Bequemlichkeit. Streng, ernst und männlich waren auch die Schöpfungen des dorischen Menschen in der Kunst. Der Ionier dagegen war aufgeschlossen, daseinsfreudig und von ausgeprägtem Schönheitssinn. Diese Eigenschaften offenbaren sich in allen Kunstschöpfungen des Stammes. Doch floß bei den attischen Ioniern dank der nachbarlichen Berührung mit den peloponnesischen Dorern das Wesen beider Stämme ineinander. In der attischen Kunst erstand daraus eine glückliche Vereinigung ionischer Heiterkeit und dorischer Strenge.

Die griechischen Baumeister sahen ihre höchste Aufgabe im **Tempelbau.** Anders als unsere Kirchen, bot der antike Tempel nicht Raum für die Gemeinde, sondern verwahrte das Götterbild, zu dem nur die Priester Zutritt hatten. Der Altar, an dem das Volk den Göttern opferte, stand auf dem freien Platz vor der Ostseite des Tempels. Im Gegensatz zu christlichem Brauch lag der Tempeleingang im Osten.

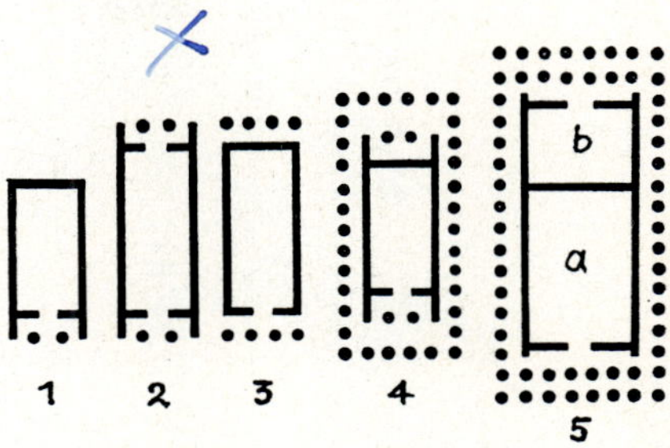

Grundrisse griechischer Tempel

Die Grundform des griechischen Tempels entstand aus dem alten Megaron. Nach den wangenartig vorgezogenen Seitenmauern (Anten) heißt seine einfachste Form Antentempel (1); er wird zum Doppelantentempel (2), wenn sich die Vorhalle (Prónaon) an seiner Rückseite wiederholt. Der von Wänden umgebene Tempelraum heißt Cella (a). Er ist oft in drei Schiffe eingeteilt. Wird auf die Anten verzichtet und die Säulenreihe vor die Cellafront aufgestellt, so entsteht als zweite Grundform der Próstylos; er heißt Amphiprostylos, wenn er auch an der Westseite eine Säulenvorhalle zeigt (3). In der klassischen Zeit werden Antentempel und Prostylos mit einem Säulenkranz (Pteron) umgeben; ein solcher Tempel (4) heißt Perípteros (griech. peri = um, herum, pteron = Flügel) und besitzt einen zweiten Raum (Ádyton). Dieser (b) galt als Allerheiligstes oder wurde als Schatzkammer verwendet. Das große Kultbild stand in der Cella, von der keine Türe ins Adyton führte. Die Tempelformen entwickelten sich vom Einfachen zum Mannigfaltigen, wie die oben gezeigten Grundrisse lehren.

Die dorische Ordnung

Stütze und Last in ein harmonisches Verhältnis zu bringen, ist eine der wichtigsten Aufgaben bei der Gestaltung eines Baukörpers. Im griechischen Tempel sind die tragenden und die ruhenden Bauglieder im klaren Verlauf der senkrechten und waagrechten Teile zu erkennen, die in wohlberechneten Verhältnissen (Proportionen) zueinander stehen.

Drei große Baumassen gliedern das Werk: der Unterbau (Sockel), der Raumkörper (Cellamauern und Säulen) und das Gebälk (Gesimse, Decke, Dachstuhl, Dach). Diese Teile enthalten mannigfache Einzelformen:

Das Gewicht der Steinmassen verlangt ein tief im Boden verankertes Fundament, auf dem ein dreistufiger Sockel ruht. Die oberste Fläche des Unterbaues wird Stylobat genannt.

Auf dem Stylobat stehen Säulenkranz und Cellawände. Der aus einzelnen Trommeln errichtete Säulenschaft ist bei der dorischen Säule in scharfkantig aneinanderstoßende Riefelungen (Kannelüren) gefurcht (vgl. ägyptische Säulenformen). Das dorische

Blick in einen dorischen Tempel

Kapitell (Abb. 36) besteht aus einem Wulst (Echinus) und einer Deckplatte (Abakus). Beide Formen sind schon von der kretischen Säule her bekannt. Ringförmige feine Einkerbungen dienen als Schmuck und setzen das Kapitell vom Schaft ab.

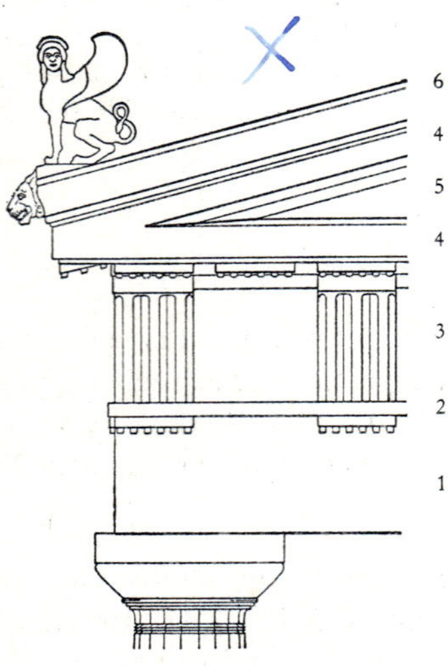

Die dorische Ordnung

Auf den Säulenhäuptern ruhen die langen Quader des Architravs (1), die jeweils über den Säulenmitten aneinanderstoßen. Eine Schmuckleiste (2) trennt den Architrav von dem darüberliegenden Fries (3), in dem nach dorischer Ordnung dreigeschlitzte Triglyphen mit nahezu quadratischen Metopen wechseln; meist ziert Reliefschmuck die Metopenfelder. Über dem Fries liegt ein mächtiges Kranzgesims (Geison), das (4) zum Schutz des Gebälks kräftig vorspringt. Kleine, mit Tropfen besetzte Steinbänkchen, die an die genagelten Balkenenden der früheren Holztempel erinnern, beleben die strenge Ordnung. Das zum First schräg hochgeführte Geison umschließt ein flachdreieckiges Giebelfeld (Týmpanon, 5). Eine kräftige Rinnleiste (Sima, 6) lenkt den Ablauf des Regenwassers. Sie endigt an den Traufkanten meist in Wasserspeiern. Über dem Giebel und an den Dachecken ragen schöne Zierformen, die Akrotére, in das Himmelsblau.

Kräftige Farben, rot, blau, schwarz, belebten das Gesamtbild des Bauwerks. Sie beschränkten sich auf die getragenen Teile (Triglyphen, Metopen, Týmpanon). Alle tragenden (tektonischen) Bauglieder blieben unbemalt und leuchteten im natürlichen

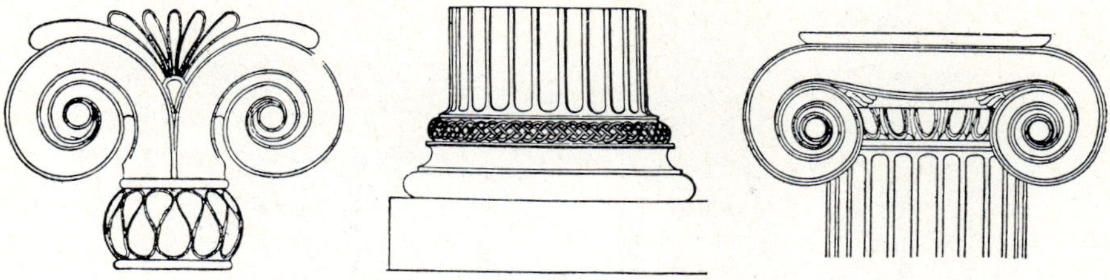

Äolisches Kapitell, attisch-ionische Basis, ionisches Kapitell

Glanz des Marmors oder im strahlenden Weiß eines feinen Stucküberzugs. Das Cella-Innere teilt sich in drei Schiffe, durch doppelgeschossige Säulenreihen voneinander getrennt.

Der *Poseidontempel* von Paestum ist von schwerem Ernst erfüllt (Abb. 33). Feierliche Ruhe breitet sich über seine kraftvollen Fronten, in denen sich alle Bauteile klar abzeichnen. Seine künstlerische Wirkung beruht auf den ausgewogenen Proportionen seiner Glieder. Die Griechen lehrten uns wahrhaftes Bauen: ohne bindende Mörtellagen fügten sie Stein auf Stein — nur durch Metallklammern verbunden — und schufen Bauwerke, die oft schwersten Erdbeben widerstanden.

Das Meisterwerk dorischer Baukunst, der *Parthenon* auf der Akropolis in Athen, wurde von den Baumeistern IKTINOS und KALLIKRATES bald nach den Perserstürmen errichtet (Abb. 34). Hier wird der Ernst der dorischen Bauweise durch den Anteil attisch-ionischen Wesens ein wenig gemildert: die Säulen stehen schlanker und leichter als in Paestum (s. oben) auf der feinen Krümmung (Curvatur) des Stylobats, und ein schmückender *Relieffries* mit einer

33 *Tempel der Hera in Paestum (sog. Poseidon-Tempel), um 450 v. Chr.*

34 *Der Parthenon auf der Akropolis in Athen, 448—432 v. Chr.*

Darstellung des panathenäischen Festzuges (Abb. 62) umgibt die Cellamauern. Die Gemeinschaftsarbeit der Architekten und Bildhauer hat in diesem Tempel ein Wunderwerk der Baukunst geschaffen.

Eine Sonderform des dorischen Tempels ist der Rundtempel (Tholos) mit Säulenumgang. Der *Rundbau von Delphi* (Abb. 35) stammt aus dem 4. Jahrhundert und diente vermutlich dem Kult eines Heroen.

35
Dorischer Rundtempel (Tholos) von Delphi. Erbaut von Theodoros aus Phokaia um 390 v. Chr.

36
Dorisches Kapitell vom Aphaia-Tempel auf Ägina, um 480 v. Chr.

37
Frühes ionisches Kapitell vom älteren Artemis-Tempel in Ephesus, um 550 v. Chr.

38
Korinthisches Kapitell vom Rundtempel (Tholos) in Epidauros. Darüber Gebälk in attisch-ionischer Ordnung, um 350 v. Chr.

Die ionische Ordnung

In seinen Grundformen gleicht der ionische Tempel dem dorischen, doch begnügte sich die Prachtliebe der reichen Ionier Kleinasiens nicht mit dem einfachen Säulenkranz, sondern schuf doppelte Säulenreihen. Ein Tempel mit zweifachem Säulenkranz heißt Dípteros.

Die ionische Säule ist schlanker als die dorische und steht auf einer Basis, die in Attika aus drei Schichten besteht: Wulst-Hohlkehle-Wulst. Die Kannelüren (Furchen) des Säulenschaftes sind durch schmale Stege voneinander getrennt.

Das ionische Kapitell entstand wie das ägyptische aus der Umbildung von Pflanzenformen: das eingerollte Blatt, das im alten äolischen Kapitell zu erkennen ist, wird im ionischen zur mathematisch-genauen Schneckenkurve der Volute, der darunter liegende Blattkranz wird durch die einfachen Formen des sog. Eierstabs (ionisches Kyma) ersetzt (Abb. 37). Über dieser Schmuckform liegt ein elastisch gespanntes Polster, auf ihm ein niedriger Abakus.

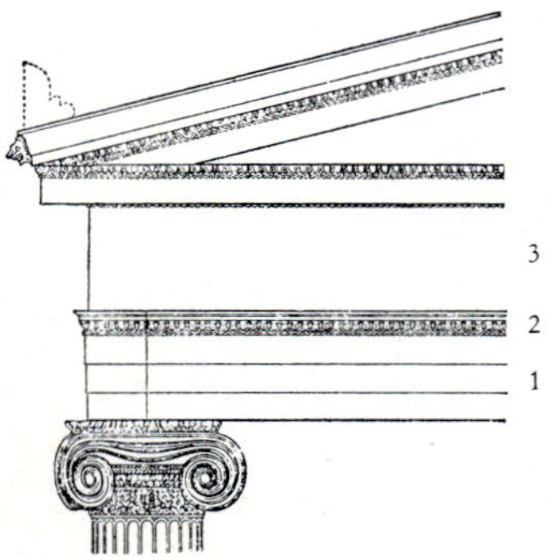

Attisch-ionische Ordnung

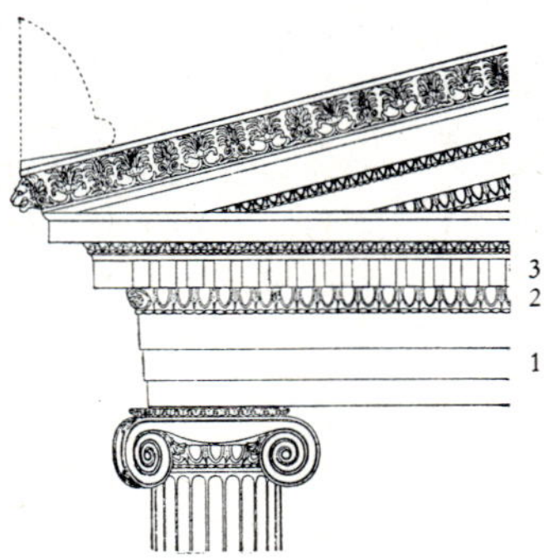

Kleinasiatisch-ionische Ordnung

Auch das Gebälk zeigt beträchtliche Unterschiede vom dorischen: in Attika ist der Architrav (1) in drei Stufen (Faszien) eingeteilt, denen nach einer Schmuckleiste (2) ein Bilderfries (3) folgt. In der ionischen Ordnung kleinasiatischer Bauwerke tritt an die Stelle des Frieses ein sog. Zahnschnitt (3), dessen Reihung vorstehender Steinklötzchen daran erinnert, daß bei den frühen ionischen Bauten die Holzbalken der Decke über die Außenwand vorstanden.

Die Gesamterscheinung des ionischen Tempels ist leichter und anmutiger als die des dorischen. Der ionische Stil ist von weicherer Art und von graziöser Schönheit. Ein zierliches Beispiel der attisch-ionischen Ordnung bietet das feine Tempelchen der *Athena Nike* auf der Akropolis (Abb. 39). Nicht weit von ihm steht das Erechtheion, dessen schlanke Säulen wegen ihrer Schönheit berühmt sind. Der Anbau der *Korenhalle* (Abb. 40) verrät kleinasiatisch-ionische

Stilmerkmale: an die Stelle des schmückenden Frieses trat der Zahnschnitt. Die Aufgabe der Säulen übernahmen die stolzen Gestalten der *Koren* (Mädchen), die auf ihren Häuptern das Gebälk mühelos zu tragen scheinen (Abb. 58).

39 *(oben)*
Niketempel auf der Akropolis von Athen, um 420 v. Chr. Baumeister Kallikrates

40
Korenhalle am Erechtheion auf der Akropolis, um 410 v. Chr.

Der korinthische Stil

ist keine eigentliche Bauordnung, denn das Gebälk korinthischer Tempel ist nach ionischer Art gegliedert (Abb. 38). Neuartig ist lediglich das Kapitell, das sich wie in der orientalischen Kunst aus einer Kelchform bildet.

Korinthisches Kapitell

In doppelter Reihung wachsen aus dem Säulenhals gezackte Akanthusblätter, einer Distelart nachgebildet. Die Pflanzenformen wurden stilisiert in den Stein übertragen (Ordnung und Ausbreitung), doch ist die organische Wachstumsform der Pflanze noch deutlich zu erkennen. Über dem Akanthus schießen schmale, an den Enden eingerollte Blätter empor. Eine kleine Deckplatte schließt die Oberseite des korinthischen Kapitells ab.

Zwei Baudenkmäler des korinthischen Stils stehen in Athen am Fuß der Akropolis: das Monument des *Lysikrates* (Abb. 41), errichtet zum Gedächtnis an einen Sieg in einem musischen Wettbewerb, und die gewaltigen Ruinen des *Olympieions* (Abb. 42), das dem Zeus Olympios geweiht war. Das gigantische Bauwerk war mit einem doppelten Säulenkranz umgeben (Dipteros).

41
Lysikrates-Denkmal in Athen. Errichtet 334/333 v. Chr.

42 *Olympieion in Athen. Baumeister Cossutius. Begonnen um 175 v. Chr.*

Eine Meisterleistung griechischer Kunst stammt aus der Zeit des **Hellenismus.** Der *Zeusaltar* von Pergamon (Abb. 43) ist ein Kunstwerk, an dem Architektur und Plastik gleichen Anteil haben. Auf dem Grundriß eines quadratischen Unterbaues erhebt sich in zwei Geschossen ein mächtiger Sockel, an dessen offener Westseite eine gewaltige Freitreppe zu einer ionischen Säulenhalle emporführt. In ihr stand der Altar. Den Sockel umzieht ein 115 Meter

43 *Zeusaltar von Pergamon. Um 180 v. Chr. Berlin, Pergamon-Museum*

44
Toranlage (Propylon) der Athenahalle von Pergamon aus der Mitte des 2. Jh. v. Chr. Berlin, Pergamon-Museum

langes Reliefband, auf dem in bewegungsreichen Szenen die Götter und deren Kampf gegen die Giganten dargestellt sind. Ein weiteres Beispiel hellenistischer Bauweise ist die Toranlage zur *Athenahalle*, wieder aus Pergamon (Abb. 44). Ihre Schauseite zeigt die Ermattung der einst kraftvollen griechischen Bauformen: der Baumeister wagte es, in zwei Stockwerken die dorische und die ionische Ordnung zu vereinen, ohne daß es ihm gelang, die Wirkung der Fassade zu steigern. Erst die Römer vermochten die Verwendung der drei Stile an einem Bauwerk zu einem bedeutenden Schmuckmotiv zu erheben (vgl. Colosseum Abb. 88).

Weltliche (profane) Bauten

Die mykenischen Toranlagen hat das klassische Griechenland zu reichen Gebäudegruppen entwickelt. Die prachtvollen Propyläen der Akropolis waren ein würdiger Auftakt zur Bauherrlichkeit des Heiligtums.

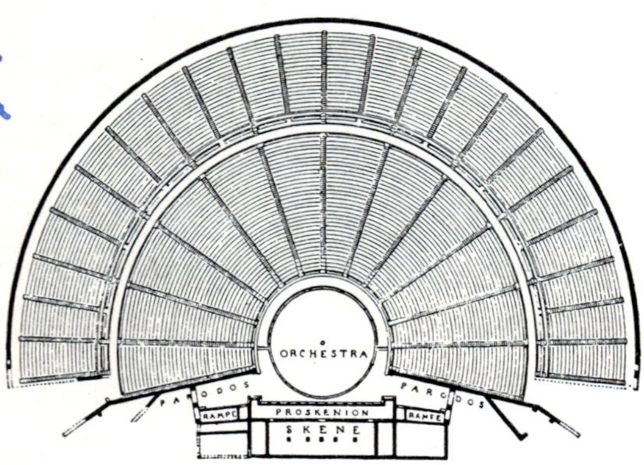

Grundriß eines griechischen Theaters

Schematischer Grundriß eines altgriechischen Hauses ▶

a) Eingang b) Innenhof mit Säulen (Peristyl) c) Megaron (Saal mit Vorhalle) d) Schlafzimmer e) Gästezimmer k) Kammern i) Exedra (Gesellschaftsraum, Empfangsraum)

45 *Dionysos-Theater am Fuß der Akropolis in Athen. Um 330 v. Chr.*

Ihre Theater erbauten die Griechen unter freiem Himmel an Berghängen. Die Rundform des Zuschauerraums nimmt etwas mehr als die Hälfte eines Kreisbogens ein und umfaßt den kreisförmigen Tanzplatz des Chores (Orchestra). Die Schauspieler traten zu ebener Erde vor einer Rückwand (Skené) auf, später erhielten sie eine erhöhte Bühne (Proskénion). Mit großem Geschmack fügten die Architekten die Theaterbauten in die Landschaft ein. Das *Dionysos-Theater* in Athen (Abb. 45) liegt am Steilhang der Akropolis. Von den Sitzreihen des Theaters von Delphi reicht der Blick über die Ölhaine der Bucht von Itea und das glitzernde Meer zu den fernen Bergen des Peloponnes.

Andere Großbauten der Griechen waren: die Versammlungshalle (Basilika), das Rathaus, das Stadion und das Gymnasion. König Mausolos von Harlikarnassos (379—353 v. Chr.) ließ sich einen monumentalen Grabbau errichten. Wir bezeichnen danach noch heute größere architektonische Grabanlagen als Mausoleum.

Das griechische Haus ordnet seine Räume um einen rechteckigen Hof, der nach seinem Säulenumgang Peristyl genannt wird. Seine Grundform erschien

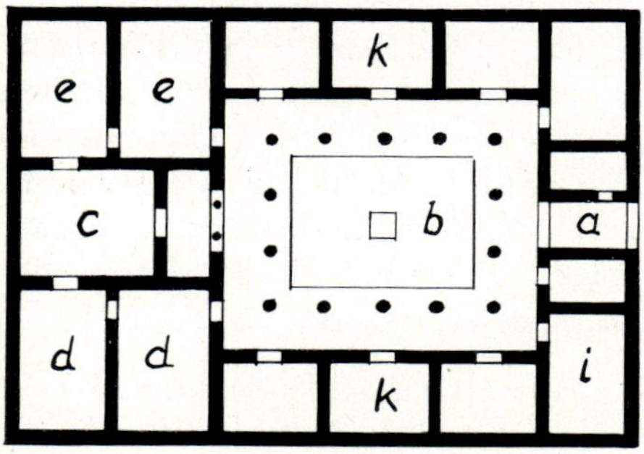

schon in mykenischer Zeit. In den Hof führte ein Eingangskorridor, rückwärts liegt der megaronähnliche Hauptraum. Die übrigen Zimmer schließen sich seitlich an das Peristyl an. Schöne Beispiele für das griechische Haus liefert die hellenistische Stadt Priene, deren Gesamtanlage uns durch Ausgrabungen vertraut ist.

Die griechische Plastik

Bauformen halten gern an der Überlieferung fest und sind deshalb in der Regel keinem raschen Wechsel unterworfen. Daher durften wir uns auf wenige Beispiele beschränken, um Wesen und Stil der griechischen Baukunst zu erläutern. Das plastische Bild dagegen verändert sich von Generation zu Generation. Der lange Zeitraum bildnerischen Formens wird daher in einige wesentliche Stilabschnitte unterteilt.

Der geometrische Stil (etwa 900—700)

gehört der Frühzeit griechischen Kunstschaffens an. Er ist nach den planimetrischen Formen (Kreisen, Dreiecken, Vierecken, Schach- und Gittermustern) benannt, mit denen die ersten griechischen Töpfer ihre Gefäße schmückten (Abb. 46).

Es gibt auch eine geometrische **Plastik** in Gestalt kleiner menschlicher und tierischer Figuren. Sie stehen in steifer Haltung vor uns und bauen sich aus Formen auf, die wie mit dem Lineal gezogen sind. Ein *Bronzepferdchen* (Abb. 47) setzt sich aus geraden Linien und Kreisbogenschlägen zusammen, die Statuette eines Apollon (Abb. 48) ist aus einfachen kubischen Formen aufgebaut. Und doch sind Mensch und Tier von einem geheimen inneren Leben erfüllt. Die Funktionen des Körpers sind trotz der Vereinfachung in der Formung der Gelenke zu spüren. Damit hat die sichtbare Welt von der abstrakten Form Besitz ergriffen. In allen Frühzeiten schuf sich der Mensch im Bildwerk eine eigene Welt weniger schlichter Formen, da er noch nicht mächtig war, die ungeheure Vielfalt der Wirklichkeit zu begreifen.

Geometrisches Pferdchen
Deckelgriff einer keramischen Dose (Pyxis) um 800 v. Chr.

Der archaische Stil (etwa 700—480)

ist nach dem griechischen Wort arché (= Anfang) benannt. In seinem Zeitraum beginnt sich die griechische Großplastik zu entfalten. Im Mittelpunkt der archaischen Skulptur steht das Bild des Menschen, den der Grieche mit anderen Augen sieht als der Ägypter. Während dieser in den blockhaften Statuen der Pharaonen Macht und Ewigkeit eines gottnahen Königtums versinnbildlichte, suchte die griechische Plastik den sterblichen Menschen in seiner irdischen Vollkommenheit darzustellen. So wird zum großen Thema aller griechischen Bildhauerkunst das nackte Jünglingsbild, der **Kuros,** der Weihegeschenk oder göttliches Erscheinungsbild sein kann.

Der sog. *Apoll von Tenéa* (Abb. 50) ist ein archaischer Kuros, dessen Bildwerk wohl nicht ohne Kenntnis der alten ägyptischen Figuren geschaffen wurde. Seine Front-

46
Frühgeometrische Henkelvase (Amphora) vom Kerameikos in Athen. Um 850 v. Chr. Athen, Nationalmuseum

47
Geometrisches Pferdchen. Um 750 v. Chr. Bronze. Athen, Nationalmuseum

48
Spätgeometrische Bronzestatuette des Apollon. Weihegeschenk des Mantiklos. 1. Hälfte des 7. Jh. v. Chr. Boston, Museum of Fine Arts

49
Kore von der Akropolis. Marmor, in alter Bemalung erhalten. Um 500 v. Chr. New York, Metropolitan Museum

50
Kuros von Tenéa. Sog. Apollon. Um 560 v. Chr. München, Glyptothek

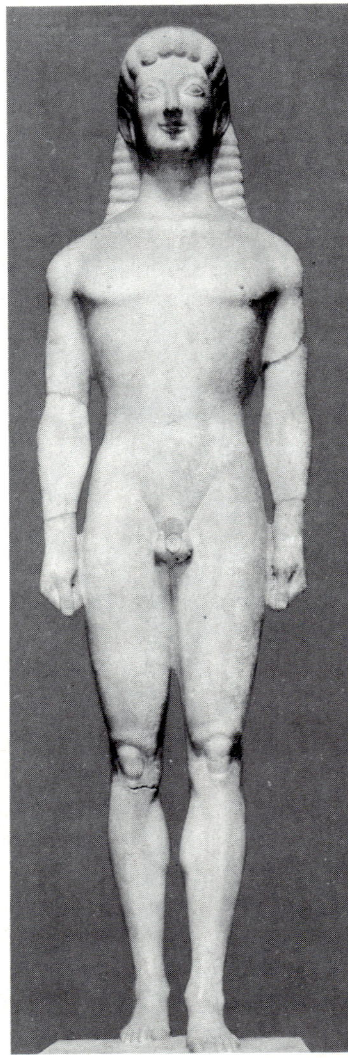

stellung, die im Block verhaltende Geschlossenheit des Körpers, an dem die Arme eng anliegen, die genauen rechten Winkel der Körperachsen, die symmetrische Ordnung der Körperteile, die steife Schrittstellung, in der beide Fußsohlen auf der Standfläche haften, und die leichte Starre seiner Erscheinung sind Eigentümlichkeiten, die zum Wesen ägyptischer Plastik gehören (vgl. Abb. 18). Und doch zeigt sich in dem Steinbild des griechischen Jünglings das Menschliche freier als in der ägyptischen Skulptur. Der Kuros von Tenéa schreitet in stolzer Haltung erwartungsvoll dem Leben entgegen. Heiter und froh steht der Jüngling im Leben und in seinem Antlitz erscheint ein Lächeln. In diesem »archaischen Lächeln« ist der düstere Ernst des ägyptischen Gottmenschen überwunden. Im griechischen Kuros hat der europäische Mensch sein erstes Denkmal erhalten.

Dem männlichen Kuros entspricht die mädchenhafte **Kore.** Auch ihr Standbild wird nach den Regeln der Frontalität aufgerichtet, doch die weibliche Anmut besiegt den Ernst der Altertümlichkeit. Die aus dem »Perserschutt« der Akropolis ausgegrabenen spätarchaischen Mädchenbilder besitzen mehr räumliche Tiefe und natürlicheres Volumen als die blockhaft kubischen Statuen der Vergangenheit. Gegen Ende des Jahrhunderts erwachte in Attika eine allgemeine Freude an der Schönheit. Die anmutigen Skulpturen der ionischen Inseln wurden zur beliebten Importware. Meister der berühmten Bildhauerschulen von Chios und Samos arbeiteten für und in Athen.

Die *Kore* von der Akropolis (Abb. 49) trägt ein Gewand von ionischem Schnitt: einen dünnen, in feinen Falten fallenden Chiton, darüber ein schräg unter die linke Achsel gezogenes Mäntelchen. In feinen Löckchen liegt die Frisur über dem lächelnden Gesicht. Die Figur ist gelöster und freier als die Statue des Kuros. Die Zierlichkeit dieses Mädchenbildes, seine graziöse Haltung und die modische Eleganz der Kleidung entsprechen der heiteren Leichtigkeit ionischen Wesens.

Auch die *Kore*, die als Werk eines Meisters von Chios den Beinamen »*Große Chiotin*« erhalten hat, ist nach ionischer Mode gekleidet, welche die weibliche Anmut

51
Bogenschießender Herakles vom Ostgiebel des Aphaia-Tempels auf Ägina. Um 480 v. Chr. München, Glyptothek

ganz anders zur Geltung bringt als der wollene dorische Peplos. Die Freude der Mädchen dieser Zeit am Spiel fließender Falten drückte sich in der Sitte aus, mit der linken Hand den Stoff kokett zur Seite zu raffen. Bei vielen Koren wird das bewegungsvolle Element des Faltenflusses durch das Bemalen der Säume mit bunten Farben in seiner Eindringlichkeit gesteigert (Farbtafel 5). Solche Feinheiten der Formgebung waren im heimischen pentelischen Marmor nicht festzuhalten. Man wählte daher für erlesene Werke insel-ionischen Marmor, der das Sonnenlicht tief eindringen läßt und durch die Transparenz seiner Kristalle wieder zurückstrahlt.

Der strenge Stil (etwa 480—460)

löst die bewegungsarme Formgebung der archaischen Zeit ab. Er ist nach den strengen Formen benannt, die in seinen Bildwerken der spätarchaischen ionischen Weichheit folgten. Während der kurzen Dauer dieser Epoche wird der Körper straffer wiedergegeben und gewinnt an Fülle. Die Muskeln beginnen sich abzuzeichnen und die Körperbewegungen treten aus ihrer altertümlichen Verhaltenheit heraus. Die Gesichter haben ihr archaisches Lächeln verloren und sind von melancholischem Ernst erfüllt.

Frühe Werke des neuen Stils sind die Figuren vom Ostgiebel des *Aphaia-Tempels* auf Ägina. Die kämpfenden und stürzenden Krieger sind in kühnen Bewegungen

52
Kopf der Athene vom Ostgiebel des Aphaia-Tempels, um 480 v. Chr. München, Glyptothek

53
Kriegerkopf um 480 v. Chr. Athen, Nationalmuseum

54 *Wagenlenker aus Delphi. Um 470 v. Chr. Bronze (strenger Stil). Delphi, Museum*

55 *Athene des Myron. Um 450 v. Chr. Marmorkopie (klassischer Stil). Frankfurt a. M., Liebighaus*

wiedergegeben. Eine der schönsten Figuren des Giebels ist der bogenschießende *Herakles* (Abb. 51). In lockerer, federnder Haltung kniet der gepanzerte Heros, den Blick gespannt auf das Ziel gerichtet. Nur auf Ferse und Zehen ruht sein Gewicht, das sich ausgeglichen in der Waage hält; archaische Schwere und Steifheit sind aus dem Bildwerk verschwunden. Zum Feinsten des Giebels gehört das anmutige Köpfchen der *Athene* (Abb. 52), deren klare Gesichtszüge von mädchenhafter Reinheit erfüllt sind. Das Bronzebild eines *Wagenlenkers* aus Delphi (Abb. 54) erscheint, gemessen an dem Bewegungsreichtum der »Ägineten« des Ostgiebels, in seiner Feierlichkeit altertümlich. Schlank und aufrecht steht der Jüngling auf dem Wagen; senkrechte Falten furchen sein Gewand wie die Kannelüren einen dorischen Säulenschaft. Die Merkmale des strengen Stils zeigt der Kopf eines bärtigen *Kriegers* (Abb. 53) besonders anschaulich: scharfe Zeichnung des Umrisses, in dem die Flächen klar gegeneinanderstehen.

Der klassische Stil des 5. Jahrhunderts

Den Auftakt zur klassischen Periode griechischer Plastik bildet die Bauplastik am *Zeustempel von Olympia*. Dort setzte ein unbekannter dorischer Meister die kühnen Bewegungsmotive der Ägineten fort und schuf um 460 in den Giebelfiguren des Tempels Götter- und Heldengestalten von heroischer Größe. Er schildert im Westgiebel den wilden Kampf zwischen Kentauren und Lapithen — als Gleichnis chaotischer Naturkräfte, über die sich im Standbild des hochragenden *Apollon* (Abb. 56) die göttliche Ordnung des Kosmos erhebt.

56 *Apollon vom Zeustempel in Olympia. Um 460 v. Chr. Olympia, Museum*

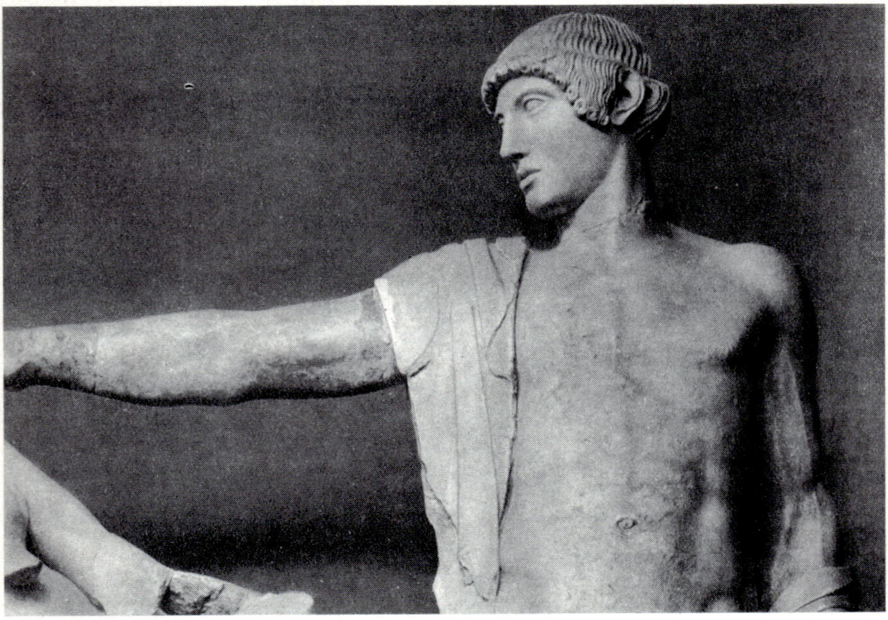

57
Atlas-Metope vom Zeustempel in Olympia. Um 460 v. Chr. Olympia, Museum

In den Metopenbildern beschreibt der Bildhauer die Taten des Herakles. In den ruhigen, ausgewogenen Kompositionen und in der Klarheit der Erzählung kommen zum ersten Mal in der Kunst Europas göttliche Güte und Milde zum Ausdruck (Abb. 57). Die Plastik von Olympia besitzt jedoch noch nicht die harmonische Gelassenheit, durch die sich die nachfolgende klassische Skulptur auszeichnet. Man rechnet sie daher der frühklassischen Periode zu.

Der Hauptmeister des hohen klassischen Stils ist der Athener PHIDIAS. Ihm und seiner Schule verdankt die Akropolis in Athen ihren reichen figürlichen Schmuck. Drei mächtige Götterbilder werden ihm zugeschrieben: das *Kultbild der Athene* im Parthenon, von dem uns nur spätere Nachbildungen (Kopien) in Form von Statuetten eine Vorstellung geben (Abb. 59), die *Athena Promachos*, deren Standbild zum weithin sichtbaren Wahrzeichen der Burg wurde, und das Bildwerk des thronenden *Zeus von Olympia*. Diese Werke vereinten göttliche Erhabenheit mit edlem Menschentum, überirdische Hoheit mit griechischer Schönheit. Es gehört zum Wesen der Kunst des Phidias, die Menschendarstellung der Alltäglichkeit zu entreißen und auf feierliche Weise geläutert erscheinen zu lassen. Die Erhabenheit phidiasischer Kunst erfüllt das Standbild des sog. »*Kasseler Apollon*« (Abb. 61). Phidias ist Idealist: seine Werke zeigen die Welt in idealer Verklärung. Selbst im Antlitz der *Medusa*, die in archaischer Zeit als grauenerregendes Ungeheuer dargestellt wurde, leuchtet der Glanz klassischer Schönheit (Abb. 60). Der Cellafries des Parthenons, der, wenn nicht von Phidias selbst, so doch von seinen nächsten Mitarbeitern geschaffen wurde, zeigt die Gruppen athenischer Männer und

58
Kore vom Erechtheion der Akropolis. Um 410 v. Chr. Schule des Phidias

59
Athene-Kultbild des Phidias im Parthenon. Um 440 v. Chr. (Verkleinerte Nachbildung der Gold-Elfenbein-Statue). Athen, Nationalmuseum

60
Medusa (Rondanini). Kopie nach einer um 400 v. Chr. entstandenen Arbeit aus dem Schulkreis des Phidias. München, Glyptothek

Frauen, die im Festzug schreiten, in ruhiger, würdevoller Bewegung. Freiheit und Stolz wohnen in den Figuren der *Reitergruppe* (Abb. 62), und selbst im Bild der tierischen Kreatur wohnen Ebenmaß und Harmonie.

Die Größe attischer Kunst lebt am Ende des Jahrhunderts in edlen Reliefs weiter. Sie zeigen als Grabmal den Verstorbenen in stillen Szenen wie in der Stele der *Hegeso* (Abb. 63) oder behandeln das Thema des Abschieds wie im *Orpheus-Relief* (Abb. 64). Aus der gleichen Zeit stammen die Figuren der Koren, die aufrecht und stolz das Gebälk der kleinen Halle am Erechtheion tragen (Abb. 58).

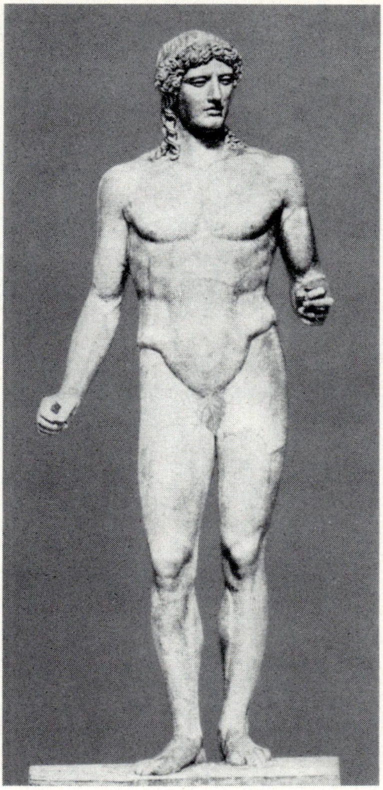

61
»Kasseler Apollon«. Römische Kopie nach dem um 450 v. Chr. entstandenen Original des Phidias. Kassel, Hessisches Landesmuseum

62 *Reitergruppe vom Parthenon-Fries. Werkstatt des Phidias, um 440 v. Chr. Athen*

63 *Grabstele der Hegeso. Marmorrelief um 410 v. Chr. Athen, Nationalmuseum*

64 *Orpheus-Relief. Um 420 v. Chr. Römische Kopie. Neapel, Nationalmuseum*

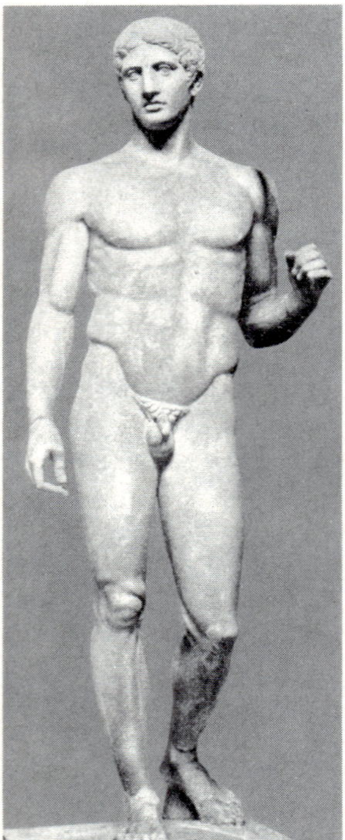

Der dorische Meister POLYKLET aus Argos, ein Zeitgenosse des Phidias, schuf in seinen Standbildern griechischer Jünglinge die Regel für den Aufbau der klassischen Statue. Ein Vergleich des archaischen Kuros von Tenéa (Abb. 50) mit dem *Speerträger* Polyklets (Abb. 65) verrät uns die Veränderungen: der Körper ruht nun in entspannter Haltung auf Stand- und Spielbein. Bei dieser Art des

65
Der Speerträger von Polyklet aus Argos. Um 440 v. Chr. Römische Kopie im Nationalmuseum, Neapel

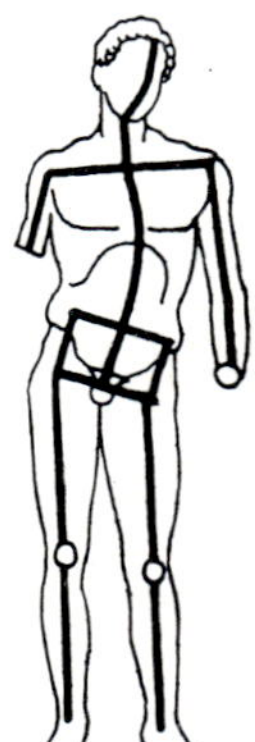

Achsenschema der klassischen Statue

Stehens verschieben sich die waagrechten Körperachsen zu schrägen Linien. Man nennt diese Stellung Kontrapost. Das Gleichgewicht wird durch eine seitliche Verschiebung des Oberkörpers wiederhergestellt (Ponderation). Auch der Speerträger Polyklets ist kein Porträt (Abbild), sondern Idealbild des griechischen Menschen. Ein Urteil des Römers Quintilian über die beiden Bildhauer lautet: »Polyklet und Phidias gehen beide über die Natur hinaus, läutern und steigern die menschliche Form, jener (Polyklet) zur Schönheit, dieser (Phidias) zur Erhabenheit.«

66
Sinnende Athene,
sog. Grenzstein-Athene.
Marmorrelief
um 460 v. Chr.
Athen, Akropolis-
Museum

67 *Der Diskuswerfer von Myron. Um 450 v. Chr. Römische Marmorkopie nach dem Bronzeoriginal. Rom, Thermenmuseum*

Der dritte große Meister der klassischen Zeit war MYRON, wenig älter als Phidias. Seine Werke waren wegen ihrer Lebensnähe schon im Altertum berühmt. Bekannt ist das Bronzebild seines *Diskuswerfers* (Abb. 67), dessen blitzschnelle Drehbewegung der Bildhauer (in einem »plastischen Schnappschuß«) im entscheidenden Augenblick festgehalten hat. Ein anderes Erzbildwerk Myrons schildert, wie der Silen Marsyas die von Athene weggeworfene Flöte findet. Die künstlerische Wirkung der Gruppe beruht auf dem Gegensatz zwischen der aufgeregten Gebärde des halbtierischen Gesellen und der ruhigen Hoheit der Göttin (Abb. 55), die in ihrer Haltung dem Reliefbild einer *sinnenden Athene* (Abb. 66) verwandt erscheint.

Die Erzbildnerei

erlaubt die Darstellung von Bewegungen, die im Stein wegen der Bruchgefahr nicht ausgeführt werden kann. Die bedeutendsten antiken Erzgießereien befanden sich in Sikyon auf der Peloponnes.

Die Bronze ist eine Mischung (Legierung) von Kupfer (80 Teile) und Zinn (20 Teile). Die Verbindung im Schmelzofen ergibt ein durch den Anteil des Zinns gehärtetes Metall von goldgelber Farbe, das später an der Luft nachdunkelt oder einen grünen Überzug (Pátina) ansetzt.

Nach dem Modell wird aus Lehm eine Hohlform hergestellt (Negativ), in der die Figur gegossen wird (Positiv). Wir unterscheiden Voll- und Hohlguß. Beim Hohlguß wird entweder in die Form ein Kern eingesetzt oder das flüssige Metall durch Schwenken und Stürzen über die Innenfläche der Form verteilt.

Eingebaute Luftpfeifen lassen die sich bildenden Gase aus dem Formstück entweichen. Die gegossene Figur wird geschliffen und schließlich poliert.

Der nachklassische Stil des 4. Jahrhunderts

verwandelt die große Klarheit in weiche Beseelung. Mit dem Zerfall des griechischen Staatswesens flüchtete der Mensch in die Romantik, in eine Welt der Gefühle und Empfindungen. Technisch hochbegabte (virtuose) Nachfolger traten auf.

68 *Hermes mit dem Dionysosknaben. Von Praxiteles(?). Um 330 v. Chr. Olympia, Museum*

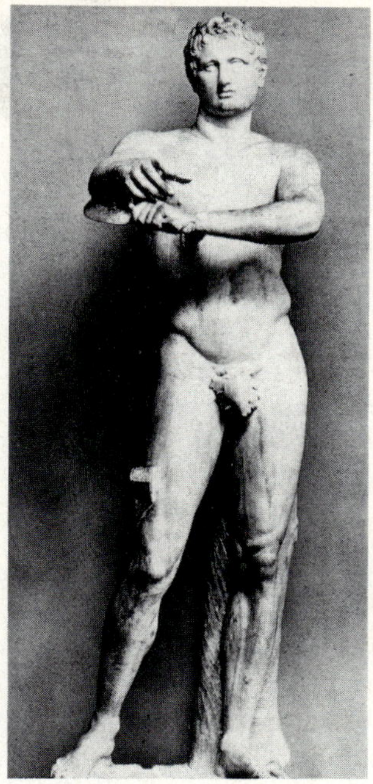

69 *Der »Schaber« von Lysipp. Um 330 v. Chr. Römische Kopie nach dem Bronzeoriginal. Rom, Vatikan*

70 *Der »Apoll von Belvedere«. Von Leochares. Um 340 v. Chr. Römische Kopie. Rom, Vatikan*

Zärtliche Weichheit erfüllt die Schöpfungen des PRAXITELES. In seinem *Hermes-Standbild* erzählt er eine kleine Geschichte: in wohliger Lässigkeit stützt sich der Arm des Gottes auf einen Baumstumpf; der kleine Dionysosknabe greift tolpatschig nach der Traube, die ihm der Gott entgegenhält (Abb. 68). Die Person des Gottes ist hier Bestandteil einer sentimentalischen Schilderung geworden, die an religiöser Tiefe verloren hat. Der *Apollon von Belvedere* des LEOCHARES tritt mit der Haltung eines Schauspielers auf und jede Bewegung seines Körpers zielt auf Wirkung (Abb. 70). Diese Bildwerke besitzen nicht mehr »die gymnastische Zucht der Klassik« (E. Langlotz).

In der 2. Hälfte des 4. Jahrhunderts beginnt im plastischen Bild des Menschen ein neues Schönheitsideal sichtbar zu werden. Im Standbild des »*Schabers*« von LYSIPP aus Sikyon (Abb. 69) ist ein Athlet von schlankem, sehnigem Wuchs dargestellt, der im Begriff ist, sich den vom Salböl verklebten Staub der Kampfbahn mit einem Schabeisen abzustreifen. Mit erstaunlicher Wirklichkeitstreue (Realismus) hat der Bildhauer diesen gewiß nicht schönen Vorgang dargestellt. Weit in den Raum stößt der rechte Arm des Jünglings vor, der nicht von der Hoheit der Gestalten des Phidias oder der Verträumtheit der Götterfiguren des Praxiteles erfüllt ist, sondern von menschlicher Tatbereitschaft und rastlosem Eifer. Mit Lysipp, dem Hofbildhauer König Alexanders, stehen wir am Ende der großen griechischen Skulptur.

Die hellenistische Plastik (etwa 330—30)

schuf im Relieffries des *Pergamon-Altars* (vgl. Abb. 43) eine leidenschaftliche Darstellung des Kampfes zwischen Göttern und Giganten. Es ist das alte griechische Thema der Überwindung der rohen Gewalten durch die Mächte der Ordnung und Harmonie. Neu an diesem Fries ist die zu wilden Ausbrüchen gesteigerte Dramatik der Darstellung. Das ungeheure Gewühl bewegter Körper ergibt in seiner Unübersehbarkeit und Gedrängtheit ein Bild malerischer Verunklärung, das »barock« anmutet.

Auch in der *Nike von Samothrake* wirkt der großartige Bewegungsdrang der Kunst des Hellenismus (Abb. 71). Die Figur der Siegesgöttin steht in kühner Ausfallstellung auf dem schmalen Bug eines Schiffes, das ein sturmgepeitschtes Meer zu durchpflügen scheint. In kampfgemuter Haltung wirft sie sich dem brausenden Wind entgegen, der an ihrem Gewand zerrt und es in großen Faltenbäuschen zusammenrafft. Die Aktivierung der plastischen Gestalt durch den Künstler gibt der Göttin das Tatbereite, das viele Werke des Hellenismus auszeichnet.

Zu den schönsten Schöpfungen zählen die Idealbildnisse von Staatsmännern, Gelehrten und Dichtern. Das Antlitz des *blinden Homer* modellieren Lichter und Schatten, deren Unbestimmtheit das Menschenbild auf malerische Weise vergeistigt (Abb. 72).

In später Zeit wird aus dem großen strömenden Pathos die wohlberechnete effektvolle Pose. Heftige Bewegungen und eine realistische Mimik in den schmerzverzerrten Gesichtern verleihen der *Laokoon-Gruppe* einen theatralischen Ausdruck. Die Richtungen der Körper (Achsen) streben auseinander, die plastischen Formen verschlingen sich zum Knäuel. Aus der ruhigen Geschlossenheit der klassischen Form ist in diesem Standbild ein lärmendes Schauspiel geworden, das den Überschwang der Bildwerke des 17. Jahrhunderts vorwegnimmt (Abb. 73). Andere Richtungen dieser Zeit schufen mit Vorliebe Zerrbilder (Karikaturen) der Wirklichkeit oder fanden Freude an süßlichen Darstellungen. Römische Auffassungen mischen sich mit griechischen. Ein neues Zeitalter ist im Aufbruch.

71
Nike von Samothrake. Um 180 v. Chr. Paris, Louvre

72
Homer. Idealbildnis. Um 50 v. Chr. Boston, Museum of Fine Arts

73
Laokoon-Gruppe der rhodischen Bildhauer Hagesandros, Polydoros und Athanadoros. Um 50 v. Chr. Rom, Vatikan

Die griechische Malerei

Die großen **Wandbilder** der griechischen Antike sind bis auf wenige Reste im Sturm der Zeiten untergegangen. Die Namen der Künstler hat uns die alte Literatur überliefert. Nach ihr soll POLYGNOT eine Bildergalerie auf der Akropolis (Pinakothek) und die »Bunte Halle« (stoa poikíle) um 460 mit Wandbildern ausgestaltet haben, ZEUXIS soll der Erfinder der Malerei von Licht und Schatten gewesen sein. APELLES soll seine Modelle täuschend naturähnlich wiedergegeben haben. Sicher waren jedoch die klassischen Wandbilder eine Malerei großer farbiger Silhouetten (Umrißbilder) ohne Raumsinn und ohne plastische Wirkung. Es ist nicht anzunehmen, daß sich die griechische Wandmalerei im naturgetreuen Abbild der Wirklichkeit erschöpft hat.

Totenklage. Geometrische Malerei auf einer attischen Amphora (Vase mit zwei Henkeln) um 750

In ihr Wesen geben uns **Vasenbilder** tiefere Einsicht als phantasievolle antike Schriftsteller. Manchmal werden in ihnen die Wandgemälde großer Meister wiederholt. Auch in der Vasenkunst lassen sich die großen Stilperioden er-

Links: Rotfiguriges Vasenbild des strengen Stils. Duris um 480. Mitte: Schwarzfiguriges Vasenbild des spätarchaischen Stils um 510 v. Chr. Rechts: Rotfiguriges Vasenbild des klassischen Stils. Kleophon-Maler um 450 v. Chr.

Kore von der Akropolis, um 530 v. Chr. Unbekannter Meister von Chios. Athen, Akropolis-Museum

Tafel 5

Abschied des Kriegers. Stamnos (Weinkrug) des Kleophon-Malers, um 440 v. Chr. München, Staatliche Antikensammlungen

kennen. In der geometrischen Zeit verzierte der Töpfer seine Gefäße mit einfachen »abstrakten« Schmuckmustern, die er in Streifen um die Wandung malte. Zum führenden Ornament wird die Mäanderlinie, benannt nach dem krümmungsreichen Fluß gleichen Namens. Da die schönsten geometrischen Vasen in Athen am Dípylon (Doppeltor) gefunden wurden, nennt man die Art ihrer Verzierung Dipylonstil (Abb. 46).

Schreitender Löwe
auf einer frühkorinthischen Vase des orientalisierenden Stils

Auf die geradlinige Zierweise folgen (zwischen 700 und 600 v. Chr.) die geschwungenen Formen des »orientalisierenden« Stils, so bezeichnet, weil der Schmuck an orientalische Motive erinnert. Man entdeckt auf diesen Gefäßen fremdartige Pflanzenranken oder geflügelte Fabeltiere, die mit dem Pinsel in dunklen Farben auf den hellen Ton der Vasen gemalt wurden. Fast gleichzeitig entstand in Korinth eine neue Technik der Vasenzeichnung: in die mit schwarzen Firnisfarben aufgetragenen Figuren wurden alle Einzelheiten der Binnenzeichnung (z. B. Augen, Haare, Gewandfalten) mit einer Nadel eingeritzt. Das neue Verfahren ergab eine scharfe Zeichnung der Details und eine klare Trennung der Flächen. Diese sog. schwarzfigurige Vasenmalerei reicht weit in die archaische Zeit hinein (Abb. 74).

Ungefähr von 530 an wird in Attika wieder eine neue Malweise angewendet, bei der aus dem schwarz gefirnißten Gefäßgrund die Figuren hell ausgespart wurden. In dieser rotfigurigen Vasenmalerei kam wieder der Pinsel bei der Durchzeichnung der Einzelformen zu seinem Recht (Abb. 75 und 76).

Die stilistische Übereinstimmung zwischen Malerei und Plastik ist auch weiterhin unverkennbar: in der archaischen Periode erscheinen auf den

74
Äneas mit Anchises und Askanios auf der Flucht. Archaisches Vasenbild um 520 v. Chr. (schwarzfigurig)

75
Perseus von einer Gorgone verfolgt. Rotfiguriges Vasenbild des beginnenden strengen Stils um 490 v. Chr. Sog. Berliner Maler. München, Staatliche Antikensammlung

Gefäßen die gleichen spitznasigen Gesichter mit mandelförmigen Augen unter zierlichen Lockenfrisuren wie in der gleichzeitigen Skulptur (Abb. 74). Ebenso spiegeln sich die Kunstformen der nachfolgenden Stile im Vasenbild: der strenge Stil zeigt sich in der Klarheit einer straffen Zeichnung (Abb. 75), der hohe Stil der Jahrhundertmitte erreicht die Vollkommenheit der Zeitstufe der großen Bildhauer (Farbtafel 6). Wie in den Giebel- und Metopenbildern des Parthenon erkennt man auch im Vasenbild die klassische Vollendung im edlen Wuchs der Figuren, im Adel ihrer Haltung und im schönen Faltenfluß der Gewänder (Abb. 76). Gegen Ende des 5. Jahrhunderts verliert die Kunst der Vasenmalerei ihre einstige Größe.

Bedeutende Vasenmaler sind in archaischer Zeit Klitias, Ergotimos, Amasis, Exekias und Sosias, in der Zeit des strengen Stils Duris und Brygos, in der Klassik der Kleophon-Maler und Meidias. Den Bildschöpfungen des Hellenismus werden wir im Abschnitt über die römische Kunst begegnen.

76
Penelope am Webstuhl. Rotfiguriges Vasenbild des klassischen Stils um 450 v. Chr. Sog. Penelope-Maler. Chiusi, Museum

Die Kunst der Römer

»Nützlicher ist mir mein Gaul, mein Reitknecht,
Mantel und Zeltdach — als ein Philosoph.«
C. Lucilius (180—102 v. Chr.)
römischer Satirendichter

Zwei Lehrmeistern verdankt die Kunst des römischen Imperiums hauptsächlich ihre Größe: den Etruskern, von denen die Baumeister technische Konstruktionen übernahmen, und den Griechen, von denen Rom künstlerische Formen empfing. Zu diesem Erbe traten die Tüchtigkeit des römischen Volkes und sein gesunder Sinn für praktische Dinge.

Einwanderung der Etrusker in die italische Halbinsel	um 1000—800 v. Chr.
Ausbreitung ihrer Herrschaft	um 750—500
Politischer Abstieg	um 500—295
Niederlage bei Sentinum und Anerkennung der römischen Herrschaft	295
Verleihung der römischen Bürgerrechte	89
Nach Aufständen Vernichtungskrieg Sullas	82— 79

Die etruskische Kunst

Das vermutlich aus dem Osten eingewanderte Volk der Etrusker (auch Tusker), nach dem die heutige Landschaft Toskana benannt ist, muß, nach der Schönheit seiner erhaltenen Kunstwerke zu urteilen, einen hohen Kulturstand besessen haben.

Rekonstruktion eines etruskischen Tempels (ohne Podium)

In der etruskischen Totenstadt Cervéteri wurden Sarkophage gefunden, auf denen die Verstorbenen in lebensgroßen Tonfiguren abgebildet sind. Meist sind es Ehepaare, lebensfrisch und heiter dargestellt, als hätten sie sich eben auf schöner Ruhestätte zu fröhlichem Schmaus gelagert (Abb. 77). In den Grabkammern sind die Wände mit leuchtenden Fresken geschmückt, deren flacher Figurenstil mit der altgriechischen Malweise verwandt ist (Farbtafel 7). Auch die Plastik knüpft an griechische Vorbilder an. Der Kopf des sog. *Apoll von Veji* (Abb. 78) erinnert an archaische Skulpturen der Griechen. Die ausdrucksvolle, beinahe derbe Mimik des lächelnden Gesichtes ist jedoch für etruskische Art bezeichnend. Die »Kapitolinische Wölfin«, das Wahrzeichen Roms, ist eine etruskische Arbeit (Abb. 79). Ihre Mischung aus strenger Stilisierung und packender Wirklichkeitsnähe ist charakteristisch für das Wesen etruskischer Kunst.

77

Totenlager. Etruskischer Tonsarkophag aus Cerveteri. Um 550 v. Chr. Rom, Villa Giulia

78

Kopf des Apollon von Veji. Um 500 v. Chr. Terrakotta. Rom, Villa Giulia

79

Die kapitolinische Wölfin. Um 500 v. Chr. Bronze. Rom, Kapitolinisches Museum

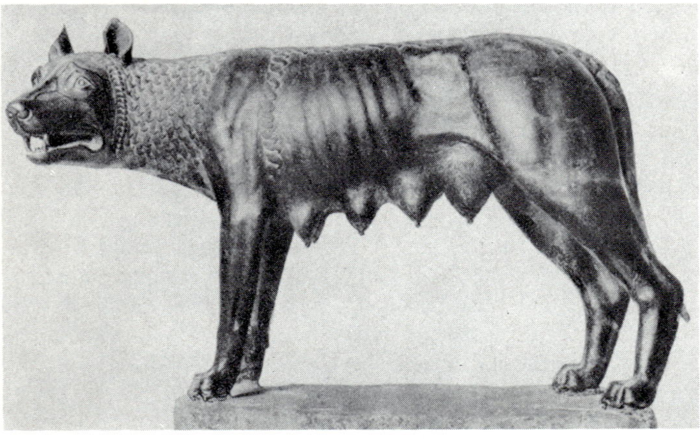

Das gelehrige Volk der Etrusker besaß ausgezeichnete Baumeister. Die Art ihres Tempelbaues, der als Holzkonstruktion mit weit vorgezogenem Dach und tiefer Vorhalle auf einem hohen Podium stand, wurde später von den Römern übernommen. Auch die etruskische **Säule** wurde von den Römern weiterentwickelt. Sie erhob sich auf einer Basis, die aus einer Bodenplatte (Plinthe) und einem Wulst bestand (1 u. 2). Der Säulenschaft (3) wurde durch ein Kapitell abgeschlossen, das sich, ähnlich dem dorischen, aus Ring (4), Wulst (5) und Deckplatte (6) zusammensetzte. Als toskanische Säule lebte ihre Form unter den fünf Säulenordnungen der Renaissance weiter.

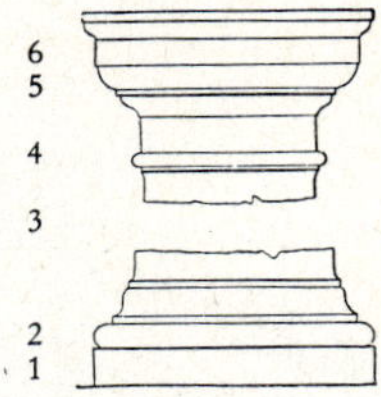

Toskanische Säule

Der römische Ingenieur Vitruvius Pollio berichtet in seinem Werk »De Architectura« von den technischen Kenntnissen der Etrusker. Sie waren Meister des echten Bogenbaues, bei dem die Steine oder Ziegel keilförmig in die Halbkreisform vermauert werden, und kannten die Technik, ein Tonnengewölbe durch Hintereinanderreihung der Bögen zu errichten. Solche Tonnen lassen sich durch eingezogene Gurtbögen verstärken (vgl. Abb. 94). Die römischen Architekten haben später aus der senkrechten Durchdringung zweier Tonnengewölbe das Kreuzgratgewölbe geschaffen.

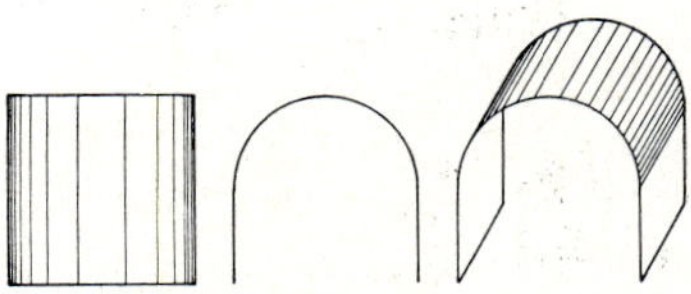
Tonnengewölbe

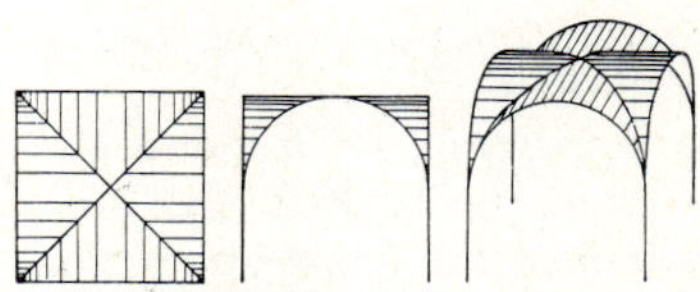
Kreuzgratgewölbe

Die römische Baukunst

In der römischen Architektur lassen sich, wenn man eine gewisse Vereinfachung in Kauf nehmen will, zwei stilistische Richtungen unterscheiden: ein klarer Stil, den man klassizistisch nennen darf, weil er sich die Formen der griechischen Klassik zum Vorbild nimmt, und ein unruhig-bewegter Stil, der wegen seiner Überladenheit barock erscheint.

Der römische Tempel

steht wie der etruskische auf einem hohen Podium, zu dem eine Treppe hinaufführt. Er besitzt im Gegensatz zum griechischen Tempel nur einen Eingang. Vor der Cella, deren Außenseiten meist durch Halbsäulen gegliedert sind,

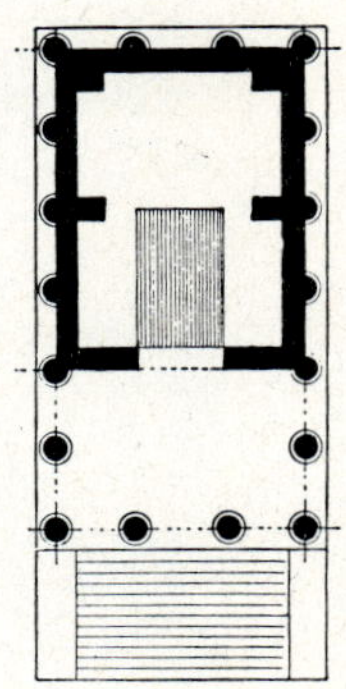
Grundriß des Tempels der Fortuna virilis in Rom

80
Tempel in Nîmes. Sog. »Maison Carrée«. Anfang des 1. Jh. n. Chr.

erhebt sich eine tiefe, offene Vorhalle. Als Schmuckformen bevorzugten die Römer die des korinthischen Stils wie beim Tempel in *Nîmes*, der sog. »Maison Carrée« (Abb. 80). In der Einteilung des Innenraums treten Neuerungen auf: Nischen an den Längswänden der Cella und oft eine weitere Nische in der Mitte der Rückwand, in der das Kultbild seinen Platz fand. Diese Einbuchtung wird in späterer Zeit zur sogenannten Apsis.

Einen kreisförmigen Grundriß erhielt das römische *Pantheon*, das in seiner heutigen Gestalt aus der Zeit Hadrians stammt (Abb. 81). Eine tiefe Vorhalle führt in einen wunderbaren Kuppelraum, der sein gleichmäßiges Licht durch eine kreisrunde Öffnung von oben erhält. Die gewaltige Raumschale der Kuppel ruht auf einem ringförmigen Unterbau, der sich im Innern in sieben Nischen gliedert (Abb. 82). Sie sind in die starken Mauern eingeschnitten und mit korinthischen Säulen geziert. Schöne Kassettenfüllungen beleben das Kuppelrund. Reicher Skulpturenschmuck zierte den einst allen Göttern geweihten Bau, der in christlicher Zeit zur Kirche S. Maria Rotonda wurde.

81
Das Pantheon in Rom. Errichtet 27 v. Chr. durch Agrippa, erneuert 118—125 n. Chr. unter Hadrian

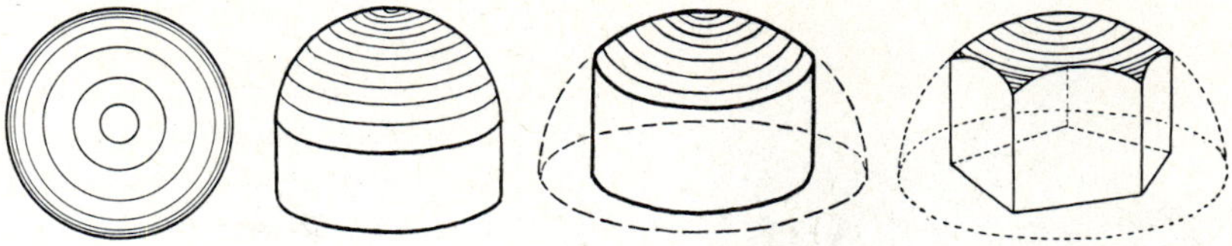

Kugelgewölbe Kalotte Böhmische Kappe

Die Kuppel des Pantheons ist ein Kugelgewölbe, eine Bauform, die bereits der Orient ausgebildet hat. Es erhebt sich als Halbkugel über einem kreisförmigen Grundriß. Wird die Halbkugelform an beliebiger Stelle horizontal durchgeschnitten, so ent-

82 *Der Kuppelraum des Pantheons. 120—124 n. Chr.*

steht eine Flachkuppel, die sog. Kalotte. Sie ruht wie das Kugelgewölbe auf einem zylindrischen Baukörper. Soll eine Flachkuppel über einem beliebigen Vieleck errichtet werden, so wird sie wie die Kalotte aus der Halbkugel ausgeschnitten. Sie heißt dann böhmische Kappe.

Die barock-bewegte Art römischer Baukunst lernen wir an dem kleinen Rundtempel von *Baalbek* kennen (Abb. 83). Sein Grundriß zeigt, in welch lebhaft geschwungenen Kurven das Gebälk des Tempelchens die Hufeisenform der Cella umzieht. Die konkaven (nach innen geschweiften) Schwünge der Gesimse, deren Kurvenenden jeweils auf prächtigen korinthischen Säulen

83
Rundtempel von Baalbek (Syrien). Um 200 n. Chr. Barock geschweiftes Gebälk

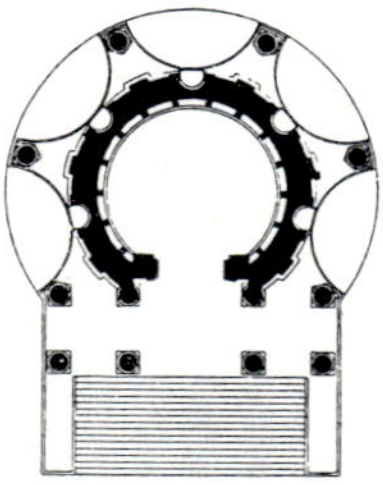

Grundriß
des Rundtempels
von Baalbek

ruhen, und die Freistellung dieser Säulen vor der Cellawand ergeben eine Ansicht von malerischer Wirkung, die auch der Barock des 17. Jahrhunderts schätzte.

Ein neues Kapitell entstand in Rom in der Verbindung der korinthischen Kelchform mit den ionischen Voluten. Die mit üppigen Akanthuswedeln gezierte neue Form wird als römisches Kompositkapitell bezeichnet.

Die Vorliebe der Römer für prächtige Schmuckformen äußerte sich in reich dekorierten Friesen, in denen sie gern Waffen und Trophäen aneinanderreihten. Ein Meisterwerk römischer Bauplastik ist das Relief des *Siegesadlers* an einer Wand der Apostelkirche in Rom (Abb. 84). Ein anderes römisches Schmuckmotiv ist die *Früchtegirlande* (Feston). Ihre Form finden wir an einem römischen Sarkophag (Abb. 85). Viele Jahrhunderte später wird sie von den Baumeistern des Barock in prächtigen Kirchen und Schlössern ebenso häufig wiederholt wie die dekorativen Schneckenformen der römischen Akanthus-Ranken von der *Ara Pacis* (vergl. Abb. 105).

Römisches Kompositkapitell

Römischer Rankenfries

84 *Der römische Adler. Rom, Apostelkirche*

Der Palastbau

bestand aus einer Reihe in der Längsachse geordneter Gebäude. Beim Domitianspalast in Rom hatte man eine Basilika und einen Säulenhof zu durchschreiten, um in die hohe Empfangshalle (Aula Regia) zu gelangen. In enormen Abmessungen erbaute Diokletian seinen Palast in Spalatum, dem heutigen Split, in Dalmatien. Die Gebäudegruppen waren, rechtwinklig geordnet, über ein riesiges Quadrat verteilt, das von kreuzförmig angelegten Straßen durchschnitten wurde. Die Grundgestalt des römischen Castrum ist, beinahe maßlos vergrößert, im Gesamtplan zu erkennen. Der heutige Stadtplatz von Split war einst nur ein Vorhof zum kaiserlichen Vestibül.

85 *Früchtegirlande (Feston) von einem römischen Girlanden-Sarkophag. Um 140 n. Chr. Venedig, Museo Archeologico*

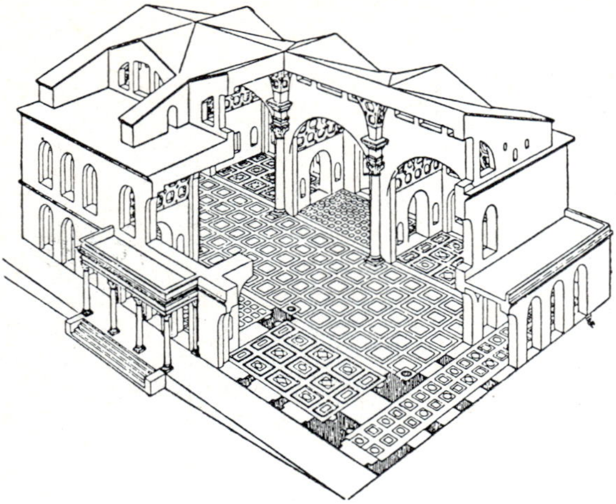

Rekonstruktion der Basilika des Maxentius (auch Basilika des Konstantin genannt)

86 *(unten)*
Die Basilika des Maxentius in Rom. Vollendet um 315 n. Chr. Blick in die Nischen eines Seitenschiffes

Die römische Basilika

Der praktische Sinn der Römer schuf zahlreiche Nutzbauten und gewaltige technische Anlagen, deren Größe die der Tempel übertrifft.

Große Hallenbauten kannten schon die Griechen. Der Amtssitz des obersten Staatsbeamten, des Archon Basileus, befand sich in der »Basilika«. Das Innere dieser Versammlungshallen war in Schiffe aufgeteilt, von denen in der Basilika von *Pompeji* das mittlere breiter ist als die beiden Seitenschiffe.

In der Basilika des Maxentius (Abb. 86) war die Mittelhalle mit Kreuzgratgewölben gedeckt, die beiden Seitenschiffe in je drei kolossale Nischen gegliedert. Ihre riesigen Tonnengewölbe stehen noch heute. Diese Aufteilung der Nebenschiffe in einzelne »Kapellen« wird in der barocken Kirchenbaukunst wieder aufgenommen.

87
Theater in Orange,
20—40 n. Chr.

Die Thermen

ähnelten in der Regelmäßigkeit ihres Grundrisses den Palastbauten. Sie waren mit verschwenderischem Luxus ausgestattet. Die Mitte des Hauptgebäudes nahmen die Badehallen ein, in denen ein Kaltbad (frigidarium), ein Laubad (tepidarium) und ein Warmbad (calidarium) hintereinander geordnet waren. Wie gewaltig die Ausmaße der römischen Bäder waren, lehrt ein Blick in das Tepidarium der einstigen Diokletiansthermen, das Michelangelo im 16. Jahrhundert in den prächtigen Innenraum der Kirche S. Maria degli Angeli verwandelte.

Das römische Theater

unterscheidet sich von seinem griechischen Vorgänger: die Orchestra ist bei ihm nicht Spielplatz, sondern (neben den Rängen) Raum für vornehme Besucher. Der Zuschauerraum beschreibt einen genauen Halbkreis. Die erhöhte Bühne wird rückwärts von einer mehrstöckigen Wand abgeschlossen wie im Theater von *Orange* (Abb. 87).

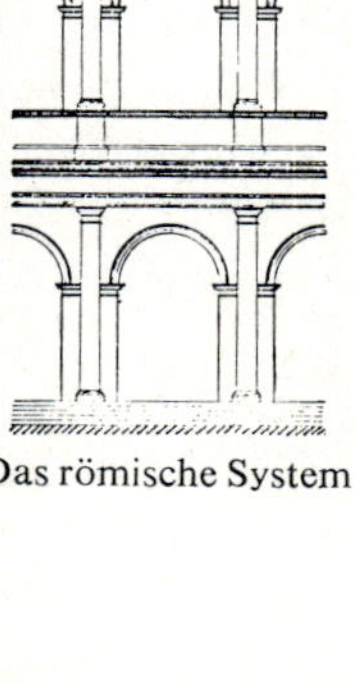

Das römische System

Das ovale **Amphitheater** hat kein griechisches Vorbild. Es diente den Römern als Schauplatz der Gladiatorenkämpfe. Das flavische Amphitheater in Rom, bekannt als »*Colosseum*«, konnte 45000 Zuschauer aufnehmen. Der Bau war ein Meisterwerk römischer Ingenieurkunst (Abb. 88). Seine Außenwand erhob sich in drei Arkadengeschossen. Ein bei den Römern beliebtes Mittel der Wandgliederung tritt hier auf: kräftige Bogenreihen (Arkaden) werden in Stockwerken übereinander gestellt. In der Mittelachse der bogentragenden Pfeiler nehmen Halb- oder Dreiviertel-Säulen als sog. Wandvorlagen die Gesimse auf. Bei dieser Ordnung, die man römisches System nennt, werden im unteren Geschoß dorische, im mittleren ionische und im obersten korinthische Säulenformen verwendet, eine Gliederungsweise, von der später Renaissance

88
Das flavische Amphitheater. Sog. »Colosseum«. Vollendet 80 n. Chr. »Römisches System« der Wandgliederung

und Barock häufig Gebrauch machen. Die Anlageform des Amphitheaters von *Arles* (Abb. 89) entspricht im wesentlichen der des Colosseums.

Der Triumphbogen

entstand vielleicht aus einer für den Einzug der Truppen aufgebauten Ehrenpforte. Später errichteten sich die Kaiser in den Triumphbögen bleibende Denkmale ihrer Siege. Der Bogen Kaiser *Konstantins* (Abb. 90) veranschaulicht die triumphale Größe dieser Siegesarchitektur. Wie eine Palastfront steht seine

89
Amphitheater in Arles, um 100 n. Chr.

90
Der Triumphbogen des Konstantin in Rom, 312—315 n. Chr.

reich gegliederte Fassade vor uns, durch die drei Tore führen. Den schweren Pfeilern sind Säulen vorgelegt, die auf hohen Sockeln stehen und in Kompositkapitellen enden. Das darüber liegende Gebälk springt jeweils über den Säulen vor. Diese Art einer bewegten Gliederung der Gesimse und des Architravs nennt man Verkröpfung. Sie wurde zu einem beliebten Formmittel des Barock. Über dem Gesims ist ein Scheingeschoß, die sog. Attika, als krönender Abschluß des Bauwerks errichtet, dessen Bestimmung eine Inschrift verkündet.

Die römische Schrift

wurde zur Ausgangsform unserer heutigen Buchstaben. Die Bauinschrift des Konstantinbogens setzt sich aus Großbuchstaben (litterae capitales) zusammen. Diese »römische Kapitale« heißt wegen der quadratischen Form der Einzelbuchstaben »capitalis quadrata«. Ursprünglich eine Steinschrift, wurde sie wegen ihres feierlichen Charakters bis in das Mittelalter hinein als Schreibschrift (Buchschrift) verwendet. Unsere »Antiqua-Schrift« benutzt noch heute Buchstaben der römischen Kapitale.

Flüssiger sind die Formen der »römischen Rustika«. Sie ist nicht bäuerlich-derb, wie ihre Bezeichnung sagt, sondern locker und wohlgeformt. Aus ihr entstanden die späteren Schreibschriften. Diese schnellen Verkehrsschriften werden »Kursive« (lat. currere = laufen), also Laufschriften genannt. In der Kursivschrift bildeten sich mit der Zeit aus den Großbuchstaben (Majuskeln) die Kleinbuchstaben (Minuskeln).

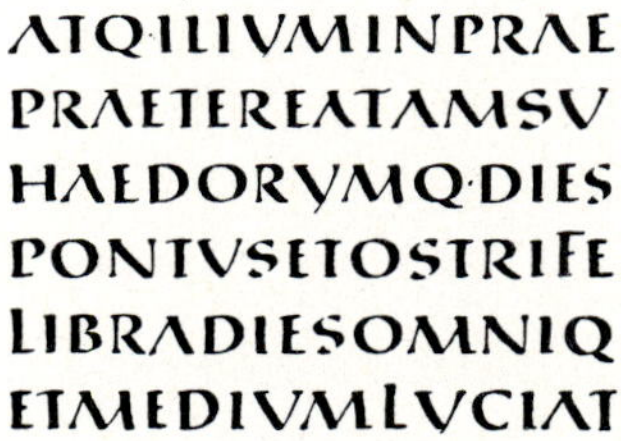

Römische Kapitalschrift

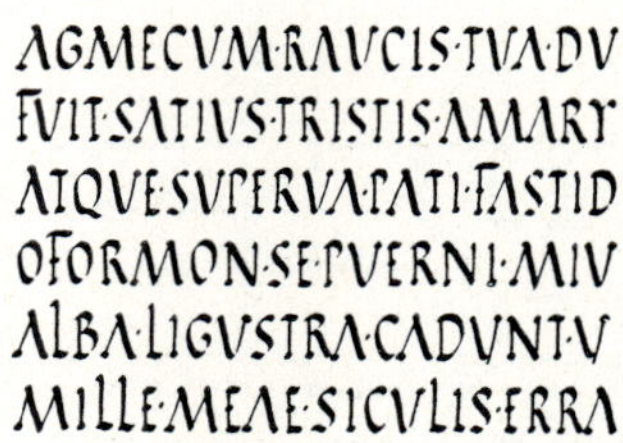

Römische Rustikaschrift

91
Die »Porta Nigra« in Trier, um 280 n. Chr.

Das römische Stadttor

ist in einem außerordentlich einprägsamen Beispiel auf deutschem Boden erhalten. Die berühmte *Porta Nigra* in Trier (Abb. 91) nimmt das machtvolle Motiv der Arkadenstockwerke (vgl. Colosseum) im Mittelbau und in den Flankentürmen auf. Das Erdgeschoß mit den beiden Durchfahrten ist als monumentaler Sockel des Bauwerks gebildet. Man versteht beim Anblick dieser imperialen römischen Architektur, daß für die frühmittelalterliche Baukunst der deutschen Kaiserzeit der Begriff »romanischer Stil« geprägt wurde (vgl. Teil II).

Das römische Privathaus

zeigt eine klare und symmetrische Anordnung seiner Räume. Man betrat das Haus durch ein Vestibül (vestíbulum), von dem man ins Atrium, den eigentlichen Empfangsraum, gelangte. Das *Atrium* (Abb. 92) war ein rechteckiger Hof, dessen Dächer schräg nach innen abfielen und ein Rechteck zum Ablauf des Regenwassers (compluvium) freiließen; eine gemauerte Grube in der Mitte des Atriums (impluvium) nahm das Naß auf. An den Langseiten lagen geschlossene Räume, deren beide letzte in der Reihe offene Flügel (alae) waren. Vom Atrium aus betrat man den Speisesaal (tablinum), neben dem häufig ein Gang in einen Säulenhof (Peristyl) oder einen Garten führte.

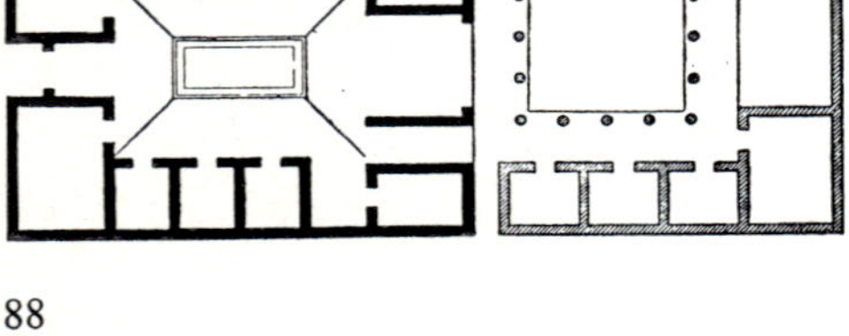

Grundriß eines römischen Hauses

92 *Römisches Atrium aus dem »Haus der Silbernen Hochzeit« in Pompeji. Um 60 n. Chr.*

Die Aquädukte,

Meisterleistungen der römischen Ingenieure, sind kilometerlange Wasserleitungen, die von den Quellen im fernen Gebirge gesundes Wasser auf hochgestelzten Bogenbrücken in die Städte brachten. Ihre kühnen technischen Konstruktionen

93 *Römische Wasserleitung bei Segovia (Spanien), zwischen 30 v. und 14 n. Chr.*

94
Gewölbebildung im Nymphäum in Nîmes, um 10 v. Chr.

haben zwei Jahrtausenden standgehalten. Der bekannte *Aquädukt* bei Nîmes überbrückt in einer Länge von 269 Metern ein tief eingeschnittenes Flußbett. Eine ähnliche Wasserleitung findet sich beim spanischen Segovia (Abb. 93). Noch aus antiker Zeit stammt die Wasserzufuhr vieler Brunnen Roms, so etwa die der Fontana Trevi (s. Teil III).

Das Brunnenhaus

Die klare Schönheit römischer Wölbkunst spricht aus der Decke des sog. *Nymphäums* zu Nîmes, eines einstigen Brunnenhauses (Abb. 94). Kraftvolle Gurtbögen verstärken die auf mächtigen Gesimsen ruhende Gewölbetonne, deren Hausteine im Keilschnitt eingesetzt sind. Der Wechsel in der Verdachung der Nischen mit Dreiecksgiebeln und Segmentbögen schuf eine aufgelockerte Gliederung der Längswände. Wieder ist diese Art des Wandschmucks von den altertumskundigen Architekten der Renaissance übernommen worden.

Die römische Plastik

Die nüchternen Römer hatten zum Leben ein anderes Verhältnis als die beschwingten Griechen. Ihnen galt die greifbare Wirklichkeit mehr als philosophische Betrachtungen über die Herkunft von Göttern und Menschen. Die römische Bildhauerkunst sah daher ihre Aufgabe nicht in der Darstellung religiöser und sagenhafter (mythologischer) Stoffe, sondern wandte sich der Wiedergabe des Menschen im Bildnis und der Schilderung geschichtlicher Ereignisse im Relief zu.

Flötenspieler, um 450 v. Chr. Etruskisches Wandbild
im Grab der Leoparden, Tarquinia

Wandbild im Triclinium der Villa der Mysterien in Pompeji (Ausschnitt), um 60 v. Chr. Einführung in die dionysischen Mysterien

95
Augustus als Feldherr. Marmorstatue aus der Villa der Livia bei Primaporta. Um 20 v. Chr. Rom, Vatikan

Die Bildniskunst

Schon die Zeit der Republik hat von den Männern des öffentlichen Lebens Bildnisbüsten hinterlassen. Im Gegensatz zu den griechischen Idealbildnissen (z. B. Perikles, Homer) geben sie die äußere Erscheinung des Dargestellten naturgetreu wieder. Es entstehen in Rom also echte Porträts. Die *republikanische Bildniskunst* ist wohl im Stil ein wenig trocken, aber sicher von zuverlässiger Übereinstimmung mit der Physiognomie des Dargestellten (Abb. 96 bis 98). Die Wurzeln dieser realistischen Porträtkunst reichen in einen alten Ahnenkult zurück. Wachsbilder der Verstorbenen standen in jedem römischen Haus.

In der Zeit des Augustus lehnte sich die römische Kunst stark an die klassischen griechischen Vorbilder an, so daß man von einem »augustäischen Klassizismus« sprechen kann: er ist das künstlerische Bestreben, die Formen

96 *Doppelbüste eines röm. Ehepaares (»Cato und Porcia«). Rom, Vatican*
97 *Sitzbild des Claudius Marcellus. Rom, Kapitolinisches Museum*
98 *Bronzestatue d. Rhetors Aulus Metellus, 2. Jh. v. Chr. Florenz, Museo Archeologico*

99 *Bildnis der Julia, Tochter des Kaisers Titus. Rom, Kapitolinisches Museum*
100 *Bildnis der Octavia, Schwester des Kaisers Augustus. Paris, Louvre*
101 *Reiterbildnis des Kaisers Marc Aurel. Um 170 n. Chr. Bronze. Rom*

102

Kolossalstatue des Kaisers Konstantin im Lateran. Um 320 n. Chr.

103

Marmorbüste des Commodus als Herkules. Um 190 n. Chr. Rom

der griechischen Klassik zu neuem Leben zu erwecken. Diese Hinwendung zu den Idealen der Phidiaszeit vollzieht sich auch im Bildnis.

Im Standbild des *Augustus* von Primaporta wird der Kaiser in der erhabenen Stellung des Kriegsherrn dargestellt, der mit der ausholenden Geste des Redners eine Ansprache an seine Truppen hält (Abb. 95). Bewußt hat der Bildhauer hier die klassische Stellung des Speerträgers von Polyklet wiederholt: die Art des Stehens auf Stand- und Spielbein (vgl. Abb. 65). Trotz der starken Idealisierung des Herrscherbildes zeigt der Kopf persönliche (individuelle) Züge. Selbst Einzelheiten der Frisur sind nicht übersehen. Man erkennt Augustusbildnisse an der »Zangenfrisur«, bei der auf der Stirn zwei Haarlocken zangenartig zusammenstoßen. Aus der augusteischen Zeit stammen schöne Frauenbildnisse wie das der *Octavia* (Abb. 100), aus der flavischen das einer vornehmen römischen *jungen Dame* (Abb. 99). Über den regelmäßigen Formen ihres hübschen Gesichts erhebt sich eine kunstreiche Frisur aus vielen kleinen Locken, deren malerische Schatten einen lebhaften Kontrast zu den ruhigen Flächen des Antlitzes bilden. In den Jahren der Adoptivkaiser entstand das berühmte Reiterstandbild des Kaisers *Marc Aurel* (Abb. 101). Noch 1300 Jahre später wurden die Bildhauer der Renaissance von den monumentalen Formen des kaiserlichen Reiterbildes zu neuen Schöpfungen angeregt (Teil III). Die Statue des *Konstantin* (Abb. 102) ahmt im Aufbau die klassische Haltung des Augustus von Primaporta nach, doch ist in ihr das freie, gelöste Stehen der Augustusfigur erstarrt. Den Verfall der römischen Bildniskunst empfinden wir am deutlichsten in der selbstgefälligen Büste des *Commodus* (Abb. 103), der sich in ihr als Herkules mit Keule und Löwenfell gibt. Die eitle Pose, die affektierte Haltung und die Leere des glatten Gesichts zeigen den Niedergang einer ehemals großen Gesinnung.

104
Kaiserliche Familie. Vom Fries der Ara Pacis, Rom. Entstanden 13—9 v. Chr. Florenz

Die Reliefkunst

Den Hauptschmuck des großen *Friedensaltars* (ara pacis) des Augustus (Abb. 105) bildete ein Fries mit der Darstellung einer feierlichen Opferprozession, an der die kaiserliche Familie teilnimmt (Abb. 104). Das klassische Vorbild war das hoheitsvolle Relief des Parthenonfrieses. Eine würdevolle Steifheit unterscheidet das augusteische Relief von dem fließenden Stil der Parthenonfiguren.

105
Der Friedensaltar (ara pacis) des Augustus. 13—9 v. Chr.

106 *Siegessäule des Marc Aurel. 176—193 n. Chr. Rom*

107/108 *Reliefs von den Säulen des Trajan (um 110 n. Chr) u. des Marc Aurel (um 190 n. Chr.)*

Die Epoche Trajans wurde zu einer Blütezeit der Reliefkunst, als der Kaiser seine Siege über die Daker auf hoher Säule verherrlichen ließ. Die Säule wurde zu einem wahren Bilderbuch der Kunst und der Geschichte (Abb. 107). Nach ihrem Vorbild ließ der Senat die *Marc-Aurel-Säule* (Abb. 106) errichten, deren Reliefband die Siege über die Markomannen zum Thema hat (Abb. 108). Die kulturgeschichtliche Bedeutung dieser Bildwerke übertrifft ihren Kunstwert. Die Werke der Kaiserzeit sind Erscheinungen der Hofkunst und dienen der Repräsentation, das heißt, sie wollen Glanz und Würde des Kaiserhauses verkünden.

Die Steinschneidekunst

Schon die Ägypter, Babylonier, Griechen und Etrusker beherrschten die Technik, in die geschliffenen Flächen von Halbedelsteinen Bildzeichnungen einzugravieren.

Steine mit vertiefter Bildgravierung nennt man Gemmen (Einz. Gemme). Die geschnittene Figur ist eine Negativform, deren positives Bild erst im Abdruck sichtbar wird. Die Kunst des Gemmenschnitts übernahmen die Römer von den Griechen in so vollendeter Art, daß es oft nicht möglich ist, hellenistische und römische Gemmen voneinander zu unterscheiden.

Dagegen waren die Römer sehr selbständig im Anfertigen erhabener Darstellungen auf Halbedelsteinen. Der sog. Kaméo (Mehrz. Kaméen) trägt auf seiner Oberseite positive Bilder. Gern wurden geschichtete Steine verwendet, bei denen eine helle Bilddarstellung gegen einen dunklen Untergrund steht. Der berühmteste Kaméo ist die sog. »*Gemma Augustéa*«, auf der Augustus und Roma beim Triumph des Tiberius zu sehen sind (Abb. 109).

109 *Augustus und Roma beim Triumph des Tiberius. Sog. »Gemma Augustea« (obere Hälfte). Um 12 n. Chr. Wien, Kunsthistorisches Museum*

Die hellenistisch-römische Malerei

Bei den auf italischem Boden vorgefundenen Gemälden ist der Anteil griechischer und römischer Handwerker oft nicht auseinanderzuhalten.

In Pompeji haben sich viele kostbare **Wandbilder** in ihrer ursprünglichen Schönheit und Frische erhalten. Der Stil dieser Gemälde ist nicht einheitlich und die Richtungen lösen einander in rascher Folge ab. Wir können vier Stile unterscheiden. Bestimmte Zeiten (2. Stil 80—20 v. Chr. und 4. Stil 63—79 n. Chr.) liebten es, die Innenräume mit gemalten (Schein-)Architekturen zu schmücken. Ganze Gebäudefluchten wurden mit dem Pinsel an die Wände gezaubert; gemalte Säulen, Pilaster (Wandpfeiler) und Gesimse täuschten durch geschickte Schattengebung Raumwirkungen vor (Abb. 110). In reizvollen Durchblicken wurden oft zwischen den Scheinbauten Landschaften und Gärten in frohen Farben wiedergegeben. Diese Malerei, die Wände zu durchbrechen scheint, erweckt im Betrachter die Illusion der Wirklichkeit. Solche »illusionistische« Kunst kehrt in den Gemälden barocker Kirchenkuppeln wieder.

110 *Inneres eines Zimmers im Haus der Vettier in Pompeji. 4. Stil. Um 70 n. Chr. Wandbilder in Verbindung mit Scheinarchitekturen*

In einem *römischen Wandbild* geht unser Blick über die felsige Küstenlandschaft der Odysseus-Sage (Abb. 111). Der Meisterschaft des Malers gelang es, huschendes Sonnenlicht und dämmerige Schatten über die wilde Natur auszubreiten, ja sogar die dunstige Meeresluft mit dem Pinsel wiederzugeben. Erst am Ende des 19. Jahrhunderts

111 *Die Ankunft des Odysseus im Lande der Laistrygonen. Aus einem Haus auf dem Esquilin in Rom. Um 40 v. Chr. Vatikan*

wird von den Künstlern des Impressionismus die »Malerei der Atmosphäre« wieder aufgegriffen (Teil IV).

Schwere Formen erfüllen ein anderes Wandbild, dessen Gestalten ein feierlicher Ernst innewohnt (Abb. 112). Das Gemälde ist die Kopie eines in ein Heiligtum gestifteten Votivbildes und »kommt dem Stil der klassischen griechischen Wandbilder am nächsten« (Curtius). Ein junges Mädchen wird zur Priesterin geschmückt. Die ältere Schwester ordnet das Haar der Novize. Die jüngere Schwester schmiegt sich an die Mutter, die in majestätischer Haltung dem ernsten Vorgang beiwohnt.

112
Die Einkleidung der Priesterin. Stuckgemälde des 3. Stils aus Herkulaneum, um 50 v. Chr. Neapel, Nationalmuseum

Von gleicher Feierlichkeit sind die Wandbilder im Triclinium (Speisesaal) eines pompejanischen Landhauses, das nach dem mystischen Inhalt der Fresken die Bezeichnung »*Villa der Mysterien*« erhalten hat. Ein Fries von neunundzwanzig fast lebensgroßen Gestalten, die durch die Weihehandlung der dionysischen Mysterien miteinander verbunden sind, schmückt drei Wände des Saals. Das um 60 v. Chr. entstandene Fresko eines unbekannten Künstlers geht nach L. Curtius auf ein griechisches Vorbild des 4. Jahrhunderts zurück.

Im Wechsel von ruhevollen und bewegten Szenen gibt dieses Wandbild einen ernsten Hinweis auf die Unbeständigkeit menschlichen Glücks, gemessen an der nie endenden Seligkeit, die nach antiker Vorstellung der Mensch durch die Einweihung in das Mysterium erfährt. Plastische Kraft der Figuren, lebendige Anordnung, festlicher Klang der leuchtenden Farbgebung, in der ein tiefes Rot dominiert, sind dem monumentalen Gemälde eigen (Farbtafel 8). Unser Ausschnitt leitet den Fries ein. Er zeigt die Einführung einer künftigen Mystin und die Verlesung des Rituals durch einen Knaben in Gegenwart der liturgischen Lehrerin. Daneben trägt eine bekränzte Mystin den Teller mit der Opferspeise zum Liebesmahl. Kopfwendung und Blick fordern auf, zu den Weihen zu kommen. — Auffallend ist die Formverwandtschaft der links stehenden Frau mit der Gattin des abschiednehmenden Kriegers auf dem Krug des Kleophon-Malers (Farbtafel 6).

Von den aufgefundenen **Mosaikbildern** hat die »*Alexanderschlacht*« Weltberühmtheit erlangt (Abb. 113). In ihr wurde ein Kampfgetümmel voll erregender Szenen geschildert.

Doch wendet sich die Mosaikkunst nicht nur heroischen Stoffen zu: bekannt ist ein Wandbild aus der Villa Hadriana, das einen Hirten inmitten seiner Ziegenherde in idyllischer Landschaft zeigt.

113 *Alexander d. Gr. Aus dem Mosaik der Alexanderschlacht. Ursprünglich in Pompeji im Haus des Faun (um 70 v. Chr.), jetzt Neapel, Nationalmuseum*

Das Mosaik

ist ein aus kleinen bunten Steinen oder Glasstückchen bestehendes Bild. Auf das Mauerwerk wird eine Schicht Kitt oder Mörtel aufgetragen; in diese noch weiche Masse werden dicht nebeneinander die farbigen Würfel eingesetzt. Nach dem Erhärten des Grundes ist das Bild dauerhaft mit der Wand verbunden. Bei den Griechen und zunächst auch bei den Römern wurde das Mosaik hauptsächlich als Fußbodenbelag verwendet. In flavischer und hadrianischer Zeit bevorzugten dann die Römer das Wandmosaik.

Schließlich verdienen die römisch-ägyptischen **Mumienbildnisse** Erwähnung. Sie wurden in der Technik der Enkaustik ausgeführt, bei der das Bild mit Wachsfarben mittels heißer Spachteln gemalt und gehärtet wurde. Die auf Holztafeln ausgeführten Bildnisse wurden zu Lebzeiten des Dargestellten mit größter Naturtreue gemalt und nach seinem Tod in die Bandagen der Mumie eingebunden. Die schönsten Mumienbildnisse fanden sich in der Gegend von Fayum, wo viele römische Veteranen mit ihren Familien angesiedelt waren. Die Erinnerungsbilder an längst Verblichene (Abb. 114 und 115) haben eine seltsame Frische bewahrt: aus großen, lebensvollen Augen betrachten uns die Dahingegangenen. Ihre Bildnisse stehen am Ende der heidnischen Antike.

114/115 *Römisch-ägyptische Mumienbildnisse. Um 150 n. Chr.*

INHALT

Grundbegriffe der Kunstbetrachtung 7

Anfänge der Kunst 9

Die Kunst im Alten Orient 12

Die Kunst der Ägypter 20

Die Baukunst 20

Die Plastik 28

Die Malerei 32

Die minoische Kunst Kretas 33

Die Kunst der Griechen 38

Die mykenische Kunst 38

Die griechische Baukunst 44

Tempelbau 45; Die dorische Ordnung 45; Die ionische Ordnung 50; Der korinthische Stil 52; Weltliche Bauten 54

Die griechische Plastik 56

Der geometrische Stil 56; Der archaische Stil 56; Der strenge Stil 60; Der klassische Stil des 5. Jahrhunderts 62; Der nachklassische Stil des 4. Jahrhunderts 68; Die hellenistische Plastik 70

Die griechische Malerei 72

Wandbilder, Vasenbilder 72

Die Kunst der Römer 77

Die etruskische Kunst 77

Die römische Baukunst 79

Der römische Tempel 79; Der Palastbau 83; Die römische Basilika 84; Die Thermen 85; Das römische Theater 85; Der Triumphbogen 86; Die römische Schrift 87; Das römische Stadttor 88; Das römische Privathaus 88; Die Aquädukte 89; Das Brunnenhaus 90

Die römische Plastik 90

Die Bildniskunst 93; Die Reliefkunst 97; Die Steinschneidekunst 99

Die hellenistisch-römische Malerei 100

Wandbilder 100; Mosaikbilder 102; Mumienbildnisse 103

FORMEN DER KUNST

EINE EINFÜHRUNG IN DIE KUNSTGESCHICHTE

TEIL II

DIE KUNST IM MITTELALTER

von

WILHELM DRIXELIUS

VERLAG MARTIN LURZ GMBH · MÜNCHEN

Umschlagzeichnung zu Teilband II von Alfred Fäustle

Ministeriell genehmigt in Baden-Württemberg, Bayern, Berlin, Bremen, Hamburg, Nordrhein-Westfalen, Rheinland-Pfalz, Saarland, Schleswig-Holstein; keine Zulassung erforderlich in Hessen und Niedersachsen.

Gesamtherstellung: EOS-Druckerei, St. Ottilien
ISBN 3-87501-022-1

Die altchristliche Kunst

»Die Welt hat Frieden und wir Christen wandeln ohne Furcht auf den Straßen.«
Irenäus von Lugdunum

Die frühchristliche Kunst verwendete die antiken Formen zunächst weiter in ihren Bildwerken. Ehrwürdigste Stätte der ersten christlichen Kunstwerke sind die Katakomben, die Versammlungsort, Zuflucht und Begräbnisstätte der verfolgten Christen waren. Noch heute besteht das System enger unterirdischer Gänge und heimlicher Grabräume (Krypten). Die **Wandmalereien** darin zeigen manche Ähnlichkeit mit pompejanischen Bildern. Viele Schmuckmotive wie Blumenvasen, Girlanden, Delphine und Seepferdchen wurden aus der heidnisch-römischen Malerei übernommen. Bald aber tauchen an Decken und Wänden christliche Symbole auf: Fisch, Weinstock, Lamm, Anker, Ölzweig und Palme, bis dann das Kreuz zum höchsten Symbol der Erlösung wird. Seit dem 3. Jahrhundert wetteiferte die altchristliche Kunst mit der auf Würde und Repräsentation bedachten weltlichen Kunst. Man begegnet in den Katakomben nunmehr Gewölbefresken, welche die Verherrlichung Christi und die Darstellung seiner Gefolgschaft zum Thema haben. Porträts verstorbener Römer und Römerinnen, die mit ausgebreiteten Armen beten (*Oranten*), schmücken Grabnischen und Bogenfelder (Abb. 116).

Auch die **Bildhauerkunst** setzte zuerst die heidnisch-antiken Gewohnheiten fort. Christliche Sarkophage tragen an ihren Wänden den gleichen Reliefschmuck wie die der Heiden, und die biblischen Gestalten zeigen Haltung und Gewandung römischer Patrizier. *Christus unter den Jüngern* wird zu einer Idealdarstellung eines Herrschers im Kreise seines Gefolges (Abb. 118). Die

116
Orante mit Kind. Katakombenmalerei. Rom. 4. Jh.

117
Der gute Hirte. Marmorstatuette aus dem 3. Jh. nach Chr. Rom, Lateran-Museum

Marmorstatuette des *Guten Hirten* verkörpert den Heiland als römischen Jüngling, der in klassischer Haltung das gerettete Lamm auf den Schultern trägt (Abb. 117). Doch unterscheiden sich die frühchristlichen Bildwerke von den heidnischen durch ein wesentliches Merkmal: sie atmen eine Beseelung, die wir in der römischen Antike vergebens suchen. Diese starke Verinnerlichung wird in der Bildhauerkunst des Mittelalters weiterleben.

Früher als Malerei und Plastik hat sich die altchristliche **Baukunst** vom römischen Vorbild freigemacht und neue Wege gesucht. Seit dem 4. Jahrhundert

118
Christus unter den Aposteln. Sarkophagrelief, Ausschnitt. 4. Jh., Rom, Lateran-Museum

heißen die christlichen Kirchen Basiliken wie die Gerichtshallen, aus deren Anlage sie entstanden. Der Grundriß der alten Kirche von St. Peter in Rom (um 320) gliederte sich in einen quadratischen Vorhof und den eigentlichen Kirchenbau. Das große Langhaus war nach »basilikaler« Art in Schiffe einge-

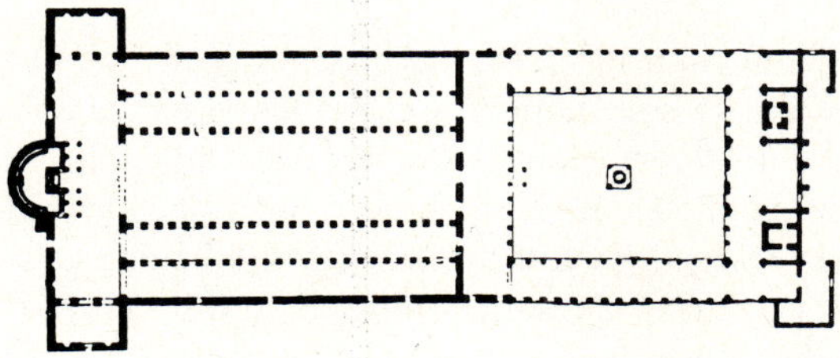

teilt; das mittlere, das Hauptschiff, war am breitesten und wurde von Seitenschiffen begleitet. Hinter den Schiffen lag in den christlich-römischen Basiliken ein Querhaus; bei St. Peter ragte es an beiden Enden über die Gesamtbreite

Altchristliche Basilika griechischer Prägung. Rekonstruktion

119
Sta. Maria Maggiore, Rom. Säulenbasilika. 4. Jh.

des Langhauses hinaus, wodurch der Grundriß die Form eines lateinischen »T« bekam, ähnlich dem römischen Atrium mit seinen beiden Flügeln. Die Rückwand des Querhauses war in ihrer Mitte zu einer halbrunden Nische, der Apsis, ausgebuchtet.

Im Aufriß erkennt man die Besonderheit der Basilika: das Mittelschiff ist überhöht und erhält im sogenannten Obergaden (Lichtgaden) eigene Fenster, unter denen an den Außenwänden die großen Pultdächer der Seitenschiffe liegen. Das Mittelschiff ist mit einem flachen Satteldach gedeckt. Im Innenbau wird die Last des Obergadens und des Daches von Säulen getragen, über deren Kapitelle sich ein gerader Architrav hinzieht (Abb. 119). Die Balkendecke ist flach. Ein großer Bogen trennt das Langhaus vom Querhaus. Da er häufig das Bild des triumphierenden Christus trägt, wird er Triumphbogen genannt. Hinter ihm erblicken wir jenseits des Querhauses einen zweiten Bogen (Tribunabogen), der in die Apsis ausbuchtet. Vor der Apsis stand der Altar. Der Kirchenturm wurde meist ohne Verbindung zum Hallenbau als schlichter, freistehender Glockenträger (Campanile) errichtet (vgl. Abb. 121).

Die byzantinische Kunst

In den ruhelosen Zeiten der Völkerwanderung wurde Ravenna ein neuer politischer Mittelpunkt. Seit der Teilung des Imperiums bestanden Verbindungen von dort zur oströmischen Hauptstadt Byzanz (Konstantinopel). Der Gotenkönig Theoderich, der 493—526 in Ravenna residierte, war in Byzanz erzogen worden. Nach dem Zusammenbruch des Ostgotenreiches wurde Ravenna Sitz eines byzantinischen Statthalters. Diese geschichtlichen Vorgänge

120 *S. Apollinare Nuovo, Ravenna. Um 510. Innenansicht*

erklären es, daß die ravennatische Kunst in einigen ihrer schönsten Werke zum Spiegelbild der frühen byzantinischen Hofkunst wurde.

Man findet im Kirchenbau der altersgrauen Stadt die Formen der christlichen Basilika, aber in ihrer griechischen Prägung: auf ein Querhaus wird verzichtet, denn das alte griechische Privathaus kannte keine Flügel wie das römische Atrium; eine byzantinische Eigenart ist, die Säulenreihen mit Bögen (Arkaden) zu überspannen, statt sie mit einem geraden Architrav zu decken.

Auf dem Grundriß eines Rechtecks wurde nach 500 in Ravenna die Basilika San Apollinare Nuovo errichtet (Abb. 120). Ihre Schiffe sind durch Säulenreihen getrennt, deren Bogenlauf den Blick zur Apsis leitet; diese wird zum Sammelpunkt aller Längsrichtungen. Ein neues Bauglied wird sichtbar: über den antikisierenden Kapitellen wird als Bogenauflager ein Zwischenglied, der Kämpfer, eingeschoben; er soll den Druck der Obergadenwand auf eine solide Standfläche ableiten. Seine Stirnseite ist mit einem einfachen Kreuz geschmückt, dem sich die heidnischen Formen des tiefer liegenden Kapitells unterordnen — ein Sinnbild des christlichen Sieges über die alten Götter. Die gleiche Raumform erscheint in Ravenna in der Basilika S. Apollinare in Classe (Abb. 121). Der Außenbau ist unscheinbar, die Apsis von Fenstern durchbrochen. Der Glockenturm, kreisrund und von mäßiger Höhe, steht abseits.

Aber das Wesen kirchlicher Architektur erschöpft sich in Ravenna nicht in Längsbauten. Schon um 450 hatte dort *Galla Placidia*, die fromme Schwester des Kaisers Honorius, eine Grabkapelle mit kreuzförmigem Grundriß aufführen lassen. Der Mittelraum ist von einer sog. Hängekuppel (auch Stutzkuppel genannt) überspannt. Will man über einem quadratischen Grundriß

121 *S. Apollinare in Classe, Ravenna. Um 540. Campanile 7. Jh.*

ein Kuppelgewölbe errichten, so beschreibt man um das Grundquadrat einen Kreis, wölbt über ihn die Halbkugel und schneidet aus ihr vier Segmente (vgl. die Textabbildung). In der Grabkapelle der Galla Placidia wird der Mittelraum durch seine hochgeführte Überwölbung zum bedeutendsten Teil des Bauwerks. Eine solche Raumordnung nennt man **Zentralanlage.**

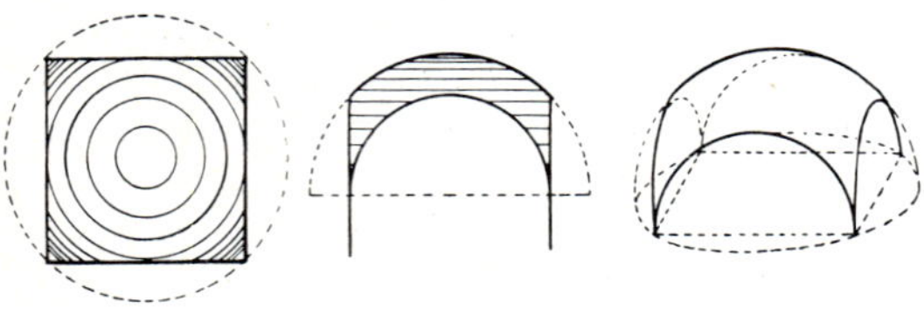

Hänge- oder Stutzkuppel

Das System des Zentralbaus hat in Byzanz eine entscheidende Rolle gespielt und hat von dort aus die orthodoxen Balkanländer und weite Teile Rußlands erobert. In kleineren Kirchenbauten (Tauf- und Grabkirchen) ist die byzantinische Zentralbauweise im Mittelalter auch nach dem Westen vorgedrungen.

Die gewaltigste Raumgestaltung gelang der byzantinischen Baukunst in der *Hagia Sophia* (Kirche der heiligen Weisheit) zu Konstantinopel (Abb. 122). Auf Befehl Kaiser Justinians wurde dieses Wunderwerk der Gewölbekunst in nur fünf Jahren (532—537) durch die Baumeister ANTHEMIOS von Tralles und ISIDOROS von Milet erbaut. Wie sehr der kaiserliche Bauherr sein Werk schätzte, verrät sein Ausruf: »Salomo, ich habe dich übertroffen!« Die Hagia Sophia ist ein Zentralbau, der der Langhausform zuneigt: die riesige Kuppel des Mittelraumes setzt sich in Richtung des Eingangs und der Apsis in Halbkuppeln fort. In der Mittelkuppel lernen wir eine neue Konstruktion kennen: Schneidet man die Hängekuppel in den Scheitelpunkten ihrer Halbkreise horizontal durch und setzt auf den Schnitt ein neues Halbkugelgewölbe, so entsteht

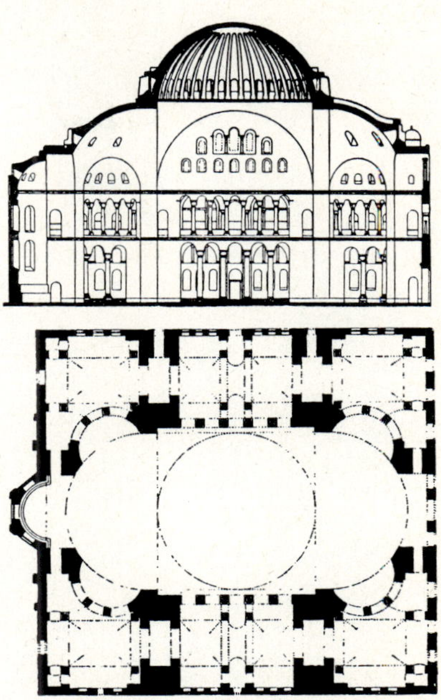

Hagia Sophia, Konstantinopel
Grundriß und Längsschnitt

122 *Hagia Sophia, Konstantinopel. Inneres, Kuppelbau (532—537)*

123
S. Vitale, Ravenna. Innenansicht. Vollendet 547

die Zwickelkuppel (auch Pendentifkuppel). Da ihre Form dank der Höhe der Gewölbeschale einen grandiosen Raumeindruck schafft, haben die Baumeister der Renaissance und des Barock diese kühne Konstruktion häufig in ihren Kirchenbauten angewendet.

Die schönste Zentralanlage Ravennas ist die Kirche von San Vitale (Abb. 123). Über einem Achteck erhebt sich, von Pfeilern getragen, die Kuppel, deren Höhe der Baumeister noch dadurch gesteigert hat, daß er zwischen sie und die Pfeiler einen Mauerkranz einschob. Um die massiven Pfeiler legt sich zu ebener Erde ein ringförmiger Umgang. Die zentrale Bauweise von San Vitale fand im frühen Mittelalter eine Nachfolge in der Palastkirche Karls des Großen in Aachen.

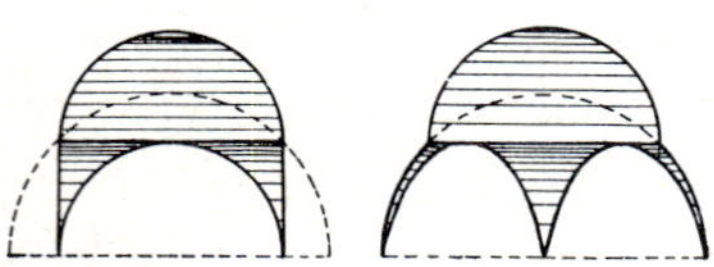

Byzantinische Zwickelkuppel

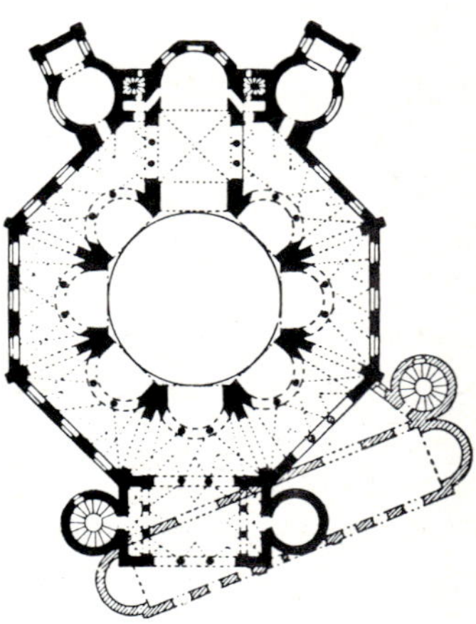

Grundriß von S. Vitale in Ravenna

124
Grabmal Theoderichs d. Gr., Ravenna. Zentralbau. Um 520

Eine Sonderstellung in Ravenna nimmt das schlichte *Grabmal Theoderichs des Großen* ein, ein Rundbau aus wuchtigen Quadern, den ein einziger schwerer Stein deckt (Abb. 124). Wie der ungefüge Felsklotz eines Hünengrabes ruht die flache Steinschale über der Grabkammer. Schmucklos ist das Äußere. Eigenartige Henkel zieren das steinerne Dach, ein einfacher Fries von zangenartigen Ornamenten umzieht den Bau (vgl. S. 120).

Während die schlichten Backsteinmauern der Kirchen Ravennas äußerlich schmucklos und nur selten von vortretenden Wandstreifen oder Rundbogenfriesen unterbrochen sind, werden ihre Innenräume vom Glanz herrlicher **Mosaikbilder** erfüllt. Nie würde man hinter den unscheinbaren Mauern der Grabkirche der Galla Placidia den Reichtum farbenprächtiger Mosaiken vermuten, in denen Christus in der feierlichen Weise der Katakombenmalerei als Guter Hirte dargestellt ist. Man spürt in der Hoheit der Gestalt griechische Schönheit. Über den Arkadenbögen von S. Apollinare Nuovo stehen vor goldenem Hintergrund lange Reihen von Heiligen neben Christus und Maria (vgl. Abb. 120), ihre weißen Gewänder fallen im strengen Faltenwurf der griechischen Antike, hoheitsvolle Stille und feierlicher Ernst ruhen über der Prozession. Den Wandstreifen über den Fenstern des Lichtgadens schmückt ein Fries mit Szenen aus dem Leben Christi (Farbtafel 10). In allen diesen *Mosaiken* bleibt die Wand als Fläche erhalten, nirgends wird sie durch die Perspektive von Scheinräumen durchstoßen wie in Pompeji.

Der weltlichen Größe begegnen wir in den Wandbildern von S. Vitale. Dort erblicken wir Kaiser Justinian mit seinem Gefolge (Abb. 125) und die Kaiserin Theodora inmitten ihrer Hofdamen. Streng und unnahbar blicken die hohen Personen über uns hinweg. Man könnte meinen, der Pomp ihrer Gewänder und die Last der schweren Geschmeide habe in ihnen jede Gemütsbewegung erstickt. In der Schaustellung der kaiserlichen Macht und eines starren Zeremoniells offenbart sich das Wesen der byzantinischen Hofkunst.

125
Kaiser Justinian mit Gefolge. Mosaik in S. Vitale, Ravenna. Um 550

Symbolhafte Flächigkeit, Strenglinigkeit und Unnahbarkeit gehören zu den Wesenszügen der Darstellungen Christi, die in späteren Jahrhunderten auf dem Balkan, vor allem in Griechenland, von einheimischen Künstlern in Anlehnung an die byzantinische Kunst geschaffen wurden. Gewaltig ist die Wirkung des in der Kuppel des Klosters Daphni bei Athen erscheinenden Christus, des *Pantokrator* (Farbtafel 9). Er ist nicht der Erlöser, sondern der feierlich-unnahbare Weltenherrscher.

Die griechische Orthodoxie, die Staatsreligion des byzantinischen Reiches, wurde nicht nur von den Völkern des Balkans angenommen, sondern setzte sich auch in Rußland durch. In den Klöstern von Kiew, Moskau und Nowgorod entstanden bedeutende Kulturzentren, in denen vornehmlich mit den Mitteln des Mosaiks und der Tafelmalerei der ganze Bezirk des orthodoxen Christentums bildhaft gestaltet wurde. Mit dem 13. und 14. Jahrhundert lösten sich die von Byzanz übernommene Strenge und Starrheit, die bisherige Unnahbarkeit der Heiligenbilder wich mehr und mehr einer innigen und lebendigen Darstellungsweise, die auch in dem Bild des »*Hl. Georg mit dem Drachen*« deutlich wird (Farbtafel 11). Gleichzeitig gewann die **Ikonenmalerei** (Tafelmalerei) ein Übergewicht über die vordem stärkere Wandmalerei. Die Ikonostasis, eine aus Ikonen zusammengesetzte Bildwand, die Altar- und Gemeinderaum trennt, wird zum Versammlungsort der orthodoxen Bild- und Figurenwelt.

Germanische Kunstformen

Eine geschlossene germanische Kultur läßt sich seit dem 2. Jahrtausend v.Chr. im Norden Europas feststellen. Die Kunst der Urgermanen war an das Material gebunden. Auf Stein und Knochen wurden einfache geometrische Ornamente geritzt. Mit Verwendung des neuen geschmeidigeren Materials der Bronze entfaltete sich der Sinn für Schmuckformen.

126 *Sonnenwagen von Trundholm (Dänemark). Bronze. Kopenhagen, Nationalmuseum. Um 1300 v. Chr.*

Die Grundform ist in der Bronzezeit der Kreis, das Zeichen der Sonne. Ein im Moor von Trundholm (Dänemark) gefundenes Weihegeschenk an eine Gottheit stellt eine Sonnenscheibe dar, die von einem Pferd gezogen wird und mit diesem auf sechs Rädern steht (Abb. 126). Dieser *Sonnenwagen* ist wohl eine verkleinerte Nachbildung eines Kultwagens, der bei der Umfahrt durch die Felder die wachstumspendende Gottheit beschwören sollte. Der Sonnenkult ist ebenso Magie wie die Höhlenmalerei der Eiszeit.

Das Kreismotiv erscheint auch als Schmuck auf Geräten, Waffen, Gürtelplatten und Gewandschließen. Die anfänglich geometrische Zierweise wird im Laufe der Bronzezeit aufgelockert, die ruhenden Formen wandeln sich in bewegte, in Wirbelrosetten, Spiral- und Wellenbänder. Naturformen treten nur selten auf. Im Gegensatz zu den gleichzeitigen kretischen Pflanzendarstellungen auf Tongefäßen ist die nordische Frühkunst bildfremd und verharrt in der Ausgestaltung abstrakter Formen.

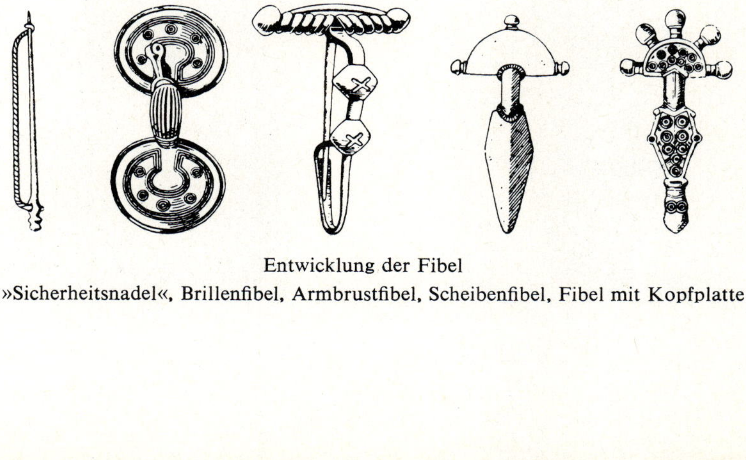

Entwicklung der Fibel
»Sicherheitsnadel«, Brillenfibel, Armbrustfibel, Scheibenfibel, Fibel mit Kopfplatte

Im letzten Jahrhundert v. Chr. beginnen die Formen reicher zu werden: die Linie wird zu einem Stufenmuster gebrochen (Mäanderband). Aus der Verbindung des Kreises mit dem Dreieck enstand ein neues Ornament. Als Zangenfries erscheint es später am Gesims des Theoderich-Grabmals in Ravenna (vgl. S. 120). Vermutlich liegen diesem Ziermuster griechisch-antike Vorbilder zugrunde.

Ornament mit durchflochtenen Wellenbändern und Tierköpfen. 7. Jh.

Die Entwicklung der Zierformen läßt sich vorwiegend auf den **Fibeln** verfolgen. Die Fibel ist eine ursprünglich unserer Sicherheitsnadel ähnliche Gewandschließe. Die jüngere Bronzezeit entwickelte sie zur Brillenfibel, die Völkerwanderungszeit zur Bügel- und Scheibenfibel. Die von den künstlerisch begabten Ostgoten geprägte Fibel mit der Kopfplatte wurde von allen Germanenstämmen übernommen und weitergebildet. Die Kopfplatten erhielten Knöpfe mit eingesetzten blutroten Edelsteinen (Almandine). Die vergoldeten Plattenflächen waren mit abstrakten und vereinzelt mit tierischen Motiven

127 *Bügelfibel. Fundort: Wittislingen. 7. Jh. n. Chr. München, Bay. Nationalmuseum*

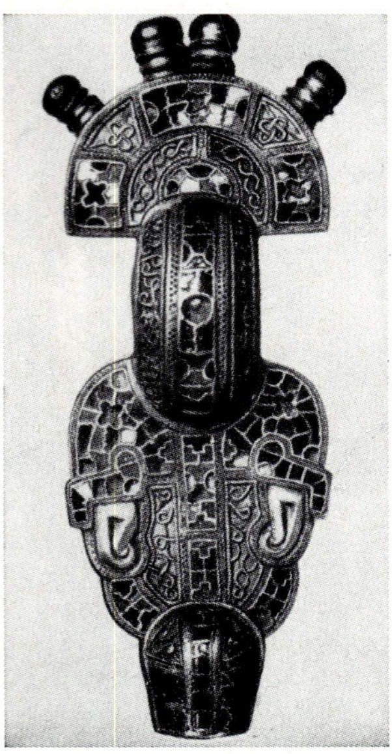

128 *Nordendorfer Spange. Fibel, Silber. 7. Jh. n. Chr.*

belebt. In der späteren Völkerwanderungszeit bediente man sich mehr und mehr des Kerbschnittes und des Flechtbandes, in die nun Tierköpfe einbezogen wurden. Die Einordnung tierischer Wesen in abstrakte Zierformen geschah unter dem Einfluß anderer Völker (Kelten und Skythen), denen Tierdarstellungen von den benachbarten antiken Kulturvölkern her bekannt waren. Die glotzenden Köpfe seltsamer Wesen geben dem Ornament einen unheimlich spukhaften Ausdruck. Die verschlungenen Bänder werden zu Tierleibern umgedeutet, deren Köpfe nur durch ihre Augen als Animalisches erkennbar sind. Eine aus der Merowingerzeit stammende *Bügelfibel* (Abb. 127) zeigt als Schmuck in Goldstege gefaßte Almandine, Filigran und farbige Glaseinlagen. Die Kopfplatte ist mit Knöpfen verziert, der Fuß als Tierkopf gebildet. Von ähnlicher Schmucktechnik ist die *Nordendorfer Spange* (Abb. 128).

Von größeren plastischen Werken aus der Völkerwanderungszeit ist uns wenig bekannt. Auf einem bei Hornhausen in Sachsen gefundenen Stein ist ein Reiter mit gesenkter Lanze im *Flachrelief* dargestellt (Abb. 130). Bärtig, mit langem Haupthaar, den Schild in der Linken, sitzt er klein auf dem riesigen Pferd. Zu seinen Füßen windet sich die Erdschlange, darunter sind Bandleiber mit Dämonenköpfen angebracht.

130 *Der Reiter von Hornhausen. Steinrelief. 7./8. Jh. Halle, Moritzburg-Museum*

129 ***Dämonenkopf aus dem Fund des Osebergschiffs. Holz. Um 800. Oslo, Universitäts-Museum***

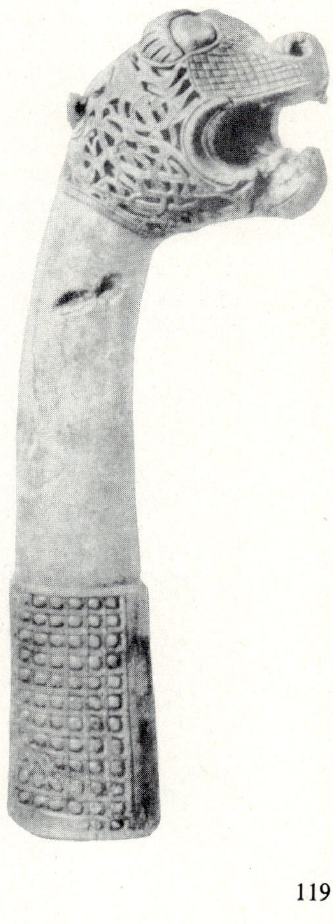

131

Initiale aus dem Evangelienbuch von Kells (Irland). Malerei auf Pergament. Um 720. Dublin, Trinity College

In der heidnischen Wikingerkunst Skandinaviens leben germanische Tier- und Dämonengestalten noch bis ins 12. Jahrhundert weiter. Unter den Schnitzereien des *Osebergschiffs* (Abb. 129) und der anderen Geräte, welche die Wikinger ihrer Königin Ase ins Grab legten, sind Zierstücke, auf denen Unholde und schreckhafte Köpfe zur Abwehr böser Geister spuken. Auch an den romanischen Kirchen des Mittelalters finden wir noch nordische Tierornamente und Dämonengestalten (vgl. auch Abb. 160 und 161).

Verfeinert und bereichert wird das Ornament in Irland durch die Berührung mit der spätantiken Kunst. Spiralen, Bandgeflechte, Pflanzengebilde und Tierleiber verbinden sich zu einer Einheit. Irische Mönche pflegten diese flächenhafte Ornamentik in der Buchmalerei. Auf einer Seite des *Evangelienbuches* von Kells (Abb. 131) ist eine Initiale mit Zierranken, Spiralen und Kreisen verwoben.

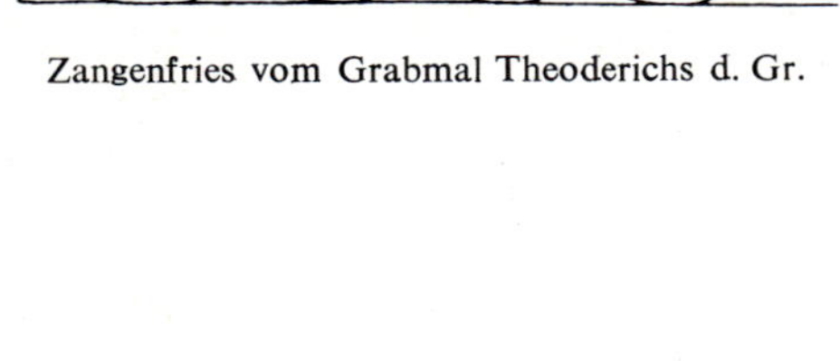

Zangenfries vom Grabmal Theoderichs d. Gr.

Christus Pantokrator, 11. Jahrhundert.
Daphni bei Athen, Klosterkirche, Kuppelmosaik

Berufung des Petrus und Andreas.
Mosaik an der Langhauswand
von S. Apollinare Nuovo in Ravenna, um 520

Tafel 10

Die karolingische Kunst

»Wir, Karl, durch Gottes Gnade König der Franken und Langobarden und Kaiser der Römer, grüßen unseren Herrn Bruder, den Kaiser der Griechen.«

Anfang eines Briefes Karls des Großen an Nikephoros von Byzanz.

Aus der Begegnung der germanischen Völker mit den Trägern der antiken Kulturen entstanden die Anfänge einer Kunst, die sich dann im Mittelalter machtvoll entfaltete. Die Germanen brachten außer ihrer unverbrauchten Kraft den Sinn für das Ornament und die handwerkliche Kleinkunst mit. Die Ehrfurcht vor den großen künstlerischen Leistungen der Antike veranlaßte sie, christliche Kunstformen aus Rom und Ravenna zu übernehmen. Die Form für das Gotteshaus suchte man in der Nachbildung des byzantinischen Zentralbaues und der römisch-christlichen Basilika.

132
Palastkirche Karls d. Gr. in Aachen. Innenansicht mit Geschossen. Vollendet 805

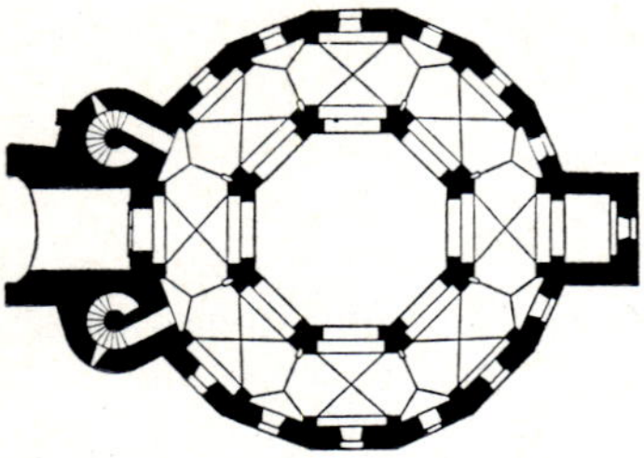
Grundriß der Palastkirche in Aachen

Als Karl der Große seine Palastkirche in Aachen (Abb. 132) erbauen ließ, gab ihm S. Vitale in Ravenna (vgl. S. 114) viele Anregungen. Der erste große Kirchenbau auf fränkischem Boden (vollendet 805) wurde zum Symbol des christlichen Glaubens und der kaiserlichen Macht. Die Kirche erhebt sich auf achteckigem Grundriß als dreigeschossiger, massiver Kuppelbau. Der Mittelraum ist von einem zweistöckigen Umgang umgeben, dessen Außenmauern im Sechzehneck gebrochen sind. Auf kräftigen Pfeilern ruhen die Bogenstellungen der Geschosse. Im Vergleich mit S. Vitale wirkt die Aachener Palastkirche schwer, ernst und feierlich. Ein Turmpaar flankiert die Eingangshalle. Mächtige Flankentürme werden in späteren Jahrhunderten zu einem bedeutsamen Merkmal des deutschen Kirchenbaues. Charakteristisch für Karls Baugesinnung ist die Verwendung spätantiker Marmorkapitelle aus Rom und Ravenna. Das Innere der Palastkirche war reich mit Mosaiken geschmückt. Während des Gottesdienstes saß der Kaiser im Mittelgeschoß auf steinernem Thron, umgeben von seinem Gefolge. Das Erdgeschoß gehörte dem Volk.

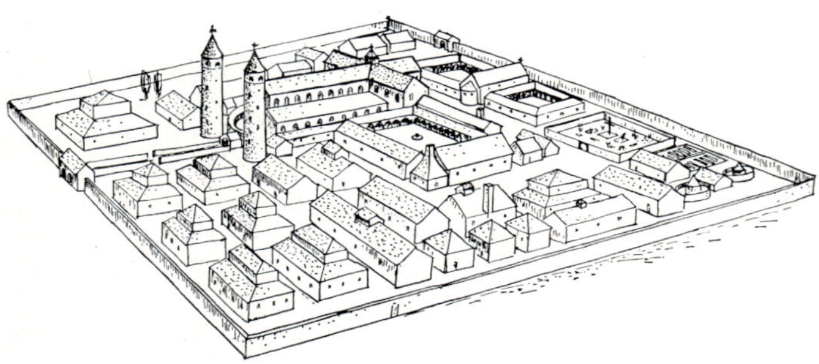
Rekonstruktion der Klosteranlage von St. Gallen

Aus einer zeitgenössischen Planzeichnung der Klosteranlage von St. Gallen erkennt man die Bauform der christlichen Basilika in der dreischiffigen Säulenkirche. Ihre beiden Rundtürme an der Westseite sind noch nicht mit dem Baukörper verbunden. An der Südseite der Kirche schließt sich ein Klosterhof mit Kreuzgang an. Wohnungen und Wirtschaftsgebäude umgeben das Geviert.

Vom Kloster Lorsch (Abb. 133) ist nur die *Vorhalle* (Königshalle) geblieben, deren Fassade horizontal gegliedert ist. In ihrem unteren Teil öffnen sich drei große Bogen zwischen vorgelagerten Säulen. Auf dem waagrechten Gebälk stehen Pilaster (Wandpfeiler), die mit dreieckigen Giebeln überdacht sind. Die Wand ist mit roten und weißen Steinplatten gemustert.

133
Torhalle des Klosters Lorsch. Königshalle. Um 780

Im Odenwald bei Michelstadt liegt die wohlerhaltene Basilika von Steinbach, die sich *Einhard*, der Vertraute und Biograph Karls des Großen, nach 820 in der Einsamkeit seines Ruhesitzes erbauen ließ. Seiner Bestimmung gemäß ist der Bau ganz schlicht gehalten, kleinteilige Quader bedecken die Außenwände. Nach östlichem Vorbild erhielt der Innenraum ein dreizelliges Sanctuarium.

Von karolingischen Bildwerken sind uns **Elfenbeinschnitzereien** und **Goldschmiedearbeiten** bekannt. Eine Reiterstatuette, die Karl den Großen oder seinen Enkel Karl den Kahlen darstellt, ist zum Teil (Figur des Reiters) sicher eine karolingische Arbeit. Den germanischen Völkern war aus ihrer

134
Buchdeckel des Codex aureus aus St. Emmeram (Regensburg). Um 870. München, Staatsbibliothek

135
Tassilokelch, für den Bayernherzog angefertigt um 780. Stift Kremsmünster

136
Thronender Christus. Mittelstück aus dem Einbanddeckel des Codex aureus. Goldblech. Reimser Werkstatt. Um 870. München, Staatsbibliothek

Vergangenheit her die Darstellung der menschlichen Figur als Großplastik fremd. Ihre Begabung für Schmuckformen und kleinfigurige Gestaltung entfaltete sich am reichsten im Kunsthandwerk. Pflegestätten dieser Kunstform waren die Klöster, Auftraggeber der Adel und die Könige. In mühevoller Kleinarbeit wurden kirchliche Bücher von kunstsinnigen Mönchen mit prächtig gezierten Deckeln ausgestattet, deren Hauptschmuck eine geschnitzte Elfenbeinplatte bildete. Prunkvolle Goldrahmen umgaben die Schnitzerei, die häufig die Kreuzigung Christi darstellte. Römische und byzantinische Vorbilder wurden gern nachgeahmt. Alle Begebenheiten wurden in breit erzählender Form geschildert.

Ein erlesenes Werk karolingischer Goldschmiedekunst ist der Buchdeckel des »*Codex aureus*« (lat. goldenes Buch) von St. Emmeram in Regensburg

137
Evangelist Johannes. Miniatur, Aachener Kaiserbibel. Um 800. Wien, Schatzkammer

(Abb. 134). Der *Einband* ist mit Arbeiten aus getriebenem Goldblech geziert und reich mit Edelsteinen geschmückt. Die Mitte des Deckels nimmt der segnende Christus ein (Abb. 136), der in feierlich frontaler Haltung majestätisch im All thront, die Füße auf die Weltkugel gestützt. Eine Sternenglorie umgibt ihn mandelförmig (Mandorla). Das Thema der Majestät des Herrn (Majestas Domini), der segnend, lehrend oder richtend dargestellt wird, lebt noch lange weiter in den Bogenfeldern der Kirchenportale und in den Wandbildern der Apsiden. Seiner Bedeutung entsprechend erhielt das Christusbild des Codex aureus einen Rahmen aus Goldreliefs mit Abbildungen der vier Evangelisten und der Wundertaten des Herrn.

Eine weitere hervorragende Goldschmiedearbeit ist der *Tassilokelch* (Abb. 135), der um 780 für den Bayernherzog angefertigt wurde. Eingeritzte figürliche Darstellungen, germanische und spätrömische Schmuckformen zieren Schaft und Schale.

In den großen Benediktinerklöstern wie St. Gallen, Reichenau, Fulda, Regensburg und Echternach bei Trier gab es Schreib- und Malerwerkstätten, in denen Meßbücher kunstvoll geschrieben und mit Bildern geschmückt wurden. Gern benutzte man zunächst für die **Buchmalereien** spätantike Vorlagen, formte sie aber immer mehr nach eigener Art um. Noch in der *Aachener Kaiserbibel* (Abb. 137) wirkt eine Darstellung des Evangelisten Johannes fast wie ein Gemälde aus heidnisch-römischer Zeit. Der Majestät des Herrn begegnet man in dem *Evangeliar Kaiser Lothars* aus der Abteikirche des heiligen Martin zu Tours (Farbtafel 12). Der Weltenrichter erscheint hier im kosmischen

Raum, umgeben von der Mandorla, der Kreuznimbus umstrahlt sein Haupt, in der Rechten hält er den Golddenar, den Lohn der Seinen im Weltgericht.

Allmählich aber wurde die weiche, malerische Schilderung von straffen, flächenhaften Darstellungen abgelöst. Dieser neue (lineare) Stil wird in den Buchmalereien der kommenden ottonischen Zeit besondere Bedeutung erhalten.

Die romanische Kunst

Per me reges regnant
Ich bin es, durch den die Könige herrschen.

Inschrift über dem Eingang zur Kaisergruft im Dom zu Speyer.

Nach der politischen Scheidung West- und Ostfrankens entwickelte sich im 10. Jahrhundert auf europäischem Boden eine Kunst, die man seit dem 19. Jahrhundert als »romanisch« bezeichnet. Damit soll ausgedrückt werden, daß ihre Formen von Rom hergeleitet sind. Die romanische Kunst ist Ausdruck höfisch-ritterlicher Gesinnung; in ihr verschmilzt römisch-christliche Gestaltung mit dem Formwillen des Nordens. In Deutschland erreichte die Romanik Höhepunkt und Ende (um 1240) unter den Staufern.

Der romanische Baustil

Allgemeine Stilmerkmale

Der Innenraum

Die romanische Baukunst führt den Grundriß der christlichen Basilika weiter. Zwischen dem dreischiffigen Langhaus mit dem Eingang im Westen und dem Chor im Osten liegt das Querhaus; es hat die gleiche Breite wie das Mittelschiff und tritt auf beiden Seiten über das Langhaus hinaus. Der Grundriß ist aus Quadraten zusammengesetzt. Das Quadrat, in dem sich Mittelschiff und Querhaus schneiden, heißt Vierung. Wird der Vierungsraum von vier Pfeilern und den darüber gespannten Bogen (Gurtbogen) begrenzt, so scheidet er aus der Richtung des Querhauses aus und wird zum selbständigen Raum (ausgeschiedene Vierung). Querschiff und Langhaus können auch durch steinerne Schranken von der Vierung getrennt sein. Die Schranken haben zum Langhaus hin eine Art Tribüne zur Vorlesung der Epistel und des Evangeliums (lectorium → Lettner).

Zwischen Apsis und Vierung ist ein weiteres Raumquadrat eingefügt, das zusammen mit der Apsis zum Chor wird. Damit erhält der Grundriß der

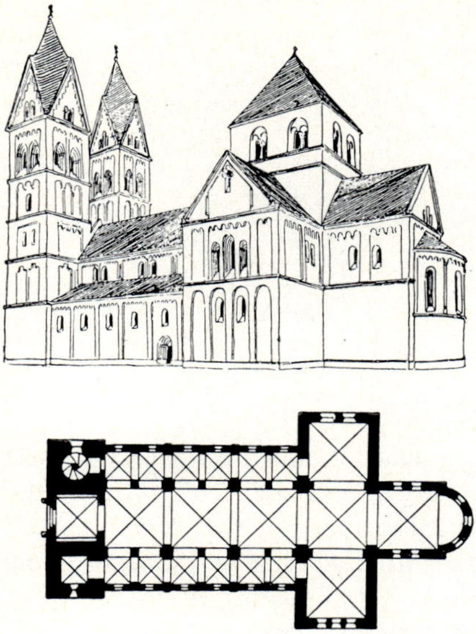

Romanische Kirche mit Grundriß

Kirche die Form eines lateinischen Kreuzes. Unter dem erhöhten Chorraum befindet sich häufig eine kleine gewölbte Gruftkirche (Krypta). Werden die Seitenschiffe um den Chor herumgeführt, so spricht man vom Chorumgang.

An die Stelle des altchristlichen Atriums ist eine kleine Vorhalle getreten, das Paradies. Hat der Westteil der Kirche ebenfalls Querschiff und Chor, so rückt das Hauptportal an eine der Längsseiten. Solche Kirchen nennt man doppelchörig. Meist besitzen sie mehrere Seiteneingänge.

Die flache Decke der christlichen Basilika wird anfänglich beibehalten. Eine bedeutende Neuerung ist später die Einwölbung der Schiffe durch Kreuzgewölbe, die über den Quadraten der Schiffe errichtet wurden. Dazu mußten die tragenden Pfeiler verstärkt werden. In diesem System sind die Seiten der Mittelschiffsquadrate doppelt so lang wie die der Seitenschiffsquadrate; einem Quadrat des Mittelschiffes entsprechen also je zwei Seitenschiffsquadrate (gebundenes System). Charakteristisch für den romanischen Baustil ist der in den Wölbungen auftretende Halbkreisbogen. Er erscheint auch als Rundbogen bei anderen Bauteilen, z. B. in den Fenstern und bei den auf Stützen ruhenden Bogenreihen (Arkaden).

Die Innenwände sind durch Säulen oder Pfeiler gegliedert. Wechseln Pfeiler mit Säulen, so spricht man vom Stützenwechsel. Über den Arkadenbögen schmücken kleine bogenüberspannte Nischen die Wandflächen (Blendarkaden oder Bogengalerien). Darüber liegen die kleinen Fenster des Obergadens. Größere seitliche Galerien nennt man Emporen (vgl. Textzeichnung).

System von Gernrode.
Stützenwechsel, Emporen, Obergaden

Würfelkapitell

Blattkapitell

Die romanische Säule steht auf attischer Basis, ist aber am unteren Wulst durch vier Eckblätter bereichert. Eine neue germanische Schöpfung ist das Würfelkapitell, welches das antike Kapitell verdrängte. Das Würfelkapitell vermittelt durch die abwärts gerundeten Würfelkanten den Übergang vom runden Säulenschaft in die viereckige Deckplatte. Auf dieser ruht der Kämpfer, der den Bogen aufnimmt. Außer dem Würfelkapitell gibt es Blatt- und Tierkapitelle (vgl. Seite 147 u. 148).

Der romanische Innenraum ist gekennzeichnet durch übersichtliche Ordnung der Bauteile und klare, einfache Gliederung der Wände. Eine bescheidene Zierde ist die Bogengalerie mit ihren kleinen Säulen. Der romanische Kirchenraum wirkt ernst und streng, feierlich und monumental.

Der **Außenbau** einer romanischen Kirche macht den Eindruck des Wehrhaften. Man könnte bei seinem Anblick an Burgen der mittelalterlichen Fürsten denken. Schwere Mauern und mächtige, gedrungene Türme beherrschen das äußere Bild der romanischen Gottesburg. Der Schmuck der Außenwände beschränkt sich auf eine senkrechte Gliederung durch schmale Mauerstreifen (Lisenen), die unterhalb des Daches durch einen zusammenhängenden Bogenfries verbunden werden. Türme und Außenwände der großen Dome besitzen noch zusätzlich Zwerggalerien (kleine umlaufende Bogenstellungen).

Portalschema
Gewände, Portalbogen und Tympanon

Die Portale und Fenster schließen mit halbkreisförmigen Bögen ab. Die Portalwände sind schräg in die Mauer eingeschnitten; das dabei entstehende »Gewände« ist durch Säulen gegliedert, die sich im Portalbogen fortsetzen. Ein waagrecht liegender Sturz trägt das Bogenfeld (Tympanon). Über dem Hauptportal befindet sich an manchen Kirchen ein Rund- oder Radfenster.

Die Klosterkirchen (frühromanisch)

Unter den ottonischen Kaisern entfaltete sich eine rege Bautätigkeit, besonders im Stammland Sachsen und am Rhein. Die kirchliche Baukunst leiteten meist die Bischöfe. Vor allem wurden Klosterkirchen gebaut. Das nordische Element trat von nun an stärker hervor, ohne daß die geistigen Beziehungen zu Rom verloren gingen.

Frühromanische Baukunst veranschaulicht uns die Stiftskirche von Gernrode (Abb. 138). Markgraf *Gero* ließ sie 961 errichten, und sie ist im wesentlichen unverändert erhalten. Zwischen dem Westbau und dem erhöhten Chor liegt das dreischiffige Langhaus. Es ist flach gedeckt. Von einer Emporenanlage an den Seitenwänden blickt man in den Hauptraum hinunter. Der äußere Bau ist burgartig wuchtig.

Zu Beginn des 11. Jahrhunderts entstand der klassische Bau der ottonischen Zeit: die Klosterkirche von St. Michael in Hildesheim (Abb. 140), erbaut von Bischof *Bernward*, einem der bedeutendsten Männer jener Zeit. Seine Kirche ist bei aller Strenge von großer Feierlichkeit. Zum ersten Mal wurde auf deutschem Boden ein Kirchenraum geschaffen, der von spätrömischen Vorbildern nahezu unabhängig ist.

138
Stiftskirche in Gernrode. 961 von Markgraf Gero gestiftet

139
Emporenanlage in St. Michael, Hildesheim. Um 1010

140
St. Michael, Hildesheim. Innenraum. Stützenwechsel

St. Michael ist eine dreischiffige Basilika mit zwei Querschiffen, an deren Enden sich im Innern eine reich gegliederte *Emporenanlage* in dreigeschossigem Aufbau befindet (Abb. 139). Langhaus, Querschiffe und die ausgeschiedene Vierung sind flach gedeckt. An der Ostseite der Kirche befinden sich drei Apsiden, an der Westseite liegt der erhöhte Chor, unter ihm die Krypta. Die Langhauswände sind durch den Stützenwechsel rhythmisch gegliedert. Den Außenbau kennzeichnen Schwere und Massigkeit der Mauern, doch ist er durch Verfall und Umbau verändert. Über jeder Vierung erhebt sich ein gedrungener Turm, an den Enden der Querschiffe steht je ein Treppenturm.

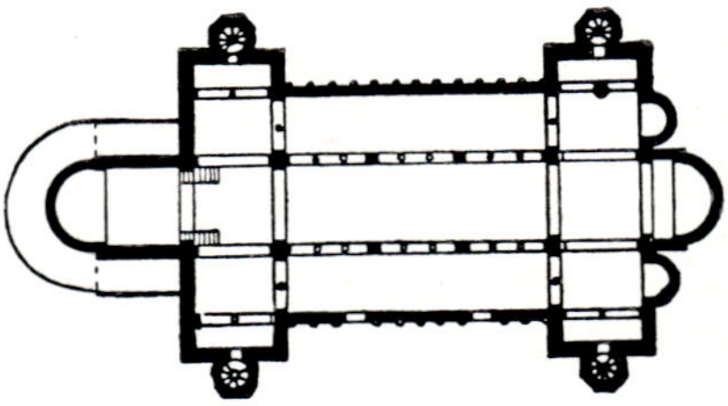

Grundriß von St. Michael in Hildesheim

Cluniazensische Kirchenbauten

Das 11. Jahrhundert brachte umwälzende Neuerungen in der Entwicklung der romanischen Baukunst. Eine von dem burgundischen Kloster **Cluny** ausgegangene Reformbewegung gegen die Verweltlichung der Kirche beeinflußte auch den Bau der Klosterkirchen in Deutschland. Die Längsrichtung zum Altar wurde stark betont, die Krypta aufgegeben. Der Chorraum erhielt besondere Bedeutung und wurde zu einer mehrchörigen Anlage ausgestaltet. An die Stelle des Pfeilers trat die Säule (Säulenbasilika). Im Innern zeugten Schmucklosigkeit und Einfachheit vom cluniazensischen Reformgeist, der keine Prachtentfaltung duldete.

Vorbild dieser Klosterkirchen war die Mutterkirche in Cluny, deren dritter Bau — begonnen 1089, zerstört 1807 — allerdings die frühere asketische Einfachheit vermissen ließ und an Größe und Pracht mit dem Kaiserdom in Speyer wetteifern wollte. Der Klosterbau hatte im Westen eine Vorkirche mit zwei Türmen, im Osten zwei Querhäuser, vier Türme und einen Kranz von Kapellen. Ein mächtiges Tonnengewölbe bedeckte das Mittelschiff.

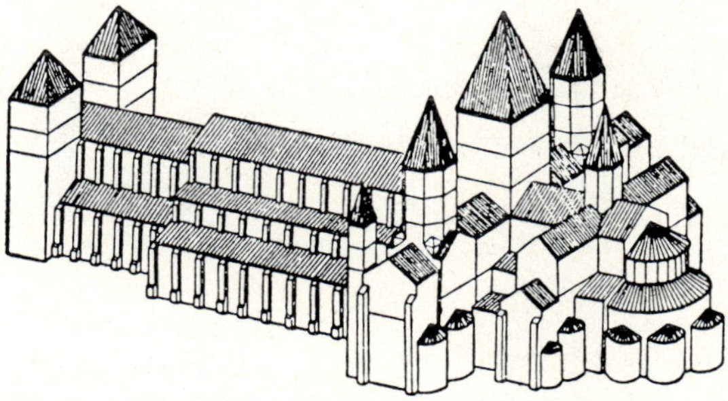

Rekonstruktion der Klosterkirche Cluny. 3. Bau

Die größte der im Geiste Clunys geschaffenen Klosterkirchen in Deutschland war St. Peter und Paul in Hirsau (Württemberg). Sie wurde 1692 zerstört. Hirsauer Baumeister errichteten auch die als Ruine erhaltene Klosterkirche von Paulinzella in Thüringen. Ihr Grundriß zeigt eine langgestreckte dreischiffige Säulenbasilika mit Querschiff, Hauptchor und Nebenchören. Der Hauptaltar stand im mittleren Chor, weitere Altäre befanden sich in den Apsiden.

Die Kaiserdome (hochromanisch)

Die großartigsten Denkmäler romanischer Baukunst wurden unter den Saliern am Rhein errichtet: die Kaiserdome von Speyer, Worms und Mainz.

141 *Dom in Speyer. Außenansicht. Begonnen um 1030 unter Konrad II.*

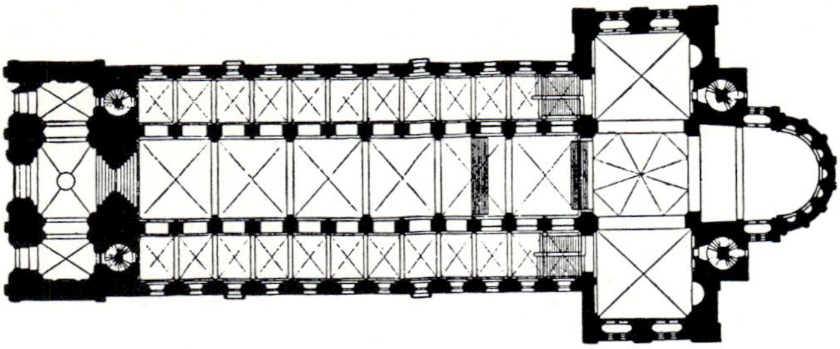

Grundriß des Doms in Speyer. Gesamtlänge 133 Meter

Der Dom von Speyer (Abb. 142) wurde unter Konrad II. um 1030 als flachgedeckte Pfeilerbasilika begonnen. Heinrich IV. unternahm im zweiten Bauabschnitt (1080—1106) das große Wagnis, die hohen Kirchenschiffe einwölben zu lassen. Sie waren in quadratische Felder aufgeteilt und erhielten nach dem »gebundenen System« je ein Kreuzgratgewölbe. Bis zu seiner weitgehenden Zerstörung im Jahre 1689 blieb der Dom trotz mehrerer Brände in seiner Bausubstanz erhalten. Der Dom von Speyer ist die erste Großbasilika

142
Dom in Speyer. Mittelschiff. Erste Einwölbung 1080—1106

143
Dom in Speyer.
Krypta
1061 geweiht

mit Kreuzgewölben in dieser Spannweite. In der *Krypta* (Abb. 143) unter dem erhöhten Chorraum liegen die Gräber der salischen und einiger späterer Kaiser. Das äußere Bild des Domes überwältigt durch Größe und Geschlossenheit seiner Bauteile. Zwischen gewaltigen Turmgruppen im Westen und Osten erhebt sich die Masse des mächtigen *Langhauses* (Abb. 141). Die Majestät des Bauwerks wird hier zum Sinnbild Gottes und zum Ausdruck der Kaisermacht.

144 *Dom in Worms. 12. Jh., Türme um 1250. Umlaufende Zwerggalerien*

145 *Abteikirche Maria Laach (Eifel). 12. Jh.*

146 *Kreuzgang des ehem. Lusamgärtleins, Würzburg. Um 1200*

Die Dome von Worms (Abb. 144) und Mainz stehen an Größe dem Speyerer Dom wenig nach. Beide sind dreischiffige Basiliken mit Querhaus, Doppelchören und einem Vierungsturm. In Worms flankieren vier schlanke Rundtürme die Chorseiten, von den beiden westlichen eingerahmt, erhebt sich der Westchorturm. In Mainz bewahrt die Ostfront mit Ostchorturm und den flankierenden Rundtürmen an den Querbauten den ernsten schlichten Charakter romanischer Bauwerke. Wie in Speyer treten in den Hauptschiffen an den Grundrißquadraten verstärkte Eckpfeiler auf. Die Wandflächen sind durch vorgeblendete Arkaden belebt.

Den großen Kaiserdomen ähnelt in der Anlage die schöne Abteikirche von Maria Laach (Eifel), die im Laufe des 12. Jahrhunderts gebaut wurde (Abb. 145). Sie besitzt aber kein gebundenes System, sondern hat querrechteckige Joche. Von besonderer Wirkung sind Türme und Vorhalle. Den Abteikirchen ist meist ein Kreuzgang angegliedert, dessen Säulenreihe oft durch vielfältigen Schmuck überrascht. Auch der *Kreuzgang* vom ehemaligen Lusamgärtlein in Würzburg (Abb. 146) zeichnet sich durch schön gebildete Bogenstellungen und reiche Plastik aus.

Bemerkenswerte romanische Kirchen in Deutschland sind ferner die Dome von Braunschweig, Lübeck und Paderborn. Die bedeutendste bayerische Kirche aus romanischer Zeit ist St. Jakob in Regensburg; sie ist flach gedeckt.

Die Dome der Übergangszeit (spätromanisch)

Während man in Deutschland unter den Staufern noch im romanischen Stil weiterbaute, hatte sich in Frankreich bereits eine neue Architektur durchgesetzt. Die wachsende Macht des Ritterstandes hatte den Einfluß der Geistlichkeit vermindert. Aus den Kreuzzügen hatte man neue Gedanken und Lebensformen geschöpft. Über Straßburg und die geistlichen Fürstenhöfe in Bamberg, Naumburg und Magdeburg drang westlicher Einfluß nach Deutschland. Das für Schönheit und Glanz aufgeschlossene Staufergeschlecht nahm bereitwillig die neuen Ideen auf. Das schwere Mauerwerk der romanischen Bauten wurde aufgelockert, die Türme wurden höher und zierlicher, die Fenster größer, die Säulen schlanker und der Schmuck, besonders an den Portalen, reicher. Ein neuer Stil, die Gotik, kündigt sich hierin an.

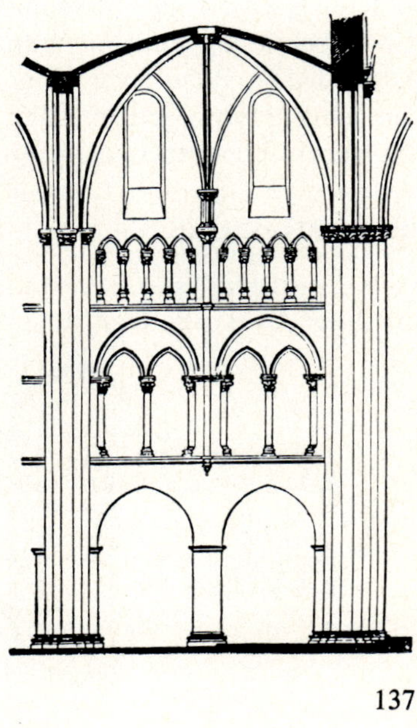

Wandgliederung der Übergangszeit. Limburg a. d. Lahn. Arkaden, Emporen, Triforien (schmale Bogengalerie), Obergaden

147
Dom in Bamberg. Westseite. Vollendet 1237. Französischer Einfluß

148
Dom in Limburg. Außenansicht. 13. Jh. Reiche Turmgruppierung

Dieser Übergangszeit, der Spätromanik, gehören in ihrer jetzigen Gestalt die Dome von Naumburg und Bamberg an. Beide Kirchen besitzen erhöhte Doppelchöre mit Krypten. Alles Wesentliche an ihrem Außen- und Innenbau gehört dem 13. Jahrhundert an. Neu sind am Naumburger Dom die Gewölbebildung und die Wandgliederung des *Westchors* nach französischem Vorbild. Der Bamberger Dom (Abb. 147) zeigt in seinen *Westtürmen* deutlich die Abkehr vom gedrungenen Stil der Romanik; an den Ecken der oberen Geschosse sind nach dem Vorbild der französischen Kathedrale von Laon spitzbogige Tabernakel (kleine säulengetragene Dächer) angebracht. Sie lösen die Wehrhaftigkeit der Türme auf und machen sie leichter und freier.

Weitere bedeutsame Kirchen des Übergangsstils sind der auf felsigem Gestein errichtete Dom von Limburg an der Lahn (Abb. 148) und St. Gereon in Köln.

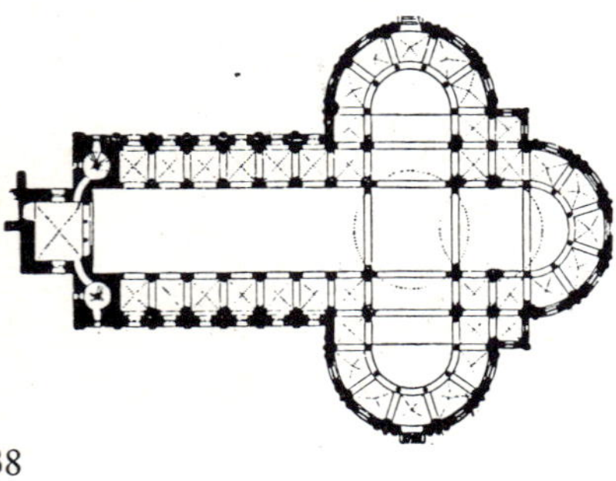

Grundriß von St. Maria im Kapitol, Köln. Kleeblattform

Hl. Georg mit dem Drachen, 15. Jahrhundert.
Ikone der Nowgoroder Schule

Tafel 11

Christus als Weltenrichter, 9. Jahrhundert. Evangeliar Kaiser Lothars. Paris, Nationalbibliothek

Tafel 12

149 *Dom und schiefer Turm in Pisa. 11. und 12. Jh.*

Eine Besonderheit der rheinischen Romanik ist die Kleeblattform der Grundrisse bei St. Maria im Kapitol und St. Aposteln in Köln. Die Raumform ähnelt einer Zentralanlage.

Außerhalb Deutschlands haben sich besonders in Frankreich und Italien Kirchen aus romanischer Zeit erhalten. In der Hafenstadt Pisa in Norditalien steht seit dem 12. Jahrhundert der Dom mit seiner prächtigen *Fassade* (Abb. 149). Eine Kuppel krönt die Vierung. Der berühmte schiefe Turm ist auf dem Grundriß eines Kreises errichtet und durch umlaufende Säulengalerien reich gegliedert.

Burgen und Paläste

Bei den Burgen und Palästen (Kaiserpfalzen) aus romanischer Zeit umgab eine starke Ringmauer das Herrenhaus (Palas), die Kapelle, die Wirtschafts- und Gesinderäume. Ein mächtiger Turm, der Bergfried, überragte die Dächer. Mehrere dieser Pfalzen sind, wenn auch nur ruinenhaft, erhalten geblieben, z. B. die Barbarossapfalz in Gelnhausen mit ihren schönen *Fensterarkaden* (Abb. 150). Zum Teil wurden sie wiederhergestellt wie das Kaiserhaus in Goslar, Dankwarderode in Braunschweig (die Burg Heinrichs des Löwen) und die Wartburg bei Eisenach in Thüringen. In Apulien (Süditalien) erhebt sich in unveränderter Form die achttürmige Festung Friedrichs II., Castel del Monte (Abb. 151). Äußerlich trutzig und wehrhaft, barg sie im Innern einst Wohnlichkeit und Pracht. Der Stauferkaiser liebte den Luxus morgenländischer Paläste. Im Obergeschoß des Kastells, seiner Wohnung, stützen Bündelpfeiler aus weißem Marmor die Kreuzgewölbe. Mosaiken und prächtige orientalische Teppiche schmückten die Räume.

Ein tragisches Schicksal erfüllte sich in den Mauern der Burg: Die Söhne des unglücklichen Manfred, eines natürlichen Sohnes Kaiser Friedrichs II. und Halbbruders König Konrads IV., wurden jahrelang in dem Kastell gefangengehalten.

150 *Fensterarkaden der Barbarossaburg Gelnhausen. Um 1200*

151 *Castel del Monte (Apulien), Burg Friedrichs II. Um 1240*

Die romanische Plastik

Wie in karolingischer Zeit waren auch in der ottonischen die Klöster Pflegestätten der plastischen Kunst. Von den ottonischen *Elfenbeinschnitzereien* (vgl. Abb. 154) sind die Arbeiten aus dem Kloster Echternach am eigenwilligsten. Sie halten sich nicht mehr an die spätantiken Vorbilder, sondern zeigen eine derbe, durchaus volkstümliche Art. Die Goldschmiedekunst erreicht um die Jahrtausendwende ihre höchste Blüte. Die Echternacher Schule zeichnet sich durch ihre besonderen Schmuckmittel und durch handwerkliche Vollendung aus. Aus dem reichen Bestand der ottonischen Goldschmiedekunst heben sich eine Reihe von kirchlichen Gegenständen ab, wie Reliquienschreine, Kruzifixe, Kreuze und Leuchter (vgl. Abb. 153).

Die erste große plastische Gestaltung in Deutschland ist der Bilderzyklus auf der fast fünf Meter hohen *Bronzetür* des Hildesheimer Domes, die Bischof *Bernward* unter dem Eindruck seiner Romfahrt für St. Michael in Auftrag gab. Auf den acht Feldern des linken Torflügels sind Schöpfungsgeschichte und Sündenfall, auf den acht Feldern des rechten ist das Leben Christi geschildert. Kains Brudermord wird uns in einer erregenden Szene vor Augen geführt (Abb. 152). Zuschlagen und Stürzen sind in einem dramatischen Augenblick festgehalten. In knapper zeichenhafter Form wird das Wesentliche gesagt. Diese kleinen Erzbilder bergen die Gesinnung des Monumentalen, die nicht an große Maße gebunden ist. Mit Reliefs im klassisch-antiken Sinn haben wir es allerdings nicht zu tun: die Reliefhöhe wird nicht gleichmäßig eingehalten und die meisten Köpfe treten rundplastisch hervor.

152 *Kain erschlägt seinen Bruder Abel. Relief an der Bronzetür des Hildesheimer Doms. Um 1015.*

153 *Bronzeleuchter. Trierer Schule, 2. Hälfte 12. Jh. Nürnberg, Germanisches Nationalmuseum*

154 *Elfenbeinschnitzerei. Um 960–980. Wien, Kunsthistorisches Museum*

Auf Bernward geht auch die in Erz gegossene Christussäule im Hildesheimer Dom zurück, deren spiralförmig geleitetes Reliefband an die Trajansäule in Rom erinnert. Fast gleichzeitig entstanden die bronzenen Türen des Augsburger Doms.

Die schöpferische Kraft des ottonischen Zeitalters wirkt auch im monumentalen Christusbild am Kreuz. Das im 10. Jahrhundert entstandene *Gerokreuz* des Kölner Doms (Abb. 156) ist ein markantes Beispiel für die großfigurige Gestaltung des Kruzifixus. Schwer hängt der Körper am Kreuz, das tief geneigte Gesicht im Schatten. Das Lendentuch ist breit geknotet und fällt in

155 *Lettner im Naumburger Dom. Fries und Kreuzigungsgruppe. Um 1250*

156 *Das Gerokreuz. Eichenholz. Kölner Dom. 10. Jh. Höhe 1.90 m*

strengen parallelen Falten geradlinig nach unten, die Füße stehen nebeneinander auf der Holzstütze. Zahlreiche monumentale Christusbilder folgten. Der Gekreuzigte wurde nun als Christkönig, siegreich über Leben und Tod, dargestellt; statt der Dornenkrone trägt er vielfach eine weltliche Krone.

Eine spätromanische *Kreuzigung* findet sich im Naumburger Dom (Abb. 155). Der leidende Christus hängt in leicht geschwungener Haltung am Kreuz, die Füße sind übereinandergelegt und mit einem Nagel durchbohrt. Das Lendentuch fällt nicht mehr wie früher in strengen, senkrechten Falten. Johannes und Maria, an die Seiten gestellt, zeigen in Gebärden und Mienen heftigen Anteil am Schmerz des Herrn. Alle holzgeschnitzten Kreuzigungsgruppen waren bemalt.

In romanischer Zeit wurde Maria als Königin des Himmels in frontaler, thronender Haltung mit dem Kind auf den Knien dargestellt. Oft waren die Holzfiguren mit Goldblech überzogen und mit Edelsteinen besetzt. Das Museum in Paderborn bewahrt eine *thronende Maria* aus der Zeit um 1060, eine Stiftung des Bischofs *Imad* (Abb. 157).

Unter den Saliern hatte die deutsche Bildnerei noch keinen festen Platz in der Architektur. Die künstlerische Ausdrucksform jener Zeit war der Kirchenraum selbst. Erst in staufischer Zeit wurde mit dem *Braunschweiger Löwen* (1166), den Heinrich der Löwe als Sinnbild seiner Macht vor seiner Burg aufstellen ließ, ein freistehendes Denkmal geschaffen (Abb. 158).

157
Imad-Madonna, um 1060. Paderborn Diözesan-Museum

158 *Braunschweiger Löwe. Bronzedenkmal. 1166*

159
Säulenfiguren am Königsportal der Kathedrale von Chartres. Um 1150

Die monumentale Bauplastik entwickelte sich in der Hochromanik zuerst auf französischem Boden, vorwiegend in Südwestfrankreich um Toulouse, in der Provence und in Burgund. Es gab dort zu Beginn des 12. Jahrhunderts Bildhauerwerkstätten, die den plastischen Schmuck an den Kirchenportalen schufen. Auftraggeber war die Kirche, die auch bestimmend für das Inhaltliche der Gestaltung war. Zu den schönsten romanischen Skulpturen auf französischem Boden zählen die alttestamentlichen Propheten und Könige des *Königsportals* der Kathedrale von Chartres (Abb. 159), die überschlank und hochwüchsig im Gewände stehen wie Säulen. Die Falten ihrer Gewänder folgen nicht den Körperformen, sondern sind in scharfen geraden Linien dem Stein eingeritzt wie die Furchen eines antiken Säulenschaftes. Trotz der Starre ihrer Körperhaltung wohnt in den Statuen eine machtvolle Geistigkeit, die am ausdrucksvollsten aus den Gesichtern spricht.

Bald zeigen auch in Deutschland die Portale der romanischen Kirchen reichen plastischen Schmuck. Gewände, Leibung und Bogenfeld wurden mit Figuren und Ornamenten geschmückt, anfänglich noch mit heidnischem Beiwerk. Die Götter- und Bestiengestalten an der *Portalwand* von St. Jakob in Regensburg sind dafür ein Beispiel (Abb. 160). Auch Säulen und *Kapitelle* wurden mit germanischen Band- und Flechtmustern und nordischen Tiergestalten ausgestattet (Abb. 161).

Tierkapitell

160
Portalwand von St. Jakob in Regensburg. Um 1190

161
Tierkapitell in der Krypta des Freisinger Doms

Evangeliar Kaiser Ottos III. aus Bamberg,
Reichenauer Schule, um 1000.
München, Bayerische Staatsbibliothek

Klosterkirche Gurk (Kärnten), nach einer Wandmalerei im Nonnenchor.
Hauptdarstellung: Maria als »Thron Salomos«, Mitte 13. Jahrhundert

Tafel 14

Nürnberg · St. Lorenzkirche · Der Englische Gruß v. Veit Stoss

Veit Stoß, Der Englische Gruß, 1517/18. Nürnberg, St. Lorenzkirche

Tafel 15

Perikopenbuch Kaiser Heinrichs II., Reichenauer Schule, um 1010.
Christi Himmelfahrt. München, Bayerische Staatsbibliothek

162 *Die »Goldene Pforte« am Dom in Freiberg (Sachsen). Um 1230*

Unter französischem Einfluß steht die Portallösung der Freiberger »*Goldenen Pforte*« um 1230 (Abb. 162). Hier hat man die Statuen zwischen die Säulen gestellt. Die Leibung zeigt alttestamentliche Figuren, das Tympanon die thronende Maria mit der Anbetung der drei Weisen.

163
Heinrich II. und Kunigunde.
Adamspforte des Bamberger Doms.
Um 1230

164
Grabmal Heinrichs des Löwen.
Braunschweig. Ausschnitt.
Um 1240

An französischer Kathedralplastik geschult war auch der Meister, der um 1230 die Adamspforte und das Fürstenportal am **Bamberger Dom** zu gestalten begann. Sechs Gewändefiguren, darunter die Statuen *Heinrichs II.* und seiner Gemahlin *Kunigunde*, stellte er in der *Adamspforte* auf (Abb. 163). Die Darstellungen sind keine Porträts, sondern Idealgestalten der höfischen Stauferzeit (Abb. 165). Im Gewände des Fürstenportals steht die Reihe der Apostel auf den Schultern der Propheten, über ihnen ein Tuba blasender Engel. Ihm zur Seite sitzt Abraham. In das Bogenfeld ist das Jüngste Gericht mit Christus als Weltenrichter gemeißelt. Zu beiden Seiten der Portalwand erhoben sich die hohen Gestalten der Ecclesia und der Synagoge. (Jetzt im südlichen Seitenschiff.)

Derselbe Meister hat im Innern des Domes den großartigen *Bamberger Reiter* geschaffen (Abb. 166), eine wahrhaft ritterliche Erscheinung mit dem Ausdruck königlicher Überlegenheit und vornehmer Lässigkeit; außerdem die Gestalten der Maria und Elisabeth im nördlichen Seitenschiff. Mit dem Bamberger Figuren hat die romanische Bildhauerkunst am Ende der Epoche ihre schönsten Werke geschaffen: die frühere Strenge wurde zugunsten einer freieren und lockeren Haltung aufgegeben, der bisher starr geordnete Faltenwurf paßte sich der Bewegung der Glieder an.

165 *Kaiser Heinrich II. Adamspforte des Bamberger Doms. Um 1230*

Ein anderer Bildhauer schuf etwas früher an den Chorschranken die Gestalten der Propheten und Apostel. Es sind jeweils zwei von ihnen zusammengestellt, die im leidenschaftlichen Gespräch begriffen sind. Die Erregung ihrer Gemüter gibt der Gesichtsausdruck wieder.

Eine vollendete Einheit von Architektur und Plastik erstand im Westchor des **Naumburger Doms**, am Übergang von der Romanik zur Gotik. Die *Stifterfiguren* stehen auf hohen Sockeln an den Chorwänden. Sie sind nach dem Bild des Menschen ihrer Entstehungszeit geschaffen, nicht nach den Stiftern selbst, die 200 Jahre früher gelebt hatten. In der echten Bildniskraft und in dem be-

166 *Der Bamberger Reiter.*
Bamberger Dom. Georgenchor. Kalkstein. Um 1240

seelten Ausdruck der Figuren offenbart sich die Größe des Künstlers. Starke, daseinsfreudige Körperlichkeit kommt in der meisterhaften Modellierung zum Ausdruck. Die schönsten Naumburger Statuen sind die des tapferen Markgrafen *Ekkehard* und seiner Gemahlin *Uta* (Abb. 167). Die Markgräfin hat der Bildhauer zum Typus der vornehmen Edelfrau erhoben.

Die trennende halbhohe Wand zwischen Westchor und Hauptschiff (Lettner) ist mit einem Relieffries verziert (vgl. Abb. 155). Besonders bemerkenswert an diesen plastischen Passionsbildern sind die derben, bäuerlichen Typen.

167 *Ekkehard und Uta. Stifterfiguren im Westchor des Naumburger Doms. Stein. 1250—1260*

Bewundernswerte spätromanische Plastiken sind auch die Portalfiguren am südlichen Querschiff und die Engel am Bündelpfeiler im Innern des Straßburger Münsters.

Das *Grabmal Heinrichs des Löwen* (Abb. 164) im Braunschweiger Dom, das gegen Mitte des 13. Jahrhunderts entstanden ist, zeigt den Herzog und seine Gemahlin in den langen wallenden Gewändern dieser Zeit. Der Herzog hält in seiner Linken das Schwert, in der Rechten das Modell des Braunschweiger Doms, seiner Stiftung.

Die Malerei der Romanik

Die stärksten Leistungen der uns bekannten romanischen Malerei liegen auf dem Gebiet der Kleinkunst. Es sind die **Buchmalereien** in Meßbüchern und Evangelientexten. In der ottonischen Zeit erreichte die Buchmalerei ihren Höhepunkt.

Menschen und Heilige sind vor einem flächenhaften Hintergrund geordnet und in starker seelischer Erregung dargestellt. Ihre Bewegungen sind zu heftigen, deutenden Gebärden geworden. Die Gewänder flattern und scheinen selbst zu Trägern der religiösen Erregtheit zu werden. Man muß sich vorstellen, daß die Menschen der Jahrtausendwende von der Erwartung des Weltuntergangs und des Jüngsten Gerichts aufgerüttelt waren. Das Wunderbare und das Übernatürliche sind die Triebkräfte zu dieser Bildaussage. Im *Evangeliar Ottos III.* (Farbtafel 13), das ihn als thronenden Kaiser zeigt, umgeben von den Vertretern der Kirche und des Staates, kommt diese religiöse Erregung ebenfalls in vielen Darstellungen zum Ausdruck. Vornehmlich sind die Wundertaten Christi geschildert.

Am berühmtesten ist das *Perikopenbuch Heinrichs II.*, das der Kaiser dem Bamberger Domkapitel schenkte. (Perikopen sind die Abschnitte des Evangeliums, die an den verschiedenen Tagen in der hl. Messe gelesen werden.) In fast allen Bildern wird als Hintergrund das feierliche Gold verwendet. Gegenständliche Dinge werden zum Sinnbild. Die Bilder sind ohne räumliche Tiefe und werden von der Figur und der Gebärde beherrscht. Bei der *Himmelfahrt Christi* (Farbtafel 16) blicken und deuten alle auf den auffahrenden Heiland, der auf einer Wolke schwebt und von den Engeln des Himmels begrüßt wird.

Miniatur aus dem »Stuttgarter Passionale« (12. Jh.)

Von der romanischen **Wandmalerei,** die einst die Innenwände der Kirchen schmückte, sind nur wenige Reste erhalten. Die Fresken der St. Georgs-Kirche auf der Reichenau lassen uns ihre Schönheit ahnen. Dargestellt sind auch hier die Wundertaten Christi. Zarte farbige Streifen durchziehen die Hintergründe. Wie in der Buchmalerei ist die Gebärdensprache höchst ausdrucksvoll. Die Komposition ist ganz auf die Figur Christi ausgerichtet. Apostel und Begleiter sind in dichtgedrängten Gruppen zusammengeschlossen. Sie unterstreichen durch Gebärden und lebhaften Gesichtsausdruck das Wirken des Herrn.

168

Wandmalerei in der Klosterkirche in Prüfening. Um 1160

169

Prophet am Vierungspfeiler, Prüfening

In der Klosterkirche zu Prüfening bei Regensburg mußte sich der Maler mit den Gewölbeflächen auseinandersetzen. Die Figuren sind geschickt im Rund der flachen Kuppel angeordnet. An der Wand sind Propheten und Märtyrer flächig-ornamental dargestellt (Abb. 168 u. 169). Das Hauptwerk der restaurierten *Fresken* im Nonnenchor der Klosterkirche Gurk (Kärnten) ist die Gottesmutter, im mystischen Sinn dargestellt als »*Thron Salomos*« (Farbtafel 14). Sowohl die Innigkeit der Beziehungen zwischen Mutter und Kind, als auch der knittrige Faltenwurf der Gewänder deuten auf den Übergang zur Gotik hin.

Die Glasmalerei

Schöne romanische *Glasfenster* besitzt der Augsburger Dom (Abb. 170). Fünf überlebensgroße Königs- und Prophetengestalten des Alten Testaments stehen dort in strenger frontaler Haltung. Die farbige Kraft der Gläser hat sich bis auf den heutigen Tag ungebrochen erhalten. Um 1210 erhielt die Kathedrale von Chartres ihre berühmten Glasfenster (Abb. 171). Für die Seitenschiffe wählte man kleinteilige Glasbilder. Der Kirchenraum erhielt durch das farbig gebrochene Licht eine besonders feierliche Stimmung.

Die Technik der Glasmalerei

Durch Einschmelzen verschiedener Farbstoffe in die Glasmasse erhält man die Farbgläser. Die ausgewählten Gläser werden zusammengelegt und mit Bleistreifen eingefaßt. Die Einfassung entspricht den hauptsächlichen Umrissen und Innenlinien der Darstellung. Die mit Schwarzlot ergänzten Zeichnungen werden gebrannt.

170 *König David. Fenster im Dom zu Augsburg. Um 1150*

171 *Erzengel mit Weihrauchgefäß. Chartres. Hochfenster d. Apsis. Um 1210*

Kreuzabnahme, um 1400.
Glasfenster aus der alten Frauenkirche,
jetzt im Dom zu München

Tafel 17

Kölner Meister, Madonna mit der Wickenblüte, um 1410.
Köln, Wallraf-Richartz-Museum

Tafel 18

Die gotische Kunst

»Wo immer Gott gesucht wird mit dem Geist und im Gemüt, da wird Gott gefunden.«

Meister Eckhart

Mit der Gotik verläßt die mittelalterliche Kunst die römische Überlieferung. Der gotische Stil ist eine nordische Neuschöpfung, im wesentlichen frei von antiken Einflüssen. Italienische Künstler des 16. Jahrhunderts haben das Wort »gotisch« geprägt, um die »barbarisch-germanische« Kunst des Nordens abfällig zu kennzeichnen. Erst nach 1800 verlor diese Benennung ihren unangenehmen Beigeschmack.

Die Gotik in Deutschland umfaßt die Zeit von etwa 1240 bis in den Anfang des 16. Jahrhunderts. Während der romanische Stil in erster Linie Ausdruck kaiserlich-ritterlicher Gesinnung war, gewinnt in der Gotik das aufstrebende Bürgertum mehr und mehr Einfluß auf die Gestaltung der künstlerischen Aufgaben. Getragen von einer großen religiösen Begeisterung schlossen sich die städtischen Baumeister, Steinmetzen, Bildhauer und Glasmaler in den »Bauhütten« zu einer engen Gemeinschaft zusammen. Aus dieser Zusammenarbeit entstanden die Gotteshäuser des hohen und späten Mittelalters als Wahrzeichen und Zierde der Städte. Bürgertum und Kirche verband eine neue Art des religiösen Empfindens: die Versenkung in die überirdischen Geheimnisse und die Sehnsucht nach dem Himmel (Mystik). Das irdische Leben galt als Vorbereitung auf das Jenseits. Steinerner Ausdruck dieser Hingabe an Gott ist der gotische Dom. In seinem Streben nach oben offenbart sich sinnvoll und sichtbar das »sursum corda« der Liturgie.

Gotische Kirche mit Grundriß

Der gotische Baustil

Allgemeine Stilmerkmale

Der gotische Baustil entwickelte sich im 12. Jahrhundert zuerst auf französischem Boden. Seine wesentlichsten Merkmale sind das Kreuzrippengewölbe, der Spitzbogen und das Strebewerk mit Strebepfeiler und Strebebogen.

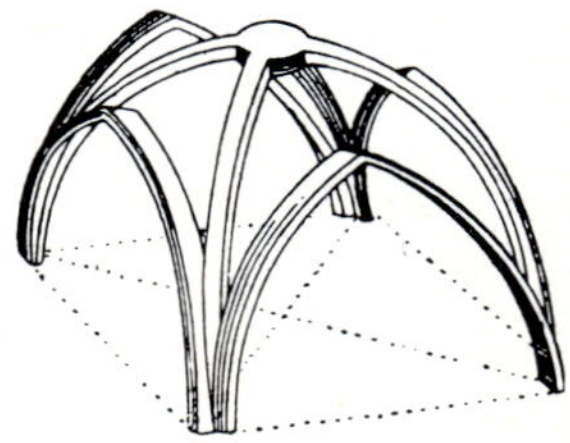

Konstruktionsschema eines Kreuzrippengewölbes

Das romanische Gewölbesystem setzte eine Grundrißeinteilung in quadratische Felder voraus. Beim gotischen Kreuzrippengewölbe wird das Mittelschiff in rechteckige Felder eingeteilt. Einem Rechteck im Mittelschiff entspricht je ein Quadrat in beiden Seitenschiffen (Gotisches Joch). Die Breite eines Joches geht demnach quer durch das Langhaus. Die Überwölbung der Rechtecke wurde durch die Einführung des **Spitzbogens** möglich. Mit Hilfe dieses technischen Fortschritts konnten Bogen von verschiedener Spannweite zur gleichen Scheitelhöhe geführt werden. Die das Gewölbejoch begrenzenden Gurtbogen erhielten eine diagonale Verstrebung durch Kreuzrippen. Dieses steinerne Gerüst trägt die Last der Gewölbefelder (Gewölbekappen), die nur als Füllung hineingemauert sind. Bogen und Rippen leiten die Last und den Druck des Gewölbes weiter auf die stützenden Pfeiler. Diese können dem Druck und Schub nur standhalten, wenn sie eine Sicherung durch Strebepfeiler erhalten, die an der äußeren Umfassungsmauer der Kirche emporgeführt werden. Zur Überleitung des Druckes dient der Strebebogen. Er verbindet die Stützen im Innern mit den äußeren Strebepfeilern über das Dach der Seitenschiffe hinweg.

Die gewölbetragenden Stützen sind meist Pfeiler, die durch Säulen und Rundstäbe (Dienste) verstärkt sind (Bündelpfeiler). Ihre Kapitelle schmückt naturalistisch geformtes Blatt- und Rankenwerk. Im Gegensatz zum romanischen Stützenwechsel sind alle Pfeiler von gleicher Form.

Da durch die Ableitung des Gewölbedrucks die Innenwände des Hauptschiffes nahezu entlastet sind, können sie nach Belieben aufgelockert werden. Dies geschieht durch Arkaden, schmale Bogengalerien (Triforien) und große Fenster, deren farbige Gläser dem Innenraum eine gedämpfte Lichtstimmung verleihen.

Strebesystem, Kölner Dom

Das gotische Kirchenfenster ist durch steinerne Stäbe (Stabwerk) in hohe Felder geteilt, die durch Spitzbogen geschlossen werden. Die entstandenen Bogenflächen werden in Kreisformen (Pässe) unterteilt. Diesen ornamentalen Fensterschmuck nennt man Maßwerk.

Die kreuzförmige Anlage des Grundrisses bleibt im wesentlichen erhalten. Nur der Chorraum wird beträchtlich erweitert durch den Umgang und den ihn umschließenden Kapellenkranz. Die Krypta fällt meist fort. Bei den großen Domen sind fünfschiffige Langhäuser und dreischiffige Querhäuser nicht selten.

Der Innenraum im ganzen gesehen zeigt den gotischen Geist in seinem Streben nach Schwerelosigkeit und Höhe. Die mächtigen Mauern romanischer Bauten, die breiten Wandflächen sind verschwunden. An ihre Stelle ist ein Gerüst von aufsteigenden Pfeilerbündeln, von Rippen- und Rahmenwerk getreten. Die meisterhafte Konstruktion aller Bauteile steigert sich zu einer Kunst der Entkörperung.

Fenster in der Abteikirche zu Altenberg

Der Gedanke des freien Emporstrebens ist in der **Fassade** des Außenbaues verwirklicht. Türme beherrschen das Gesamtbild. Oft wachsen sie als Turmpaar machtvoll in die Höhe oder ragen als Einzelturm über die Fassade hinaus.

Meist erhebt sich der gotische Turm auf einem quadratischen Grundriß und geht in ein achteckiges Geschoß über, das durch schlanke Fenster aufgelockert ist. Er endet in einer Helmspitze mit abschließender Kreuzblume. Das feingliedrige Maßwerk der Rippen und Rahmen verleiht dem Turmdach seine besondere Schönheit. Außer den Fronttürmen gibt es Nebentürme, die in der Nähe der Querschiffe angebracht sind. Bei der Vierung begnügte man sich meist mit einem einfachen Dachreiter.

Krabben und Kreuzblumen

Fenster mit Maßwerk und Wimperg

Alle Bauglieder der Fassade sind vertikal gegliedert. Waagrechte Geschosse werden häufig durch spitze Giebel über Fenstern und Portalen (Wimperge) durchschnitten. Über dem Hauptportal, das sich durch Größe und reichere plastische Gestaltung von den beiden Seitenportalen abhebt, befindet sich ein großes Rundfenster mit zierlichem Maßwerk (Fensterrose). An die Stelle der Rose können auch große Spitzbogenfenster treten.

Die Außenseiten der gotischen Kirchen sind ebenfalls reich verziert. Jeder Strebepfeiler schließt mit einem Türmchen (Fiale) ab, dessen Spitzdach mit Kreuzblume und Krabben (ausgebeultem Blattwerk aus Stein) geschmückt ist. Die Wimperge tragen gleiches Schmuckwerk.

Während beim romanischen Bauwerk die einzelnen Teile in klarer Gliederung hervortreten, löst sich der Außenbau des gotischen Domes vielfach in eine kaum übersehbare Vielfalt von Strebewerk und Zierat auf. Erst die norddeutsche Backsteingotik ließ die Masse des Hauptschiffes wieder deutlich hervortreten.

Die gotische Baukunst in Frankreich

Bereits Mitte des 12. Jahrhunderts entstand im Herzen Frankreichs, in der Isle de France, das erste gotische Bauwerk: die Abteikirche von St. Denis bei Paris. Abt *Suger*, der Bauherr, hat uns eine stolze Beschreibung der Kirche hinterlassen, in der er besonders den Scharfsinn, mit dem Chorumgang und Kapellenkranz erdacht sind, rühmt. Als baukünstlerische Tat bildet der Chor von St. Denis den Auftakt zu einer Reihe von prächtigen Kathedralen. Der entscheidende Einfall zu diesem bedeutungsvollen Werk — das Zusammengreifen der Konstruktionsmittel wie Rippe, Spitzbogen und Strebewerk und ihre Verwandlung als Einzelteile zu Räumen von lichter Weite und Höhe — ist aber nicht denkbar ohne die Vorarbeit der Normannen. Seit etwa 900 in der Nor-

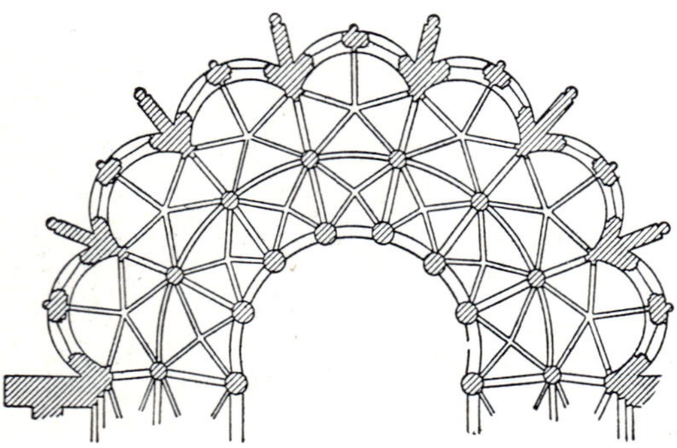

St. Denis. Gewölberiß des Chorumganges mit den Chorkapellen

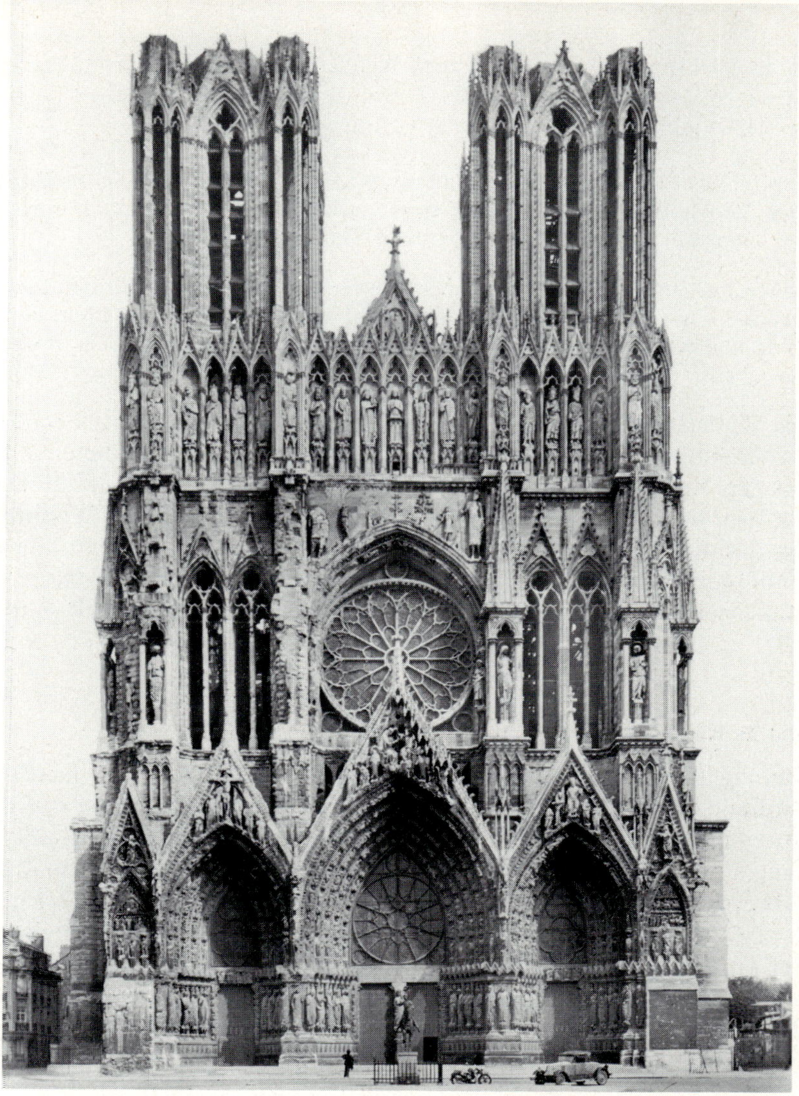

172 *Kathedrale Notre Dame von Reims. Westfassade. 13. und 14. Jh. Begonnen 1211*

mandie ansässig, begannen sie als erste damit, die schweren romanischen Wandflächen zugunsten einer größeren Licht- und Schattenwirkung aufzugliedern. Auch das Zweiturmprinzip der Westfassade, ein wesentlicher Zug späterer Gotik, hat seinen Ursprung in der normannischen Bauschule.

Nach dem frühgotischen St. Denis folgten in weiterer Entwicklung die Kathedralen von Paris, Amiens, Reims und andere im Norden des Landes. Charakteristisch für sie ist die Gestaltung der Fassade. Sie betont nicht nur die vertikale Richtung, sondern zeigt auch in übersichtlicher Gliederung die waagrecht angeordneten Geschosse. Die Türme sind ohne die in Deutschland üblichen Helmspitzen, sie enden als breite Stümpfe.

Eine typisch französische Kathedrale ist Notre Dame von Paris (voll. 1245). Schöne Verhältnisse und Ausgeglichenheit zwischen vertikalen und horizontalen Linien kennzeichnen die Fassade der großen fünfschiffigen Kirche.

Schwerelos, aufgelockert in Glas und Maßwerk erheben sich die Mittelwände der Kathedrale von Amiens. Ihr Grundriß zeigt einen fünfschiffigen Chorraum mit Umgang und Kapellenkranz. Das dreischiffige Querhaus hat die gleiche Breite wie das Langhaus.

Die Kathedrale von Reims (Abb. 172) ist wohl Frankreichs schönstes gotisches Bauwerk. In harmonischer Gliederung und schöner Betonung der Vertikalen bietet sich die *Fassade* dar. Die Geschosse sind klar und übersichtlich angeordnet, die Wimperge über den Portalen, Fenstern und Nischen betonen das Aufsteigende. Die drei Portale, von denen das mittlere höher ist und mit seinem Giebel weit über das zweite Geschoß hinausragt, haben reichen plastischen Figurenschmuck. Das dritte Geschoß ist als Königsgalerie ausgebildet.

Englische Kathedralen

Die englische Frühgotik, das **Early English** (um 1180—1250), kam schon gegen Ende des 12. Jahrhunderts mit dem Chorbau der Kathedrale von Canterbury mit der französischen Baukunst in Berührung. Sie bewahrte aber von Anfang an ihre Eigenart. Der Pflege normannischer Tradition gesellte sich ein dekoratives Element hinzu, das die logische, klare Führung französischer Kirchen ersetzt. Englische Kathedralen liegen oft außerhalb der Städte, inmitten weiter Grünflächen, aus denen sie sich als reich durchgeformte Gebilde mit doppeltem Querschiff und normannischem Vierungsturm erheben. Wesenhaft englisch ist die um 1220 begonnene Kathedrale von Salisbury (Abb. 173)

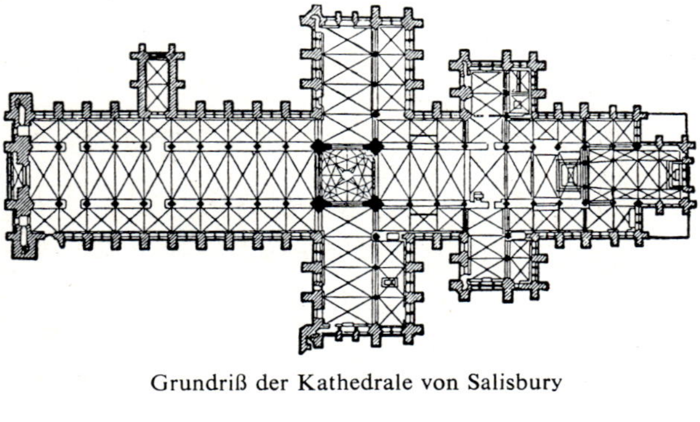

Grundriß der Kathedrale von Salisbury

173 *Kathedrale von Salisbury, 1220—1260*

mit ihren zwei Querschiffen, dem traditionellen Vierungsturm und einer breitgelagerten, das ganze Feld mit nebeneinandergereihten Bildwerken überziehenden *Fassade*. Der Drang zur Höhe findet sich kaum. Im Innern setzt sich jenseits der Vierung das Mittelschiff in Form langgestreckter Chöre fort, lange Raumfluchten bildend, die durch quergelagerte Lettner unterbrochen werden.

Dem »Early English« folgt eine etwa der festländischen Hochgotik entsprechende Epoche, die von 1250 bis 1340 dauert und als **Decorated Style** bezeichnet wird. Bedeutende Bauwerke dieses Stils sind die Kathedrale von Exeter mit dem großartigen Linienspiel der Gewölbe und der ganze östliche Teil der Kathedrale von Lincoln. Eine verschwenderische Fülle edlen Materials und reiche geometrische Ornamentik bieten sich dem betrachtenden Auge dar.

Der Spätstil der englischen Gotik (etwa um 1340—1520), in England **Perpendicular Style** genannt, ist von der Tendenz der Vertikalen beherrscht. Man erstrebt nun die einfache Sachlichkeit eines Raumstils; die Räume werden zu gläsernen Sälen mit hohen Fächergewölben aufgelöst. Parallel laufenden Pfosten gleichend, herrschen die senkrechten Stäbe im Maßwerk der Fenster vor. Die Freude am dekorativen Gestalten drückt sich besonders in den oft phantastischen Formen der Fächergewölbe aus. Als ein charakteristisches Beispiel dieses Spätstils gilt die Kathedrale von Winchester.

Der gotische Baustil in Deutschland

Gegen den zäh weiterlebenden romanischen Stil konnte sich die gotische Bauweise in Deutschland nur allmählich durchsetzen. Deutsche Baumeister, die in französischen Bauhütten gelernt hatten, brachten das Ideengut der Gotik mit nach Deutschland, doch wurde es vorerst nur in einzelnen Teilen angewandt. In der Elisabethkirche in Marburg und in der Trierer Liebfrauenkirche tritt der neue Geist aber schon klar in Erscheinung. 1248 war das

174 *(links)*
Mittelschiff und Chor des Kölner Doms. Hochgotisch. Begonnen 1248. Chor 1322 vollendet. Kreuzrippengewölbe.

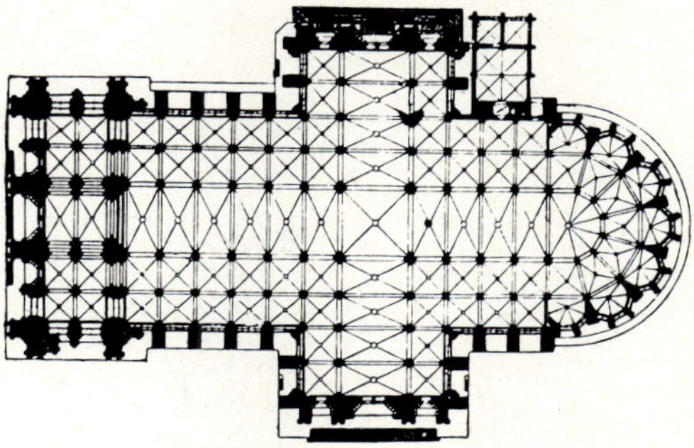

Grundriß des Kölner Doms

Geburtsjahr des ersten reingotischen, nach französischem Vorbild angelegten Bauwerks, des Kölner Doms (Abb. 174). Der Grundriß ähnelt dem der Kathedrale von Amiens, nur daß die französischen Baumeister ein dreischiffiges Langhaus bauten, die deutschen ein fünfschiffiges. 1322 konnte der Chor geweiht werden, anschließend begann man mit der Errichtung des Quer- und *Langhauses.* Die Bautätigkeit zog sich bis ins 16. Jahrhundert hin, dann ruhte sie bis 1840. Dank einer großen Volksspende konnten das Langhaus und die Fassade mit den Türmen 1880 fertiggestellt werden.

Beim Straßburger Münster wurde das gotische Langhaus und die Fassade an den romanischen Ostteil angefügt. Dem Meister ERWIN VON STEINBACH wird der Fassadenriß B zugeschrieben, nach dem die beiden unteren Geschosse und die Fensterrose ausgeführt sind. Alle Teile, wie die drei mit Wimpergen überdachten Portale, die Fialen und Stäbe drängen nach oben und bereiten die Form der Türme von unten an vor. Die Fassade erhielt später durch den Bau eines Glockengeschosses einen rechteckigen Abschluß. Von den geplanten beiden Türmen wurde keiner ausgeführt. Erst 1440 wurde der heutige nördliche Turm,

Straßburger Münster
Fassadenriß von Erwin von Steinbach

175 *Dom St. Peter in Regensburg. Fassade, Türme, Vorhalle 1275—1534. Türme vollendet 1869*

bewußt als Einturm von ULRICH VON ENSINGEN und von JOHANNES HÜLTZ (Helm) entworfen, fertiggestellt. Er gibt dem Münster das charakteristische Aussehen.

Der Turm des Freiburger Münsters, ein Werk echter und schönster deutscher Gotik, ist der einzige der großen Domtürme in Deutschland, der im Mittelalter vollendet wurde (1298). Auf geschlossenem quadratischem Unterbau ruhend, geht er in sinnvoller Steigerung zum achteckigen Mittelgeschoß über und endet in einer aufgelockerten Helmspitze.

Wie das Ulmer Münster ist der Regensburger Dom (Abb. 175) Ausdruck der Macht des aufstrebenden Bürgertums. Alles beherrschend, wächst der Bau mit seinen beiden mächtigen Türmen aus der Masse der mittelalterlichen Gebäude. Bemerkenswert an der Fassade ist außer der Gliederung die dreieckige Vorhalle.

Während man im Süden und Westen Deutschlands den natürlichen Haustein verwendete, war man im Nordosten auf den gebrannten Ziegel angewiesen. Dieser eignet sich zu einfachen, flächigen Gebilden ohne großen plastischen Schmuck. Die Bauten der **Backsteingotik** sind daher durch die Straffheit und die großflächige Farbigkeit ihrer Mauerwände wirkungsvoll. Eine Eigenart des nordischen Backsteinbaus ist der gegliederte Treppengiebel. Zum vorbildlichen Bauwerk wurde St. Marien zu Lübeck aus dem 13. Jahrhundert.

Die Sonderform der deutschen Gotik (Hallenkirchen)

Das große Ziel des späten Mittelalters ist in Deutschland die Schaffung des einheitlichen Kirchenraumes. In den Hallenkirchen der Spätgotik ist diese Sonderform verwirklicht. Zwei Wege führten dorthin. Den einen gingen die Baumeister der **Bettelorden**, die ihre Kirchen in betonter Schlichtheit unter

176
Lettner. Stiftskirche in Tübingen. Um 1500

Verzicht auf hohe Türme und Querschiffe errichteten, den anderen beschritten die Westfalen, die Seitenschiffe und Hauptschiffe in gleicher Höhe aufführten, wodurch eine weiträumige Halle entstand. Dieser Eindruck wurde noch verstärkt durch den Anbau des Chores, in dem sich die Hallenform des Langhauses durch die Hochführung des Chorumgangs fortsetzt. Die Stützen, oft Säulen ohne Kapitelle, wurden nicht mehr als Begrenzungslinien einzelner Räume aufgefaßt, sondern als Körper, die in einen großen Raum hineingestellt sind. Die Einheit des Raumes verlangte auch eine Vereinheitlichung der Decke. Schon in den Kirchen der Bettelorden hatten die Joche durch Angleichung der Rippen und Gurtbögen ihre Selbständigkeit verloren, nun begann man die ganze Decke mit einem Netzwerk von Rippen zu überziehen (Stern- und Kreuzmuster). Im 16. Jahrhundert verlor das Rippengeflecht vollends seinen architektonischen Sinn als Träger der Gewölbelast: die Rippen werden zu Rahmungen kleiner, vielgestaltiger Felder. Die Freude am dekorativen Spiel, an der Bewegung und Übertreibung führte in der Spätgotik zu neuen Formen. Der einfache Spitzbogen wandelt sich in einen geschweiften Kielbogen (vgl. Abb. 176), an die Stelle der Drei- und Vierpässe treten im Maßwerk Fischblasenmuster.

Die frühgotische Elisabethkirche in Marburg ist die erste Hallenkirche in Deutschland. Die endgültige Form des Hallenchores geht auf die Baumeisterfamilie Parler zurück, die in Schwäbisch-Gmünd, Ulm und Prag wirkte. Westfälische Hallenkirchen sind der Dom zu Minden und die Lambertikirche in Münster. Annaberg in Sachsen besitzt eine besonders schöne Hallenkirche,

Grundriß der St. Annakirche in Annaberg (Sachsen) 1499—1520

deren Gewölberippen sich zu Schleifen und Rosetten verschlingen. Der Süden Deutschlands hat in St. Martin in Landshut, in den Frauenkirchen in München und Nürnberg, in der St. Georgskirche in Nördlingen (Abb. 177) schöne Hallenkirchen. Ein mächtiges, mit farbigen Ziegeln belegtes Dach überspannt die gleichhohen Schiffe des St. Stephansdoms in Wien (Abb. 178). Türme, Portale, Giebel und Vorbauten schmücken das Äußere. Nur der südliche Turm ist fertig geworden (1443).

177
St. Georg, Nördlingen. Innenraum. Gleichhohe Schiffe. Um 1500

178
Dom St. Stephan in Wien. Südseite mit Turm. 14. u. 15. Jh.

Klosteranlagen

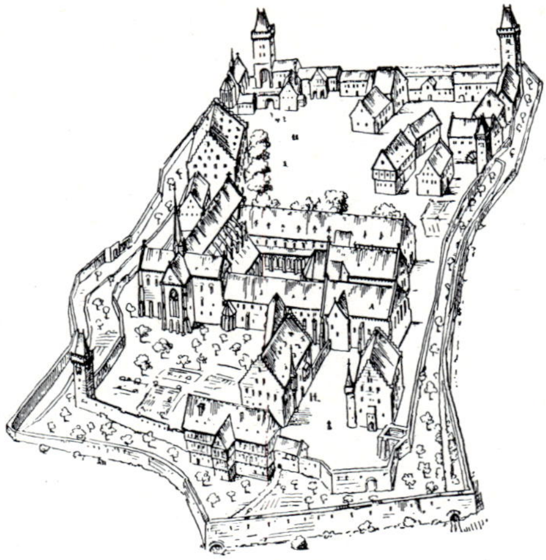

Klosteranlage von Maulbronn

An der Ausbreitung des gotischen Stils in Deutschland hatte der Orden der **Zisterzienser** großen Anteil. Eine vom Mutterkloster Citeaux in Frankreich ausgehende Reformbewegung verlangte von den Mönchen wieder mehr Einfachheit, im Kirchenbau Strenge und Schmucklosigkeit. Die Kirchen blieben ohne Türme, nur ein schlichter Dachreiter über der Vierung war erlaubt. In den Ausmaßen ihrer Kirchenräume waren die Zisterzienser großzügiger. Es entstanden mächtige Klosterkirchen, die gerade in der Einsamkeit ihrer geliebten Waldtäler eine

179 *Zisterzienserabtei Altenberg bei Köln. 1255—1379*

180 *Kreuzgang von Mont St.Michel, Normandie. 13. Jh.*

eigenartige Wirkung ausübten. Zu ihnen zählt die in strenger und klarer Gotik ausgeführte Abteikirche von Altenberg bei Köln (Abb. 179).

Ein nahezu vollständiges Bild einer mittelalterlichen Klosteranlage bietet das Kloster Maulbronn. Um die Kirche mit dem geraden Chorabschluß und den quadratischen Kreuzgang schließt sich ein Ring von Gebäuden (vgl. Textzeichnung). Die ältesten Teile des Klosters stammen aus romanischer Zeit, im Herrenrefektorium mischen sich romanische und gotische Formen.

Das Inselkloster Mont St.Michel, das gleich einer Gottesburg vor der normannischen Küste liegt, birgt im Innern einen wundervollen *Kreuzgang* mit einer doppelten Reihe fein gearbeiteter Säulen, deren Eckpfeiler wegen ihrer schönen Plastik berühmt sind (Abb. 180).

Weltliche Bauten

Das Bürgertum des späten Mittelalters leistete Großes auch in den Profanbauten. Besonders im Norden und Osten Deutschlands entstanden Rathäuser, reden Architektur mit den Kirchenbauten wetteiferte. Viel Mühe wurde auf die Fassade verwendet, die als kunstvoll gegliederte und geschmückte Schauwand dem Haus vorgesetzt wurde. Die in nordischem Backstein ausgeführten *Rathäuser* von Lübeck und Greifswald, in Westfalen das Rathaus von Münster (Abb. 181) zählen zu den schönsten dieser bürgerlichen Profanbauten.

181
Rathaus in Münster (Westf.). Front mit Giebel. Um 1335

182
Holstentor in Lübeck. Farbiger Ziegelbau. Um 1470

Stephan Lochner, Madonna im Rosenhag, um 1445.
Köln, Wallraf-Richartz-Museum

Tafel 19

Konrad Witz, Der Hl. Christophorus, um 1435/40.
Basel, Kunstmuseum

183
Marienburg, Schloß der Hochmeister. 13. und 14. Jh.

Das erhaltengebliebene Stadttor in Lübeck, das zweitürmige *Holstentor*, bringt in seinen mächtigen, durch Fensteröffnungen gegliederten Backsteinmassen den Charakter des Festungstores zum Ausdruck (Abb. 182).

An der Spitze der weltlichen Baukunst des Mittelalters steht die Ordensburg der Hochmeister, die Marienburg an der Nogat. Die gewaltige Anlage vereinigt alle Teile einer Ritterburg mit den Eigentümlichkeiten eines Klosterbaues (Abb. 183). Das Schloß des Hochmeisters, im 14. Jahrhundert erbaut, zeichnet sich im Innern durch schöne, leichte Gewölbe aus (Abb. 184), die palmen- und fächerförmig von den Stützen auszugehen scheinen *(Remter)*.

184
Großer Remter. Saal im Mittelschloß der Marienburg. Fächergewölbe

185
Der Schöne Brunnen in Nürnberg, 1385—1395

Das **mittelalterliche Stadtbild** ist uns vielfach durch alte Stiche und Holzschnitte vertraut: Hinter starken, turmbewehrten Ringmauern baut sich ein Gewirr von Giebelhäusern und hochragenden Turmspitzen zu einer bewegten Silhouette auf. Das Bild wird oft beherrscht von der höher gelegenen Burg des einstigen Stadtherrn. Die mittelalterlichen Städte waren klein, selbst die größten wie Köln, Lübeck, Nürnberg u. a. hatten nicht mehr als 30000 Einwohner. Mit der Zeit erreichten die Bürger Stadtfreiheit und Selbstverwaltung. Mittelpunkt der Selbstverwaltung wurde das Rathaus, dem die Häuser der mächtigen Gilden und Zünfte an Größe und Pracht kaum nachstanden. Wohnhäuser im Fachwerkbau mit Erkern und Ziergiebeln, prächtige Portale und kunstvolle Brunnen wie beispielsweise der *Schöne Brunnen* in Nürnberg (Abb. 185) zeugen noch heute vom Reichtum und Kunstsinn des mittelalterlichen Bürgertums.

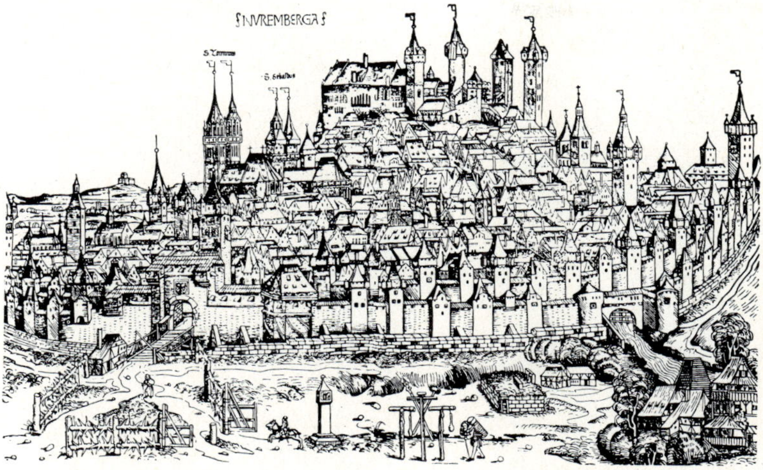

Nürnberg. Stadtansicht aus der Schedel'schen Weltchronik, 1493

Die gotische Plastik

Die Steinplastik

Die gotischen Kathedralen und Dome sind nicht nur schön in ihrer Architektur, sondern auch in ihrem plastischen Schmuck. Der Reichtum an Skulpturen, Tier- und Pflanzenbildern entfaltet sich hauptsächlich an den Portalen. Dargestellt wurden meist Figuren, die den Sinn des Erlösungswerkes deutlich aussprechen, etwa die klugen und die törichten Jungfrauen. Besonderer Wert wurde auf das gefühlsmäßige Erfassen des Vorganges gelegt: aus den Gesichtern der Klugen strahlt das Glück, aus denen der Törichten spricht jammervoller Schmerz.

Am Westportal des Straßburger Münsters tritt der »*Fürst der Welt*« den törichten Jungfrauen als Verführer gegenüber und bietet ihnen den Apfel, das Symbol der Erbsünde, an (Abb. 186). Die Betonung des Gefühls führte zu verstärkter Bewegung innerhalb der Figuren.

Während sich die romanische Steinplastik in blockhafter Monumentalität ausdrückte, ist die gotische Skulptur bewegter, geschwungener und zierlicher. Damit löst sie sich auch mehr oder weniger aus der Wandfläche. Sie wird selbständiger. Die *Engelsfigur* der Regensburger Verkündigung (Abb. 187) hat noch ihre senkrechte Achse behalten, aber in den bewegten Gewandfalten

186 *»Fürst der Welt« und törichte Jungfrau. Portalfiguren an der Westfassade des Straßburger Münsters. Stein. Um 1300*

und in dem freundlich-lächelnden Gesicht drückt sich schon das Kommende aus. In der *Pfeilerfigur* des Kölner Domchores (Abb. 188) ist die Gesamtheit des Körpers zu einer einheitlichen Kurve zusammengefaßt. Damit hat sich die Figur von der Achse des Pfeilers gelöst. Die Gestalt ist schlank und zierlich gebildet, der Körper mit sanftem Schwung aus- und einwärts gebogen. Eine gewisse Eleganz und Geziertheit ist in die Stilisierung einbezogen. Die große

187
oben links:
Verkündigungsengel im Regensburger Dom. Stein. Um 1280

188
oben rechts:
Pfeilerfigur im Kölner Dom. Um 1320

189
Fürstbischof Friedrich von Hoheloh e. Bamberger Dom. Grabstein. Um 1350

Bildniskraft und monumentale Formgebung, die der spätromanischen Plastik in Naumburg und Bamberg ihre einsame Höhe verleihen, sind in den gotischen Steinfiguren nur selten enthalten, dafür erscheinen aber mimische Züge als Ausdruck innerster Regungen.

Die **Grabmalplastik** suchte mehr das Persönliche darzustellen. Das Wissen um den Tod, das besonders dem alten Menschen seine Würde gibt, spricht aus dem ergreifenden *Grabmal* des Bischofs von Hohenlohe im Bamberger Dom (Abb. 189). Alles Körperliche tritt hinter dem ruhigen Strömen der Gewandfalten zurück. Die vergeistigte Erscheinung des Bischofs wirkt zart und zerbrechlich.

Die Holzplastik

Durch die zunehmende Loslösung der Skulptur aus dem Gefüge der Architektur bildete sich eine selbständige Plastik aus. Sie diente als Schmuck der Altäre, des Chorgestühls und der Kanzel. Man stellte sie aber auch in engere kirchliche Bezirke hinein, wo der Gläubige vor ihr seine Einzelandacht verrichten konnte. Als Werkstoff verwendete man Lindenholz. Zu den bisherigen Darstellungsthemen traten neue: das Vesperbild (Pietà), die Christus-Johannes-Gruppe, Christus als Schmerzensmann u. a. Die als Einzelwerke geschaffenen

190 *Madonnenstatue. Um 1460. Köln, Schnüttgen-Museum*

191 *Christus-Johannes-Gruppe aus Sigmaringen. Um 1320. Berlin, ehemals Staatliche Museen*

192 *Vesperbild. Oberösterreichisch. Um 1420*

Andachtsbilder beeindrucken durch das Zurücktreten des Körperhaften und eine ins Geistige entrückte Alltagsferne. Die Abkehr vom Irdischen und die Versenkung ins Jenseitige sollte sich am Bildwerk immer wieder erneuern. Zur Darstellung wählte man meist die das Gefühl am stärksten ansprechenden Szenen aus der Leidensgeschichte des Herrn.

Im *Vesperbild* beweint die trauernde Muttergottes ihren toten Sohn, der starr ausgestreckt auf ihren Knien liegt und den sie in tiefem Schmerz anblickt (Abb. 192). Die *Christus-Johannes-Gruppe* — in den Nonnenklöstern des Bodenseegebietes besonders beliebt — betont die Innigkeit der Gefühle zwischen Christus und seinem liebsten Jünger (Abb. 191). Diese Gruppe ist ein Sinnbild der Hingabe der Seele an Gott.

In der Gestaltung des Schmerzensmannes offenbart sich die religiös-künstlerische Vorstellungskraft des späten Mittelalters am eindringlichsten. Hier wird die ganze Passion zu einem Erscheinungsbild verdichtet: Christus als leidender Mensch mit all seinen Wundmalen. Der gekreuzigte Christus wurde nicht mehr wie in der romanischen Zeit als siegreicher Überwinder des Todes, sondern als der große Leidende, der mitleiderregende Schmerzensmann am Kreuz dargestellt. Das *Gabelkruzifix* aus Köln (Abb. 193) zeigt uns den blutigen, zerschlagenen und zerschundenen Körper des Herrn in grausiger Deutlichkeit. Damit wollte der Künstler zum Mitleiden, zur Versenkung in die Passion Christi auffordern.

Auch die Darstellungsweise der *Madonnenfigur* wandelte sich von der würdevollen Frontalität einer romanischen Himmelskönigin zur natürlichen Haltung einer Mutter, die ihr Kind beglückt in den Armen hält (Abb. 190). Bürgerliche Vornehmheit, weiche Fraulichkeit, Mütterlichkeit und Beseeltheit, aber auch Schönheit, Anmut und Süße zeichnen die gotische Muttergottesstatue aus.

193
Christus am Kreuz. Gabelkruzifix. Maria im Kapitol, Köln. 14. Jh.

Eine Fülle von Gewändern, deren Faltenbauschungen oft zu schönen Ornamenten werden, umhüllt den anmutig bewegten Körper (»S-Form«). Fast alle Holzfiguren sind bemalt und in Gold gefaßt. Jedes einzelne Stück der Oberfläche ist mit Liebe und Sorgfalt behandelt. Die Schönheit einer gotischen Plastik liegt nicht zuletzt in der Farbigkeit der Erscheinung.

Die meisten der erhaltenen spätgotischen Schnitzfiguren stammen aus den *Flügelaltären*, die im Schrein mit Freiplastiken, an den Seitenflügeln mit Schnitzereien oder Tafelgemälden ausgestattet waren. Während die Zierformen der Altäre weiterhin ihre gotische Eigenart behalten, bekommen die Figuren in zunehmendem Maß realistisches Leben. Damit geht die Anmut und Weichheit mittelalterlicher Gotik verloren. Meist schufen die Bildschnitzer derbe Bauern- und Bürgergestalten mit knittrig gefalteten Gewändern und naturgetreuen Köpfen.

Zu den schönsten vollständigen Flügelaltären zählen der *Hochaltar von St. Wolfgang* (MICHAEL PACHER) und der von dem Nürnberger VEIT STOSS geschnitzte *Marienaltar in Krakau* (Abb. 194). Von Veit Stoß stammt auch der »*Englische Gruß*«, ein Werk mit überlebensgroßen Figuren, das im Chor der Nürnberger Lorenzkirche hängt (Farbtafel 15). Die Verkündigungsgestalten sind in ein Oval eingefügt, das aus 50 Rosen und einer Paternosterschnur besteht. Neun Rundscheiben mit Darstellungen der freuden- und glorreichen Geheimnisse des Rosenkranzes begleiten das Geschehen. Musikengel umflattern die Gruppe, auf den Schwingen eines strahlenden Schellenengels vollzieht sich der Gruß, überirdisch, wie eine himmlische Vision.

194
Veit Stoß, Marienaltar. Krakau, Marienkirche. 1477—1489

Holzschnitt aus einem niederländischen Blockbuch. Ausschnitt. Um 1470. Im Vordergrund ein Bildschnitzer bei der Arbeit

Die schönsten Altäre des in Mitteldeutschland geborenen TILMAN RIEMENSCHNEIDER stehen in Rothenburg o. d. Tauber und in Creglingen (Franken). Er hat auch eine Reihe prächtiger Steinfiguren in Würzburg und Bamberg

195
Tilman Riemenschneider, Apostelkopf vom Heiligblutaltar in Rothenburg. 1501

geschaffen. Seine Bildwerke sind von beseelter Reinheit und Schönheit (Abb. 195, 196). In diesem letzten Meister der spätgotischen Plastik, dessen Leben zu einem guten Teil in die Neuzeit fällt, klingt der Geist des 15. Jahrhunderts aus. Gleichzeitig kündigt sich in der Realistik und Naturnähe seiner Werke eine neue Stilauffassung an.

196 *Tilman Riemenschneider, Engelskonzert. Berlin*

Die Malerei der Gotik

Die gotische Baukunst hatte die großen Wandflächen der Kirchen in Fenster aufgelöst und so den Malern fast jede Möglichkeit zur monumentalen Wandmalerei genommen. Dafür ergaben sich neue künstlerische Aufgaben in der Gestaltung der hochstrebenden **Glasfenster.** Hatte man schon die verhältnismäßig kleinen Fenster romanischer Kirchen mit Glasmalereien ausgeschmückt, so boten die großen Flächen gotischer Fenster Raum für ganze Szenen aus Bibel und Legenden. In Frankreich hatten wir schon zu Beginn des 13. Jahrhunderts in Chartres einen Höhepunkt der Glasmalerei festgestellt. In Deutschland entstanden im 14. Jahrhundert u. a. die schönen Fenster des Kölner Doms und des Straßburger Münsters. Vor allem die Chorteile erstrahlten im Glanz der mächtigen, bis an die Wölbung hinaufgeführten Glasgemälde. In der Dämmerung verbreiten sie jenes überirdische Licht, das dem gotischen Kirchenraum das »mystische Halbdunkel« verleiht und den Gläubigen zur stillen Andacht und Versenkung anregt. Zur Verklärung des Kirchenraumes trugen auch die Glasfenster der alten Münchener Frauenkirche bei, von denen uns die »*Kreuzabnahme*« (Farbtafel 17) eine Vorstellung gibt. In noch etwas rührend-unbeholfener Zeichnung menschlicher Proportionen, aber in klarer Komposition und schön ausgewogenen Farbflächen überzeugt dieses Fenster durch die Innigkeit der Darstellung und den Empfindungsreichtum des Künstlers.

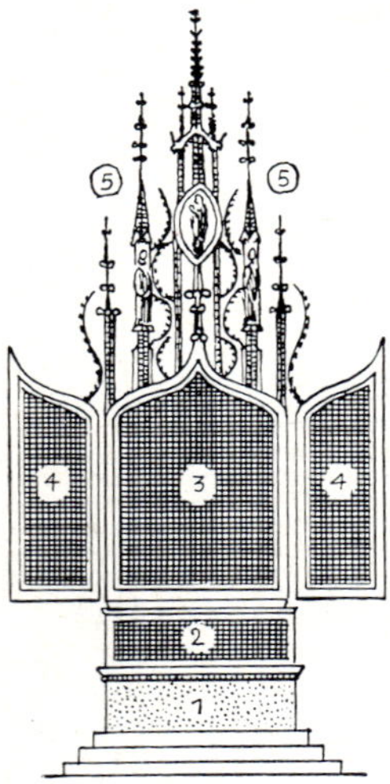

Flügelaltar: deutsche Sonderform des Retabels (Tafelaufbau), bei der der Schrein durch Flügeltüren geschlossen werden kann.

1. Mensa, 2. Predella,

3., 4. Retabel (Schrein und Flügel),

5. Gesprenge

Eine Neuschöpfung der Gotik war die **Tafelmalerei.** Sie hängt mit der Entwicklung des Altares zum Flügelaltar zusammen. Bereits Mitte des 14. Jahrhunderts gab es Altäre, aus Holztafeln zusammengesetzt, auf denen das Leben und Leiden Christi, das Marienleben oder Heiligenlegenden geschildert wurden. Hierbei erringt das Bild eine solche Selbständigkeit, daß der entscheidende Schritt zum beweglichen Tafelbild im heutigen Sinn bereits getan ist. Im 15. Jahrhundert vollzog sich auch die äußere Loslösung, aber erst spät erscheinen in der deutschen Malerei Darstellungen weltlichen Inhalts und Porträts. Überall entstanden Werkstätten für diese aufklappbaren Altäre, die im Innern oft Schnitzfiguren enthielten und an den Außenseiten bemalt waren. Viele Künstler waren Bildschnitzer und Maler zugleich. In Prag, Köln und Nürnberg hatten sich schon früh Malschulen gebildet, deren Meister uns größtenteils unbekannt sind. Der kunstliebende Kaiser Karl IV. beeinflußte den Charakter der deutsch-böhmischen Malschule in Prag dadurch, daß er gleichzeitig Maler aus Italien, Frankreich und Süddeutschland berief. Durch die Berührung mit der Malerei anderer Länder gewann die deutsche wesentlich an Naturnähe und löste sich von der Starrheit frühmittelalterlicher Formen. Figuren und Landschaft bekamen allmählich Leben und Wesensmerkmale. Die Heilsgeschichte wurde bürgerlich lebensnah und zeitgebunden dargestellt. Die Figuren sind ihrer geistigen Bedeutung nach groß oder klein gezeichnet (vgl. Abb. 200). Der Raum bleibt noch »Bühne«, auf der sich die Handlung vollzieht. Sie wird durch eine Goldgrundfläche begrenzt. Gern verweilten die Maler bei der Schilderung von Einzelheiten und kleinen privaten Vorgängen. Schlichtheit und Frömmigkeit verleihen den Bildern das Rührende und menschlich Ergreifende.

197 *Meister Bertram von Minden, Erschaffung der Tiere. Petri-Altar, Grabow. Um 1380. (Einzeltafel). Hamburg, Kunsthalle*

Eine innige Ausdrucksweise charakterisiert die Kölner Malschule. Schon früh gewann dort die Tafelmalerei besondere Bedeutung. Sie wirkte über das ganze Mittelrheingebiet hin und auf Westfalen. Seit der Mitte des 15. Jahrhunderts machte sich der Einfluß der benachbarten niederländischen Malschule bemerkbar, besonders in der Anwendung einer neuen Maltechnik und in den landschaftlichen Hintergründen, die den Goldgrund ablösten.

198
Paradiesgärtlein, Oberrheinisch. Um 1410. Frankfurt, Städelsches Kunstinstitut

Die »Madonna mit der Wickenblüte« (Farbtafel 18), auf der Mitteltafel eines Kölner Flügelaltärchens, ist ein echtes Werk der besonders auf zarte Stimmung ausgehenden Kölner Malschule. Es ist ein Andachtsbild feinsten seelischen Anspruchs. Das Hoheitsvolle in den älteren Madonnenbildern ist zwar nicht ganz aufgegeben, doch hat sich alles ins Liebliche, Anmutige und menschlich Beseelte gewandelt.

In den Bildern des Meisters Bertram von Minden lassen sich Einflüsse der deutsch-böhmischen Schule in Prag erkennen. Von Bertram stammt der Grabower *Petri-Altar*, ein großer Flügelaltar mit 24 Einzeltafeln. In der Tafel mit der Erschaffung der Tiere (Abb. 197) erkennen wir Gottvater beim Schöpfungsvorgang. Die Körperhaltung ist seitlich geneigt, die Gebärde sparsam und voller Bedeutung. Mit besonderer Liebe sind die Tiere gemalt. Der Goldgrund zeigt noch die byzantinische Überlieferung. Charakteristisch für Bertram ist die Abkehr von der linearen und flächenhaften Darstellung der Figuren und der Landschaft. Man sieht Ansätze der Körpermodellierung und realistische Einzelbeobachtungen.

Deutlicher wird dies im Bild eines oberrheinischen Meisters, dem »*Paradiesgärtlein*« (Abb. 198). Der Goldgrund ist verschwunden, auf einem ummauerten Wiesengrund mit realistisch gemalten Sträuchern, Kräutern und Blumen sitzt Maria, in einem Buch blätternd. Um sie sind Gruppen von Heiligen und Engeln in zwangloser Art beschäftigt. Das Jesuskind spielt mit einer Zither. Die Figuren sind in ihrer Bewegung noch befangen, ihre Körper wirken zierlich und zerbrechlich, aber der Ausdruck ihrer Gesichter ist voll Anmut und Reinheit. Dieses Bild spricht für viele andere Marienbilder, die aus der Gefühlsinnigkeit der Mystik entstanden sind (vgl. Abb. 199).

199
Meister des Marienlebens, Verkündigung. Um 1460. München, Alte Pinakothek

Von dem bedeutenden Meister STEPHAN LOCHNER (1405—1451) ist uns durch Zufall der Name bekannt geworden. Als Dürer auf seiner Reise in die Niederlande 1520 nach Köln kam, habe er sich, so berichtet er in seinem Tagebuch, zweimal die Altartafel aufsperren lassen, »die maister Steffan zu Cöln gemacht hat«. Der Dreikönigsaltar, jetzt im Dom, gehört zu den schönsten Werken deutscher Malerei. Ähnlich berühmt ist das kleine Andachtsbild »*Madonna im Rosenhag*« (Farbtafel 19). Maria im blauen Mantel mit dem Jesuskind auf dem Schoß ist von musizierenden und Geschenke darbietenden Engeln umgeben. Alles Irdische ist aus dem Bild verbannt.

200
Imhoff-Altar. St.Lorenz, Nürnberg. Um 1420

201 *Michael Pacher, Flucht nach Ägypten (Ausschnitt). 1481. St. Wolfgang*

Konrad Witz, Hans Multscher und Lukas Moser gehören zu den deutschen Malern, die sich in der ersten Hälfte des 15. Jahrhunderts unter dem Einfluß der niederländischen Malerei vom gotischen Formalismus abwandten und eine reale Welt anstrebten. Der »*Hl. Christophorus*« (Farbtafel 20) zeigt die Abkehr vom traditionellen Goldgrund; er wird ersetzt durch eine weite, kulissenhaft aufgebaute Landschaft, in der das Atmosphärische bereits zum Ausdruck kommt.

Nürnberg, die aufblühende Freie Reichsstadt, hatte sich um die Mitte des 15. Jahrhunderts bereits zu einem künstlerischen Mittelpunkt entwickelt. Schon früher war hier der eindrucksvolle *Imhoff-Altar* mit der Krönung Mariens entstanden (Abb. 200). Willig übernahm man von anderen Malschulen die Bestrebungen zum Realismus. Einer der bekanntesten Nürnberger Maler und Holzschnitzer war Michael Wohlgemuth, der Lehrer Albrecht Dürers.

202 *Martin Schongauer, Erzengel Michael tötet den Drachen. Kupferstich. Um 1480*

MICHAEL PACHER, der Schnitzer des St. Wolfgang-Altares, zählt auch als Maler zu den besten seiner Zeit. Die »*Flucht nach Ägypten*« (Abb. 201) aus dem Altarschrein von St. Wolfgang im Salzkammergut zeigt ihn als Meister einer gefühlvollen realistischen Darstellungskunst.

Außer der Tafelmalerei pflegte man, besonders in Deutschland, die Kunst des **Holzschneidens** und des **Kupferstichs.** Beide Techniken sind seit dem Anfang des 15. Jahrhunderts nachzuweisen; der Holzschnitt wurde zuerst bei den Glasmalern, der Kupferstich bei den Goldschmieden geübt. Auf Pilgerfahrten, Kirchweihen und Jahrmärkten wurden solche Blätter vertrieben; auch Spielkarten wurden so angefertigt. Später diente der Holzschnitt besonders der Illustration von Bibeln und Handbüchern. Ein Meister des Kupferstichs ist MARTIN SCHONGAUER, dessen graphische Blätter sich durch Erfindungsreichtum, edle Formensprache und schöne Linienführung auszeichnen. Berühmt sind seine Madonnen, Apostelfiguren und Szenen aus dem Marienleben und der Passion (vgl. Abb. 202).

Christus weint über Jerusalem. Holzschnitt. Drachscher Heilsspiegel, München

Holzschnitt und Kupferstich

Beim Holzschnitt wird auf eine sauber geglättete Holzplatte die Zeichnung aufgetragen und so ausgeschnitten, daß die Linien erhaben stehen bleiben. Dann wird die Platte mit einer Farbe eingewalzt und die herausgehobene Zeichnung auf ein Papier abgedruckt (Hochdruck).

Beim Kupferstich werden die Linien der Zeichnung mit einer Nadel in die Kupferplatte eingraviert. Die eingeritzte Zeichnung wird nach Beseitigung der entstandenen Grate sorgfältig mit Farbe gefüllt, während die ebenen Stellen der Platte freibleiben. Beim Druck ergeben die tiefer gelegenen Linien die Zeichnung auf dem Papier (Tiefdruck). Bei dieser Technik lassen sich im Gegensatz zum Holzschnitt feine Übergänge vom Licht zum Schatten ausdrücken.

Die niederländische Malerei des 15. Jahrhunderts

Das Hauptwerk der altniederländischen Malerei ist der **Genter Altar** der Brüder HUBERT und JAN VAN EYCK. Er erregte nicht nur in den Niederlanden Aufsehen, sondern Kunde davon drang nach Italien, Spanien und Deutschland. Der geöffnete Altar zeigt die ganze Glut einer leuchtenden Malerei, wie sie bis dahin unbekannt war. Grundthema der vielteiligen Altartafel ist die Anbetung des Lammes durch die gesamte Christenheit. Über dem Ganzen thront Gott Vater zwischen Maria und Johannes dem Täufer; ihn verherrlichen auf den Altarflügeln die *singenden und musizierenden Engel*, die in lange, brokatene Meßgewänder gekleidet sind (Abb. 203/204). Alle Bilder künden von der himmlischen Schönheit und zeigen die Künstler als Meister der Farbe, Bildgestaltung und Modellierung. In der Darstellungsart gehen

203/204 *Jan van Eyck, Singende und musizierende Engel auf den Seitenflügeln des Genter Altars, 1420—1432. Gent, Sint-Baafs-Kathedrale*

die Schöpfer des Altares den Weg von der mittelalterlichen Formgebung bis zum Realismus, der die neue Zeit ankündigt.

Zu den Malern der niederländischen Schule gehören u. a. Rogier van der Weyden und Hans Memling, wohl einer der Größten nach Jan van Eyck. Allen niederländischen Malern ist der entwickelte Farbensinn, die realistische Behandlung von Natur und Menschen und die Innigkeit der Darstellung gemeinsam. Beispiele dieser Malerei sind Hans Memlings »*Geburt Christi*« (Abb. 205) und Rogier van der Weydens »*Verkündigung*« (Farbtafel 21).

205 *Hans Memling, Geburt Christi. 1479. Flügel aus dem Dreikönigsaltar im St. Janshospital, Brügge*

Die Künstler des Mittelalters malten in »Tempera«, d. h. sie lösten den geriebenen Farbstoff mit Eiweiß oder harzigen Stoffen auf und überzogen die aufgetragenen glanzlosen Farben dann mit einer Schicht von hartglänzendem Firnis. Jan van Eyck gelang es als erstem, die Temperafarben durch Zusatz von Ölen zum Leuchten zu bringen.

Rogier van der Weyden, Mariae Verkündigung, um 1462.
Linker Flügel des Dreikönigsaltares aus St. Columba in Köln.
München, Alte Pinakothek

Tafel 21

Cimabue, eig. Cenni di Pepo, Thronende Madonna mit Engeln.
Ende 13. Jahrhundert. Paris, Louvre

Tafel 22

Giotto di Bondone, Ein Bürger von Assisi huldigt Franziskus.
Fresko in der Oberkirche von S. Francesco in Assisi,
Ende 13. Jahrhundert

Tafel 23

Manessische Liederhandschrift:
Herr Ulrich von Lichtenstein, um 1300.
Heidelberg, Universitätsbibliothek

Tafel 24

Die gotische Malerei in Italien

Während in Deutschland die Malerei schon früh eine Blüte erlebt, schien die italienische Malkunst lange Zeit in der griechisch-byzantinischen Manier erstarren zu wollen: der Künstler blieb an die überlieferte Formenwelt gebunden und konnte sich nicht frei entfalten.

Als größter und letzter Repräsentant dieser byzantisierenden Malerei Italiens gilt CIMABUE (um 1245—1301). Feierlichkeit und liturgische Strenge, Kennzeichen der byzantinischen Malerei, sprechen auch aus dem Bildnis des Cimabue, der »*Madonna mit dem Kind*«, die zwischen seitlich stehenden Engeln auf einem kostbaren Thron sitzt (Farbtafel 22). Trotz der Bindung an die vorangegangene Zeit weist dieses Bild jedoch in vielem auf die Zukunft. Man spürt, daß der Ausdruck in den Gesichtern seine weltentrückte Starre verloren und eine mehr diesseitige Note erhalten hat. Auch eine gewisse plastische Körperhaftigkeit deutet die Überwindung der traditionellen Flächenkunst an.

Mit dem Florentiner Maler GIOTTO (1266—1337) beginnt dann eines der bedeutsamsten Kapitel in der Geschichte der europäischen Malerei. Ihm, dem Meister der monumentalen Wandmalerei, gebührt das Verdienst, sich vom byzantinischen Vorbild gelöst zu haben. Er stellt seine Gestalten mit flächiger Ausbreitung und dramatisch hervorgehobenen Gesten in die natürliche Landschaft, nicht als statuenhafte Frontalansichten, sondern als wirkliche Profil- und Rückenfiguren. Giottos Fresken in den Kirchen von Assisi, Florenz und Padua zeigen große dramatische Kompositionen und überlegtes Studium der Natur. Alles, was den monumentalen Bildaufbau stören könnte, ist weggelassen oder vereinfacht (Abstraktion). Wie in der Antike spricht aus diesen großgesehenen, einfachen Formen eine hohe Gesinnung (vgl. das Freskobild »*Ein Bürger von Assisi huldigt Franziskus*«, Farbtafel 23).

206
Fra Angelico, Verkündigung. Fresko im Kloster San Marco, Florenz. Um 1440

207 *Pietà von Avignon. Tafelbild. Um 1470. Paris, Louvre*

Seinen eigenen, stillen Weg ging der fromme Dominikanermönch Fra Angelico (1387—1455). In der Abgeschiedenheit des Klosters Fiesole und später in San Marco in Florenz malte er am liebsten Madonnen, Heilige und Engel. Der Zauber seiner Bilder liegt in dem innigen und andächtigen Ausdruck der Gesichter (Abb. 206). Die religiöse Vertiefung der dargestellten Vorgänge weist in das Mittelalter, die lineare Klarheit der Formen ist Ausdruck der in Italien nie ganz erloschenen klassischen Überlieferung. Fra Angelico steht außerhalb der Kunstentwicklung seiner Zeit, die in der Frührenaissance bereits eine neue Stilform besaß.

Die altfranzösische Malerei

Große Förderer der »primitiven« französischen Malerei waren in der zweiten Hälfte des 14. Jahrhunderts die Herzöge von Anjou, Berry und Burgund. Besonders letzterer, der sein Herzogtum durch die Grafschaft Flandern erweiterte, unterhielt in Dijon eine Reihe von Hofmalern, von denen die bedeutendsten flandrischer Herkunft waren. Ungefähr zu dieser Zeit entstand in der Provence, nachdem die Päpste 1376 Avignon verlassen hatten, eine hochbedeutende künstlerische Tätigkeit, die ein Jahrhundert andauerte. Ein besonders schönes Werk dieser Zeit ist die berühmte »*Pietà von Avignon*« (Abb. 207), eine auf Goldgrund gemalte Beweinung Christi mit der trauernden Gruppe um den toten Herrn und dem betenden Stifter des Bildes. Hervorragend als Miniaturmaler, arbeitete *Jan Fouquet* am Hofe Karl VII. in Paris. In seinen Werken zeigt er sich als ein Künstler, der, angeregt durch die Begegnung mit Werken zeitgenössischer italienischer Künstler, mit der Tradition der gotischen Malerei bricht.

Buchmalerei

Bemerkenswert sind besonders die Miniaturen, die der Züricher Ratsherr Manesse um 1300 in einer Niederschrift mittelhochdeutscher Lieder vereinigte (*Manessische Handschrift*). Sie ist auf Pergament geschrieben und mit »Bildnissen« ihrer Dichter bereichert. Die ritterlichen Herren sind mit Wappen und Helmzier dargestellt (Farbtafel 24). Alle Seiten des höfischen Lebens werden geschildert: Jagd, Turnier, Minnedienst u. a. Die Umgebung ist oft nur in stilisierter Form angegeben, sie unterliegt dem Rhythmus der Flächeneinteilung und wird nicht zum perspektivischen Raum.

Der bereits erwähnte Herzog von Berry, ein eifriger Kunst- und Büchersammler, erteilte 1409 den Brüdern von Limburg den Auftrag, ein Stundenbuch — eine der privaten Andacht dienende Sammlung von kirchlichen Gebeten und Messen — zu illustrieren. In den »Monatsbildern« kündet sich der erwachende Sinn für die Formen der dinglichen Welt und ihre naturgegebene Schönheit an.

Schriftformen des Mittelalters

Aus der Kapitalis Quadrata entwickelte sich im 3. und 4. Jahrhundert die Unzialis, eine Großbuchstabenschrift mit runden Formen. Sie wurde zur gebräuchlichen Schrift der Spätantike und der Merowingerzeit. Ihre Wirkung ist feierlich und dekorativ.

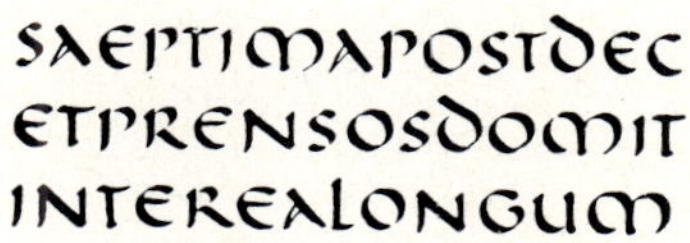

Unzialis, spätrömische Buchschrift

Aus der Unzialis bildete sich bald die Halbunzialis, deren besonderes Merkmal der Übergang von Groß- zu Kleinbuchstaben ist. Diese Schrift war weit verbreitet und wurde von den irischen Mönchen weiterentwickelt. Als irisch-angelsächsische Rundschrift wurde sie von den Schreibschulen Karls des Großen übernommen und zur karolingischen Minuskel umgeformt. Durch die Klosterschulen über das ganze Abendland bekannt geworden, verdrängte sie bald die Nationalschriften. Die Großbuchstaben, der Kapitalis oder der Unzialis entnommen, wurden häufig mit Farben ausgeschmückt. Kostbare Handschriften in karolingischer Minuskel entstanden besonders in den Klöstern von Echternach, Fulda, Reichenau, Sankt Gallen.

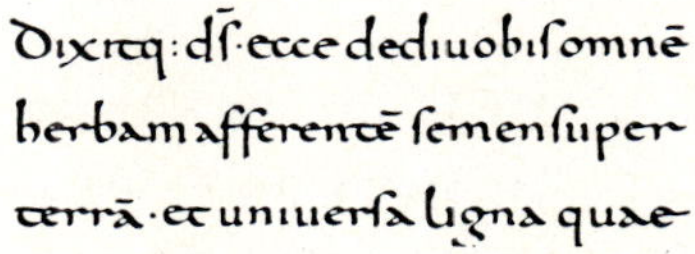

Karolingische Minuskel

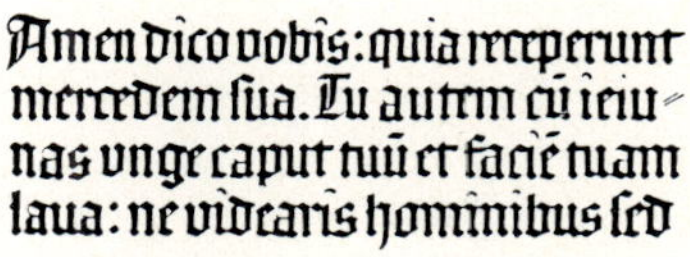

Textura, spätgotische Buchschrift

Der gotische Stil beeinflußte auch die Schrift. Die dem romanischen Stilempfinden angepaßten runden Schriftformen der karolingischen Minuskel wurden gebrochen und eckiger. Die steile Gleichmäßigkeit verlieh der Schrift einen ornamentalen Charakter. Im 14. und 15. Jahrhundert verschwanden die letzten Rundungen in den Buchstaben. Senkrechte schlossen sich an Senkrechte, die Schrift wurde enger und gestreckter und ähnelte einem Gittermuster. Unter ihrem feierlichen und würdevollen Ausdruck litt allerdings die Lesbarkeit. Man nennt diese spätgotische Gitterschrift Textura.

INHALT

Die altchristliche Kunst 107

Die byzantinische Kunst 110

Germanische Kunstformen 116

Die karolingische Kunst 123

Die romanische Kunst 128

Der romanische Baustil 128

Allgemeine Stilmerkmale 128; Stilgeschichtliche Übersicht: Die Klosterkirchen 131; Cluniazensische Kirchenbauten 132; Die Kaiserdome 133; Die Dome der Übergangszeit 137; Burgen und Paläste 141

Die romanische Plastik 143

Die Holzplastik 144; Die Steinplastik 146

Die Malerei der Romanik 158

Buchmalerei 158; Wandmalerei 158; Glasmalerei 159

Die gotische Kunst 163

Der gotische Baustil 164

Allgemeine Stilmerkmale 164; Die gotische Baukunst in Frankreich 166; Englische Kathedralen 168; Der gotische Baustil in Deutschland 170; Die Sonderform der deutschen Gotik (Hallenkirchen) 173; Klosteranlagen 176; Weltliche Bauten 177

Die gotische Plastik 183

Die Steinplastik 183; Die Holzplastik 186

Die Malerei der Gotik 191

Glasfenster 191; Tafelmalerei 192; Die niederländische Malerei des 15. Jahrhunderts 198; Die gotische Malerei in Italien 205; Die altfranzösische Malerei 206; Buchmalerei 207; Schriftformen des Mittelalters 207

FORMEN DER KUNST

EINE EINFÜHRUNG IN DIE KUNSTGESCHICHTE

TEIL III

RENAISSANCE UND BAROCK

von

HEINZ BRAUN

VERLAG MARTIN LURZ GMBH · MÜNCHEN

Umschlaggestaltung des Teilbandes III von Eugen O. Sporer
unter Verwendung eines Architekturstichs von Andrea del Pozzo (1642—1709)

Ministeriell genehmigt in Baden-Württemberg, Bayern, Berlin, Bremen, Hamburg, Nordrhein-Westfalen, Rheinland-Pfalz, Saarland, Schleswig-Holstein; keine Zulassung erforderlich in Hessen und Niedersachsen.

Gesamtherstellung: EOS-Druckerei, St. Ottilien

ISBN 3-87501-023-X

Die Kunst der Renaissance in Italien

»Verknüpft hält alle Dinge
Die Ordnung unter sich, und dies Gesetz
Bewirkt, daß sie Gottähnlichkeit durchdringe!«
Dante

Das französische Wort »Renaissance« (ital. »Rinascimento«) heißt Wiedergeburt. Es wird bei uns seit dem Beginn des 19. Jahrhunderts als Stilbezeichnung für die Kunstformen gebraucht, die auf die mittelalterliche Gotik folgten und die künstlerischen Ideale der Antike zu neuer Geltung brachten.

Der Begriff wird auch in allgemein kulturgeschichtlichem Sinn verwendet: man faßt in ihm alle Erscheinungen zusammen, durch die sich die Neuzeit vom Mittelalter unterscheidet. Diese Verschiedenheiten erklären den Stilwechsel, der zwar von Künstlern und Gelehrten inspiriert, aber nicht nach vorbedachtem Plan geschaffen werden konnte. Neue Kunstformen entstehen aus dem Wandel der Geisteshaltung und Lebensauffassung des Menschen, aus dem Wechsel der Erkenntnisse und aus der Veränderung der politischen, wirtschaftlichen und sozialen Verhältnisse.

Der Stilwechsel

Das Mittelalter hatte den Sinn des Lebens in der Vorbereitung auf das Jenseits und in der Überwindung des Irdischen gesehen; jetzt aber begann der Mensch sich selbst und die Welt als lockende Werte zu entdecken und die Erfüllung seiner Aufgaben im Diesseits zu suchen. Das Gesetz seines Handelns wollte er sich selbst geben oder es doch immer wieder auf seine Gültigkeit nachprüfen. Aus diesem Anspruch ergab sich die Hochschätzung und oft auch Überschätzung der selbständigen Persönlichkeit. Ihrer Lebensbejahung konnten die Kunstformen der jenseitsgerichteten Gotik nicht mehr zusagen. Mit den neuen Auffassungen von der Schönheit der Welt, mit der Freude am Leben und der Freiheit des Geistes schien die Kunst des klassischen Altertums am reinsten zu harmonieren. Diese Wahlverwandtschaft des Menschen in der Renaissance zu den großen Geistern der Antike erklärt es, daß man das antike Schrifttum zum Maßstab edler Menschlichkeit nahm (Humanismus) und sich in der Kunst an klassische Vorbilder hielt. Dabei verlor die religiöse Kunst nicht an Rang: die Kirche blieb nach wie vor für den Künstler die große Auftraggeberin. Doch tritt von jetzt an viel stärker als im Mittelalter die weltliche (profane) Kunst als Ausdruck fürstlicher und privater Repräsentation hervor. Der Stilwechsel vollzog sich nicht fließend wie der Übergang von der Romanik zur Gotik, sondern in einem stürmischen Umbruch.

Die Wende vom Mittelalter zur Neuzeit brachte nicht nur den sichtbaren Wechsel der Kunstformen, sondern auch einen Wandel in der Auffassung vom Kunstwerk. Die mittelalterliche Kunst entstand in den Kirchen als ein Akt des Glaubens und ging ganz in ihrer religiösen Bestimmung auf. Der Meister schuf seine Werke als Sinnbilder der Glaubenswahrheiten und blieb dienendes Glied der Gemeinde. Sein Name ist meist unbekannt, seine Persönlichkeit trat hinter die Aufgabe zurück.

In der Renaissance wird der Meister zum Künstler, der sich selbstbewußt vor sein Werk stellt, das nicht mehr ausschließlich für eine gläubige Gemeinde, sondern für ein kritisches Publikum bestimmt ist. Das Kunstwerk ist jetzt nicht bloß objektiver und anonymer Ausdruck einer allgemeinen Religiosität, es wird zur selbständigen und subjektiven Leistung.

Bei dieser Emanzipation (Ungebundenheit) der Kunst in der Renaissance trat der Künstler als beredter Verteidiger seiner Schöpfung auf. Er suchte den Begriff des Künstlerischen zu definieren, er stellte Regeln (Kanones) für die Kunst auf, er versuchte, das Unerklärbare der schöpferischen Leistung mit dem Verstand zu ergründen — kurz, er formulierte jene Grundsätze, die noch heute in der sogenannten »ästhetischen« Kunstbetrachtung weiterwirken. Im Mittelalter waren die Fragen der künstlerischen Gestaltung in einer starken handwerklichen Tradition verankert und allen persönlichen Erörterungen entzogen; der Meister der Gotik arbeitete in sicherem Einverständnis mit dem Gültigen. In der Renaissance wurde die Kunst zum öffentlich diskutierten Problem. In der Baukunst wurden die Maße zu Streitfragen, in der Malerei gaben Komposition, Zeichnung und Farbgebung zu gelehrten Erörterungen Anlaß. »Richtungen« begannen sich abzuzeichnen und Schulen zu bilden.

Der Baukunst, die im Mittelalter die Königin aller Künste gewesen war, trat zu Beginn der Neuzeit die Malerei ebenbürtig zur Seite. Neue Bildaufgaben drängten nach ihrer Lösung. In den Wandbildern des Mittelalters sollte die Wirklichkeit auf eine höhere himmlische Welt hinweisen. Die Malerei der Renaissance wagte jedoch in ihrer Entdeckerfreude die Objektwelt im Bild sinnlich sichtbar zu machen. Als Mittel dazu dienten ihr die Zentralperspektive und die Lehre von den menschlichen Proportionen. Mit Hilfe dieser Systeme gelang es ihr, die Erscheinung der irdischen Wirklichkeit im Bild festzuhalten. Da dies nur im Ausschnitt geschehen konnte, schufen die Maler eine Art Bühne, auf der sich dem Betrachter ein Stück Wirklichkeit zeigt. Jeder Ausschnitt verlangt nach einem Rahmen: die gerahmte Tafel, die Ort und Besitzer wechseln konnte, wird von nun an zur üblichen Bildform.

Die »wirkliche Welt« konnte aber in das Bild nur als Illusion einziehen, d. h. so, wie sie dem Auge erscheint. Damit haben die Maler der Renaissance den endgültigen Bruch mit dem Vergangenen vollzogen. Die zeichenhaften Figuren auf den Wänden romanischer Kirchen standen über den Menschen, die zu ihnen aufblickten; in der Renaissance steigen die Heiligen in eine angenommene Realität herab. An die Stelle einer metaphysischen Welt tritt in der Neuzeit die Illusion der Wirklichkeit, in der, wie schon einmal in der Antike, der Mensch das Maß aller Dinge wird. Das Heilige erscheint in der Gestalt idealisierter Menschen und das Irdische findet seine Fortsetzung in einem illusionistischen Bildraum, in den der Beschauer gleichsam hineingehen kann.

208 *Der Dom von Florenz. Kuppel von Filippo Brunellesco (1419—1436)*

Die Baukunst der italienischen Renaissance

Die neuen künstlerischen Ideen gingen von **Italien** aus, das seine große kulturelle Vergangenheit nie ganz vergessen hatte. Schon in den Wandbildern GIOTTOS (vgl. Teil II) begegneten uns um 1300 antike Anklänge: wie in der Klassik wurden dort einfache, große Formen zu Trägern hoher Gesinnung. Aber während in Giottos Fresken die Ideale des Altertums unbewußt weiterlebten, begannen zu Anfang des 15. Jahrhunderts die italienischen Künstler die antiken Kunstformen in den römischen Ruinen bewußt zu studieren und ihre Erkenntnisse im neuen Baustil zu verwerten.

Kirchenbauten der Frührenaissance

Merkwürdigerweise spürten in der Frührenaissance besonders Bildhauer den alten Bauformen eifrig nach. So war der erste, der die neuen Bauideale in der kirchlichen Architektur anwandte, der Bildhauer FILIPPO BRUNELLESCO (auch *Brunelleschi*, 1377—1446).

Sein Werk ist die berühmte Kuppel des Doms von Florenz (Abb. 208), der als gotische Kirche 1296 begonnen und nach manchen Planänderungen um 1420 ohne Kuppel vollendet worden war.

Im Gegensatz zum orthodoxen Osten hatte der römisch-katholische Westen im Mittelalter Kuppelbauten wenig gepflegt. Als nach dem Übergang der Osmanen nach

Europa (1352) Gelehrte, Künstler und Architekten aus dem bedrohten Konstantinopel nach Italien gelangten, kam auch hier die »*Maniera greca*«, der byzantinische Stil, in Mode. Es erwachte das Bedürfnis, durch großartige Überhöhung der Vierung die mittelalterliche Enge des Kirchenraums zu überwinden. Brunellesco führte in Florenz die Domkuppel in eine Gesamthöhe von 89 Metern. Er behielt dabei im wesentlichen das alte System des Kuppelbaus bei und errichtete im Schnittpunkt von Langhaus und Querhaus einen niedrigen, achtseitigen Vierungsturm, über den er die tragenden Rippen des »Klostergewölbes« zur Kuppel hochführte. Eine doppelte Schale erhöht die statische Festigkeit. Aus den Fenstern des Mauerrings und aus der sog. »Laterne«, einem bekrönenden Türmchen, erhält der Kuppelraum sein wunderbares Licht.

Klostergewölbe und Trompenkuppel

Die Konstruktion geht auf das mittelalterliche Vorbild des Klostergewölbes zurück, dessen mathematischer Ausgangspunkt das Tonnengewölbe ist. Zerlegt man nämlich eine quadratische Tonne durch Diagonalen in vier Teile, so erhält man zwei Wangen (W) und zwei Kappen (K). Werden vier Wangen über einem quadratischen Grundriß zu einer Spitze zusammengeführt, so ergibt sich das Klostergewölbe.

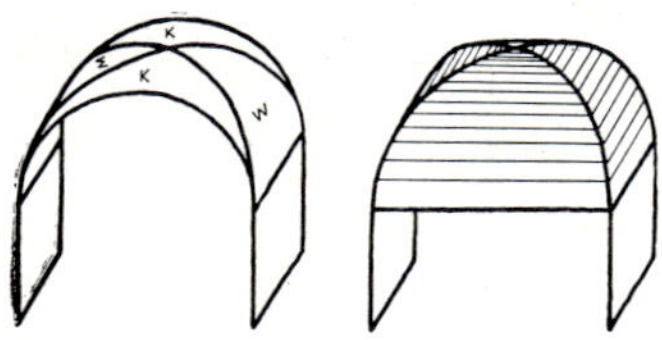

Klostergewölbe

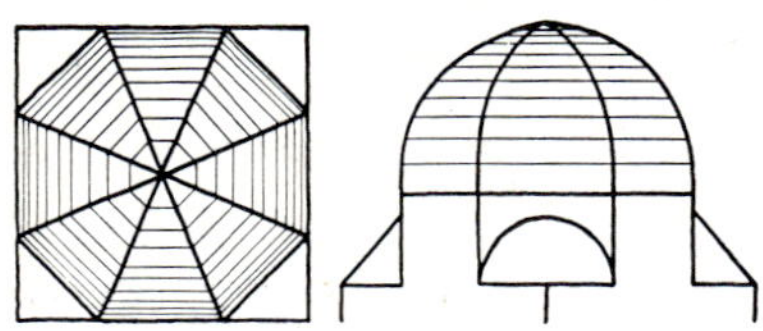

Trompenkuppel

Im Dom von Florenz hat Brunellesco über einem Achteck als Grundfläche acht Wangen zur Kuppel hochgeführt. Sollen acht Wangen über einem Quadrat hochgezogen werden, so müssen vier freischwebende Wangen feste Auflager in den Ecken erhalten. Solche untermauerte Abstützungen heißen Trompen; sie vermitteln den Übergang von der quadratischen zur achteckigen Raumform. Die Kuppel über ihnen ist eine Trompenkuppel, eine Bauform, die in der byzantinischen und romanischen Architektur weite Verbreitung gefunden hatte.

Deutlicher als in dem noch vorwiegend mittelalterlichen Dom konnte Brunellesco die Bauformen der Renaissance in der Kirche von S. Lorenzo zu Florenz zur Geltung bringen. Er ersetzte im Innenraum die Bündelpfeiler, die Kreuzgewölbe und die tragenden Rippen der gotischen Bauweise durch die Bauglieder der römisch-christlichen Säulenbasilika. Luftige Arkaden begleiten das saalartige Mittelschiff; seine flache Decke ist nach antiker Art in schöne Kassetten aufgeteilt. Die weiten Stellungen der antiken Säulen, die lichte Höhe des Hauptraums und die Nischenreihen der Seitenschiffe erzeugen den Eindruck einer großräumigen Halle von beinahe weltlicher Stimmung. Durchsichtige Klarheit im Ganzen und Harmonie der Teile kennzeichnen den Innenraum als Schöpfung der italienischen Frührenaissance.

Leone Battista Alberti (1407—1472), Dichter, Musiker, Maler, Baumeister und Gelehrter zugleich — in der Vielseitigkeit seiner Begabung ein echter Renaissancemensch —, setzte sich nicht nur in seinen Schriften grundlegend mit den künstlerischen Problemen seiner Zeit auseinander, sondern entwarf in der Andreaskirche zu Mantua

209 *Leone Battista Alberti, Innenraum von S. Andrea in Mantua (beg. 1470)*

(beg. 1470) ein Bauwerk von seltener Großartigkeit, das sich kühn vom Vorbild der christlichen Säulenbasilika freimachte (Abb. 209). Über dem Mittelschiff des Langhauses wölbte er eine gewaltige Tonne, deren Schub von mächtigen wandpfeilerartigen Einbauten abgefangen wird. An die Stelle der Seitenschiffe setzte er je drei rundbogig überwölbte Nischen (Kapellen). Alberti gewann mit dieser Komposition ein kolossales Kirchenschiff, dessen Längsrichtung dem zentralen Kuppelraum der Vierung und der Altarnische zustrebt. Diese überwältigende Raumlösung, bei der die Säulenreihen durch Mauermassen ersetzt werden, hat eine spätere barocke Bauidee vorweggenommen; jedoch in der Verwendung antiker Kunstformen, in der maßvollen Ausgeglichenheit der Teile und in der majestätischen Ruhe des Innenraums erkennt man den Geist der Renaissance. Er spricht auch aus der *Fassade*, die wie ein römischer Triumphbogen gebildet ist (Abb. 210). Das hohe Tor, die schlanken korinthischen Pilaster,

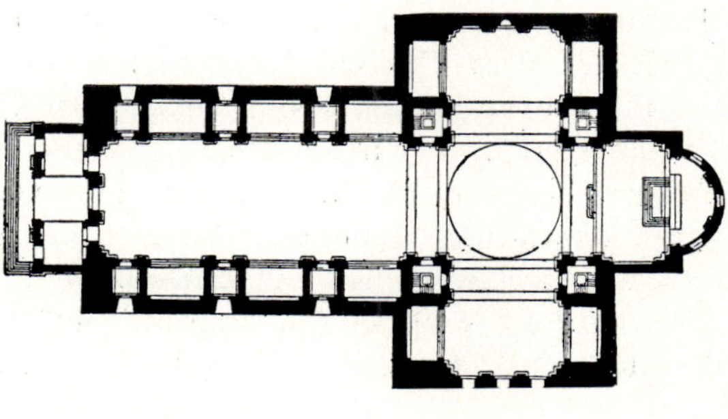

Mantua,
S. Andrea,
Grundriß

210
Leone Battista Alberti, S. Andrea in Mantua, Fassade (nach 1472)

der mit Schmuckrosetten gezierte Architrav und der flache Giebel sind Bauformen der Antike — nicht geistlos kopiert, sondern in die lebendigen Ausdrucksformen der neuen Zeit verwandelt. Die ruhige Flächenaufteilung und die klare Ordnung der Fassade in horizontale und vertikale Richtungen sind Stilmerkmale der Renaissancekunst.

Der kirchliche Zentralbau der Hochrenaissance

Die Frührenaissance fiel in die Zeit des 15. Jahrhunderts (Quattrocento), sie wird zur Hochrenaissance am Beginn des 16. Jahrhunderts (Cinquecento). Ihr großer Meister wird DONATO BRAMANTE (1444—1514), dessen Schaffen im Bau der Peterskirche zu Rom gipfelt. Die Meister der Frührenaissance hatten längsgerichtete Kirchenräume bevorzugt, das neue Jahrhundert huldigte zunächst dem Zentralbau. So entwarf auch Bramante 1506 für S. Pietro einen zentralen Kuppelraum, den er über der Vierung der gleich langen Arme des griechischen Kreuzes errichten wollte. Sein Grundrißplan sah kleinere Kuppelräume in den Quadratecken und vier Turmanlagen vor. Der Tod des Meisters verhinderte die Ausführung dieser ersten Planung.

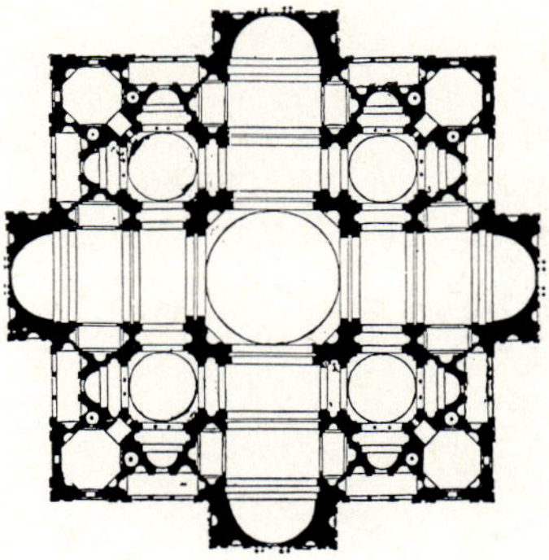

Bramantes Entwurf für St. Peter

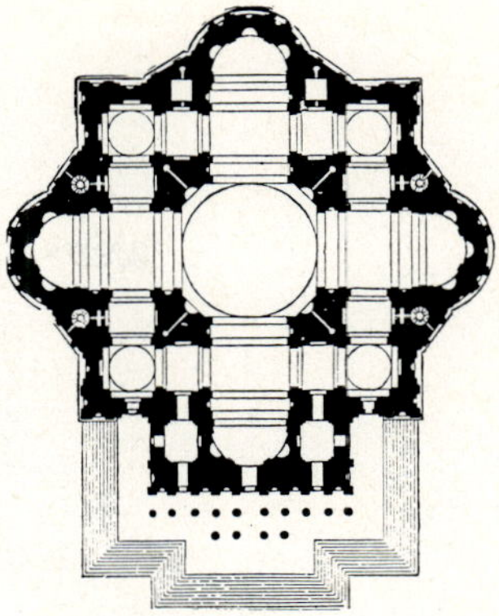

Michelangelos Lösung

Als MICHELANGELO BUONAROTTI (1475—1564) die Fortsetzung des Kirchenbaus 1547 übernahm, waren nur die Kuppelpfeiler und einige Nebenräume nach der ursprünglichen Disposition in die Höhe geführt. Michelangelo straffte den Grundriß Bramantes: er verkürzte die Kreuzarme, verzichtete auf die Türme, steigerte die kuppeltragenden Pfeiler zu gewaltigen Ausmaßen und schuf einen einheitlichen Raumkörper, über den sich eine alles beherrschende Kuppel erhob (Abb. 211).

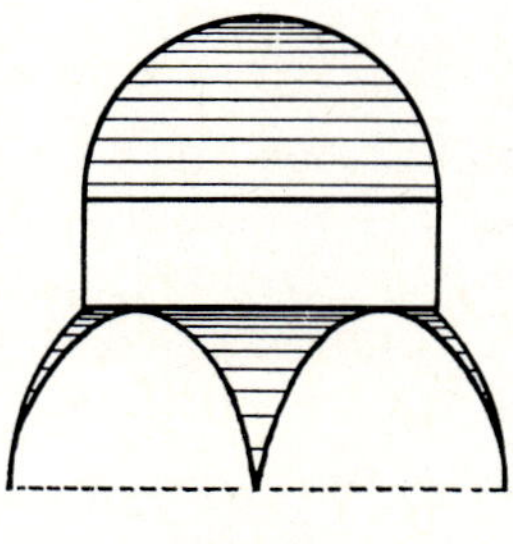

Tambourkuppel
(Schema)

Ihre Grundform ist die einer Zwickelkuppel (auch Pendentifkuppel), die im Scheitel der Halbkreisbögen horizontal geschnitten wird. Über der kreisförmigen Schnittfläche wird ein Mauerring (Tambour oder Trommel) zum Träger des eigentlichen Kuppelgewölbes, dessen doppelte Schalen bei St. Peter ein Klostergewölbe bilden wie im Dom von Florenz. Der grandiose Eindruck der Kuppel der Peterskirche wird durch die gewaltige Höhe der schweren Pfeiler und des lichterfüllten Tambours gesteigert.

Die Architektur des kolossalen Innenraums von St. Peter läßt ein Kupferstich des italienischen Baumeisters GIOVANNI BATTISTA PIRANESI (1720 bis 1778) deutlicher als jede photographische Aufnahme erkennen (Abb. 212). Er zeigt das Kircheninnere nach den bedeutenden baulichen Veränderungen, die der Petersdom im 17. Jahrhundert erfahren hat; wir werden sie mit der Baukunst des Barock kennenlernen. Der Stecher gibt das mächtige Hauptschiff in der Sicht des Barock wieder: helle Streiflichter und tiefe Schattenlagen ergeben ein malerisches Raumbild, in dem die Plastizität der Bauformen vom Zeichner einer gesteigerten Wirkung zuliebe übertrieben wurde.

211 *Kuppel des Petersdoms in Rom. Nach dem Modell Michelangelos wölbte Giacomo della Porta 1588/90 die Kuppel. Bauleiter der Kirche: Bramante 1506/14, Raffael 1514/20, Sangallo d. J. 1520/46, Michelangelo 1547/64, Vignola 1564/73, della Porta 1573/1603, Maderna 1603/26, Bernini 1656/67*

In den edlen Formen von Bramantes »Tempietto« (im Klosterhof S. Pietro in Montorio zu Rom) begegnet man der klaren Geisteshaltung der Baukunst um 1500. Das Tempelchen erhebt sich in zwei Stockwerken auf dem Grundriß eines Kreises. Säulenstellungen umziehen das untere Geschoß, das obere ist mit einer Halbkugel überkuppelt. Eine Balustrade wiederholt die Kreisform, die dem Menschen von jeher als Sinnbild der Vollendung galt.

»Der Bau wird zum Gleichnis des Idealbildes, das die Renaissance vom Menschen entworfen hat: der allseitig ausgebildeten und in vollkommener Harmonie in sich ruhenden Persönlichkeit« (H. Weigert).

Bramantes Tempietto

212 *St. Peter in Rom. Blick durch Madernas Langhaus (1607/12) in den Kuppelraum Michelangelos (1547/64). Stich von Giov. Batt. Piranesi um 1760*

Die Kirchenanlage der Spätrenaissance

Die italienische Spätrenaissance nahm von 1550 an die Bauform des Langhauses wieder auf, das in einen Kuppelraum mündet, — jene Komposition, die Alberti in der Andreaskirche von Mantua 70 Jahre vorher vorgezeichnet hatte. ANDREA PALLADIO (1508—1580), gelehrter Theoretiker und erfahrener Baumeister, stellte in seinen Schriften die Bauregeln der späten Renaissance auf; die Bauwerke der römischen Antike lieferten ihm dazu die Vorlagen. So empfiehlt er zum Beispiel in seinem Werk »L'Architettura« die Bauweise von Arkaden, deren massiven Pfeilern kräftige Halbsäulen vorgelegt sind. Man erkennt in diesen Bauformen ein Gliederungsmittel der altrömischen Architektur (vgl. Teil I, Abb. 90). Palladio baute in einer strengen, kühlen Klassik, deren Formen er dem Vitruv und erhaltenen antiken Bauten entnommen hat. Im Gegensatz zum damals herrschenden Geschmack verzichtete er zugunsten der klaren Gliederung und der schönen Proportionen auf dekoratives Beiwerk. Seine Lehren hatten große entwicklungsgeschichtliche Bedeutung: die englische Baukunst stand seit etwa 1600 völlig unter dem Einfluß des »palladianischen Klassizismus«. Berühmt sind die venezianischen Kirchen des Baumeisters: Il Redentore wegen des klassischen Ebenmaßes der Fassade, S. Giorgio Maggiore wegen der kristallenen Klarheit des Innenraums, in dem sich Langhaus und Kuppelraum harmonisch verbinden. Palladios Palazzo Chiericati in Vicenza wiederholt in seinen beiden Geschossen das anmutige Motiv der hellenistisch-römischen Säulenhalle (Abb. 216).

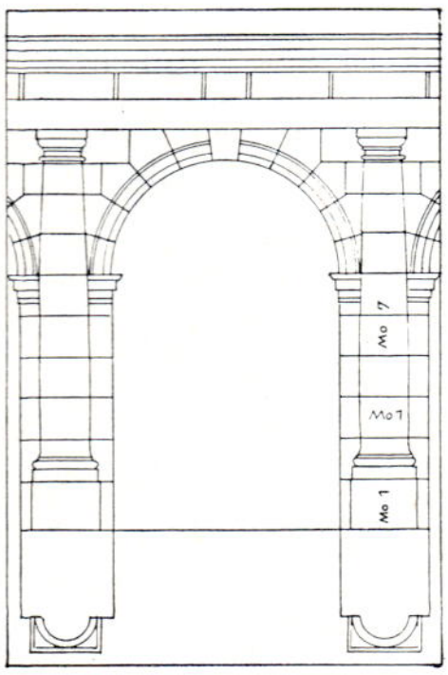

Bogenarchitektur aus Palladios Baubuch **(Mo = Modul)**

213 *Florenz, Palazzo Pitti (beg. 1458)*

Der Palastbau

Im Palazzo (lat. palatium = Palast) entstand in Italien ein neuer Bautypus, der aus der mittelalterlichen Stadtburg hervorgegangen war. Der Palazzo Pitti in Florenz entstammt in seinem mittleren Teil der Frührenaissance (Abb. 213). Seine lange Front gliedert sich in drei Geschosse, die durch kräftige Gurte (aus der Wand hervortretende horizontale Bänder) voneinander getrennt sind. Die Eintönigkeit der Fassade wird nur durch die mittelalterlich-rundbogigen Fenster unterbrochen. Sparsam belebt wird die schmucklose Wandfläche durch den Wechsel von grobbehauenen Quadern (Rustika) und Fugen. Die sich voneinander nicht unterscheidenden Geschosse stehen gleichwertig übereinander.

Fassadengliederung der Cancelleria in Rom (1486—1498)

Die Monotonie der nur durch Gurtgesimse waagrecht gegliederten Palazzofront überwand ALBERTI im florentinischen Palazzo Ruccellai (um 1450), indem er die Wandfläche durch Pilaster (Wandpfeiler) unterteilte. Das »römische System« (vgl. Teil I, S. 85) hatte in die Stockwerke Halbsäulen eingefügt, deren Stil von Geschoß zu Geschoß wechselte (toskanisch-ionisch-korinthisch). Diese senkrechte Gliederung übernahm Alberti in seiner Palastfassade, die nun horizontal durch die Gesimse (Sockelgesims, Gurtgesimse, Kranzgesims), vertikal durch die Wandpfeiler aufgelockert und in klar abgegrenzte Felder aufgeteilt wurde. Um dem Bauwerk eine solide Basis zu verschaffen, erhöhte der Architekt das Erdgeschoß beträchtlich. — Von den Nachfolgern Albertis wurde die Fassade durch Verdoppelung der Pilaster noch stärker belebt. Bei der Front der »Cancelleria« in Rom wechseln dank der paarweisen Aufstellung von Pilastern breitere Fensterflächen in feinem Rhythmus mit schmaleren Wandfeldern. Da im Erdgeschoß die Gliederung durch schmückende Pilaster fehlt, wirkt es wie ein gewichtiger Sockel für die leichteren Obergeschosse.

Die erst 1589 vollendete Hoffassade des bereits 1530 von ANTONIO DA SANGALLO D. J. (1485—1546) entworfenen Palazzo Farnese in Rom (Abb. 214) zeigt die Ausgeglichenheit der Hochrenaissance. Im Erdgeschoß wechseln offene Arkaden mit

214 *Antonio da Sangallo d. J., Palazzo Farnese in Rom, Innenhof. Vollendet 1589*

toskanischen Säulen, darüber Blendarkaden mit ionischen Halbsäulen. Die Gliederung des dritten Geschosses mit Pilastervorlagen geht auf Michelangelo zurück (1548). Die klare, ausgereifte Fassade ist von wohltuender Ruhe.

Wenig später durchbrach MICHELANGELO die Regeln seiner Vorgänger. Beim Konservatorenpalast in Rom (nach 1546) verzichtete er auf die ruhige Flächengliederung durch Pilasterordnungen und auf die Geschoßtrennung durch horizontale Gurtgesimse: er durchstieß die Stockwerke mit Kolossalpilastern, die vom Boden aufsteigen und im Schattenraum eines mächtigen Dachgesimses münden (Abb. 215). Mit dieser kühnen Komposition verband

215 *Michelangelo, Konservatorenpalast in Rom* (*beg. nach 1546*)

der Baumeister die Geschosse zu einer großen und geschlossenen Einheit. Dabei ließ er in den Obergeschossen Wandpfeiler und Fensterverdachungen kräftiger vorspringen, während er im Erdgeschoß die Wand mit tiefen Nischen aufbrach. Diese vehemente Fassadenlösung bedeutete den Schritt von der Hochrenaissance zum Frühbarock: die »große Ordnung« der barocken Baukunst war geschaffen.

216 *Andrea Palladio, Palazzo Chiericati in Vicenza, 1550*

Das besondere Interesse der Bautheoretiker galt in der Spätrenaissance den antiken Bauordnungen. In langwierigen Messungen ermittelten sie Regeln für fünf verschiedene Arten der Säule: die dorische, ionische, korinthische, toskanische und die zusammengesetzte (Komposit-) Säule. Dem Verhältnis von Höhe und Breite legten sie ein Einheitsmaß, den sog. »**Modul**«, zugrunde, dessen Einführung eine Neuerung in der bisher geübten Arbeitsweise des entwerfenden Baumeisters bedeutete.

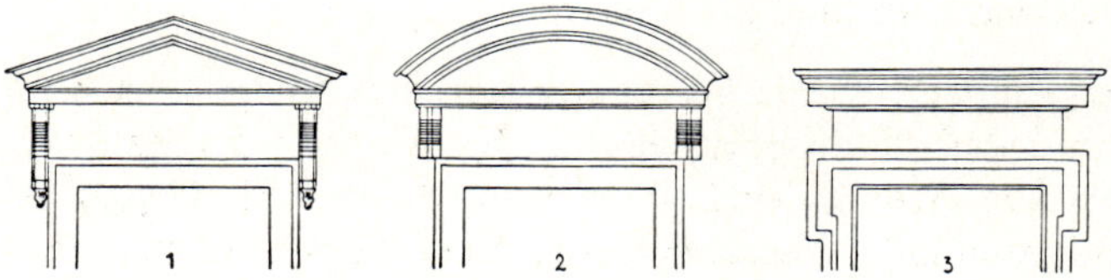

Tür- und Fensterverdachungen der Renaissance
1) Dreiecksgiebel 2) Segmentgiebel 3) frühbarocke Ohrenrahmung

Das Planverfahren der mittelalterlichen Bauhütten

Die Baumeister des Mittelalters betrachteten das Bauwerk als eine große Einheit, in der sich alle Teile in harmonischer Ordnung zusammenfügen. Sie fanden die harmonischen Verhältnisse in bestimmten planimetrischen Figuren, denen sie die Haupt- und Nebenmaße für den Grund- und Aufriß des Bauwerks entnahmen. »Der Grundgedanke dieses Maßverfahrens ist genial

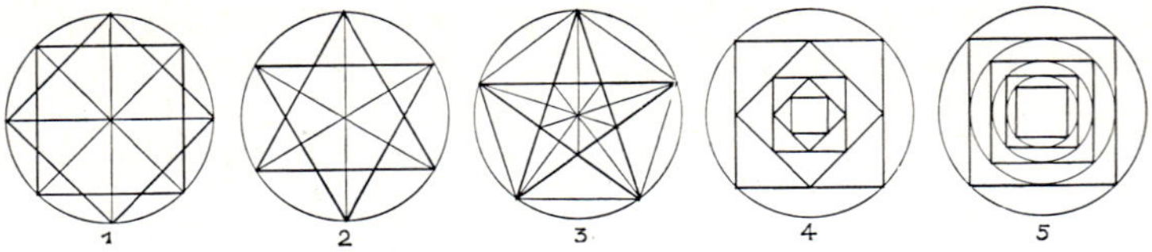

Mittelalterliche Schlüsselsysteme (nach Funk)
1) Achtort 2) Sechsstern 3) Fünfstern 4) Vierung 5) Spinne

einfach: aus einer **Schlüsselfigur**, die selbst eine vollkommene Harmonie von Maßverhältnissen darstellt, zieht man jene Verhältnisse heraus, die ein Werk als sein besonderes Maß an sich zeigen soll. Die Harmonie des Maßgrundes muß sich dann automatisch dem Maßauszug mitteilen« (Wilhelm Funk).

Die Schlüsselfiguren wurden aus den Grundformen des Quadrats, des gleichseitigen Dreiecks und des Fünfecks meist in der Gestalt vieleckiger Sterne gebildet, die in den Bauhütten »gerechte Gründe« genannt wurden, das soll heißen: sie allein vermitteln dem Bauwerk das rechte Maß.

Diese mit Zirkel und Winkelmaß gebildeten Schlüsselfiguren lieferten als sog. »Grund und Auszug« alle Maße für den Grundriß, als »Grund und Aufzug« für den Aufriß. Die schönen Schmuckformen des gotischen »Maßwerks« erinnern in ihrer Bezeichnung noch heute an das alte Verfahren. Ihre Vorbilder finden sich in der Natur, am feinsten in den Blumen, am reinsten in den Schneekristallen.

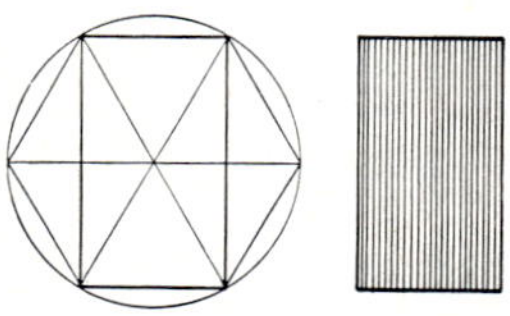

Grund und Auszug

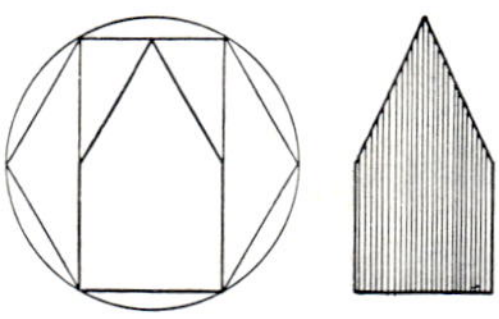

Grund und Aufzug

Das arithmetische Verfahren der Neuzeit

Im 16. Jahrhundert wurde der Baumeister zum Architekten, zum gelehrten Mathematicus, der die Proportionen des Bauwerks in der Zahl auszudrücken begann. Der »Modul« ist eine Maßeinheit, die sich als Grundmaß addieren und multiplizieren läßt. Daneben verwendeten die Architekten den »Quadratraster«, der wie der Modul rein arithmetische Verhältnisse lieferte und sich als Hilfsmittel für die Zeichnung von Perspektiven verwenden ließ. Doch ging auch im Barock die Verbindung mit dem alten Maßverfahren der Schlüsselfigur nicht ganz verloren. Erst die Französische Revolution brachte den völligen Bruch mit den »gerechten Gründen«. Der Mathematiker Gaspar du Monges erfand die »darstellende Geometrie«, die dem Architekten das ungebundene, freie Gestalten erlaubt, »ihn aber auch zwingt, die Harmonie des Maßes allein aus sich selbst zu finden« (Funk).

Giovanni Bellini, Bildnis des Dogen Leonardo Loredano, 1501.
London, National Gallery

Tafel 25

Michelangelo Buonarotti, Adam. Ausschnitt aus dem Deckenfresko in der Sixtinischen Kapelle des Vatikans in Rom, 1508/12

Die Plastik der italienischen Renaissance

Die Verbundenheit der neuen Zeit mit dem Klassischen offenbart sich besonders eindringlich in den Werken der Bildhauer. Der Themenkreis dehnte sich auf das Weltliche aus. Neue Bildaufgaben lieferte die Mythologie des Altertums, aber auch die zeitgenössische Geschichte. Oft war der Sagenstoff nur Vorwand für die Darstellung der menschlichen Figur. Das Studium der Anatomie des menschlichen Körpers befähigte den Künstler, naturrichtige Akte zu zeichnen oder zu formen. Die Bildnisplastik trat hinzu: die Standbilder und Büsten der fürstlichen oder patrizischen Besteller wurden zu echten Porträts, in denen die individuellen Züge der Auftraggeber realistisch wiedergegeben wurden.

Die neuen Bildmotive weisen auf den eingangs besprochenen Riß zwischen Mittelalter und Neuzeit hin: aus dem mittelalterlichen Sinnbild wurde das Abbild, aus der Welt geistiger Kräfte wird die sichtbare irdische Wirklichkeit. In Italien begann die Hinwendung zur diesseitigen Welt schon im 13. Jahrhundert, als im Norden die Gotik ihre vergeistigten Figuren schuf. Die Madonnen NINO PISANOS, eines mittelitalienischen Meisters des 14. Jahrhunderts, stehen — irdischen Müttern gleich — fest auf dem Boden und ihre Figuren sind körperhaft-rund modelliert. Wie verschieden sind diese vollplastischen Formen vom körperlosen Schweben gotischer Madonnen des Nordens! Der Künstler des Südens sucht die schöne Form, während die Bildhauer und Erzgießer des Nordens nach Verinnerlichung streben.

217
Lorenzo Ghiberti, Begegnung Salomos und der Königin von Saba. Bronzerelief an der Paradiesestüre des Baptisteriums in Florenz, 1425/52

Florentinische Plastik der Frührenaissance

Schon zwei Generationen später findet die Bildnerei der Frührenaissance eine geradezu klassische Vollendung in den Reliefs, die LORENZO GHIBERTI (1378—1455) für die Türen der Taufkirche von Florenz schuf. Die heftige Gebärdensprache des Mittelalters — man denke an die Bernwardstüre (Teil II, Abb. 152) — ist aus der Gestaltung verbannt. Im Relieffeld »*Salomo und die Königin von Saba*« stehen die Figuren in wohlausgewogenen Gruppen würdevoll und ruhig in der Fläche (Abb. 217). Sie bilden zwei übereinander liegende Schichten, in deren Mitte sich die Begegnung des Königs und der Königin abspielt. Um der »Wirklichkeit« möglichst nahe zu kommen, hat der Bildhauer ein Podium aufgebaut, dessen Hintergrund einer Bühnenarchitektur gleicht: die perspektivische Zeichnung einer weiten, offenen Halle zieht den Blick des Betrachters in die räumliche Tiefe.

Das große Selbstbewußtsein der Renaissance ist im Standbild des *hl. Georg* von DONATELLO (1386—1466) in Florenz verkörpert (Abb. 218). Mit beiden Füßen fest auf der Erde steht der Heilige in der straffen Haltung des Kriegers im Halbrund der Nische. Er ist ein Idealbild freier, stolzer Männlichkeit, — in seinem Wesen der Bronzestatue des *David* verwandt, die von den Florentinern des Quattrocento immer als Gleichnis des Sieges der demokratischen Freiheit über die Tyrannis der feudalen Geschlechter verstanden wurde (Abb. 219). Für das Tabernakel mit der »*Ver-*

218 *Donatello, St. Georg. 1417. Florenz, Museo Nazionale*

219 *Andrea del Verrocchio, David. Um 1465. Florenz, Museo Nazionale*

220 *Andrea del Verrocchio, Reiterstandbild des Söldnerführers Bartolommeo Colleoni, 1481. Venedig*

kündigung« in Sta. Croce zu Florenz schuf Donatello um 1435 einen prunkenden Rahmen antiker Dekorationsformen mit Pilastern, Masken, Perlstäben, Zahnschnitt, Rosetten und Girlanden. Demütig naht sich im Marmorrelief der himmlische Bote der Jungfrau, die betroffen zurückweicht, ohne den Blick vom Engel lösen zu können (Abb. 221). Zartes menschliches Empfinden und eine leise Melancholie beseelen die stille Szene, die im Norden mit dem Effekt des mächtig niederrauschenden Engels oft dramatisiert wird.

Der Florentiner Andrea del Verrocchio (1436—1488), dessen knabenhaften *David* wir kennengelernt haben (Abb. 219), formte das berühmte *Reiterstandbild* des Feldherrn Bartolommeo *Colleoni* in Venedig (Abb. 220). Für die plastische Gestaltung von Roß und Reiter hatte die römische Antike im Denkmal Marc Aurels ein Modell hinterlassen (Teil I, Abb. 101). In Verrocchios Reiterbild richtet sich der Söldnerführer in herrischem Selbstbewußtsein im Sattel auf, die imponierende Pose

221
Donatello, Verkündigung. Marmorrelief in Sta. Croce zu Florenz. Um 1435

des befehlsgewohnten Feldherrn fast theatralisch zur Schau stellend. Denken wir an den Reiter des Bamberger Doms zurück (Teil II, Abb. 166), so spüren wir im Colleoni die Kraft des Renaissancemenschen, der nach Macht und Ruhm jagt.

Zu den lyrischen Talenten der Frührenaissance ist Luca della Robbia (1400—1482) zu rechnen, dessen anmutiges Werk die Reinheit und Schönheit jugendlichen Lebens verewigte (Abb. 222). Luca war ein bedeutender Meister der Keramik. Viele seiner Madonnenfiguren schimmern im warmen Glanz der farbenfrohen Majolika (glasierte Tonware).

222
Luca della Robbia, Musizierende Putten. Relief an der Domkanzel in Florenz, 1434/37

Römische Plastik der Hochrenaissance

Zum Hauptmeister der Hochrenaissance wurde MICHELANGELO. Sein universales Genie überstrahlt selbst die größten Talente seiner Zeit. Der gebürtige Florentiner war kein lebensfroher Künstler, sondern ein grüblerischer, einsamer Mensch, dessen große Pläne der Zeit weit vorauseilten und daher oft auf Verständnislosigkeit stießen. Als Baumeister, Bildhauer und Maler gleich bedeutend, hinterließ er ein künstlerisches Vermächtnis von einzigartiger Erhabenheit.

Ein Jugendwerk des Meisters ist die *Pietà* im Petersdom (Abb. 223), in der die Trauer der Mutter um den toten Sohn in der stillen Verhaltenheit der Renaissance dargestellt ist. Zu dieser abgeklärten Ruhe wird Michelangelo in seinem Altersstil zurückfinden. — Zu den titanenhaften Schöpfungen des Bildhauers zählt das Grabdenkmal für Papst Julius II., das seiner gigantischen Planung wegen unvollendet bleiben mußte. In der glühenden Gestalt des *Moses* sprengt Michelangelo die Gesetze von Schönheit und Harmonie, unter die bisher die Kunst der Renaissance gestellt war (Abb. 224). Die athletische Gestalt des Geboteverkünders ist von leidenschaftlicher Bewegung ergriffen und von einer Erregung erfüllt, die dem Ideal klassischer Gelassenheit widerstrebt. Rücksichtslos setzt sich das Genie über den Stil seines Jahrhunderts hinweg. Das Pathos der barocken Plastik kündigt sich hier an.

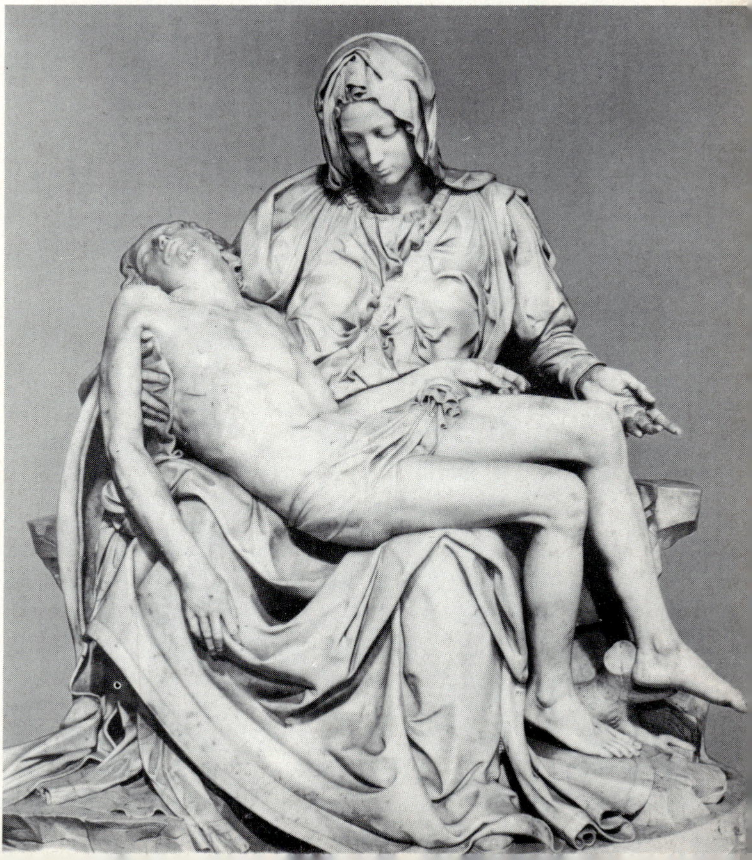

223
Michelangelo, Pietà.
1498—1500.
Rom, St. Peter

Noch ist es nicht Barock! Wir stehen hier vor dem Beginn einer neuen Stilstufe, für die der Begriff »**Manierismus**« gefunden wurde. Der Ausdruck leitet sich von »*bella maniera*« ab, worunter der italienische Maler, Baumeister und Kunstschriftsteller GIORGIO VASARI (1511—1574) die an der Antike geschulte Kunst Michelangelos und Raffaels verstand. Die nächste Generation bezeichnete als Manieristen die Maler nach dem »Goldenen Zeitalter« der Renaissance, vor allem die römischen Michelangelo-Nachahmer der 2. Hälfte des 16. Jahrhunderts. Heute versteht die Kunstwissenschaft unter dem Manierismus den zwischen Hochrenaissance und Frühbarock herrschenden Stil, der die abendländische Kunst von Michelangelo bis Greco zusammenfaßt (F. Baumgart). Die allgemeinen Kategorien der neuen Auffassung vom Kunstwerk bestehen in der Gedrängtheit, Spannung und Streckung der Formen, in der Steigerung des Vertikalzuges, in der Verschränkung von Teilen, in der Vorliebe für spiralige Drehungen (linea serpentinata), in rasch wechselnden Kontrasten und in der Unbestimmtheit der räumlichen Aussage. (Darüber mehr im Abschnitt »Die Malerei des Manierismus«, S. 247f.)

In der Neuen Sakristei von S. Lorenzo in Florenz errichtete Michelangelo die Grabmale für zwei Mitglieder des Hauses Medici. Sie sind als Sitzfiguren in Nischen der architektonisch gegliederten Innenwand wiedergegeben. Zu ihren Füßen lagern auf den Sarkophagen die mächtigen Figuren der Tages-

224
Michelangelo, Moses, 1513/16. Rom, S. Pietro in Vincoli

225
Michelangelo,
Pietà Rondanini,
nach 1560. Rom,
Palazzo Rondanini

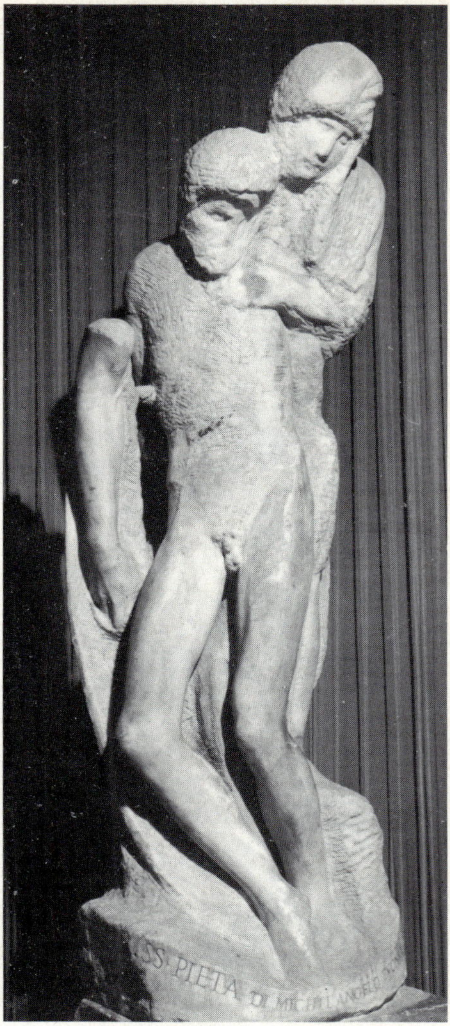

zeiten als Gleichnis des menschlichen Lebens, das dem Wechsel der Zeiten unterworfen und dem Tode verfallen ist. — Am Ende seines Lebens steht die ergreifende »*Pietà Rondanini*«, die ihren Beinamen nach dem Palazzo Rondanini trägt, in den sie später gelangte (Abb. 225). Ohne Unterlaß arbeitete der greise Meister bis zum Vorabend seines Todes an der Skulptur. Obwohl das Werk unfertig blieb, trägt es das Siegel der Vollendung. Michelangelo hat die Gruppe für sich selbst geschaffen: er betrachtet hier das Elend der Welt mit unendlichem Erbarmen. In seinem letzten Bildwerk hat er die absolute Freiheit von der Antike gewonnen.

Die Malerei der italienischen Renaissance

Die große Figurenmalerei wird von den florentinischen Malern des 15. Jahrhunderts fortgesetzt. Das Fresko hat im Quattrocento noch den Vorrang vor dem Tafelbild.

Die Malerei der Frührenaissance

beginnt im Werk des jung verstorbenen Masaccio (1401— um 1428) mit einem kraftvollen Akkord, in den sich schwermütige Klänge mischen. Seine Fresken in der Brancacci-Kapelle der Kirche Sta. Maria del Carmine zu **Florenz** bezeichnen wie

226 *Masaccio, Der Tod des Ananias (Apg. 5). Fresken in der Brancacci-Kapelle der Kirche Sta. Maria del Carmine, Florenz, 1426/27*

die Kunst *Giottos* einen bedeutungsvollen Einschnitt in der Entwicklung der Malerei vom Mittelalter zur Neuzeit. Der Naturraum, die menschliche Figur und die Lichtführung gewinnen bei Masaccio eine malerische Gestaltung, in der die letzten Stileigentümlichkeiten der Gotik abgestreift werden. Nicht mehr die schmale, von Kulissen gerahmte Bühne Giottos, sondern ein in die Tiefe führender Raum wird im Bild aufgetan, zu dem die Figuren in einem harmonischen Verhältnis stehen. Natürliches Seitenlicht erhellt die Szenen und modelliert durch kräftige Schattengebung die Gestalten zu klaren, rundplastischen Erscheinungen. An die Stelle des alten Gegensatzes *Himmel und Erde* tritt nun der neue: *Mensch und Umwelt* (Abb. 226).

In der Malerei Andrea Mantegnas (1431—1506) verschmelzen wissenschaftliche Erkenntnisse mit dem künstlerischen Erlebnis. Der Meister liebte es, seine Gestalten vor und in hohen Säulenhallen auftreten zu lassen, deren Perspektive er genau konstruierte. Wie Masaccio fesselte auch ihn die Wiedergabe der Figur als plastische Form, die er frei und natürlich in den Raum stellt wie die handelnden Personen in seinen Wandbildern zum *Martyrium des hl. Jakob* in der Eremitani-Kapelle zu Padua (Abb. 227).

227
Andrea Mantegna, Der hl. Jakobus vor dem Statthalter (Ausschnitt). Aus den 1448/57 gemalten Fresken der Eremitanikapelle in Padua

Hell leuchtende Fresken schuf der umbrische Maler Piero della Francesca (1420—1492). Sein Hauptwerk sind die Gemälde im Chor der Franziskanerkirche von Arezzo. Er ist ein Meister in der Komposition monumentaler Figuren, die er gern in weite, lichterfüllte Landschaften oder helle Innenräume stellt. In seinem Werk verbinden sich die neuen Naturerkenntnisse und ideale Auffassung. Die »*Anbetung des Kindes*« verlegt der Maler in die morgenhelle umbrische Landschaft. Zierlich und mädchenhaft ist die Gestalt der blonden jungen Maria, die vor dem Christuskind mit gefalteten Händen kniet, während ein Chor von Engeln zum Klang der Lauten ein Jubellied anstimmt (Abb. 228). Der warme Schmelz der Farben und die zarte Luftperspektive (feine, zum Hintergrund hin immer leichter werdende Farbabstufungen) eilen dem Jahrhundert weit voraus.

228 *Piero della Francesca, **Anbetung des Kindes** (Ausschnitt). Um 1490. London, Nationalgalerie*

229 *Sandro Botticelli, Die Beweinung Christi, um 1500. München, Alte Pinakothek*

230 *Fra Filippo Lippi, Verkündigung Mariae, um 1443. München, Alte Pinakothek*

Im Lebenswerk des Florentiners Sandro Botticelli (1444—1510), das in der Glanzzeit der Medici entstand, rücken Christliches und Heidnisches dicht aneinander. In den schmalen Gesichtern seiner Madonnen wohnt verträumte Melancholie, die sich in manchem Bild zu ergreifender Schwermut steigert. Leise Trauer liegt selbst über den Bildern mit heidnisch-mythologischen Stoffen (Frühling, Geburt der Venus). Der tiefe Schmerz über den Tod Christi findet in Botticellis »*Beweinung Christi*« einen ergreifenden Ausdruck (Abb. 229). Der entseelte Leib des Herrn liegt über den Knien der Mutter, die mit wächsernem Antlitz ohnmächtig in die Arme des Johannes zurücksinkt. Das herbe Pathos der Spätgotik scheint in der bewegten Darstellung weiterzuleben.

Von bezaubernder Frische sind die Arbeiten von Fra Filippo Lippi (1406—1469) aus Florenz. Jede byzantinische Feierlichkeit ist aus seinen Bildern gewichen und hat kindlich-reiner Einfalt Platz gemacht, die auch das Bild der »*Verkündigung*« erfüllt (Abb. 230). Ehrfürchtig kniet der Engel vor der Jungfrau, die ihre Rechte demutsvoll zum Herzen führt.

In **Venedig** hatte sich die Malerei nicht so intensiv wie in Florenz um Raumtiefe und körperliche Plastizität bemüht, sondern mehr um das Leuchten der Farbe und die Zartheit der Stimmung. Die Tonschönheit der venezianischen Malerei hat DOMENICO VENEZIANO (um 1400—1461) auch in den Jahren seiner Schulung in Florenz nicht vergessen. Seine Heiligen, die sich in einer sogenannten »Santa Conversazione« (heiligem Gespräch) vor der Madonna versammeln, besitzen die florentinische Sorgfalt der Zeichnung und den leuchtenden Glanz der venezianischen Malerei.

Domenico Veneziano, Damenbildnis. Holzschnitt

Die großen Meister der Hochrenaissance

Die Gemälde des Venezianers GIOVANNI BELLINI (um 1430—1516) leiteten die Hochrenaissance ein, die zum Stil der Einfachheit, Größe und Klarheit emporsteigt. Das Maßhalten wird auch im Bild zum künstlerischen Gesetz. Etwas Baumeisterliches zieht in die Malerei ein: die ruhige Abgewogenheit der Fassaden kehrt in den schönen Symmetrien und den schwebenden Gleichgewichten der Bildkompositionen wieder. Seine Madonnen sind nach dem Gesetz des Gleichmaßes aufgebaut: die Körper von Mutter und Kind bilden oft ein beinahe gleichseitiges Dreieck, eine »figura piramidale«, wie es die Kunstgelehrten der Renaissance nannten. In den Bildern Bellinis wandelt sich die zeichnerische Härte der Frührenaissance zu einer malerischen Darstellung weicher, wohlgerundeter Formen, deren Farben von tiefer Wärme und Leuchtkraft sind. Die große Formklarheit und die farbige Pracht der Gemälde des Venezianers verdeutlicht das repräsentative *Bildnis des Dogen Leonardo Loredano*, in dessen herrischer Haltung sich das Selbstbewußtsein der Zeit verkörpert (Farbtafel 25).

Zum drittenmal begegnen wir MICHELANGELO, diesmal dem Maler. Seine Fresken in der Sixtinischen Kapelle zählen zu den gewaltigsten Kunstwerken der Welt, obwohl der Meister, der sich immer als Bildhauer betrachtete, die Aufgabe nur ungern übernahm unter der Bedingung, malen zu dürfen, was er wolle. Ohne Gehilfen hat er in vier Jahren (1508—1512) das Deckenbild vollendet. Er gliederte die Decke durch eine gemalte Scheinarchitektur, die er mit titanenhaften Figuren füllte. Thema ist die Schöpfungsgeschichte vom Erscheinen Gottes aus dem Chaos bis zur Vertreibung des Menschen aus dem Paradies und dem Strafgericht der Sintflut. In dem Fresko der *Erschaffung Adams* erscheint Gottvater wie im Sturmwind über der Erde, auf der noch unerweckt der Körper Adams lagert. Kraftlos hebt sich der Arm des ersten Menschen Gott entgegen, von dessen befehlendem Finger der belebende Funke auf die noch schlaffe Hand überzuspringen scheint. Voll Sehnsucht richtet sich der Blick Adams auf das Göttliche, dem er entgegenstrebt (Farbtafel 26). Zweieinhalb Jahrzehnte später bedeckte Michelangelo die Stirnwand der Kapelle (1534—1541) mit dem kolossalen Fresko des Jüngsten Gerichts.

Die Malerei Michelangelos erweckt den Eindruck, als erblicke man sie hoch oben in himmlischen Regionen. Es ist die Sicht des Barock, der hundert Jahre später die hohen Kirchenkuppeln mit strahlenden Fresken dem Himmel öffnet. Auch in der Sixtina gelten für das Genie Michelangelos nicht die Kunstgesetze der Renaissance von der Harmonie der Formen und dem Gleichgewicht der Kräfte. Das stürmische Temperament des Einsamen hat in den bewegten Kompositionen den Barock vorgezeichnet, wenn man den Genius überhaupt stilistisch einordnen kann.

In der Hochrenaissance drängen sich die Genies. LEONARDO DA VINCI (1452—1519), Maler, Bildhauer, Bronzegießer, Architekt, Kriegstechniker, Zivilingenieur, Erfinder und Kunstgelehrter, führte die herbe Kunst des Quattrocento zu der freien Natürlichkeit, die dem Cinquecento eigen ist. Sein Hauptwerk ist das »*Abendmahl*« im Speisesaal des ehemaligen Klosters Santa Maria delle Grazie zu Mailand, ein Gemälde, das — nach neuer Forschung — der experimentierfreudige Meister nicht als Fresko, sondern in Temperamalerei auf einer Leim- und Gipsgrundierung ausgeführt hat (Abb. 231).

Leonardo wählte für seine Darstellung den erschütternden Augenblick der Eröffnung des Verrats: alles ist in stärkster Erregung, nur Christus sitzt in einsamer Ruhe inmitten seiner aufgewühlten Jünger, die den Meister nicht mehr verstehen. Die Schwierigkeit, die zwölf Männer um einen Tisch zu gruppieren und das schmerzliche Geschehnis als Gemeinschaftserlebnis zu schildern, hat Leonardo gemeistert.

231 *Leonardo da Vinci, Abendmahl. Wandbild im ehemaligen Kloster Sta. Maria delle Grazie zu Mailand, 1495/98*

232
Leonardo da Vinci, Heilige Anna selbdritt. Um 1502. Paris, Louvre

Er zerlegte die Tischgemeinschaft in vier handelnde Gruppen, die durch Gesten miteinander verbunden sind. Mit großer psychologischer Schilderungskunst ist die Wirkung der Worte Christi bei jedem der Männer verschieden gedeutet. Nur der tiefbeschattete Kopf des Verräters ist vom Betrachter abgekehrt. Die Gesichter der getreuen Jünger liegen im Licht und drücken, jedes auf seine Weise, höchste Überraschung aus. Trotz der Dramatik der Szene verbleibt die Komposition in ruhigen Gleichgewichten. Ohne Übertreibungen hat Leonardo den tragischen Augenblick festgehalten. Immer wieder kehrt der Blick des Beschauers von den bewegten Gruppen der Jünger zu dem alles beherrschenden *Christus* zurück (Farbtafel 27), der in hoheitsvoller Ruhe allein den Raum einnimmt, in dem sonst je drei Jünger zusammengefaßt sind.

Zu den schönsten Schöpfungen Leonardos zählt das schwermutvolle Gemälde der »*Hl. Anna selbdritt*«, d. h. Annas mit ihrer Tochter Maria und dem Christuskind (Abb. 232).

Maria sitzt in Annas mütterlichem Schoß und sucht das Kind, das ihrer Umarmung entglitten ist, um mit dem Lamm, dem Symbol des Opfertodes, zu spielen, in ihre Arme zurückzuholen. Mit geheimnisvollem, schwermütigem Lächeln betrachtet die Großmutter den scheinbar wenig bedeutenden Vorgang, als wüßte sie, was Maria in dieser Stunde nicht ahnt, daß sich dieser Knabe einmal weiter als alle Kinder von der

Mutter entfernen wird. Leonardo stellt die Gruppe, die wieder in der Ausgewogenheit des Dreiecks zusammengefügt ist, in eine traumhafte Landschaft voll seltsamen Dämmerlichts. Dieses Ungewisse der Lichtstimmung und die Vieldeutigkeit rätselhafter, verfließender Landschaftsformen sind malerische Entdeckungen Leonardos, die in vielen seiner Bilder wiederkehren.

Wer vergäße je die geheimnisvoll in blauen Fernen dämmernde Felslandschaft, vor der das schöne Antlitz der »Mona Lisa« in unergründlichem Lächeln aufleuchtet!

Neben der geheimnisvollen Welt des Grüblers Leonardo und der gigantischen des ruhelosen Michelangelo erscheint uns die Kunst RAFFAELS (Raffaello Santi, 1483—1520) wie das Werk eines vom Glück Begleiteten, der lächelnd seinen Weg geht, von Göttern und Menschen geliebt. Vergleichen wir seine liebreizenden Madonnen, die in zärtlicher Mutterliebe ihr Kind in die Arme schließen wie die »Madonna della Sedia« oder die »Madonna Tempi«, mit den feierlich-starren Andachtsbildern des frühen Mittelalters, so erkennen wir den Wandel der Auffassung: die Madonna wird zur glücklichen Mutter und Gottes Sohn zu einem fröhlichen Knaben. Die anmutigen Gemälde Raffaels sind meist kleineren Formats. Mit dem großen Gemälde der »*Sixtinischen Madonna*« (Farbtafel 28) kehrte er zu der hoheitsvollen Auffassung des Kultbildes zurück.

Raffael, Skizze zur Figur einer Caritas, 1507. Federzeichnung

Durch den sich öffnenden Vorhang tritt Maria, von strahlendem Glanz umgeben, aus lichten Himmelshöhen. Von der überirdischen Erscheinung geblendet, wendet die hl. Barbara in demütigem Entzücken den Kopf, während der hl. Sixtus, nach dem das Bild heißt, vertrauensvoll zur Himmelskönigin aufblickt.

Wir würden dem Wesen dieses Malers der Schönheit nicht gerecht, wollten wir in ihm nur den Meister des Madonnenbildes sehen. In seinen vatikanischen Fresken entwarf er bewegte Gruppierungen voll dramatischer Effekte. Er wagt es, gleich Michelangelo, die Stilgesetze seiner Zeit zu durchbrechen und an die Stelle harmonischer Ausgewogenheit stürmische Bewegung zu setzen.

Dieser kraftvolle Stil ist auch in einem Gemälde des *kreuztragenden Christus* wirksam (Abb. 233). Der unter der Last des Kreuzes zusammengebrochene Heiland — Raffael hat die Figur Christi Dürers Holzschnitt der Großen Passion entnommen — ist von einer im Innersten aufgewühlten Menge umringt. Hilflos streckt Maria dem Sohn die Hände entgegen, dessen verzweifelter Blick die Mutter sucht. Alle Ausdrucks-

233 *Raffael, Die Kreuztragung. Altarbild für das Kloster Sta. Maria dello Spasimo zu Palermo. Um 1517. Madrid, Prado*

formen menschlicher Gemütsbewegungen sind in den Gesichtern zu finden, von stumpfer Gleichgültigkeit bis zum tiefsten Schmerz.

In den letzten Jahren seines kurzen Lebens erhielt der jugendliche Meister neben der Aufsicht über die Bauarbeiten der Peterskirche auch die Leitung der Ausgrabungen des antiken Rom.

Leonardo da Vinci, Christusstudie zum Abendmahlbild, um 1495, Mailand, Galleria Brera

Tafel 27

Raffael, eig. Raffaello Santi, Die Sixtinische Madonna, um 1515.
Dresden, Gemäldegalerie

Tizian, eig. Tiziano Vecellio, Der Zinsgroschen, um 1518.
Dresden, Gemäldegalerie

Tafel 29

Mathias Grünewald oder richtiger Meister Mathis Gothardt Neithardt, Madonna, um 1520. Stuppach/Württ., Pfarrkirche

Die Malerei der Spätrenaissance

Zum Großmeister der Spätrenaissance wurde Tizian (Tiziano Vecellio, um 1490—1576). In seinem Werk erlebte die venezianische Malerei ihre Vollendung. Die Gemälde seiner Frühzeit sind von der ruhigen Klarheit und leuchtend warmen Farbgebung Venedigs erfüllt.

Die Ausgewogenheit der Hochrenaissance lebt im »*Zinsgroschen*« weiter (Farbtafel 29). Mit zudringlicher Gebärde hat sich der heimtückische Fragesteller dem Herrn dicht genähert, heuchlerischer Ernst spricht aus seinen groben Zügen, auf denen der ruhige Blick Christi haftet. Scharf hat Tizian die Gegensätze zugespitzt: die Helligkeit des göttlichen Angesichts steht der dunklen Hinterlist des Fragestellers gegenüber, der Adel der schmalen Hand des Heilands dem plumpen Griff um die Münze des Kaisers. In diesen äußeren Kontrasten hat der Maler den inneren Gegensatz zwischen göttlicher Reinheit und menschlicher Verschlagenheit festgehalten.

In späteren Jahren malte Tizian in großen Altarblättern leidenschaftliche und dramatisch-bewegte Kompositionen. Seine kühnen Bildanordnungen erweisen auch ihn als einen Bahnbrecher neuer Auffassungen. In seiner letzten Lebenszeit entwickelte Tizian einen weichen, malerischen Stil. Ineinander verfließende Töne und Farbflecke, die aus dunklen Gründen aufleuchten, füllen sein Altersbild der »Dornenkrönung«. Diese »Hell-Dunkel«-Malerei wird zum stärksten Ausdrucksmittel der Barockmalerei werden.

Die Malerei des Manierismus

Bei einem Rückblick gelangt man zu der Feststellung, daß der einzigartigen Epoche der Hochrenaissance eine Blüte von nur kurzer Dauer beschieden war: sie entfaltete sich um 1500 und begann, wie zu sehen war (vgl. S. 232), sich schon nach wenigen Jahrzehnten von ihren ursprünglichen Idealen abzukehren und neue Tendenzen zu entwickeln. Die Malerei erlebte von etwa 1530 an merkwürdige stilistische Veränderungen, deren hauptsächliche Erscheinungen in langgestreckten, bewegten Figuren bestehen, die oft dicht gedrängt die Bildfläche füllen. Der dargestellte Raum ist meist von unklarer Ausdehnung und von ungewissem Licht erfüllt, das in jähem Wechsel von hell und dunkel über die Gestalten huscht. Glitzernde Farben steigern Unruhe und Spannung der Komposition.

Zu den frühesten Manieristen zählt der nach seiner Vaterstadt Parma benannte Parmeggianino (eigentlich Francesco Mazzola, 1503—1540). Sein berühmtestes Bild ist die »*Madonna mit dem schlanken Hals*« (Abb. 234). In diesem eigenartigen, für die Kirche Sta. Maria dei Servi in Parma gemalten Andachtsbild, dessen weltliche Haltung damals keinen Anstoß erregte, tritt uns ein Selbstbewußtsein gegenüber, das sich nicht scheute, religiöse Vorstellungen mit überkultivierter Eleganz zu verbinden. Ohne Rücksicht auf den Inhalt wird das Kunstwerk als rein ästhetisches Problem betrachtet. Hinter der Schönheit der Erscheinung verbirgt sich eine große innere Erregtheit, die Kennzeichen des Manierismus ist. Sie äußert sich in der Schrauben-

234
Parmeggianino, Madonna mit dem schlanken Hals. 1534/40. Parma, Sta. Maria dei Servi

bewegung und in der extremen Längung der Figur, in dem kalt glitzernden Gefältel der Robe, in der aneinander gedrängten Kindergruppe, zu der die Gestalt des hageren Mannes im Hintergrund einen merkwürdigen Kontrast bildet. Die düstere Wolkenstimmung verstärkt den Eindruck des Unwirklichen. Ist auch das Bild kaum noch als das Werk frommer Andacht zu bezeichnen — dazu ist die Situation zu weltlich und die Madonna zu sehr Dame —, so bezaubert es durch verführerische Schönheit und holde Grazie.

Zuweilen erliegen kleinere Talente der Versuchung, die gestellten Aufgaben nach leeren Formeln und Rezepten einer rein äußerlichen Lösung zuzuführen, bei der virtuos gehandhabte Maltechnik die künstlerische Leere verbirgt, so daß wir hier von Manieriertheit sprechen können.

Die Kunst der Renaissance im Norden

»Ein rechtes Maß gibt eine gute Gestalt, und nit allein im Gemäl, sunder auch in allen Dingen, wie die fürbrocht werden.«

Albrecht Dürer

Die Renaissance war in Italien als sichtbare Form eines neuen Lebensgefühls durch die Wiedererweckung der Antike entstanden, die als unmittelbare Geschichte des eigenen Volkes begriffen wurde. Sie konnte daher zum nationalen Stil des italienischen Volkes werden. Da im Norden keine klassische Tradition bestand, bildete sich in diesem Raum auch keine »Renaissance« im eigentlichen Sinn. Deutschland blieb dem Mittelalter länger verhaftet als Italien. Das neue Zeitgefühl suchte sich daher einen Ausweg in der Weiterentwicklung spätmittelalterlicher Formen — noch in einer Zeit, da Italien längst mit der Vergangenheit gebrochen und einen neuen Stil gefunden hatte.

Die Baukunst in Deutschland

Die wenigen reinen Renaissancebauten auf deutschem Boden wurden von wandernden italienischen Architekten errichtet; die meisten Bauwerke des 16. Jahrhunderts wurden jedoch von einheimischen Meistern geschaffen: sie hielten an den überlieferten mittelalterlichen Anlageformen fest, z. B. am hohen Satteldach, verwandelten jedoch die steile Bauart des Gotischen in ein breites, behäbiges Gelagertsein der Geschosse wie beim (1944 völlig zerstörten) Knochenhauerhaus in Hildesheim (Abb. 235) oder verliehen ihren Bauwerken durch südliche Schmuckformen in den Fassaden festliches Gepränge wie am Rathaus von Bremen (Abb. 242). Aus dieser Vereinigung der heimischen Bauweise mit fremden Zierformen erwuchs in der Baukunst des 16. Jahrhunderts eine

235 *Hildesheim, Knochenhauerhaus, 1529; 1944 völlig zerstört*

236
Fassade der Jesuitenkirche St. Michael in München, 1583/97. Ausführender Steinmetz beim Kirchenbau: Wolfgang Miller. Bronzefigur des Erzengels von Hubert Gerhard, 1588

deutsche Sonderform, wie schon einmal bei der Umwandlung der französischen Kathedralgotik in die deutsche Sondergotik.

Im **Kirchenbau** macht die *Schauseite* der ehemaligen Jesuitenkirche St. Michael in München, die der Niederländer FREDERIK SUSTRIS (gest. 1591) gemeinsam mit bayerischen Meistern 1583/97 errichtet hat, diese Verschmelzung sichtbar (Abb. 236). Die Kirche erhebt sich als machtvoller Giebelbau in der Art des deutschen Bürgerhauses, zeigt aber die Formen der Neuzeit in den breit übereinander lagernden Geschossen, die durch starke Gesimse horizontal geschieden sind. Neu sind die Einzelformen des Zierats: die Portalumrahmungen und Pilasterstellungen im Erdgeschoß, dessen Mittelnische die Bronzefigur des Erzengels aufnimmt, die Nischenbildung der oberen Stockwerke und der Volutenschmuck der Giebelrahmung. Neu ist ferner die reiche Verwendung figürlicher Plastik. Die gedrängte Fülle vehementer und dynamischer Schmuckformen, die starken Kontraste zwischen flachen und plastischen Gliederungsmitteln und die starke Aushöhlung der Schauwand durch Nischen und tiefe Portale machen die Kirchenfront zu einem frühen Beispiel manieristischer Baukunst in Deutschland. Das grundlegend Neue und Zukunftsträchtige von St. Michael aber liegt in der Gestaltung des Baukörpers.

Die Michaelskirche wird manchmal dem Barock zugerechnet. Sicher war der 15 Jahre ältere Bau von Il Gesù, der als Gründungsbau des römischen Barock gilt (vgl. S. 279), nicht ohne Einfluß auf die Bauweise der Münchener Jesuitenkirche geblieben. Doch fehlt der Michaelskirche das entscheidende Merkmal des barocken Sakralraums: die Verschmelzung des längsgerichteten Hauptschiffes mit einem hohen zentralen Kuppelraum zu einer von starken Bewegungskräften durchströmten Raumeinheit. Die ruhige Klarheit ihrer Raumfügung steht der Renaissance näher als dem Barock.

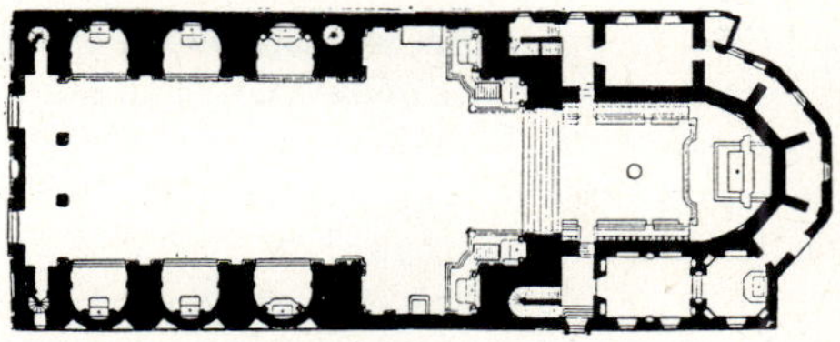

München,
St. Michael,
Grundriß

Der *Innenraum* von St. Michael gehört zu den gewaltigsten Zeugnissen deutscher Architektur (Abb. 237). Er zeigt die Ausbildung einer neuen Raumform, die später als Vorarlberger Bauweise Schule machen wird: die **Wandpfeilerkirche**. Die Urform dieser Architektur geht auf die Basilika Kaiser Konstantins in Rom (Teil I, Abb. 86) zurück, die von den gelehrten Humanisten des Jesuitenordens als Vorbild für ihre Münchener Kirche erwählt worden war (H. Schindler). Der Bau von St. Michael ist ein technisches Meisterstück: Die mächtige Halle ist mit einer einzigen, 20 Meter spannenden Riesentonne überwölbt, deren Höhe durch die tiefe Lage des

237 *Innenraum der Jesuitenkirche St. Michael in München, 1583/97. Chor und Querschiff wurden von dem Niederländer Frederik Sustris errichtet. Innenausstattung von Wendel Dietrich*

Hauptgesimses gesteigert wird. Sie ruht auf riesigen, von Pilasterpaaren gerahmten Wandpfeilern, die auf beiden Seiten je drei Kapellen samt den darüberliegenden Emporen einschließen und den Druck des schweren Gewölbes aufnehmen (vgl. S. Andrea in Mantua, Abb. 209). Bei dieser Bauweise entfallen die Seitenschiffe. Da die Kapellen keine verbindenden Durchgänge besitzen, bilden sie verhältnismäßig selbständige Raumeinheiten, die zur Erweiterung des mächtigen Kirchenschiffs beitragen. Das Querhaus ist ohne Kuppel. Der eingezogene, in seiner Tiefe noch mittelalterlich empfundene Chor ist von mildem Licht durchströmt.

Das Erstarken der Fürsten verlieh in Deutschland dem **Schloßbau** erhöhte Bedeutung. Das Heidelberger Schloß hat sich aus einer mittelalterlichen Burg entwickelt und besitzt daher noch keinen regelmäßigen Grundriß, wie ihn der Zeitgeist forderte (Abb. 238). Der *Ottheinrichsbau* wurde 1556/59 nach italienischem Vorbild erbaut. Seine Fassade ist durch horizontale Gesimse klar gegliedert.

238
Das Heidelberger Schloß. Rechts im Bild der Ottheinrichsbau (1556/59), links der Friedrichsbau (1601/04)

Das Bedürfnis nach Regelmäßigkeit in der Renaissance ist im quadratischen Grundriß des Aschaffenburger Schlosses deutlicher zu erkennen (Abb. 239). Der Straßburger Meister Georg Ridinger schuf hier von 1605 bis 1614 eine der ersten einheitlichen deutschen Schloßanlagen; vier Flügel umschließen einen Innenhof, in den der alte Bergfried einbezogen ist. Vier gedrungene Ecktürme halten die Anlage zusammen. Der Grundriß wurde typisch für den deutschen Schloßbau der Renaissance: im Gegensatz zum Einflügelbau des italienischen Palazzo entstand im Norden die Vierflügel-Anlage.

Zu den wenigen von italienischen Meistern errichteten Schloßbauten in Deutschland gehört der Westtrakt der Landshuter Stadtresidenz der bayerischen Herzöge. Im Festsaal des »*Italienischen Baus*« erklingt die Formensprache des Südens am reinsten (Abb. 240). Auf schwarzmarmornen Pilastern ruht seine Tonnendecke, deren Kassettenfelder die Bilder von Weisen und Fürsten des Altertums tragen. Ein

239 *Georg Ridinger, Das Aschaffenburger Schloß, 1605/14*

kraftvolles Kranzgesims faßt über den gekuppelten ionischen Wandpfeilern die Saalwände straff zusammen. Die wohlausgewogenen Verhältnisse zwischen den Baugliedern schaffen einen vorzüglichen Raumeindruck.

Auch die Städte nahmen die neuen Bauforderungen bereitwillig auf. In Augsburg schuf der Stadtbaumeister ELIAS HOLL (1573—1646) im **Rathaus** den bedeutendsten Profanbau süddeutscher Renaissance. Er verband dabei die klassischen Ideale der italienischen Kunst mit der romantischen Auffassung seiner Heimat. Er ließ die Mitte der kräftig gegliederten Fassade durch einen sogenannten Mittelrisalit hervortreten, den er mit zwei Stockwerken über die Dachbalustrade hinaufführte (Abb. 241). Italienisch ist an seinem Werk der Wohllaut der Proportionen, deutsch die Verbindung der klassischen Front mit hochstrebenden Flankentürmen.

Auch im schönsten Rathaus des Nordwestens, dem Rathaus in Bremen, das Meister LÜDER VON BENTHEIM 1608/13 aus einem alten gotischen Bauwerk in einen

240
Meister Sigismund und Bernhard Walch, Italienischer Saal der Stadtresidenz Landshut, um 1542

241 *Das Rathaus in Augsburg. Erbaut 1615—1620 von Elias Holl*

reich geschmückten Backsteinbau der Renaissance verwandelt hat, verbindet sich Hergebrachtes mit neuen Formen (Abb. 242). Reiches niederländisches Ornament, wie es erstmals der Antwerpener Baumeister Cornelis Floris (1514—1575) für das Rathaus seiner Heimatstadt entworfen hatte, überspielt die ruhige und würdevolle Front, deren Mittelrisalit repräsentativ hervortritt. Der dem Manierismus erwachsene prunkvolle »Florisstil« leitete zum Frühbarock über und wirkte noch im frühen 17. Jahrhundert auf zahlreiche deutsche Bauten. Sein Charakteristikum ist das Verschmelzen

242 *Das Rathaus in Bremen. Fassade von Meister Lüder von Bentheim, 1608/13*

243 (*unten*) *Das Pellerhaus in Nürnberg. Arkadenhof, 1602/07*

figürlicher und pflanzlicher Ornamente mit Band- und Rollwerk zu einer Zierweise von reliefartiger Wirkung.

Das deutsche **Bürgerhaus** dieser Zeit nahm gern in seine Fassade diese Schmuckformen auf. Fast in allen Städten sind die prächtig dekorierten Schauseiten der Bürgerhäuser der Spätrenaissance zu finden. Das Nürnberger *Pellerhaus* (Abb. 243), der Heidelberger »Ritter«, das Braunschweiger Gewandhaus und das Krameramtshaus zu Bremen sind wegen der reichen Dekoration ihrer Fronten weithin bekannt.

Übergangsformen

Der Nachhall der Gotik im frühen 16. Jahrhundert ist in den plastischen Künsten noch deutlicher zu vernehmen als im Bauwerk. Die Kunst von TILMAN RIEMENSCHNEIDER und VEIT STOSS wurde beim ausgehenden Mittelalter besprochen (vgl. Teil II, S. 189/190), doch hätte man ihre Werke mit Recht auch der neuen Zeit zurechnen dürfen, die sich bei beiden Künstlern in der Darstellung voller Körperlichkeit und irdischer Schönheit zu erkennen gibt. Der spätgotische *Christophorus* eines unbekannten Meisters um 1470 (Abb. 244) kündigt in der Festigkeit der Körperformen und im derben Realismus der Darstellung schon die naturnahe Auffassung der Neuzeit an, dagegen besitzt HANS LEINBERGERS *Muttergottes* von Landshut (1520), die der Renaissance angehört, noch das schöne Schweben, den vollen S-Schwung und den strudelnden Faltenwurf spätgotischer Marien (Abb. 245). Neuzeitlich an der Landshuter Figur ist die Wucht der körperlichen Realität, die heitere Lebendigkeit des Christuskindes und die natürliche Anmut der Mutter, die fürstlich und bäuerlich zugleich wirkt.

244 *Christophorus. Um 1470. Köln, Dom*

245 *Hans Leinberger, Muttergottes, 1518/20. Landshut, St. Martin*

246
Adam Kraft, Relief von der alten Stadtwaage in Nürnberg, 1497. Nürnberg, German. Museum

Renaissance-Plastik im deutschen Süden

Auch das bildnerische Werk ADAM KRAFTS (1450—1509) wurzelt in spätgotischer Formgebung. Den Ruhm des Meisters begründete das Sakramentshaus der Lorenzkirche in Nürnberg, ein Wunderwerk nachgotischer Steinmetzarbeit. Augenfälliger erscheint der Geist des neuen Jahrhunderts in seinem *Relief* der alten *Nürnberger Stadtwaage* von 1497. Das spätgotische Liniengeflecht (Sakramentshaus) ist in diesem Bildwerk einer klaren Aufteilung gewichen. Gewichtig stehen die Figuren der drei Männer auf der Erde; es sind Menschen von Fleisch und Blut, Nürnberger Bürger, die im Beruf ihren Mann stehen und mit den realen Forderungen des Lebens fertig werden. Gotische Geistigkeit ist aus ihrer kompakten Körperlichkeit verbannt, an die Stelle mittelalterlichen Schwebens ist die Standfestigkeit der neuen Zeit getreten (Abb. 246).

Für das Grabmal Kaiser Maximilians I. schuf 1513 der Erzbildhauer PETER VISCHER D. Ä. (um 1460—1529) die Statue des Artus. Die Gestalt des ritterlichen Königs erscheint im Idealbild der Zeit. Der Realismus der Darstellung reicht bis in

247 *Peter Vischer, König Artus vom Grabmal Maximilians I., 1513. Innsbruck, Hofkirche*

248 *Der Tugendbrunnen in Nürnberg, ein Werk des Bronzegießers Benedikt Wurzelbauer, entstanden 1585/89. (»Florisstil«)*

die Einzelheiten der Rüstung, der Bewaffnung und des Ornaments. Diese Versenkung in das Stoffliche ergab ein Standbild von imponierender Eleganz. Die Statue gehört zu den 40 geplanten »Ahnen« des Kaisers, von denen heute 28 das Grabmal umgeben (Abb. 247).

Ein spätes Werk der Nürnberger Renaissance ist der dekorative *Tugendbrunnen* bei St. Lorenz von Benedikt Wurzelbauer, der aus der Gießhütte seines Onkels Labenwolf hervorgegangen war (Abb. 248). In der dichten Figurenbesetzung verbindet sich die handwerkliche Tradition der Nürnberger Kunst mit dem überspitzten Ausdruck des Manierismus. Starke Affekte werden in der übersteigerten Bewegtheit und den

249 *Hans Daucher, Erbärmdegruppe. Um 1515. Augsburg, St. Anna, Fuggerkapelle*

überhöhten Proportionen der Frauengestalten sichtbar. Und doch scheint in dem schlanken Aufschießen der dreistufigen Figurenpyramide noch insgeheim die Gotik weiterzuleben. Liebe, Großmut, Tapferkeit, Glaube, Geduld, Hoffnung und die krönende Gerechtigkeit werden in den bewegungsvollen Gestalten verkörpert.

In Augsburg ist die Plastik der frühen Renaissance mit dem Namen der Fugger verbunden, die 1509 in der Annakirche eine Kapelle stifteten »in der Ehr des zarten Fronleichnams unseres Herren Christi, auch der Mutter Gottes und des hl. Mathäus nach christlicher Ordnung«. In der freien Reichsstadt hatten Malerei und Graphik schon früh eine Verbindung mit der italienischen Renaissance hergestellt, die Baukunst und Plastik befruchtete. Der klare Aufbau und die schöne Gemessenheit der Bildhauerkunst Italiens wirken in der *Erbärmdegruppe* (= Beweinung Christi) des Bildhauers HANS DAUCHER, die in der Fuggerkapelle aufgestellt wurde (Abb. 249). Verhaltenheit des Schmerzes und stille Trauer machen sie zu einem der ergreifendsten Bildwerke deutscher Renaissancekunst.

Die Gruppe ist der beherrschende Mittelpunkt eines theologischen Programms, in das auch die drei Sockelreliefs einbezogen sind: Kreuztragung, Kreuzabnahme und Christus in der Vorhölle. Die Zurückhaltung ihrer Formensprache, die Schärfe der Zeichnung und die maßvolle Plastizität lassen an die florentinische Reliefkunst des Quattrocento denken.

250
Loy Hering, Hl. Willibald, 1514. Eichstätt, Dom

251
Hl. Martin. Aus Neuburg/D. Um 1525 gegossen von Seb. Hirder. München, Bayer. Nationalmuseum

Von der Augsburger Plastik hat auch LOY HERING, der in Eichstätt tätig war, seinen Ausgang genommen. Er schuf die große Steinfigur des thronenden *hl. Willibald* (1514) im Eichstätter Dom. Kirchliche Würde und menschliche Güte vereinen sich in dem monumentalen Standbild, das zu den hervorragendsten Leistungen der deutschen Kunst am Anfang des 16. Jahrhunderts gehört (Abb. 250).

Aus Neuburg an der Donau stammt das *Reiterbild des hl. Martin*, das den Heiligen im Kostüm der Zeit von 1525 zeigt. Eine echte Renaissanceplastik deutscher Art tritt uns hier entgegen: der jugendliche Kriegsmann und sein schweres Roß sind in festen, runden Formen modelliert, die riesenhaft über die gebrechliche Gestalt des Frierenden hinauswachsen, der flehend die Hände erhebt (Abb. 251). In dieser Figur hat sich die deutsche Kunst die Prinzipien der neuen Zeit so sehr angeeignet, daß in ihrer sachlichen Vollkommenheit eine dem Süden ebenbürtige Form entstand. In der Malerei des frühen 16. Jahrhunderts wird sich das Ringen des Nordens um die große Form der italienischen Kunst besonders deutlich zeigen.

Die Malerei im Norden

In der erwachenden Neuzeit erwuchs die Größe der deutschen Malerei nicht aus der Wiedererweckung des Altertums wie in Italien, sondern aus religiösen Erschütterungen. In der Kunst der ausklingenden Spätgotik verband sich mit der geistigen Unruhe einer gärenden Welt der Wille zur großen Form. Diese Spannung zwischen geistigem Gehalt und äußerer Gestaltung verlieh der deutschen Malerei ihr besonderes Profil.

Die deutschen Meister des 16. Jahrhunderts

Der in Würzburg geborene Maler, Architekt und Ingenieur MATHIS GOTHARDT (um 1475—1528), der sich in jungen Jahren Nithart nannte und uns fälschlich unter dem Namen GRÜNEWALD bekannt ist, opferte wie kein anderer der Stärke des künstlerischen Ausdrucks Ebenmaß und Harmonie. Man heißt ihn einen »letzten Gotiker« — wohl wegen der heißen Inbrunst seiner tiefreligiösen Kunst — und einen »Mystiker der Farbe«; und doch steht sein leidenschaftlicher Realismus der Neuzeit näher als dem Mittelalter. Meister Mathis wird zum Maler des Golgatha-Themas.

Sein größtes Werk ist der *Isenheimer Altar*, vor dessen nachtdunklem Hintergrund die Gestalten unter dem Kreuz Christi die feierliche Größe italienischer Renaissancefiguren erhalten haben. Jedoch nicht Schönheit macht die Figuren groß, sondern die Gewalt des Leidens und Mitleidens. Im mildverklärten *Beweinungsbild* der Predella unterhalb der Kreuzigung klingt der Schmerz der Hinterbliebenen, die den zerschundenen Leib des Herrn trauernd in den Armen halten, gedämpft auf (Abb. 253). In der Karlsruher *Kreuzigung* ist der seelische Ausdruck ins Grausige gesteigert: in häßlicher Verrenkung hängt der schwere Leichnam Christi am Kreuz, Wundmale

252
Mathias Grünewald, Klage unter dem Kreuz. Um 1520/23. Karlsruhe, ***Staatliche Kunsthalle***

253
Mathias Grünewald, Beweinung. Um 1512/16. Predellabild des Isenheimer Altars. Kolmar, Museum

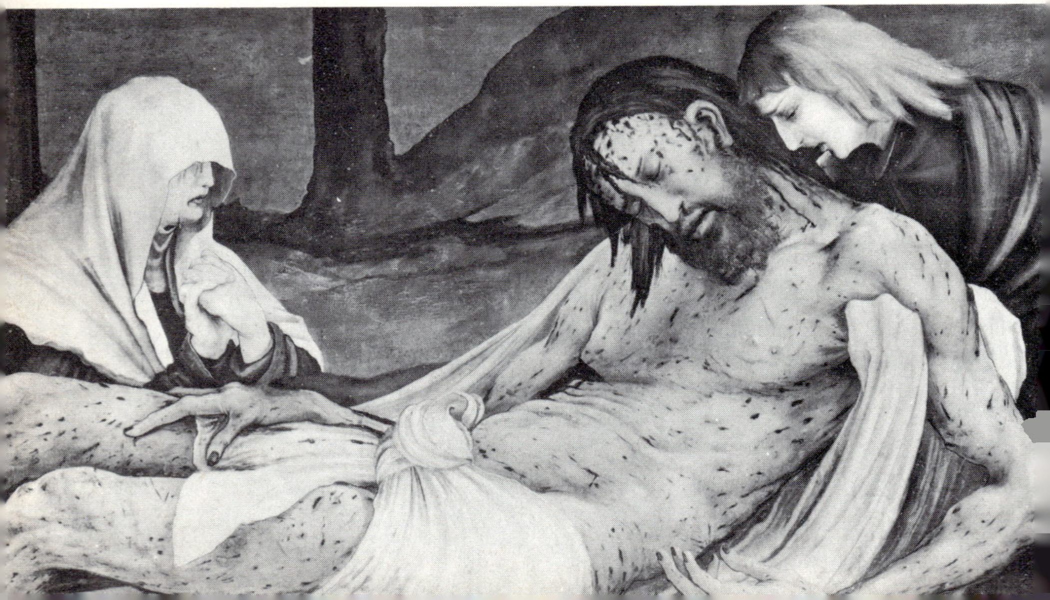

Albrecht Dürer, Vier Apostel, 1526. München, Alte Pinakothek

Hans Holbein d. J., Bildnis des Kaufmanns Georg Gisze, 1532.
Berlin-Dahlem, Staatliche Museen, Gemäldegalerie

Lucas Cranach d. Ä., Christus am Kreuz, 1503.
München, Alte Pinakothek

Tafel 33

Hans Burgkmair d. Ä., Johannes auf Patmos. (Mitteltafel des Johannes-Altars), 1518. München, Alte Pinakothek

und Leichenflecken entstellen den grünlich-blassen Körper, die verkrampften Finger sind im letzten wilden Schmerz erstarrt (Abb. 252). In stummer Trauer ist Maria versteinert, in leidenschaftlicher Bewegung ringt Johannes die Hände, und sein Schmerz scheint auch aus den aufgewühlten Falten seines Mantels zu sprechen. Diese elementare Wiedergabe innerster menschlicher Gefühle scheidet Meister Mathis von gotischen Überlieferungen. Sein Gekreuzigter ist nicht von der beseelten Zartheit des spätgotischen Kruzifixus, sondern von der derben Kraft des einfachen Menschen aus dem Volk.

Gegenüber den dunklen Akkorden der Passion Christi wirkt die Mariendarstellung der »*Stuppacher Madonna*« wie ein schlichtes Volkslied. Ihre farbige Schönheit ist ein Stück bezaubernder Stimmungskunst (Farbtafel 30). Ein fließendes Bewegungsspiel von Farben, Lichtern und Linien umfängt die jugendfrische Gottesmutter. Wieviel inniger und tiefer ist hier das Thema der Mutterliebe gestaltet als in der gleichzeitigen italienischen Malerei!

Zum Großmeister der deutschen Malerei wurde ALBRECHT DÜRER (1471 bis 1528) aus Nürnberg.

Sohn eines Goldschmieds, ging er 1486 zum Maler MICHAEL WOHLGEMUTH in die Lehre. Nach seinen Wanderjahren ließ er sich in Nürnberg nieder und schloß mit Agnes Frei, einer Nürnberger Bürgerstochter, die Ehe. Seine erste italienische Reise (1494/95) machte ihn mit der Kunst des Malers *Andrea Mantegna* und des Kupferstechers *Jacopo de Barbari* bekannt.

Die wichtigste Arbeit seiner frühen Meisterjahre sind die Holzschnitte zur Apokalypse (1498): traumvisionäre Gesichte, in denen eine von Krieg, Hunger und Pest geängstigte Menschheit Zuflucht im christlichen Erlösungsgedanken findet. In dem phantastischen Liniengefüge der Blätter mischen sich wirklichkeitsnahe Zeichnung und jenseitige Vorstellung zu einem erregten Ausdrucksstil, der eine Brücke zu Meister Mathis schlägt. Gleichzeitig begann die Arbeit an der »*Großen Passion*«, die im ganzen den gleichen krausen Linienstil zeigt (Abb. 254). Das dritte Holzschnittwerk aus Dürers ersten Meisterjahren, die Blätter des »Marienlebens«, enthalten mehr beschauliche und stimmungsreiche Szenen.

254
Albrecht Dürer, Auferstehung. Holzschnitt aus der Großen Passion, 1510

Selbstbildnis des 13jährigen Dürer. Silberstiftzeichnung. 1484

Unter Dürers frühesten Gemälden finden sich Bildnisse seines Vaters, in der ein wenig trockenen Art der Wohlgemuth-Schule gemalt. Ein jugendliches Selbstbildnis zeigt den Meister in festlicher Kleidung und im Schmuck lang wallender Locken.

Von entscheidender Bedeutung für seine künstlerische Entwicklung wurde die zweite italienische Reise 1505/07. In **Venedig** mußte Dürer erfahren, daß man ihn als Holzschneider mehr schätzte denn als Maler, doch wußte er die Italiener alsbald eines Besseren zu belehren: sein im Auftrag der deutschen Kolonie gemaltes »Rosenkranzbild« fand die Bewunderung des Dogen so sehr, daß er den Meister in venezianische Dienste verpflichten wollte. Die Jahre nach seiner Rückkehr sind angefüllt mit neuen Ideen und Bestrebungen.

Ganz überwältigt von dem Gedanken der **Proportion,** die er als Harmonie schöner Teile in den Gemälden *Bellinis* verwirklicht sah, schreibt er: »ohn rechte proportion kan ye kein bild volkommen sein, ob es auch fleißig als das ymer möglich ist, gedacht wirdet.« In dieser Zeit beginnt er neben dem von ihm verwendeten alten Maß- und Planverfahren die neue mathematische Proportionslehre in der Anlage seiner Bilder zu benutzen. Er versucht, die menschliche Figur in ihren kubischen Grundformen aufzubauen und ihre Körperverhältnisse mit Zirkel und Lineal zu konstruieren. Gleichsam als Bekenntnis seines Ringens um die schöne Form malte er sein idealisiertes Bildnis (München, Alte Pinakothek). Seine Meisterschaft als Porträtmaler bewies er in zahlreichen Bildnissen seiner Zeitgenossen: starkes Herausarbeiten des seelischen Ausdrucks bei absoluter Naturtreue zeichnet sie aus. Ein Altarblatt aus dieser Epoche (1511), das »Allerheiligenbild«, ist eine Komposition großer Figurengruppen, die zur Dreifaltigkeit beten.

Auch Dürers Graphik hat Anteil an den in Italien gewonnenen Erkenntnissen. In den 37 Blättern der »Kleinen Passion« ist der unruhige Linienstil der »Apokalypse« einfachen Formen gewichen. Zu den ergreifendsten Darstellungen des Karfreitagsgeschehens gehört der schlichte Holzschnitt, in dem Christus, das Haupt in die Hand gestützt, auf einem Stein kauert, — ein Bild erschütternder Verlassenheit. Zwischen 1507 und 1513 schuf Dürer die 15 Blätter der Kupferstich-Passion, in der er den Kupferstich in der Ausschöpfung seiner technischen und geistigen Möglichkeiten weit über seinen damaligen Stand hinausführte. Weithin bekannt geworden ist das Blatt »*Ritter, Tod und Teufel*« (Abb. 255), dessen Komposition der Meister die Schlüsselfigur des neungeteilten Quadrats und des Achtecks zugrunde legte (Funk).

255 *Albrecht Dürer, Ritter, Tod und Teufel* (»*Der Reuter*«). *Kupferstich, 1513*

Im Jahre 1520 unternahm Dürer eine Reise in die **Niederlande,** wo ihm aus dem Verkehr mit großen Malern noch einmal neue Anregungen zuflossen. Am Schluß seines Lebens steht sein größtes Werk, die für das Nürnberger Rathaus bestimmten »*Vier Apostel*« (Farbtafel 31). In ihren überlebensgroßen Gestalten drücken sich die vier Temperamente aus: Markus und Paulus verkörpern das tätige Leben (vita activa), Petrus und Johannes stille Versenkung (vita contemplativa). Bedeutender jedoch als dieser psychologische Hintergrund ist die künstlerische Kraft: monumentalen Standbildern gleich stehen die Zeugen des Evangeliums vor uns, umschlossen von Mänteln, deren Falten in großen und ruhigen Bahnen niederfließen. Die Synthese aus der »großen Form« Italiens und der Ausdrucksgewalt des Nordens war gefunden. In ihrer Verbindung von idealer Gesinnung und realer Erdfestigkeit werden Dürers »Apostel« zu einem Bekenntnisbild.

Der dritte Große unter den Malern der deutschen Reformationszeit ist Hans Holbein d. J. (1497—1543), im kunstreichen Augsburg geboren, das er 1515 verließ, um sich bis 1532 in Basel niederzulassen. Scharfe Beobachtungsgabe und unerschütterliche Sachlichkeit machten ihn zum bedeutendsten Bildnismaler seiner Zeit. Sein überragendes Können als Porträtist beweisen seine zahlreichen Gemälde und Zeichnungen, die er als Hofmaler des Königs von England schuf. Holbein ist meist ein kühler und leidenschaftsloser Schilderer gewesen, dessen Interesse mehr der formalen Richtigkeit als dem Ausdruck des Seelischen galt, wie das »*Bildnis des Kaufmanns Georg Gisze*« bezeugt (Farbtafel 32). Auch aus seiner »*Madonna des Bürgermeisters Meyer*« könnte man wegen der großen Sachlichkeit der Darstellung, in der die Figuren ohne rechte innere Beziehung vor der Madonna knien, schließen, daß den Maler der Glaubensinhalt weniger fesselte als die technische Vollendung (Abb. 256). Die Anpassung der Figuren an die natürlichen Größenverhältnisse und die mangelnde Distanz zwischen Madonna und Stiftern bekunden das neue bürgerliche Selbstbewußtsein.

Hans Holbein d. J., Tod und Krämer, Holzschnitt. Herausgegeben 1538

256
Hans Holbein d. J.,
Die Madonna des Basler Bürgermeisters Jakob Meyer zum Hasen, sog. »Darmstädter Madonna«, 1526/30. Darmstadt, Schloß

257
Lucas Cranach, Ruhe auf der Flucht, 1504. Berlin-Dahlem, Staatliche Museen, Gemäldegalerie

Viel stärker ist die Ausdruckskraft des Meisters in den Baseler Holzschnitten des »*Totentanzes*«. In 45 kleinen Blättern, die mit starker Empfindung die Macht des Todes über die Menschen aller Stände und Altersstufen zeigen, hat der große Zeichner zum Herzen des Volkes gesprochen.

Wie in der Malerei Dürers vereinen sich auch im Werk des Augsburgers Hans Burgkmair d. Ä. (1473—1531) nordische Ausdruckskraft und italienische Formschönheit. Seine Fähigkeit, Figur und Landschaft miteinander verwachsen zu lassen, tritt in der farbensatten Darstellung des »*Johannes auf Patmos*« überzeugend in Erscheinung (Farbtafel 34). Sie zeigt den Lieblingsjünger Christi inmitten einer tropischen Landschaft mit Papageien und bunten Vögeln. Jäh wendet er den Kopf in die Diagonale der Lichtbahn, die von der himmlischen Erscheinung im zerrissenen Gewölk ausgeht. Im Sturmwind des Geistes neigen sich die Palmen dem Seher zu, der sich entrückt den jenseitigen Gesichten hingibt.

Über die Jugendjahre Lucas Cranachs (1472—1553), der nach seiner Geburtsstadt Kronach genannt wird, wissen wir wenig. Seit 1500 ist er auf der Wanderschaft, die ihn über Nürnberg (Dürer) und den Donauraum nach Wien führt. 1505 holt ihn der sächsische Kurfürst Friedrich der Weise nach Wittenberg. Die arbeitsreiche Zeit im Dienst des Kurfürsten hat seinen Namen als Freund Luthers und Maler der Reformation der Nachwelt überliefert. Die heitere Idylle der »*Ruhe auf der Flucht*« ist sein erstes signiertes und datiertes

Gemälde (Abb. 257). Man kann das in den leuchtenden Farben eines sonnigen Sommertages gemalte Bildchen kaum noch ein religiöses Andachtsbild im herkömmlichen Sinn nennen, so stark hat der Maler mit den feierlichen Konventionen gebrochen.

Hier ist alles wie in einem alten vertrauten Märchen gestaltet: die Heilige Familie rastet auf einer Blumenwiese inmitten einer romantischen Waldlandschaft, umspielt von einer Schar munterer kleiner Engeln; sie bringen dem Christkind Wasser und einen Vogel zum Spielen, andere musizieren. Die Sommerlandschaft mit ihren Tannen und Birken und den blauen Bergen in der Ferne, deren Schönheit schon Dürer entdeckte, hat im Bild das gleiche Gewicht erhalten wie das religiöse Thema. Cranach hat hier das Landschaftliche, das auch bei Dürer meist nur Attribut war, zu einer Bedeutung erhoben, die der Malerei des kommenden Jahrhunderts neue Wege wies.

Zu dem romantischen Idyll der sommerlichen Waldlandschaft tritt die Totenklage der »*Kreuzigung*« von 1503 in einen düsteren Gegensatz (Farbtafel 33). Auf dem engen Plan zwischen den Kreuzen stehen Maria und Johannes mit gerungenen Händen vor dem toten Christus. In der Gemeinsamkeit tiefen Leides sind ihre Arme ineinander verschränkt, während sich unheilvoll hinter dem hellen Leichnam gewittriges Gewölk zusammenballt und drohend über der noch friedlichen Landschaft steht. Eine dramatische Erregung hat alle Teile der Komposition erfaßt, die harte Asymmetrien und kühne Überschneidungen wagt.

Das Landschaftsbild im 16. Jahrhundert

Cranach stand mit seiner Entdeckung der heimatlichen Landschaft nicht allein. Während seiner Tätigkeit in Wien (1500—1505) hatte sich unter seinem Einfluß im oberen Donautal und im bayerisch-österreichischen Alpenland ein besonderer Stil, die »*Donauschule*«, ausgebildet. Sein Kennzeichen war die lebensvolle Verbindung von Mensch und Landschaft, wobei die Natur nicht als nebensächlicher Hintergrund verstanden wurde wie ehedem, sondern mit seltsamen Felsbildungen, flechtenbehangenen Wettertannen und fernen Gebirgsketten als eine gewaltige, von geheimen Kräften geformte und gelenkte kosmische Einheit.

Zum bedeutendsten Meister dieser »Donauschule« wurde ALBRECHT ALTDORFER (um 1480—1538) aus Regensburg. Seine schönsten religiösen Bilder sind die »Geburt der Maria«, die er in den Innenraum einer hohen Hallenkirche verlegt, um deren Pfeiler in luftiger Höhe ein jubilierender Engelreigen schwebt, und die »Ruhe auf der Flucht«, wo sich die Rast im milden Sonnenlicht vor einem prächtigen Renaissancebrunnen abspielt, an dem vorbei der Blick in eine Märchenlandschaft wandern kann. Die Spannweite des Malers reicht in der Wiedergabe der Landschaft vom traulichen Idyll bis zum Heroischen. In seinem Gemälde der »*Alexanderschlacht*« weitet er die Landschaft zum Weltenraum. Über dem Kampfgetümmel wirft die untergehende Sonne ihren letzten Schein auf Berge und Meeresbuchten, auf eine ferne Stadt und auf dunkle Wolkengebirge am Himmel, in dessen weiten Räumen sich das irdische Kampfgewühl zu wiederholen scheint (Farbtafel 35).

258
Albrecht Altdorfer, Donaulandschaft bei Regensburg mit dem Schloß Wörth und dem Scheuchenberg. Um 1520/25. München, Alte Pinakothek

Von lyrischen Empfindungen beseelt ist dagegen seine »*Donaulandschaft*« mit Schloß Wörth und dem Scheuchenberg bei Regensburg. Es ist das erste deutsche Landschaftsbild, das auf jede Personenstaffage verzichtet und allein die Natur zum Thema hat (Abb. 258). Das Bild zeigt die bei Altdorfer beliebte Raumanlage des Durchblicks durch zwei hochragende Bäume, deren Stellung im Vordergrund dem Landschaftsraum erst die wahre Tiefe verleiht, — ein Motiv, das in der kommenden Landschaftsmalerei eine bedeutende Rolle spielen wird. In der Naturpoesie ist das Wesen Altdorfers beschlossen: die atmosphärische Stimmung, der romantische Zauber verfallender Ruinen, die phantastischen Silhouetten knorriger Bäume und das glitzernde Licht im buschigen Laubwerk sind Stimmungsmittel, die erst wieder die romantische Malerei des frühen 19. Jahrhunderts mit gleicher Liebe verwendet hat.

Die Malerei in den Niederlanden

Die Niederlande konnten um 1500 auf ein künstlerisch fruchtbares Jahrhundert zurückblicken. Von den Brüdern Eyck, Hans Memling und Rogier van der Weyden bis zu Hieronymus Bosch hatten dort hervorragende Maler bahnbrechende Kunstwerke geschaffen (vgl. Teil II, S. 198/199). Die Künstler des neuen Jahrhunderts hatten sich mit dem Stil Italiens auseinanderzusetzen,

259 *Pieter Brueghel d. Ä., Jäger im Schnee. Winterlandschaft aus den »Monatsbildern«. Um 1565. Wien, Kunsthistorisches Museum*

der ihnen durch reisende Kaufleute, durch den Besuch des Italienfahrers Dürer und dann durch eigenes Studium in Rom und Florenz nahegebracht wurde. Anfänglich verbanden sie die neuen Errungenschaften mit der großen Tradition ihres Landes, später jedoch erlagen sie als »Romanisten« immer mehr der Gefahr, das italienische Vorbild in eine starre Manier zu verwandeln. Nur die Spezialisten, die sich auf die Landschaft, das Sittenbild, das Bildnis und das Stilleben konzentrierten, blieben den Stilgesetzen ihres eigenen Volkstums treu. Zu ihnen gehört am Schluß der Periode PIETER BRUEGHEL D. Ä. (um 1525—1569), der zum Maler des niederländischen Landvolks, seiner Sitten und seiner Landschaft wurde.

In seinem Bild *»Jäger im Schnee«*, einer von 12 Monatsdarstellungen, malte der »Bauern-Brueghel« eine Winterlandschaft, in deren Komposition sich alles ungezwungen und natürlich ordnet (Abb. 259). Im Gegensatz zu Altdorfers Sommerbild hat der Meister den Horizont so hoch gelegt, daß eine »Überschaulandschaft« entstand, die in den Niederlanden schon im 15. Jahrhundert Vorbilder hatte. Das Bild hält die wunderbare Stimmung eines frostigen Spätnachmittags fest: Jäger kehren müde mit ihrer Meute heim, Bauern schüren ein offenes Feuer und Schlittschuhläufer tummeln sich auf grünlich leuchtenden Eisflächen. Ein grauer schwerer Winterhimmel steht über den verschneiten Feldern und den eisüberzogenen Felszacken. Die Liebe des Malers zu seinem Volk, dem flandrischen Bauerntum, spricht hier aus allen Einzelheiten der Schilderung.

Die Schriftformen der Renaissance

gehen in **Italien** von der karolingischen Minuskel aus; sie wird von den dortigen Humanisten als »lettera antica« bezeichnet. Die Form der Laufschrift (Kursive) zeigt uns die Handschrift Michelangelos in den Schlußversen eines von ihm verfaßten und geschriebenen Sonetts. Als Buchschrift führen ihre Formen zu der heute gebräuchlichen Lateinschrift (Antiqua).

In **Deutschland** setzte sich unter dem Einfluß der Verkehrsschriften neben der strengen gotischen Textura (vgl. Teil II, S. 207) eine neue Schriftform für profane Werke durch. Die Schrifttypen dieser sog. »Schwabacher« sind runder und daher besser lesbar als die liturgisch-feierliche Textura. Ihr derber, bürgerlicher Charakter ließ sie bald zur Druckschrift der Volksliteratur werden.

Aus der Verbindung der Textura mit der »Schwabacher« entstand zu Beginn des 16. Jahrhunderts die »Fraktur« als Buch- und Kanzleischrift. Sie wurde von den Schreibern gern mit füllenden, haarfein gezogenen Schnörkeln versehen. Aus Freude am Schmücken ging man dazu über, alle Hauptwörter groß zu schreiben. Die Fraktur ist heute nur noch in Deutschland und den deutschsprechenden Ländern bekannt, während sich die Antiqua auf der ganzen Welt durchgesetzt hat.

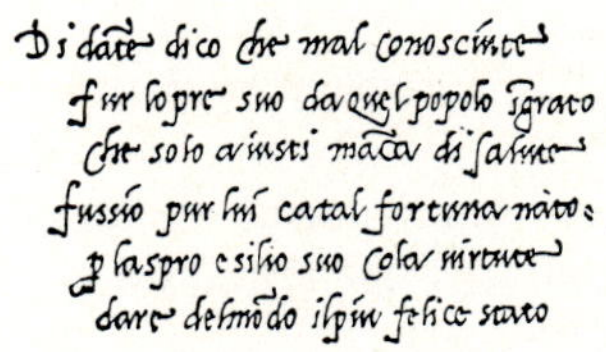

Handschrift Michelangelos

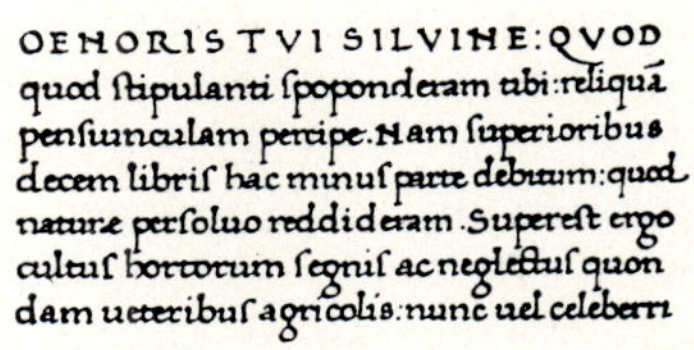

Humanistische Bücherschrift

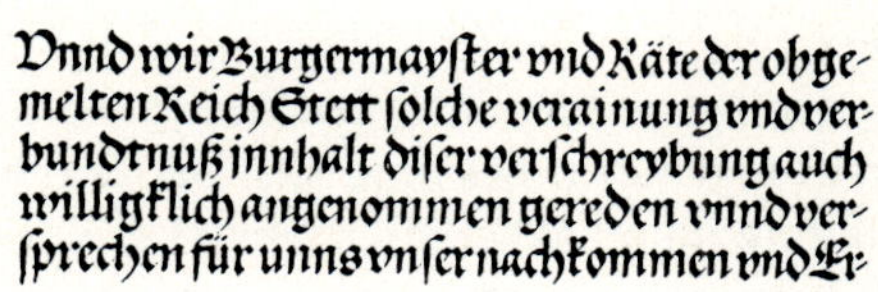

Die »Schwabacher« Schrift

Die Frakturschrift

Die Kunst des Barock und Rokoko

Die Stilbezeichnung »Barock« ist vom portugiesischen Wort »barucca« abgeleitet, einer Benennung für seltsam geformte, schiefrunde Perlen. In der Mitte des 18. Jahrhunderts wurden in Frankreich jene Kunstformen »baroque« genannt, die dem klassizistischen Geschmack der Franzosen nicht entsprachen. Das Wort erhielt damals die Bedeutung von »regelwidrig« und »schwülstig«, war also ein Schmähname wie einst der Begriff »Gotik«. Erst am Ende des 19. Jahrhunderts, als man die Schönheit des »Barock« entdeckte, verlor das Wort seine herabsetzende Bedeutung und wurde zum Stilbegriff für die Kunst der Gegenreformation und des Absolutismus.

Allgemeine Stilmerkmale

Der Barockstil löst Renaissance und Manierismus ab und es fällt schwer, seinen Beginn in einer Jahreszahl festzulegen. In Italien nehmen seine kraftvollen Formen schon gegen Ende des 16. Jahrhunderts ihren Anfang, in Deutschland etwa achtzig Jahre später. Der Barock erfindet keine neuen Formen, sondern führt die Kunstformen der Renaissance weiter, verändert sie aber in seinem Sinn und verknüpft sie auf überraschende Weise, wobei er das Effektvolle sucht. Die Renaissance war die Kunst der harmonischen Ordnung aller Teile zu einem wohlgegliederten Ganzen. In ihren Bauwerken wird das Kunstwerk zur Summe, die sich aus der Addition der Teile ergibt. Der Manierismus brachte bewußte Dissonanzen in den Wohlklang der Renaissance-Architektur durch die gehäufte Verwendung plastischer Gliederungsmittel (Säulen, Pilaster, Konsolen, Nischen usw.), die oft ohne architektonische Notwendigkeit, um ihrer selbst willen, den Fassaden eingefügt wurden (N. Pevsner). Dies führte zu einem gekünstelten System, bei dem die organischen Funktionen der Bauglieder ihre Bedeutung verloren. Dieser manieristischen Vieldeutigkeit gegenüber bekennt sich der Barock wieder zum Prinzip der geistigen Ordnung innerhalb des Kunstwerks. Er versetzt zwar die Komposition oft in eine heftige Bewegung, so daß das Auge Mühe hat, den Verlauf der Formen zu erkennen, — aber der Bewegungszug folgt sinnvoll der dem Kunstwerk innewohnenden Gesetzmäßigkeit. Es entsteht ein Stil von überraschenden Wirkungen. Aus der ruhigen Statik wird stürmische Dynamik, gerade Linien krümmen sich zu schwungvollen Kurven, und die schönen Flächen der Fassaden verwandeln sich in plastische Gebilde, deren Teile sich konkav einziehen und konvex vorwölben. — Ähnliche Veränderungen vollziehen sich in Malerei und Plastik.

Der stilistische Umschlag von gelassener Ruhe zu pathetischer Bewegung mag sich aus dem Führungswechsel in der Gesellschaft erklären: die politischen Kräfte des Bürgertums, die der Renaissance zum Sieg verholfen hatten, traten im 17. Jahrhundert hinter den restaurativen Willen der Kirche und des Hochadels zurück, die von nun an der Kultur wieder ihren Stempel aufdrückten. Der Bürger wurde im staatlichen Bereich zum Untertan, der König im Absolutismus »zum lebendigen Abbild Gottes« (Richelieu). Im kirchlichen Leben war eine glühende Religiosität die Frucht der inneren Erneuerung der katholischen Kirche. Die gegenseitige Steigerung von ekstatischer Frömmigkeit und weltlicher Daseinsfreude erklärt das eigentliche Wesen der barocken Kunst — vor allem in der Architektur, die im Bau prunkvoller Kirchen und glänzender Paläste ihre Hauptaufgabe fand.

Die Baukunst des Barock

Der Wandel der Bauform

Die Art des Formwandels, der die Renaissance zum Barock macht, läßt sich im Einzelteil aus der Entwicklung eines schlichten Bauglieds klar erkennen: die ruhigen Formen der Fensterverdachungen bildeten in der Renaissance einen maßvollen Schmuck der Fassaden (vgl. S. 223). Die Eigenwilligkeit Michelangelos, des »Vaters des Barock«, verwandelte in der Bibliotheca Laurenziana zu Florenz schon um 1530 die klassische Form des römischen Fensters in den komplizierten Umriß des »Ohrenfensters«, dessen eigenartige Form aus der Absicht des Baumeisters entstand, durch konstrastreiche Mittel die künstlerische Wirkung zu steigern (Abb. 211 u. S. 223, 3). Damit aber ist das Wesen des Barock gekennzeichnet, der Formen schafft, die großen plastischen Gegensätzen dienen.

1 und 2 Sprenggiebel, 3 verkröpfter Dreiecksgiebel, 4 flacher Wellengiebel, 5 halbkreisbogige Verdachung, 6 barocker Wellengiebel mit Kartusche

Zu ihnen gehören der barocke Sprenggiebel, in dem die geschlossene Rahmung gewaltsam aufgebrochen wird, und der verkröpfte Giebel, dessen Seitenteile an den Ecken vorspringen. Dem gleichen Prinzip der Steigerung dient der Wellengiebel, dessen bügelförmige Verdachung sich im Verlauf der Entwicklung zu lebhaft geschwungenen Kurven umbildet. Auch die Säule wird vom barocken Formwandel erfaßt: sie verliert ihre klassische Ruhe und wird durch spiralige Windungen in eine zähe Bewegung versetzt. Ähnlichen Umbildungen begegnen wir in allen übrigen Baugliedern: den Portalen, den Gesimsen, dem Gebälk, den Pfeilern u. a. m.

Betrachten wir die **Gesamterscheinung** des kirchlichen Bauwerks, so erkennen wir wieder einen tiefgreifenden Wandel in der Raumform. Renaissance und Barock verbinden einzelne Raumgruppen zu einer großen, geschlossenen Einheit, doch unterscheiden sie sich in der Wirkung wesentlich durch die Wahl ihrer Mittel.

Die Raumgruppe der Renaissance setzt sich aus annähernd gleich großen Raumteilen zusammen, die sich zu einem Zentralbau vereinen. Die Räume der Kreuzarme sind von gleicher Höhe, die Horizontale herrscht vor. Der Zentralraum der Kuppel läßt die Raumkurve im Halbkreis emporschwingen und gibt sie in ruhigen Bahnen an die Schiffe zurück. Es entsteht eine klare Gesamtkomposition, in der die Teile selbständig bleiben.

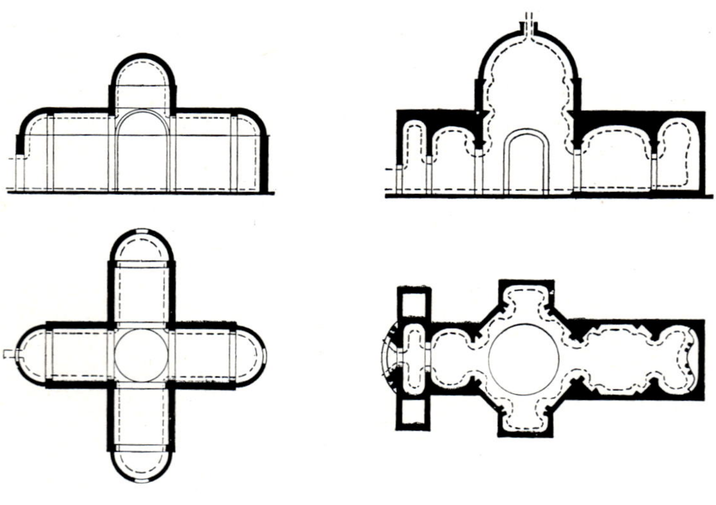

Die Raumform in Renaissance und Barock

Die Raumgruppe des Barock setzt sich aus Teilen zusammen, die in Größe, Höhe und Richtung sehr unterschiedlich sind. Das Gleichmaß der Renaissance-Reihung hat sich hier in eine rhythmisch gebundene Folge ineinandergreifender Raumkörper verwandelt, in deren Gesamtheit Langhaus und Zentralraum miteinander verschmelzen. Der Grundriß zeigt, wie die Raumkurven in der Horizontalen bald konkav, bald konvex schwingen, der Aufriß, wie die Vertikalen aufsteigen, sich ducken, um schließlich im Kuppelraum nach oben zu verströmen. Der wie vom Bildhauer modellierte Raum klingt im Deckenfresko in überirdische Sphären aus.

260 *Giacomo Vignola, Jesuitenkirche Il Gesù in Rom, 1568/75*

Die kirchliche Baukunst

»... ich habe pro moderno stylo et aevo getracht, allmögliches zu observiren ex gratia Dei, wie es dann die Approbation von diesiger Welt hat.«

Aus dem Tagebuch des Ottobeurener Abts Rupert Ness 1726

In Italien

nahmen diese barocken Baugedanken ihren Ausgang von der von Giacomo Vignola (1507—1573) in der Zeit des Manierismus errichteten römischen Jesuitenkirche Il Gesù (1568/75), deren Fassade Giacomo della Porta gestaltete (vgl. S. 252). Ihr Innenraum knüpft an die von Alberti um 1480 in der Andreaskirche von Mantua geschaffene Anlageform an: beide Kirchen schließen den Zentralbau und das Langhaus in einem Baukörper zusammen, in Mantua in der klaren Aufteilung der Renaissance (Abb. 209), in Rom mit den kraftvollen Mitteln des sich ankündigenden Barock. Vignola überspannte die außerordentliche Breite des Kirchenschiffs, das von seitlichen Kapellen begleitet wird, mit einem gewaltigen Tonnengewölbe (vgl. Grundriß S. 281). Alle Kraftlinien des Langhauses zielen im Gesù in einem mächtigen Bewegungsdrang zur Altarnische, vor der die Schachtform des lichtreichen Kuppelraums den Blick zum Himmel emporführt. Gekuppelte Pilaster und ein schweres Kranzgesims dienen der Steigerung des plastisch empfundenen Raums. Die ungestüme Kraft der dynamischen Gliederung wirkt hier am gewaltigsten im Zusammenspann der Vierungsbogen, über deren Zwickeln (Pendentifs) der Tambour die Halbkuppel trägt (Abb. 260).

Im Geist dieser ersten Barockkirche Roms verlängerte um 1610 CARLO MADERNA (1556—1629) die Peterskirche durch den Anbau eines basilikalen Langhauses an den Zentralraum Michelangelos und schuf mit dieser Verbindung von Kuppelbau und Langhausform die überwältigende Raumlösung des heutigen Doms (Abb. 212). Madernas Fassade erhielt um 1660 durch die Kolonnaden LORENZO BERNINIS (1598 bis 1680) einen großartigen Rahmen.

Mit FRANCESCO BORROMINI (1599—1667) setzte sich um 1665 in der Schauseite seiner Kirche S. Carlo alle Quattro Fontane der Hochbarock in Italien machtvoll durch. Die Fassade ist ein glänzendes Beispiel italienisch-barocker Gestaltungsart (Abb. 261). Alle ihre Teile sind in Bewegung versetzt. Wie im Wellenschlag schwingt die Fassadenmitte vor die konkav zurückweichenden Seitenteile, und die starken Gesimse unterstreichen den Kurvenschwung der Front. Die einstigen Flächen der Renaissance sind hier im Barock durch Nischen und Figuren aufgelöst. Diese schwelgerischen Formen setzte Borromini vor den Mauerkern der Kirche wie eine festliche Kulisse: sie wird zur Blendfassade.

261
Francesco Borromini, S. Carlo alle Quattro Fontane in Rom, 1633/40. Fassade 1662/67

Im Grundriß dehnt sich der Kreis zum Oval. Damit erlangt der Raum eine Bewegung, die vom Eingang zum Altar strömt und im Kuppelraum nach oben verklingt. Doch begnügt sich der Baumeister nicht mit der reinen Form der Ellipse, sondern verbiegt die Wände in konvexe und konkave Bahnen. Durch diese elastisch gekrümmten Kurven des Grundrisses entstehen im Kirchenschiff flutende Bewegungen, mit denen der Spätbarock besonders in Süddeutschland phantastische Wirkungen erzielen wird.

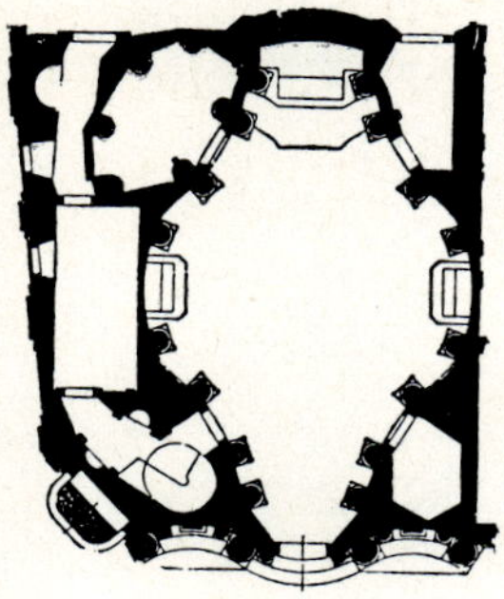

Rom, S. Carlo alle Quattro Fontane

In Deutschland

hatte der Dreißigjährige Krieg die künstlerischen Kräfte lange Zeit zum Schweigen gebracht. Als die Baufreudigkeit wieder erwachte, waren die kirchlichen und fürstlichen Bauherren aus Mangel an Facharbeitern gezwungen, fremde Architekten und Handwerker ins Land zu rufen, vor allem Italiener, aber auch Niederländer und Franzosen.

In der Theatinerkirche St. Kajetan zu München nahmen die italienischen Architekten Agostino Barelli (Entwurf und Baubeginn ab 1663) und Enrico Zuccalli (Weiterführung ab 1674) die im Gesù vorgezeichnete Vereinigung von Basilika und Kuppelraum auf. Eigentliches Vorbild war die römische Mutterkirche der nach München berufenen Theatiner, S. Andrea della Valle. Wie in den beiden römischen Kirchen begleiten auch in München das hohe, mit einer Stichkappentonne

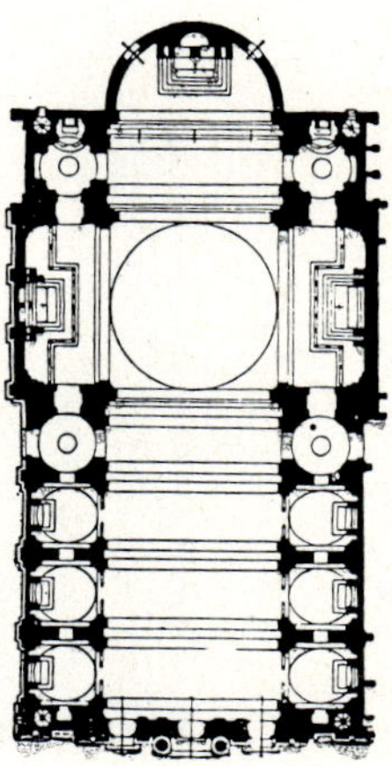

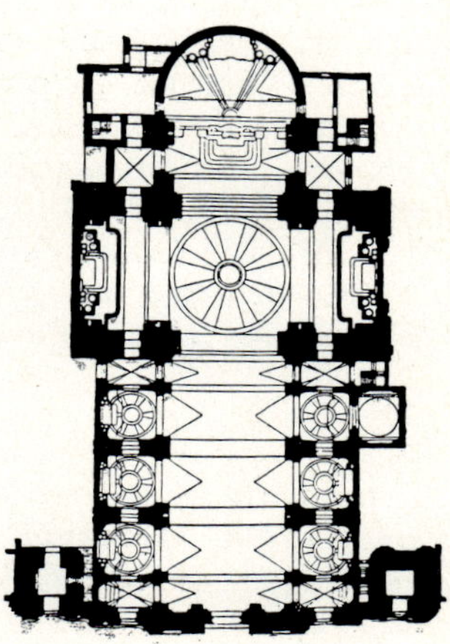

Links: Rom, Il Gesù

Rechts: München, Theatinerkirche

262 *Agostino Barelli und Enrico Zuccalli, St. Kajetan* (*Theatinerkirche*) *in München, 1663-1675* (*Weihe*)

überwölbte Schiff seitliche Kapellen. Sie liegen zwischen wandpfeilerartigen Einbauten, die über die Pultdächer der Seitenschiffe hinaus als volutengezierte Strebepfeiler hochgeführt sind und den Obergaden abstützen. Massige Pfeiler tragen den hohen Tambour, auf dem die machtvoll aufsteigende, lichterfüllte Kuppel ruht (Abb. 262). Die *Fassade* geht auf einen Entwurf Vignolas für Il Gesù zurück (Abb. 263). Die Flankentürme erhielt sie erst 1684/92. Ihre Vollendung erfolgte 1768 durch den jüngeren Cuvilliés.

263
Theatinerkirche, Fassaden-Entwurf von Zuccalli, 1674. (Endausführung 1765/68 durch François Cuvilliés d. J. nach Plänen seines Vaters)

Albrecht Altdorfer, Die Alexanderschlacht, 1529 (Ausschnitt).
München, Alte Pinakothek

Tafel 35

Tintoretto, eig. Jacopo Robusti, Christus bei Maria und Martha, um 1575. München, Alte Pinakothek

El Greco, eig. Domenikos Theotokópulos, Entkleidung Christi, um 1583. München, Alte Pinakothek

Tafel 37

Diëgo Velázquez, Infantin Margareta Theresia, um 1660.
Wien, Kunsthistorisches Museum

264
Anton Jentsch, Klosterkirche in Grüssau, 1728/35

Während sich bei der Münchener Theatinerkirche die den Schiffen vorgelegte Schauseite noch in voller Breite zwischen den Türmen behauptet, schrumpft sie ein halbes Jahrhundert später zu einem schmal-hohen, eng zwischen die Türme gepreßten Bauteil zusammen — ähnlich den Westfronten hochgotischer Dome, wo die Türme gleichfalls eine beherrschende Rolle spielten. Die um 1730 von dem Hirschberger Baumeister ANTON JENTSCH (1699—1757) errichtete Klosterkirche in Grüssau (Schlesien) zeigt diese Bildung der zweitürmigen Fassade. Die hohe, schmale und reich dekorierte Schauseite mit ihrer Wucht und Bewegung ist eine der größten Leistungen des deutschen Barock (Abb. 264).

Gemessen an der deutschen Lösung der Kirche von Grüssau bedeutet der Entwurf des Baumeisters JOH. BERNHARD FISCHER VON ERLACH (1656—1723) für die Karlskirche in Wien (1716/39) einen Rückgriff auf die römische Antike: der Kuppelraum und die altrömische Tempelfront, der zwei Nachbildungen der Trajansäule zur Seite gestellt wurden, wiederholen den Baugedanken des Pantheons (Teil I, Abb. 81 und 82). Als Symbol des Heiligen Römischen Reiches, in dem Staat und Kirche verschmelzen, vereint der Bau die Formen der Antike mit dem religiösen Erleben der Barockzeit (Abb. 265).

Unter Verzicht auf einen Kuppeltambour vollendete JOH. MICHAEL FISCHER (1691 bis 1766) in der Benediktinerkirche Ottobeuren 1748/66 ein Raumgefüge, das im wesentlichen an den Anlageformen der Wandpfeilerkirche festhielt (Abb. 266). In

265
Johann Bernhard Fischer von Erlach, St. Karl-Borromäus in Wien, 1716/39

barocker Art sind auch hier Zentral- und Längsraum miteinander verbunden. Die Raumfolge baut sich in enormen Ausmaßen klar hintereinander auf. Wuchtige Kranzgesimse — barock verkröpft über schräggestellten Doppelpilastern — fassen die Räume zur Einheit machtvoll zusammen. Architektur, Plastik und Malerei erklingen in einem einzigen brausenden Akkord.

Die Entwicklung der Gewölbebildung

Der **Spätbarock** steigerte die Raumwirkung ins Phantastische. Er erreichte in ausgeklügelten Überschneidungen der elliptischen Deckengewölbe mit gegenläufigen Bewegungen des Grundrisses Raumformen, die der Betrachter nicht mehr verstandesmäßig erfassen kann. Der Baukörper der Renaissance war der Vernunft, der ratio, zugänglich, der spätbarocke Kirchenraum wird »irrational«.

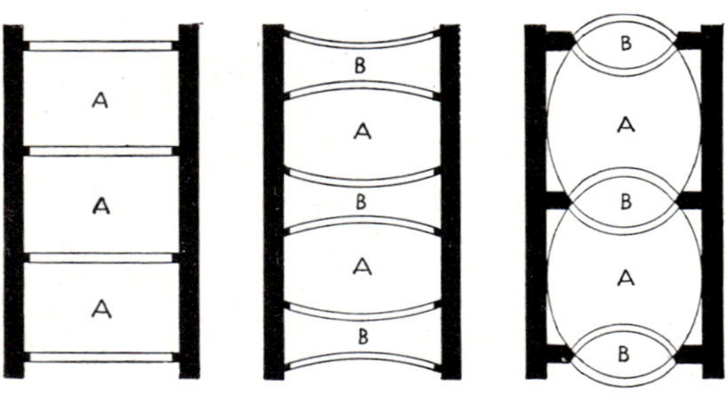

Schema der Gewölbebildung in Renaissance, Frühbarock, Spätbarock

266 *Johann Michael Fischer, Benediktinerkirche in Ottobeuren, 1737-1766*

Der Kirchenraum der Renaissance reihte gleiche Räume (A) aneinander, deren Abfolge sich in den Jochen der Tonne wiederholte; Grundrißform und Deckenbildung stimmen miteinander überein. Der Frühbarock verwandelte die gleichmäßige Reihung in eine rhythmische Folge von Gewölben (Kappen) in zwei verschiedenen Breiten. In ihrem Wechsel schmaler und breiter Deckenabschnitte A und B beginnt sich die Deckenaufteilung vom Grundriß zu unterscheiden. Der Spätbarock läßt die Abschnitte A zu Ellipsen weiterwachsen, bis sie schließlich über die Felder B hinausgreifen und sich verschränken. So entsteht in den Decken eine gegenseitige Durchdringung von Gewölbeformen, deren Verlauf der Grundrißbildung völlig zu widersprechen scheint.

267
Balthasar Neumann, Wallfahrtskirche Vierzehnheiligen, 1743/72

Das zeigt z. B. der Innenraum der Wallfahrtskirche Vierzehnheiligen von Balthasar Neumann (1687—1753), in der die barocke Verbindung von Langhaus und Zentralraum aufs höchste kompliziert wird (Abb. 267). Das Auge ist außerstande, die zahlreichen Durchdringungen und Verschränkungen der einzelnen Raumteile folgerichtig zu begreifen. So ist der Gesamtraum spätbarocker *katholischer* Kirchen der menschlichen Logik entzogen und wird in seinen ineinanderschwingenden Kurven zum Erlebnis der unfaßbaren Unendlichkeit Gottes. Im Sinn dieser Verklärung wurden in Bayern die Kirchen Michael Fischers in Dießen und Rott am Inn, die Fresken von Cosmas Damian Asam in den Kirchen von Weltenburg und München und die Wallfahrtskirchen des Dominikus Zimmermann in der Wies und in Steinhausen zu

Grundriß der Wallfahrtskirche Vierzehnheiligen

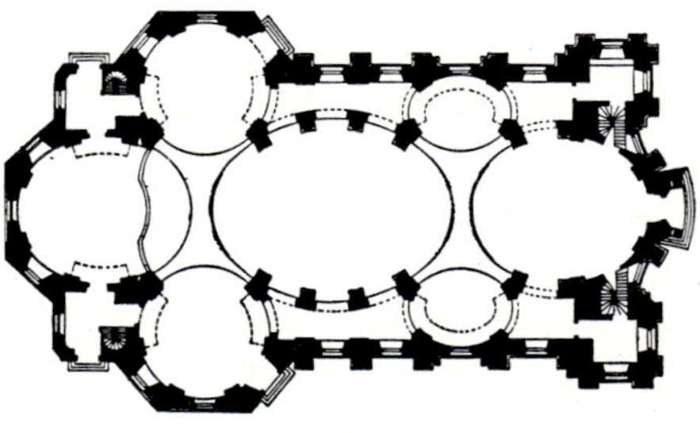

wahren Raumwundern, an deren Glanz die sich zum Himmel öffnenden Kuppelfresken ebenso Anteil haben wie die holzgeschnitzten, vergoldeten Heiligenfiguren und Putten und die zarten Ranken des Deckenstucks.

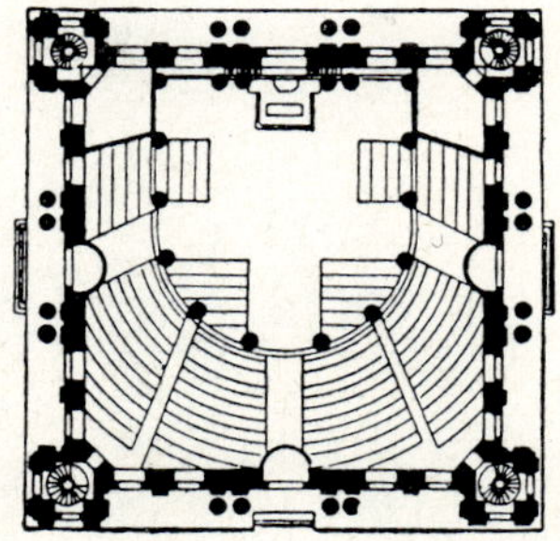

Chr. Sturm, Bauvorschlag für eine evangelische Kirche 1718

Der *evangelische* Kirchenbau des 17. Jahrhunderts nahm eine andere Entwicklung. Wegweisend für ihn waren die Arbeiten niederländischer Baumeister, denen die leidenschaftlich aufgewühlten Formen des italienischen Barock wenig lagen. Die besonnenen Niederländer hielten an den schlichten Gliederungen der Spätrenaissance fest und schufen einen Baustil, den wir wegen seiner Hinwendung zu klassischen Idealen klassizistisch nennen dürfen. Die Klarheit der antiken Kunstformen kam den Forderungen des reformierten Bekenntnisses entgegen. Von Hendrik de Keysers einfachem Saalgrundriß seiner Amsterdamer Westkirche gingen die Formen der reformierten Kirchenbauten aus, die deutlich zum Zentralbau drängen. Diese Bestrebungen wurden in Deutschland von den Architekten begierig aufgenommen. Sie entwickelten im Verlauf des 17. Jahrhunderts den Bautypus der evangelischen Predigtkirche, einen meist chorlosen saalartigen Raum, in dem Priester und Gemeinde um die Herzstücke des lutherischen Glaubens — Altar, Kanzel und Taufstein — in enger Gemeinschaft versammelt sind. Im Kanzelaltar, der die Predigtkanzel mit der Mensa verbindet, fand das Bekenntnis eine neue architektonische Form. Er schwingt weit in den Gemeinderaum vor und schafft so die räumlichen Voraussetzungen für eine Gemeinschaft zwischen Priester und Laien.

Von diesen in der Glaubensrichtung begründeten Bedürfnissen ging Georg Bähr (1666—1738) bei der Planung der Frauenkirche in Dresden (1726/43) aus (Abb. 268). Über der Grundform eines Quadrats mit abgeschrägten Ecken führte er einen hohen Kuppelbau auf, den er mit vier Treppentürmen einfaßte. Fünf übereinanderliegende Emporen sind in ihrer kreisförmigen Führung der alles einigenden Zentralidee untergeordnet. Orgelaltar, Kanzel und Taufbecken liegen in dem zum

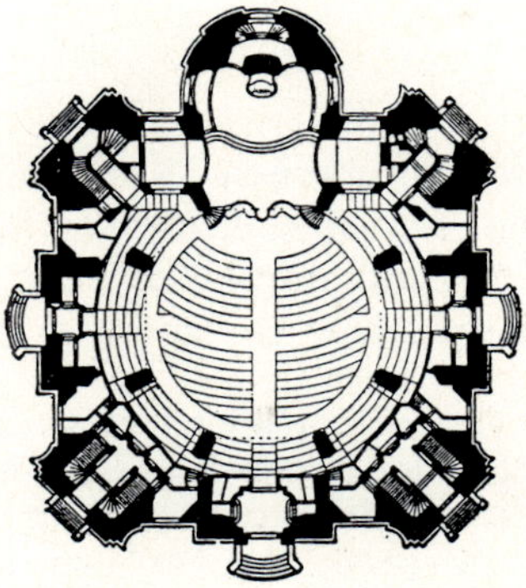

Dresden, Frauenkirche. Grundriß

268
Georg Bähr, Frauenkirche in Dresden, 1726/43

Gemeinderaum vorgezogenen Chor. Der machtvolle Stil der Kirche erhält bei aller Einheit eine Vielstimmigkeit, »die an einen gleichzeitigen Höhepunkt evangelischer Kunst, die Fugen Bachs, erinnert« (Hempel). — Am 23. Februar 1945 wurde die Frauenkirche beim Luftangriff auf Dresden völlig zerstört.

Die weltliche Baukunst

»Die Rechnung ist die Ordnerin, über der sich die Grazie der Form entwickelt.«
Claude Perrault

Zwei künstlerische Kraftlinien schneiden sich in dieser Zeit im deutschen Raum: die von Italien einströmenden bewegten Formen des Barock und die von England ausgehende Formstrenge des Klassizismus, die vor allem im Profanbau über Holland und Frankreich den Weg zu uns fand.

In **England** hatte seit 1615 der Baumeister Inigo Jones (1573—1652) als Oberbauaufseher des Königs dem Stilwirrwarr der Tudorzeit durch Einführung des palladianischen Klassizismus ein Ende bereitet und damit die Richtung der englischen Baukunst für die nächsten Jahrhunderte bestimmt. Seine Bauten (St. Paulskirche in Covent Garden, Wilton House) nahmen die Ideale Palladios auf: die aus der römischen Antike gewonnene Würde und Strenge, die Sparsamkeit in der Verwendung von Dekorationen, die Vorliebe für die »Kolossalordnungen« Michelangelos (vgl. S. 222), den Sinn für klare Gliederungen und schöne Verhältnisse. Diese Baugedanken fanden im Werk des CHRISTOPHER WREN (1632—1723) ihre Fortsetzung. Sein Hauptwerk ist die 1675/1710 errichtete St. Pauls-Kathedrale mit ihrer 110 m hohen Tambourkuppel, ein imposantes Bauwerk von kühler Schönheit (Abb. 269).

Auch in **Holland** konnten die Grundsätze Palladios Fuß fassen. In Amsterdam wurden HENDRIK DE KEYSER (1565—1621) mit seiner Zuiderkerk (Südkirche) und JACOB VAN CAMPEN (1595—1657) als Baumeister des Rathauses zur Wegbereitern der neuen Klassizität.

Das allen rationalen Überlegungen aufgeschlossene **Frankreich** übernahm bereitwillig die klassizistische Bauauffassung. Bei einem Wettbewerb für die *Fassade* des Louvre siegte 1665 der klassizistische Entwurf von CLAUDE

269
Christopher Wren, St. Pauls-Kathedrale in London, 1675/1710. Blick auf die Kuppel

270 *Claude Perrault, Ostfassade des Louvre in Paris, begonnen 1667*

PERRAULT (1613—1688) über den barocken Plan des Italieners LORENZO BERNINI. Seit dieser Niederlage des römischen Barock im Frankreich Ludwigs XIV. war die französische Baukunst klassischen Idealen verschworen (Abb. 270). Die Schönheit ihrer Werke besteht in der edlen Harmonie, in der sich die Teile zum Ganzen ordnen, in dem feinen Verhältnis der Bauglieder untereinander und in der kühlen Klarheit der Formen, »die nicht im Rausch genossen werden wollen wie die pathetischen Fassaden des italienischen Barock, sondern sich

271 *Jules Hardouin-Mansart, Versailles. Südwest-Ecke der Gartenfront, 1684*

272
Matthäus Daniel Pöppelmann, Pavillon am Zwinger in Dresden, 1711/22

nur dem erschließen, der gewillt ist, die Vernunft als Ordnerin anzuerkennen« (Brinckmann). Die französische Fassade entsprang den rechnerischen Kräften des Verstandes, die der Gliederung das Einheitsmaß des »Modul« zugrunde legte. Damit wird das künstlerische Prinzip der Renaissance fortgesetzt.

Zum Hauptmeister der französischen Baukunst im Zeitalter des Sonnenkönigs wurde der »premier architect du roi« JULES HARDOUIN-MANSART (1646—1708), der den Klassizismus Perraults kraftvoll weiterführte. Sein bedeutendster Kirchenbau ist der Invalidendom in Paris, sein großer städtebaulicher Beitrag die Gestaltung der Place de Victoire und der Place Vêndome, sein berühmtester Profanbau das Schloß von Versailles (Abb. 271), an dem er entscheidend mitarbeitete. Nach ihm erhielt die Mansarde, eine besondere Bauform des Dachgeschosses, ihren Namen.

In **Deutschland** hielt der Barock *Augusts des Starken* in Dresden an den leidenschaftlichen Vorbildern Italiens fest. Der prunkliebende König schickte vor dem Neubau seines Residenzschlosses 1710 den Baumeister MATTHÄUS DANIEL PÖPPELMANN (1662—1736) zum Studium der Bauten *Carlo Fontanas* nach Rom. Der Eindruck dieser Reise zeigt sich deutlich im Zwingerbau, der

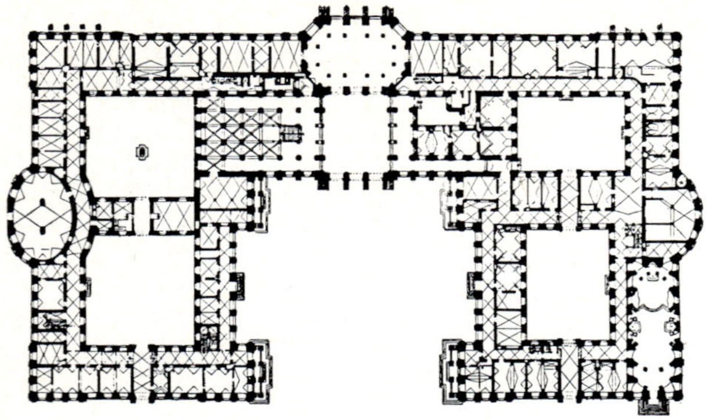

Würzburg, Residenz, Grundriß

nach den Worten Pöppelmanns »eine römische Schauburg« werden sollte. Die Schönheit des *Wallpavillons* (1709/17) beruht auf der engen Verschmelzung von Architektur und Plastik (Abb. 272). In seinem Untergeschoß nehmen Satyr-Hermen die Last der verkröpften Gesimse auf ihre Schultern, über den großen Fenstern des oberen Stockwerks erheben sich prunkvolle Kartuschen, zu oberst trägt Herkules die Weltkugel — als Sinnbild der Kraft des Königtums. Die malerische Auflösung der Fassade und ihr funkelnder Reichtum an Schmuckformen machen das Bauwerk zu einer Meisterleistung deutscher Barockkunst. — Das 1945 fast völlig zerstörte Bauwerk ist inzwischen in einstiger Schönheit wiedererstanden.

Stärker aber als der italienische Barock wirkte auf die deutschen Fürsten des Absolutismus das französisch-klassizistische Vorbild. Das Schloß von Versailles wurde zum idealen Modell für deutsche Palastbauten. Trotz dieser oft bewußten Nachahmung erwuchs in Deutschland eine eigene fürstliche Architektur: die Verbindung französischer Gliederung und italienischer Schmuckformen mit deutscher Geisteshaltung.

Im süddeutschen Raum gehört der Schloßbau Joh. Balthasar Neumanns (1687 bis 1753) in Würzburg zu den glänzendsten Beispielen dieser Synthese. In der fürstbischöflichen Residenz umschließt ein zweigeschossiger Mittelbau (Corps de logis = Wohnkörper) mit beiderseits vorspringenden Flügeln einen großen »Ehrenhof« (Cour d'honneur). Die quadratische Vierflügelform des Renaissanceschlosses (Aschaffenburg) hat sich also in eine Dreiflügelanlage verwandelt, die zum klassischen Grundriß der Barockpaläste wird. Zum Hauptstück der Innengestaltung wurde das *Treppenhaus* in Würzburg, das größte und schönste in Deutschland (Abb. 273). Sein enormer Raum durchstößt alle Stockwerke und ist von einem riesigen Gewölbe überdeckt, das schon rein technisch eine erstaunliche Leistung ist. Der mächtigen Raumphantasie ist das grandiose Deckenfresko des Venezianers Giovanni Battista Tiepolo (1696—1770) ebenbürtig.

Auch im heutigen **Österreich** befreite sich zu Beginn des 18. Jahrhunderts die Baukunst allmählich vom Vorbild der römischen Barockpaläste. Immer mehr vertieften sich einheimische Baumeister in die Bauprobleme der fran-

273 *Treppenhaus der Residenz in Würzburg. Baubeginn 1720 durch Fürstbischof J. Ph. Franz von Schönborn nach Plänen von Balthasar Neumann unter Beratung von M. v. Welsch, L. v. Hildebrandt und anderen. Vollendung 1744*

zösischen Klassik. Überall wurde in Wien, der Hauptstadt des Reiches, der Stil von Versailles als Ausdruck eines neuen Lebensgefühls sichtbar, — nicht in bedingungsloser Hingabe an das Schema der Pariser Architektur, sondern verwandelt in die künstlerische Sprache des Donauraums. Zweifach wurde in Wien der pathetische Ernst der römischen Barockform gemildert: durch die kühle Klarheit der französischen Klassik und durch das graziöse, musikalische Element des eigenen Volkstums. Aus dieser Vereinigung erwuchs die Frucht des Wiener Barock.

274 *Lukas v. Hildebrandt, Oberes Belvedere-Schloß in Wien, 1721/24*

Das Belvedere-Schloß von Lukas von Hildebrandt (1668—1745) gehört zu den feinsten Schöpfungen der Wiener Adelskunst (Abb. 274).

Das **Rokoko** ist kein eigener neuer Baustil, sondern eine phantasievolle Weiterbildung barocker Schmuckformen. Es währt von etwa 1730 bis 1770. Das Wort ist vom französischen »rocaille« = Muschelwerk abgeleitet. Die krausen Formen der Rocaille, die in eleganter Leichtigkeit, geschnitzt oder stukkiert, Innenwände und Decken schmückt, lösen die schweren plastischen Zierformen des italienischen Ornaments ab. Im Deckenstuck des Rokoko sprießen zarte Zweiglein und anmutige Blütenformen aus den Kurven der Rocaille und verbinden sich mit luftigen Blumengehängen zu heiter-bewegten Schmuckformen (Textabb. S. 308). Die Innenräume funkeln und sprühen im Glanz einer verwirrend schönen Dekorationskunst, beispielsweise in der Amalienburg von François Cuvilliés (1695—1768) im Nymphenburger Schloßpark zu München (Abb. 276).

Stärker als in den anderen deutschen Ländern konnte sich in **Brandenburg-Preußen** das heroische Ideal der Klassik in der Baukunst durchsetzen. In den Stadtschlössern von Berlin und Potsdam und in den Domen Berlins erkennen

275 *Georg Wenzeslaus v. Knobelsdorff, Schloß Sanssouci, 1744/47*

276
François Cuvilliés d. Ä., Spiegelsaal der Amalienburg, 1734/1739

wir eher den Geist der römischen Renaissance als den des Barock. Riesige gekuppelte Pilastervorlagen erheben sich auf mächtigen Sockelgeschossen und münden im Schatten weitausladender wuchtiger Dachgesimse. Schwere Kuppeln auf hohem Tambour bekrönen die Bauwerke.

Doch auch die spielerischen Formen des Rokoko haben später im Land Friedrichs des Großen ihren Einzug gehalten. Bauen war für den König nicht mehr ausschließlich Angelegenheit höfischer Repräsentation wie in Dresden und Wien; er wollte sich vor allem ein intimes Reich schaffen, in dem er frei von Sorgen — sans souci — die geistvollsten Männer seiner Zeit um sich versammeln konnte. Sein über Terrassen thronendes Gartenschloß Sanssouci (1744/47) wurde nach seinen eigenen Entwürfen von Georg Wenzeslaus von Knobelsdorff (1699—1753) errichtet. Anmutig und heiter dehnt sich die Front des Schlößchens, dessen Mittelrisalit im Halbkreis vorspringt (Abb. 275).

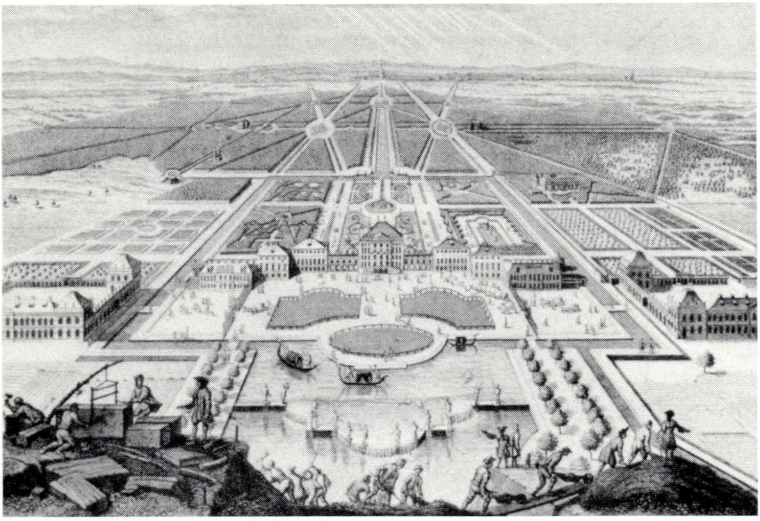

277 *A. Barelli, E. Zuccalli u. J. Effner, Schloß Nymphenburg, 1664/1730. Nach einer Miniatur von Max v. Geer, um 1730*

Der französische Park

Hier sei der **Gartenkunst** des Barock und Rokoko gedacht. Sie richtete sich in Deutschland wieder nach dem französischen Vorbild, das André Lenôtre (1613—1700) im Park von Versailles hinterlassen hatte. Die barocken Parkanlagen setzen die Repräsentation des Schlosses fort, von dem aus eine breite Allee geradlinig in die Tiefe des Gartens führt. Sie wird zur Hauptachse der ganzen Anlage. Vor der Front des Schlosses liegen die rechteckigen Felder des sog. »Parterre«. Sie sind in kunstvollen Mustern mit Blumen bepflanzt oder (en broderie) mit bunten Steinen ausgelegt. Dem prächtigen Parterre folgen die Gevierte der Boskettzone, deren Bäume und Hecken meist zu sonderbaren Würfel- und Pyramidenformen zurechtgestutzt sind. Der ganze Park wird von einer Reihe weiterer Alleen durchschnitten, die oft sternförmig in große Rondells einmünden. Kunstreiche Springbrunnen und Bassins und reizvolle Skulpturen beleben das Bild. Oft wird ein System von Kanälen und künstlichen Teichen in die Gartenplanung einbezogen wie in Nymphenburg (Abb. 277). Bedeutende deutsche Barockgärten sind Herrenhausen, Nymphenburg, Schleißheim, Veitshöchheim und Wilhelmshöhe bei Kassel.

Die Plastik des Barock

Wie schon einmal im hellenistischen Barock zeigt sich in der Skulptur des 17. Jahrhunderts ein Widerspruch zwischen dem Statisch-Ruhenden, das die Plastik verlangt, und dem Dynamisch-Drängenden, das der Barock fordert. Die barocke Bildkunst scheint der natürlichen Schwerkraft entzogen zu sein, da sie in der Komposition gewagter Bewegungen die Gesetze der Statik leugnet. Man möchte meinen, in den verzückt schwebenden Heiligen und den rauschenden Engeln der barocken Plastik habe das Material jedes Gewicht verloren.

278
Giovanni Lorenzo Bernini, Die Verzückung der hl. Therese. Marmor. 1644/47. Rom, Sta. Maria della Vittoria

Kirchliche Plastik

LORENZO BERNINI, von dem schon als Baumeister die Rede war, hat in der »*Verzückung der hl. Therese*« die Haltung tiefster religiöser Ergriffenheit dargestellt (Abb. 278). Auf eine Wolkenbank zurückgesunken erlebt die Heilige mit schwindenden Sinnen die Berührung durch den himmlischen Boten. Im Ausdruck des zurückgeneigten Gesichts und im kraftlosen Fallenlassen der Hand wird ihre Hingabe an die göttliche Erscheinung deutlich. Selbst ihr Gewand ist in strudelnden Falten vom aufwühlenden Erlebnis ergriffen. Über dem Altar wird das Geschehen wie auf einer Bühne dem Andächtigen zur Schau gestellt: ein wahrhaftes »theatrum sacrum«, ein himmlisches Schauspiel, wie es der Barock liebte.

279
Egid Quirin Asam, Himmelfahrt Mariae, 1718/25, Rohr, Klosterkirche

Ein knappes Jahrhundert später begegnet uns im Rokoko die gleiche bildnerische Gesinnung in der Stuckplastik der »*Himmelfahrt Mariae*«, die EGID QUIRIN ASAM (1692—1750) für die Kirche in Rohr (Niederbayern) schuf (Abb. 279). Auch hier ist das Altargehäuse zur Schaubühne geworden, auf der die Gottesmutter von Engeln getragen zum Himmel aufschwebt, während die überraschten Apostel auf der Erde bestürzt die Hände nach ihr ausstrecken. Der Bildhauer ist der Bruder des bedeutenden Freskenmalers COSMAS DAMIAN ASAM (vgl. S. 290).

Das Wesen der beschwingten Plastik des Rokoko zeigt sich noch deutlicher in den Skulpturen des bayerischen Meisters IGNAZ GÜNTHER (1725—1775). In der »*Verkündigung*« neigt sich Maria in Demut vor dem niederrauschenden Engel, der mit großer Gebärde auf die Taube des Heiligen Geistes weist. Hier hat sich das große Pathos barocker Kunst in zarte Gefühlsinnigkeit verwandelt, deren Zauber alle Bildwerke Günthers erfüllt (Abb. 280).

Nach der Mitte des 18. Jahrhunderts verlor die Plastik immer mehr an Selbständigkeit, sie wurde zum Teil eines Raumbildes, dessen tektonisches Gefüge sich nicht mehr dem Verstand erschließt, und diente ebenso wie die Stuckdekoration und das Fresko der Steigerung und Weitung des Raumkörpers ins Phantastische. Das Einzelkunstwerk büßte damit wohl an Rang ein, aber die dekorative Einheit des Raums gewann an Qualität. Diese untrennbare Ge-

Bartolomé Estéban Murillo, Immaculata, 1678. Paris, Louvre

Peter Paul Rubens, Selbstbildnis mit seiner ersten Frau (Isabella Brant), um 1610. München, Alte Pinakothek

280
Ignaz Günther, Verkündigungsgruppe, 1764. Weyarn, ehem. Augustiner-Chorherren-Stiftskirche

meinschaftlichkeit von Architektur, Plastik und Malerei verleiht den Innenräumen des Rokoko jene Klangfülle, welche auch heute noch den Betrachter beeindruckt.

Weltliche Plastik

Die Profanplastik des 17. Jahrhunderts stand vornehmlich im Dienst der großen fürstlichen Repräsentation. Heroische Formen fand in **Berlin** ANDREAS SCHLÜTER (1644—1714), der als Baumeister die Bauleitung des Schlosses übernahm und als Bildhauer im *Reiterdenkmal des Großen Kurfürsten* ein Sinnbild des aufstrebenden Brandenburg-Preußen geschaffen hat (Abb. 282). Es steht in einer Reihe, die mit dem Reiterdenkmal des Kaisers Marc Aurel (Teil I,

281
Andreas Schlüter, Maske eines sterbenden Kriegers, 1696. Berlin, Zeughaus

282
Andreas Schlüter, Reiterdenkmal des Großen Kurfürsten, 1698—1703. Berlin, Ehrenhof des Charlottenburger Schlosses

Abb. 101) begonnen und in der Renaissance von *Donatello* und *Verrocchio* weitergeführt worden war (Abb. 220). Der Kurfürst Schlüters ist barock gesehen: der Reiter scheint vom Sturmwind erfaßt zu sein, der an der Mähne des Pferdes zaust und sich im Mantel verfängt. Barock ist der ungestüme Bewegungsdrang, der in der verhaltenen Erregung des schönen Pferdes verkörpert ist und in der königlichen Geste des Reiters gipfelt. — Um 1700 entstanden die Schlußsteine der Fenster und Tore am Berliner Zeughaus, von Schlüters Meisterhand plastisch geformt. In den Köpfen sterbender *Krieger* vereinigt sich das Heldische mit dem Menschlichen (Abb. 281).

In **Wien** arbeitete im Auftrag des *Prinzen Eugen* der bei Traunstein geborene Bildhauer BALTHASAR PERMOSER (1651—1732). Die überlebensgroße *Marmorgruppe* zur Verherrlichung des Türkensiegers ist ganz im Geist der Barockzeit geschaffen: aus einem fast unüberschaubaren Knäuel menschlicher Leiber, Putten und allegorischer Zutaten wächst in jäher Bewegung das Standbild des ritterlichen Helden, der in der Pose des Siegers den gepanzerten Fuß auf den Nacken des zu Boden gekrümmten Türken stellt. Nike, die Göttin des Sieges, reicht dem Prinzen die Gloriole, Fama (= Gerücht) kauert daneben. Wieder

283 *Balthasar Permoser, Apotheose des Prinzen Eugen, Marmorplastik, 1718/21. Wien, Barockmuseum*

sind es große Bewegungsimpulse, die aus jeder Stelle des Steines kraftvoll drängen. Ein zerklüfteter Umriß und eine Fülle von Überschneidungen lassen die hochbarocke Plastik erkennen, die nicht frei ist von theatralischen Effekten (Abb. 283).

284
Johann Joachim Kändler, Harlekin und Colombine, 1744. Amsterdam, Rijksmuseum

In schroffem Gegensatz zur großen Form der Barockkunst steht die Zierlichkeit der **Porzellanplastik** des 18. Jahrhunderts. Der Zeitgeschmack fand an den in China heimischen kleinen Figuren so großen Gefallen, daß sie als sog. »Chinoiserien« nicht nur in der Porzellankunst, sondern auch im Deckenstuck, in den Lackflächen der Wandtäfelung und im Seidenstoff der Wirktapeten überall nachgeahmt wurden. Mit Vorliebe schildert hier das Rokoko graziöse Szenen mit Schäfern, Hirten, Komödianten und Tänzern. Johann Joachim Kändler (1706—1775) schuf bezaubernde Gruppen aus Meißener Porzellan (Abb. 284); für die Nymphenburger Manufaktur modellierte Franz Bustelli (1723—1763) ähnlich liebenswürdige und schalkhafte Figuren, kapriziöse Gleichnisse der heiteren Lebensauffassung des 18. Jahrhunderts.

Die Malerei des Barock in Italien

Die Malerei war am Ende der Renaissance in einen Stil ausgeklungen, den wir »Manierismus« nannten (vgl. S. 247). Betrachtet man das malerische Werk PAOLO VERONESES (1528—1588), der eigentlich *Paolo Caliari* heißt, so fällt es sehr schwer, seine Kunstform mit einer Stilbezeichnung abzugrenzen: als renaissancehaft erscheint die Freude am Dasein, doch als barock der Schwung der Bewegungen und der Prunk der Farben, als manieristisch die Häufung von Figuren, die nur um der dekorativen Wirkung willen dem Bild eingefügt sind. In seinem Gemälde »*Martyrium des hl. Sebastian*« hat sie der Maler zu einer durcheinanderwogenden Menschenmasse werden lassen, deren lebhafte Gesten und Handlungen das eigentliche Thema fast übertönen, obwohl sie bedeutungslose Nebenrollen spielen (Abb. 285). Manieristisch ist die Sicht von unten, in der sich die Gestalten überlang verzerren und den Mittelgrund des Bildes verdecken. Barock ist der Bewegungsreichtum der Szene, deren Hintergrund sich wie ein Theaterprospekt weitet.

Auch die Kunst des Venezianers JACOPO TINTORETTO (eigentlich *Jacopo Robusti*, 1518—1594) steht noch dem Manierismus nahe. Die Gedrängtheit der Menschen im Vordergrund, die rücksichtslose Beschneidung der Gliedmaßen durch den unteren Bildrand, der völlige Verzicht auf den Hintergrund sind manieristische Elemente. Dabei steht die künstlerische Kraft des Meisters, der die Bewegungskunst Michelangelos mit der tiefen Farbigkeit Tizians vereinigt, hoch über jeder »Manier«. Als

285 *Paolo Veronese, Martyrium des hl. Sebastian, 1565. Venedig, S. Sebastiano*

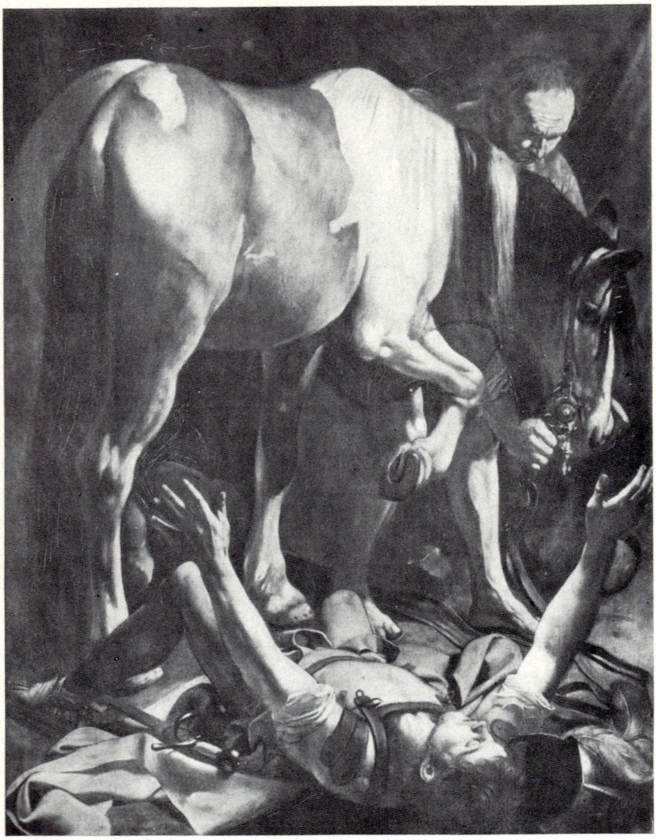

286
Michelangelo da Caravaggio, Bekehrung des Paulus, 1600. Rom, Sta. Maria del Popolo

Künstler und Mensch wird Tintoretto zu einem Repräsentanten der religiösen Erneuerung. In seinem meisterhaft aufgebauten Bild »*Christus bei Maria und Martha*« (Farbtafel 36) schildert er das Gespräch zwischen Jesus und Maria, in das die Frage der emsigen Martha unerwartet einbricht: in edler Bewegung neigt sich Christus zu der vor ihm knienden Zuhörerin; beide Figuren ergänzen sich zu einer ruhigen Kreisform — Sinnbild des Ewigen und Vollkommenen —, die der vorgestreckte Arm Marthas jäh durchstößt. Beredt ist die Sprache der Hände. Das stille Rund der Figurenanordnung wiederholt sich in der Gebärde Christi, Marias Hände ruhen gelöst in den Falten ihres Gewandes, der deutende Finger Marthas stößt aggressiv nach vorn. Ungewisses Licht erfüllt den weiten Raum und erhellt die handelnden Figuren mit huschenden Lichtern.

Die Malerei der Renaissance verband ideale Schönheit mit Naturnähe und wurde zu einer Synthese von Idealismus und Realismus. Die Manieristen opferten die Naturrichtigkeit einem übersteigerten Ausdrucksverlangen. Der Wahrheitsfanatiker MICHELANGELO DA CARAVAGGIO (1573—1610) aber kehrte zur Naturbeobachtung zurück und malte mit so rücksichtslosem Realismus, daß die Geistlichkeit Einspruch erhob. Mit Vorliebe hüllte er die biblischen Gestalten in die zerschlissenen Kleider armer Leute und stellte

287 *Andrea del Pozzo, Deckengemälde im Tonnengewölbe von San Ignazio in Rom, 1685*

schonungslos deutlich Lumpen und Schmutz dar. Trotz dieser abstoßenden Einzelheiten ist seine Malerei von reiner Empfindung.

Das Nachtstück »*Die Bekehrung des Paulus*« ist ein Musterbeispiel seiner meisterhaften Lichtbehandlung, die in Italien, Frankreich, Spanien und den Niederlanden wenig später Schule machte (Abb. 286). Man muß die Apostelgeschichte lesen, um die Größe und Kraft des Bildes recht zu verstehen: »Und da Saulus auf dem Wege war und nahe an Damaskus kam, umleuchtete ihn plötzlich ein Licht vom Himmel; und er fiel auf die Erde und hörte eine Stimme, die sprach zu ihm: ›Saul, Saul, was verfolgst du mich?‹« — Wie vom Blitz gefällt liegt Saulus am Boden. Geblendet schließt er die Augen, mit halber Kopfwendung der Stimme lauschend. Selbst die stumme Kreatur scheint auf dem Bild das Übersinnliche des Vorgangs dumpf zu fühlen. Die Erscheinung des Überirdischen verbindet sich im Bild mit einer hart gezeichneten Wirklichkeit zu einem Ganzen, in dem Glaubenswahrheit und künstlerische Wahrheit einander durchdringen. Wenn »das Schöne der Glanz des Wahren« ist, dann ist die Malerei Caravaggios Kunst hohen Ranges.

Was in den Bildern Veroneses und Tintorettos an Raumillusionen angedeutet ist, hat der Hochbarock in den Deckengemälden römischer Kirchen zu höchster Vollendung gesteigert. Es gelang Andrea del Pozzo (1642—1709), im *Deckenbild* von S. Ignazio die Übergänge von der wirklichen Architektur zur (gemalten) Scheinarchitektur völlig zu verwischen, die Gewölbezone mit Schwebegruppen in täuschender Untersicht zu füllen und schließlich die Illusion des offenen Himmelsraumes durch eine luftige Malerei vollständig zu machen (Abb. 287). Mit der Decke von S. Ignazio erreichte der römische Hochbarock eine malerische Höchstleistung, die von nun an das europäische Deckenfresko maßgeblich beeinflußte.

Die Malerei des Barock in Spanien

In **Spanien** wendete sich der Maler *Domenikos Theotokópulos* (1541—1614), nach seiner kretischen Heimat El Greco, der Grieche, genannt, von den klassischen Idealen der Renaissancekunst ab und kehrte (manieristisch) zur gefühlsdurchströmten Auffassung der mittelalterlichen Malerei zurück, indem er auf die schöne Proportion und die konstruierte Raumperspektive verzichtete und dafür »gotisch« geschwungene, überlange Körper in schwer definierbaren Räumen wiedergab. In seiner Wahlheimat Spanien malte er in verdunkeltem Atelier seine glühenden Visionen biblischer Geschehnisse in Farben von geheimnisvoller Transparenz. Sein Verlangen nach dramatischer Zuspitzung, seine ekstatische Entrückung und sein vergeistigter Ausdrucksstil kennzeichnen ihn als künstlerischen Repräsentanten der Zeit leidenschaftlicher religiöser Erregung und als Vertreter des Manierismus (Farbtafel 37).

Auch die neuen Kräfte des Realismus sind in Spanien am Werk: Diego Velázquez (1599—1660), Hofmaler König Philipps IV., schuf von den Mitgliedern der königlichen Familie und von Granden des Madrider Hofes meisterhafte Bildnisse, die oft mit kräftiger Licht- und Schattengebung auf plastische Wirkungen ausgehen, um den seelischen Gehalt zu steigern. Dabei bleibt Velázquez ein Meister in der farbigen Wiedergabe des Stofflichen: dunkel schimmernder Samt, hell leuchtende Seide, wunderbar hingehauchte Spitzen und feine, durchsichtige Schleierstoffe hielt er als delikate Farbwunder fest (Farbtafel 38). Ein bedeutendes Werk des Malers ist das große Bild »*Die Übergabe von Breda*« (Abb. 288). Phrasenlos und menschlich ergreifend ist gezeigt, wie der besiegte Gouverneur dem spanischen Befehlshaber den Schlüssel der flandrischen Stadt überreicht. Feine geistige Spannungen wirken in allen Kompositionen des Malers.

Anton van Dyck, Ruhe auf der Flucht, um 1627.
München, Alte Pinakothek

Rembrandt Harmensz van Rijn, Der Mann mit dem Goldhelm, um 1650.
Berlin-Dahlem, Staatliche Museen, Gemäldegalerie

Frans Hals, Singende Knaben, um 1650. Kassel, Gemäldegalerie

Tafel 43

Gerard Terborch, Das Konzert, um 1670.
Berlin-Dahlem, Staatliche Museen, Gemäldegalerie

Tafel 44

288 *Diego Velázquez, Die Übergabe von Breda, um 1634. Madrid, Prado*

289
Bartholomé Estéban Murillo, Bettelbuben beim Würfelspiel, um 1675. München, Alte Pinakothek

Bartolomé Estéban Murillo (1618—1682) wird zum volkstümlichen Meister der spanischen Malerei. Seine Werke predigen Menschenliebe und Barmherzigkeit und versuchen mit sanfter Gewalt zu bezwingen. Meist malte er seine Madonnen als echte Spanierinnen, als Mädchen aus dem andalusischen Volk, deren Holdseligkeit von leiser Trauer überschattet ist (Farbtafel 39). Immer wieder entzücken seine Kinderdarstellungen. In malerischer Tracht sitzt das kleine Volk im Staub der Straße, schmausend, trinkend und spielend, z. B. die »*Bettelbuben beim Würfelspiel*« der Münchener Pinakothek (Abb. 289).

Die Malerei des 17. Jahrhunderts in Frankreich

Neben der Darstellung großer religiöser Themen war in aller Stille das Landschaftsbild entstanden, das wir schon im graphischen Werk *Dürers* und, um seiner selbst willen gestaltet, in der romantischen Kunst *Altdorfers* entdeckten. In der Zeit des Manierismus war die landschaftliche Stimmungskunst stark hinter das auf äußere Wirkung zielende Figurenbild zurückgetreten. Im 17. Jahrhundert gewann sie neue Bedeutung. Die **ideale Landschaft**, von dem deutschen Romfahrer Adam Elsheimer (1578—1610) begründet, wurde zum Thema des Lebenswerkes zweier französischer Maler, denen Italien zur zweiten Heimat wurde.

290 *Nicolas Poussin, Der Sommer oder Ruth und Boas, 1660-1664.* ***Paris,*** *Louvre*

Nach seinen Wanderjahren in Frankreich suchte Nicolas Poussin (1594—1665) die Antike in Rom. Von dort aus beglückte er die Welt mit Werken, in denen er das landschaftliche Abbild in die Größe der Natur verwandelte. So entstanden Ideallandschaften, aus denen alle Zufallsbildungen ausscheiden. Sie werden zu Sinnbildern beseligten Daseins, zu Feierstunden in der Natur, in der oft der elegische Ton des Vergänglichen mitschwingt. Poussins Landschaften sind von zeitloser Größe, und die Personen bewegen sich in ihnen mit der ruhigen Würde klassischer Haltung. In dem Gemälde »*Boas und Ruth*« verlegt er die biblische Geschichte in eine prangende Sommerlandschaft, deren Himmel sich im fernen Fluß spiegelt. Es ist die Zeit der Schnitter und der garbenbindenden Frauen. Über dem reifen Kornfeld flimmert die Luft. Vorn im Schatten der hohen Buche ist Ruth vor Boas, ihrem Diensttherrn und künftigen Gemahl, demutsvoll in die Knie gesunken. Über die Gruppe hinweg wandert der Blick in ferne ideale Gefilde (Abb. 290).

291 *Claude Lorrain, Die Verstoßung der Hagar (Morgenlandschaft), 1668. München, Alte Pinakothek*

Claude Lorrain (1600—1682), eigentlich *Claude Gelée*, wurde zum Maler der feierlichen Natur, die von der Stimmungsmacht des Lichts beherrscht wird. In Goethes Wort, daß sich in Claude Lorrain die Natur für ewig erklärt, ist ausgedrückt, daß der Maler in seinen Landschaften das Endgültige gewonnen hat. Ideale Gesinnung erfüllt sein Bild »*Die Verstoßung der Hagar*« (Abb. 291). Die zarte Lichtstimmung eines Sommermorgens liegt über der weiten Berglandschaft und dem leuchtenden Meeresspiegel. Ruhig ragen die Säulen des klassischen Bauwerks in den hellen Morgenhimmel. Diese Landschaft entsprach der Idealvorstellung des Nordens von Italien.

Die Malerei in den Niederlanden

In den Niederlanden wurde nach dem Zwischenspiel des Manierismus der Antwerpener PETER PAUL RUBENS (1577—1640) zum Schöpfer des Hochbarock. Ein wahrhaft fürstlicher Maler, schon zu Lebzeiten mit Ehren überhäuft, ja von der spanischen Regentin in Brüssel sogar zu diplomatischen Missionen herangezogen, unterhielt er eine berühmte Werkstatt und führte ein großes Haus.

Während seiner Wanderjahre in Italien schöpfte er aus der Malerei Michelangelos, Tizians und Caravaggios viele Anregungen. Nach seiner Ernennung zum Hofmaler in Brüssel heiratete er 1609 Isabella Brant, die wir im Münchener *Selbstbildnis* des Künstlers neben ihm erblicken (Farbtafel 40). Bald fand er seinen eigenen Stil. Er wählte mit Vorliebe Vorgänge von stärkster Bewegung und dramatischem Gehalt. In seinen großformatigen Gemälden läßt er im Sinn des Hochbarock gewaltige Massen gegeneinander ankämpfen und freut sich an schwierigsten Verkürzungen und Verschlingungen. Seine riesigen Bilder »Das Jüngste Gericht« und »Der Sturz der Verdammten« wagen in ihren stürmischen Kompositionen das Äußerste an Verweltlichung christlicher Ideen, wenn auf ihnen ganze Massen üppiger Körper dahinwirbeln und fallen. Der Wille, auch im religiösen Kunstwerk Schönheit und Pracht zu entfalten, überwog im Hochbarock alle Bedenken. Wesentlich für diese gigantischen Kompositionen ist, daß sie sich trotz ihres Ungestüms nicht im Chaotischen verlieren, sondern bei allem Bewegungsdrang eine höhere Ordnung widerspiegeln. Mit großer Meisterschaft bändigte Rubens das Dynamische in harmonische Bahnen, besonders mit Hilfe einer wohlüberlegten Bildanordnung.

Meist ist es die Diagonale, auf deren Kraftlinie er den Bewegungszug seiner Figuren entfaltet, ein Kompositionsschema, das für viele Maler des Hochbarock verbindlich wird. Oft aber begnügt er sich nicht mit dieser Bildanordnung allein: In dem Gemälde *»Das apokalyptische Weib«* (um 1610/12) schuf er die visionäre Erscheinung aus der Offenbarung des Johannes: »Ein Weib, mit der Sonne bekleidet und den Mond unter ihren Füßen«. Hier wird die Diagonalrichtung der über der Schlange schwebenden himmlischen Erscheinung von einem wirbelnden Strom von Figuren umschlossen, dessen Kurve im Scheitel des Bildes bei Gottvater mündet (Abb. 292). Diese überraschende Anordnung der Bildteile, in denen sich Harmonie (Kreisform) mit Dynamik (Diagonale) verbindet, findet sich auch in vielen seiner mythologischen und historischen Bilder.

Der Tod seiner Frau traf Rubens schwer. In diplomatischen Geschäften im Ausland suchte er die Erschütterung zu überwinden. Nach seiner Rückkehr 1630 vermählte er sich mit der jungen Helene Fourment und gewann neue Schaffensfreude. In den schönen Bildnissen der Gattin beruhigte sich sein bewegter Stil zu abgeklärten Formen. Am Ausgang seines Schaffens stehen prächtige Landschaftsbilder.

Seine zahlreichen Schüler überragt ANTON VAN DYCK (1599—1641). Im Gegensatz zum kraftstrotzenden Rubens ist er ein feinfühliger, empfindsamer Mensch. Er wird zu einem der größten Porträtisten des Jahrhunderts; besaß er doch das Geschick, in den Bildnissen seine Auftraggeber auf noble Weise so zu erfassen, wie sie sich selbst

292 *Peter Paul Rubens, Das apokalyptische Weib, um 1610/12. München, Alte Pinakothek*

zu sehen wünschten. Seine Porträts wurden zum Spiegelbild der überfeinerten Gesellschaftsschicht des höfischen Barock. Seinen religiösen Bildern verleiht eine träumerische Grundstimmung eine stärkere Innerlichkeit, als sie Rubens erstrebt hat. Nicht selten gerät dabei der sensible Maler in die Versuchung, den Gefühlsausdruck theatralisch zu übersteigern oder zu versüßlichen.

Dieser Gefahr ist das stille Bild der »*Ruhe auf der Flucht*« nicht erlegen. Die ausgewogene Komposition und der Schmelz seiner Farbgebung lassen es fast wie das Werk eines großen Venezianers wirken (Farbtafel 41). Eine lyrische Stimmung erfüllt das Gemälde, in dem das Kind in süßem Schlummer an der Brust der Mutter liegt und die Madonna mit leichter, fast ein wenig unwilliger Drehung des schönen Kopfes dem Nährvater Josef lauscht, der leise auf sie einredet.

Die Malerei in Holland

Die Malerei des 17. Jahrhunderts erreichte in Holland ihren Gipfel in der Kunst des REMBRANDT HARMENSZ VAN RIJN (1606—1669). Der in Leyden geborene Maler wurde schon in jungen Jahren über seine Heimatstadt hinaus bekannt. Damals schuf er viele Studien kostümierter Leute und ausdrucksvoller Greisengesichter, die er gern in scharfer Seitenbeleuchtung oder in dämmerigem Halbdunkel wiedergab. Die biblische Geschichte bleibt ihm lebenslang die unerschöpfliche Fundgrube für Themen, die er der Seele durch Licht, Farbe und geheimnisvolles Helldunkel erschließt. Rembrandts Kunst wird in ihrer spannungsreichen Steigerung überirdischer Kräfte der Gegenpol zur daseinsfreudigen Malerei des großen Rubens.

1631 übersiedelt Rembrandt nach Amsterdam, wo er wenige Jahre später mit Saskia van Uylenburg, der Tochter eines angesehenen und vermögenden Bürgers, die Ehe schließt. In diesem Jahrzehnt wird er zum gefeiertsten Maler der Amsterdamer Gesellschaft. Ein Selbstbildnis gemeinsam mit seiner Gattin gibt in barocker Fröhlichkeit Kunde von diesen glücklichen Jahren. Der Stil dieser Frühzeit sucht noch die dramatische Zuspitzung und die grellen Lichteffekte des Hochbarock. Sein Gemälde »*Isaaks Opferung*« zielt deutlich auf Wirkung: erschrocken läßt die Rechte des Erzvaters das Messer fallen, als ihm der Bote Gottes, vom Himmel niederfahrend, Einhalt gebietet (Abb. 293). In der brutalen Bewegung, mit der die andere Hand den Hals des Opfers dem tödlichen Schnitt zukehrt, lebt noch die barocke Lust an quälenden Schilderungen.

1642 vollendete Rembrandt die »*Nachtwache*«, ein **Schützenstück,** das sich gänzlich von der üblichen Auffassung abkehrt und deshalb von den Bestellern zurückgewiesen wurde. Bisher wurden in solchen Korporationsbildern die Porträts der Auftraggeber schematisch in gleicher Größe nebeneinandergereiht. Rembrandt nahm den Auftrag zum Anlaß, ein Schauspiel von märchenhafter Stimmung zu gestalten. Die Ablehnung des Bildes erschütterte seinen Ruf.

Im gleichen Jahr verlor er die Gattin. Seine äußeren Lebensverhältnisse begannen sich zu verwirren, bis sie im Bankrott endeten. In bitterer Armut zog sich Rembrandt in die Einsamkeit und zu sich selbst zurück. Seinen kärglichen Lebensunterhalt verdiente er durch seine Radierungen, die von seinem Sohn Titus und der Magd Hendrickje Stoffels auf den Märkten vertrieben wurden. Ergreifende religiöse Stoffe wie »Die drei Kreuze« oder »Das Hundertguldenblatt« gehören neben feinen Landschaftsbildern zu Rembrandts schönsten graphischen Blättern.

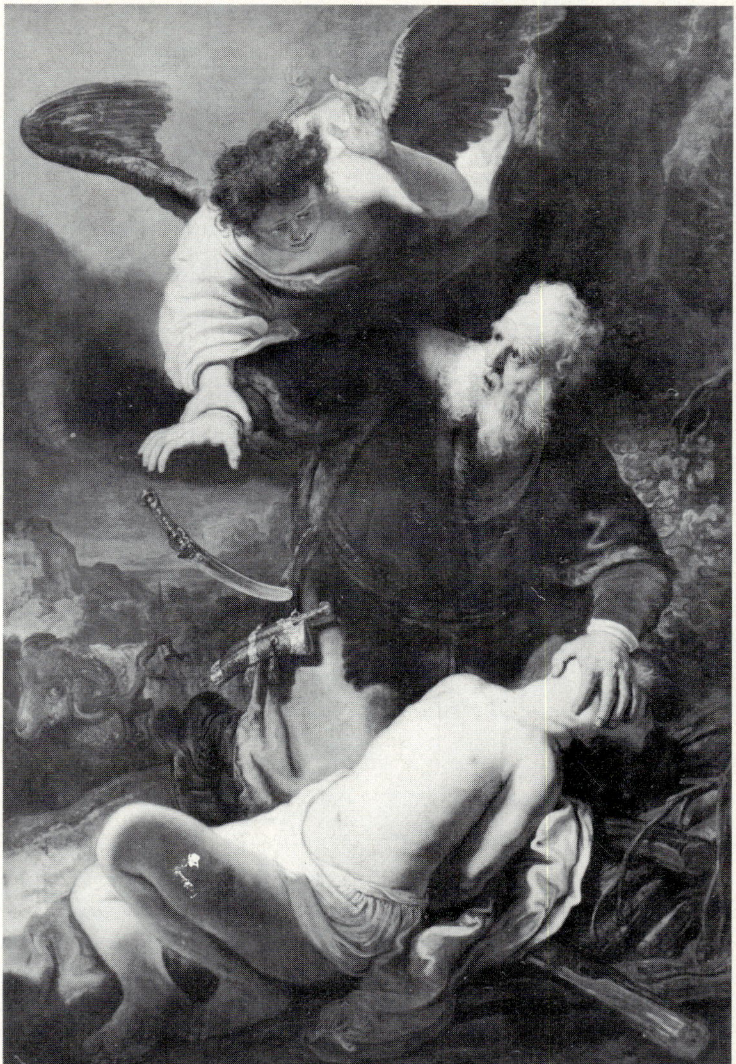

293 *Rembrandt, Isaaks Opferung, 1636. München, Alte Pinakothek*

In den Jahren des Leids und in der Stille des neuen Lebenskreises wichen in Rembrandts Bildern die barocken Effekte tiefer Verinnerlichung und ruhiger Beseelung, die von innen her aus seinen Gestalten strahlt.

Schon das Bildnis »*Der Mann mit dem Goldhelm*« von 1650 läßt uns Tiefen ahnen: unter einem kostbaren Helm aus getriebenem Gold blickt ein stumpfes, mürrisches Greisengesicht aus dem Schattenraum. Die Spannung des geheimnisvollen Bildes er-

294
Rembrandt, Jakob ringt mit dem Engel, um 1660. Berlin-Dahlem, Staatliche Museen, Gemäldegalerie

gibt sich aus dem Gegensatz zwischen der Pracht des Goldhelms und dem beschatteten Menschenantlitz (Farbtafel 42).

Das Beziehungsvolle gewinnt im Altersstil Rembrandts an Reichtum und Tiefe. In dem Gemälde von 1660 »*Jakob ringt mit dem Engel*« stellt Rembrandt das dunkle Bild des Menschen, der mit seinem Gott ringt, gegen die lichtumflossene Erscheinung des Engels, der mit ruhigem Blick das Gesicht des bärtigen Mannes prüfend betrachtet (Abb. 294). Leicht legt sich die Hand des göttlichen Boten auf den Nacken des Menschen. Der Kampf wird zur Umarmung, in der Jakob die Worte spricht: »Ich lasse dich nicht, du segnest mich denn!«

TIEFDRUCKTECHNIKEN

Der Kupferstich

siehe Teil II, S. 198.

Die Kaltnadelradierung

ist wie der Kupferstich ein Tiefdruckverfahren. Die Zeichnung wird mit der Radiernadel in die blanke Kupferplatte eingetieft. Die dabei entstehenden Grate werden jedoch nicht entfernt. Sie verleihen dem Stich beim Drucken eine samtartige Wirkung.

Die Radierung

Die polierte Kupferplatte wird mit einem Grund aus Wachs, Harz und Asphalt überzogen, in den die Zeichnung mit einer Nadel eingeritzt wird. Wird nun die Platte der Wirkung verdünnter Salpetersäure ausgesetzt, so dringt diese durch die Ritzzeichnung und ätzt deren Linienzug in die Kupferplatte ein. Nach Abwaschen des Grundes kann der erste Zustandsdruck hergestellt werden.

Die Aquatinta

ist eine Tiefdrucktechnik, die im klassischen Verfahren mit der Strichätzung (Radierung) beginnt. Der gewaschenen Platte wird dann Kolophoniumstaub durch Erwärmen aufgeschmolzen. Ätzt man gewisse Partien, so entstehen feine netzartige Strukturen, die beim Druck einen Grauton ergeben. Der Vorgang läßt sich wiederholen. Dabei entstehen verschiedene Tonabstufungen. Stellen, die weiß bleiben sollen, werden vor dem Ätzen mit Firnis abgedeckt.

Zu den großen Zeitgenossen Rembrandts gehören Frans Hals (1582—1666), ein Meister im Porträt, das er in raschen Pinselstrichen treffsicher auf die Leinwand warf (Farbtafel 43), und Jan Vermeer van Delft (1632—1675), ein Maler stiller Innenräume von kühler Stimmung.

In diesen Jahrzehnten erhob sich die Darstellung des Innenraums in Holland zu einer besonderen und neuen Bildgattung, zum sogenannten **Interieur**, bei dem der Raum vom Standpunkt des Menschen gesehen wird, der sich in ihm befindet. Pieter de Hooch (1629—1684) malte sein Bild »*Die Mutter*« im ganzen Zauber dieser neuen holländischen Stimmungskunst (Abb. 295). Gerard Terborch (1617—1681) wurde in zarten Bildern zum Schilderer stiller Unterhaltungen und zum grandiosen Maler schimmernder Seiden- und Atlasstoffe. In dem Gemälde »*Das Konzert*« läßt er den Beschauer an der Hausmusik der beiden Frauen teilnehmen; ganz nah rückt er

295
Pieter de Hooch, Die Mutter, um 1660. Berlin-Dahlem, Staatliche Museen, Gemäldegalerie

296 *Jacob van Ruisdael, Sumpflandschaft, um 1670. Leningrad, Eremitage*

den Standort des Betrachters an die Musizierenden. Das Seidenkleid des jungen Mädchens im Vordergrund, ja die ganze Figur der Cellospielerin, ist wie ein Stilleben aufgefaßt, so liebevoll hat sich der Maler in die Einzelheiten der stofflichen Erscheinung vertieft (Farbtafel 44).

Das Ruhevolle solcher Interieurs lebt auch in dem Bild der »*Lesenden Frau*« von Pieter Janssens (eig. *Pieter Janssens Elinga*, gest. 1682). In dem dämmerigen Zimmer hat die unbekannte Leserin den Stuhl nahe ans Fenster gerückt, durch dessen Scheiben ein Sonnenstrahl fällt und schimmernde Lichter auf die kühle Wand und die dunklen Dielen wirft. Der von goldbraunem Licht durchsonnte Raum ist das dominierende Thema des Gemäldes (Farbtafel 45).

Die Darstellung des Innenraums führte zum sogenannten **Genrebild,** das sich zur Aufgabe machte, gemütvolle, aber auch lustige Szenen aus dem alltäglichen Leben vorzuführen. Seine Meister sind Jan Steen und Adriaen van Ostade.

Der **Landschaft,** die schon im Werk von *Rubens* und *Rembrandt* eine besondere Bedeutung erlangte, hat sich der Holländer Jacob van Ruisdael (1628—1682) verschrieben, der in dichterischer Stärke eine melancholische Natur als Gleichnis des Daseinskampfes und der Vergänglichkeit gestaltet (Abb. 296).

Das **Stilleben** findet in Willem Kalf (1622—1693) einen großen Meister. Den Maler fesselte die realistische Wiedergabe des Stofflichen, das er durch die Zusammenstellung von kostbaren Silberkannen, Fayenceschalen und Früchten häuft (Abb. 297).

297
Willem Kalf, Stilleben mit silberner Kanne, um 1670. Früher: München, Kunsthandlung Böhler

Die Malerei des Rokoko

schuf im 18. Jahrhundert Deckenfresken von leuchtender Schönheit und weitete die hohen Kuppelräume in illusionistischer Weise zu blauen Himmelsfernen.

Auch im Profanbau schmückt das *Fresko* die Decken der Festsäle wie im Nymphenburger Steinernen Saal, wo 1756/57 JOHANN BAPTIST ZIMMERMANN (1680 bis 1758), der geniale Vollender des bayerischen Rokoko, als Maler und Stukkateur (Stuccator) gemeinsam mit seinem Sohn Franz Michael eine glanzvolle Dekoration schuf, ganz dem heiteren Charakter des Lustschlosses angepaßt (Farbtafel 46). Die allegorische Darstellung, in der die kurfürstliche Familie inmitten einer Versammlung von Göttern und Göttinnen verherrlicht wird, ist von einer fröhlichen Farbschönheit, die vorher dem Höfischen nicht eigen war. Die gelösten Formen des stukkierten Rahmens und die bewegungsreiche Komposition des Fresko verbinden sich hier zu einem hellklingenden Akkord.

TIEPOLO begegnete uns als Freskenmaler im Deckenbild der Würzburger Residenz. Ein Altarbild dieses Malers, »*Anbetung der Könige*«, zeigt den Überschwang von Licht und Farben, den die Zeit liebte (Abb. 298). Tiepolo inszenierte in dem strahlenden Gemälde, dessen ungewöhnliche Abmessungen vier auf zwei Meter betragen, einen festlichen Huldigungsakt im Stil des zeitgenössi-

298
Giovanni Battista Tiepolo, Die Anbetung der hl. drei Könige, 1753. München, Alte Pinakothek

schen Absolutismus. Für die Gruppierung der Figuren wählte er den Tiefenzug der Diagonale. Mit der herrischen Gebärde eines Mannes von Welt ist der Mohrenfürst der Himmelskönigin gegenübergetreten, die einer irdischen Fürstin gleich Audienz erteilt. Zu ihren Füßen drängen sich Melchior und Balthasar so dicht an die Madonna, daß der hl. Josef mit unwilliger Handbewegung versucht, Distanz herzustellen. Die Malerei schwelgt in der Darstellung kostbarer Seidenstoffe und edler Metalle und entzündet ein wahres Feuerwerk von Lichtern, Glanz und Farben.

Pieter Janssens, Lesende Frau, nach 1650. München, Alte Pinakothek

Johann Baptist Zimmermann,
Deckenfresko im großen Saal von Schloß Nymphenburg, 1756/57

Tafel 46

Thomas Gainsborough,
Mrs. Robinson, um 1780. London, Wallace Collection

Tafel 47

François Boucher, Madame Pompadour, 1758.
Paris, Sammlung Baron de Rothschild

299
Jean-Honoré Fragonard, Die Krönung des Liebhabers, 1773. New York, The Frick Collection

In **England** wurde THOMAS GAINSBOROUGH (1727—1788) zu einem gesuchten Bildnismaler. Mit Vorliebe stellte er die von ihm Porträtierten vor romantischen Parklandschaften dar. Bei aller Vornehmheit sind sie lebendig und natürlich wiedergegeben (Farbtafel 47).

Spielerisch beschwingt wie die Rocaille wurde in **Frankreich** das weltliche Gesellschaftsbild. — FRANÇOIS BOUCHER (1703—1770) schilderte mit heiterer Grazie Hirtenidylle vor strohgedeckten Hütten auf dem Land, wo die verwöhnte Hofgesellschaft unter dem Eindruck der Lehren Rousseaus sentimental die Unschuld der Natur suchte. Von seiner Gönnerin, der *Madame Pompadour*, malte Boucher ein repräsentatives Bildnis im Geschmack des Rokoko: im modischen Kostüm lehnt sich die Dame mit lässiger Hoheit in die seidenen Kissen zurück, den neuesten Roman in gepflegten Händen haltend (Farbtafel 48).

Auch JEAN-HONORÉ FRAGONARD (1732—1806) malte die Sorglosigkeit der höfischen Gesellschaft (Abb. 299). Festlichkeit ist im Rokoko der Sinn des

300 *Antoine Watteau, Gilles, um 1720. Paris, Louvre*

Lebens. Doch während sich bei Fragonard die Bejahung des Diesseits in heiterer Unterhaltung, Spiel und Tanz darstellt, fällt auf die anmutigen Szenen ANTOINE WATTEAUS (1684—1721) häufig ein dunkler Schatten. Die schönste Kostümfigur, die Watteau je gemalt hat, der »*Gilles*«, ist im Grunde eine tragische Gestalt (Abb. 300). Die Kunst Watteaus ist, wie die Musik Mozarts, im Innersten tief und traurig, als ahne sie das nahende Ende.

Zum Interpreten des einfachen Lebens wurde JEAN-BAPTISTE SIMÉON CHARDIN (1699—1779). Seine Malerei steht den Delfter Meistern näher als dem Rokoko. Neben den Bildern Bouchers und Fragonards, den eigentlichen Interpreten des »style rocaille«, erscheinen Chardins Personen nicht komödiantisch als Hirten und Schäferinnen verkleidete Höflinge, sondern als einfache Menschen aus dem Volk bei ihren alltäglichen Verrichtungen. Seine Bemühungen um eine schlichte Darstellung führten ihn zum *Stilleben*, das er in ruhigen Flächen auf die Leinwand brachte (Abb. 301). Seine Motive sind einfach: ein Glas, eine Flasche, ein paar Äpfel genügen ihm als Vorwurf zu Bildern von erlesener Köstlichkeit. — In der Liebe des Malers zum einfachen Dasein und in der Schlichtheit seiner Erzählung kündigt sich der Geist des neuen bürgerlichen Jahrhunderts an.

301 *Jean Baptiste Siméon Chardin, Stilleben, um 1770. Den Haag, Gemäldegalerie*

INHALT

Die Kunst der Renaissance in Italien 211

Der Stilwechsel 211

Die Baukunst der italienischen Renaissance 213

Kirchenbauten der Frührenaissance 213; Klostergewölbe und Trompenkuppel 214; Der kirchliche Zentralbau der Hochrenaissance 216; Die Kirchenanlage der Spätrenaissance 220; Der Palastbau 221; Das Planverfahren der mittelalterlichen Bauhütten 223; Das arithmetische Verfahren der Neuzeit 224

Die Plastik der italienischen Renaissance 227

Florentinische Plastik der Frührenaissance 228; Römische Plastik der Hochrenaissance 231

Die Malerei der italienischen Renaissance. 233

Die Malerei der Frührenaissance 233; Die großen Meister der Hochrenaissance 238; Die Malerei der Spätrenaissance 247; Die Malerei des Manierismus 247

Die Kunst der Renaissance im Norden 249

Die Baukunst in Deutschland 249

Kirchenbauten 250; Schloßbau 252; Rathäuser und Bürgerhäuser 253

Die deutsche Plastik 256

Übergangsformen 256; Renaissance-Plastik im deutschen Süden 257

Die Malerei im Norden 261

Die deutschen Meister des 16. Jahrhunderts 261; Das Landschaftsbild im 16. Jahrhundert 272; Die Malerei in den Niederlanden 273; Die Schriftformen der Renaissance 275

Die Kunst des Barock und Rokoko 276

Allgemeine Stilmerkmale 276

Die Baukunst des Barock 277

Der Wandel der Bauform 277; Die kirchliche Baukunst in Italien 279; Die kirchliche Baukunst in Deutschland 281; Die Entwicklung der Gewölbebildung 288; Die weltliche Baukunst 292; Der französische Park 300

Die Plastik des Barock 300

Kirchliche Plastik 301; Weltliche Plastik 305

Die Malerei des Barock 309

Die Malerei des Barock in Italien 309; Die Malerei des Barock in Spanien 312; Die Malerei des 17. Jahrhunderts in Frankreich 318; Die Malerei in den Niederlanden 320; Die Malerei in Holland 322; Die Radierung 324; Die Malerei des Rokoko 327

FORMEN DER KUNST

EINE EINFÜHRUNG IN DIE KUNSTGESCHICHTE

TEIL IV

DIE KUNST IM 19. UND 20. JAHRHUNDERT

von

HEINZ BRAUN

VERLAG MARTIN LURZ GMBH · MÜNCHEN

Umschlaggestaltung des Teilbandes IV von Eugen O. Sporer
nach einem Holzschnitt (1919) von Lyonel Feininger

Ministeriell genehmigt in Baden-Württemberg, Bayern, Berlin, Bremen, Hamburg, Nordrhein-Westfalen, Rheinland-Pfalz, Saarland, Schleswig-Holstein; keine Zulassung erforderlich in Hessen und Niedersachsen.

Gesamtherstellung: EOS-Druckerei, St. Ottilien

ISBN 3–87501–024–8

Die Kunst im 19. Jahrhundert

Am Ende des 18. Jahrhunderts versank der spätbarocke Absolutismus — und mit ihm das höfische Rokoko — in den Wogen der Französischen Revolution. Das Bürgertum, das sich schon am Ende des Mittelalters seiner wirtschaftlichen Möglichkeiten bewußt geworden war und im 16. Jahrhundert machtvoll nach politischer Gleichberechtigung gedrängt hatte, war von den privilegierten Schichten im 17. Jahrhundert wieder zurückgedrängt worden. Im Lauf des 18. Jahrhunderts hatte sich dann die Kluft zwischen den Ständen weiter vertieft. Jetzt aber begann im Kanonendonner der Revolutionskriege das »bürgerliche« 19. Jahrhundert, dem scharfe politische, wirtschaftliche und soziale Probleme ihren Stempel aufdrückten. In der Kunst spiegelt sich die Unruhe der Zeit im Auseinanderstreben der »Richtungen«, die von nun an den Raum einnehmen, den bisher die »Stile« beherrschten.

Die Baukunst im 19. Jahrhundert

»Ich liebe dies Griechenland überall. Es trägt die Farbe meines Herzens. Wohin man siehet, liegt eine Freude begraben.«

Friedrich Hölderlin

Blickt man zurück auf die großen Bahnen des künstlerischen Geschehens, so glaubt man im Werden, Wirken und Vergehen der Stile einen gesetzmäßigen Rhythmus zu erkennen: Altertum, Mittelalter und Neuzeit begannen jeweils mit statisch-ruhenden Kunstformen, die sich allmählich in dynamisch-bewegte verwandelten. Auch das junge bürgerliche Zeitalter suchte mit einer Rückkehr zu den klassischen Ursprüngen der europäischen Kunst das Vakuum auszufüllen, das der Untergang der barocken Welt hinterlassen hatte; zunächst freilich trachtete man, eine dem revolutionären Zeitgeist verwandte Bauform am Reißbrett zu erfinden — ein Versuch, der nicht gelingen konnte.

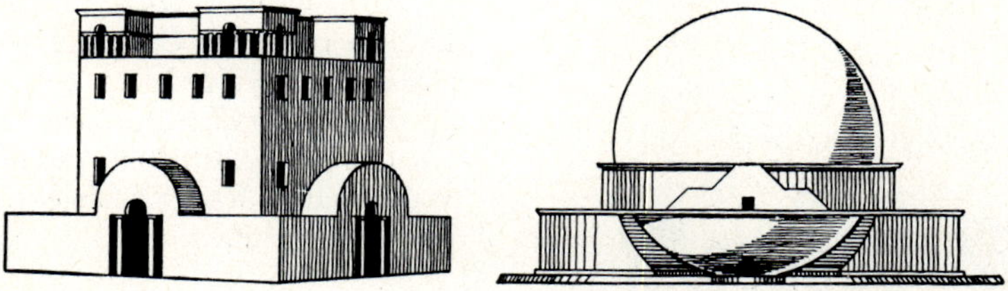

Entwurf eines Würfelhauses von Cl. N. Ledoux (1780) und eines Monuments in Kugelform für Newton von E. L. Boullée (1784)

Das revolutionäre Experiment

Die Erhebung der Vernunft zur Göttin spornte einige junge französische Architekten an, radikal mit der Vergangenheit zu brechen. Die schwellenden Phantasieformen des Barock ersetzten sie durch die kühlen Denkformen der Stereometrie. Herrschte im Barock geradezu Angst vor leeren Flächen, so waltete jetzt eine seltsame Liebe zur schmucklosen Form. In den Planzeichnungen dieser Neuerer, die jede ornamentale Zier ablehnten, erschienen seit 1770 einfache kubische Gebilde von düsterem Ernst. Es war eine Rückkehr zu archaischen Urformen.

In Frankreich

entwarfen Claude Nicolas Ledoux (1736—1806) und Etienne Louis Boullée (1728—1799) Häuser und Monumente, streng mathematisch als Kubus, Kugel oder Pyramide konstruiert, ohne Vorbild in der Baugeschichte, aber auch ohne Bindung an das Leben ihrer Zeit. Deshalb blieben diese gedanklichen Abstraktionen meist unausgeführt. Erst das 20. Jahrhundert lieferte die geistigen und technischen Voraussetzungen für eine Architektur der reinen Form.

In Deutschland

suchte unabhängig von den Franzosen Friedrich Gilly (1772—1800) von den stereometrischen Grundformen aus einen neuen Stil zu entwickeln. Als Führer eines schwärmerischen Kreises junger Architekten ging er den Anfängen der Kunst nach: der Prähistorie, den Ägyptern, dem archaischen Griechenland, den Etruskern, der Romanik, ohne jedoch in bloße Nachahmung zu verfallen. Auch er säuberte das Bauwerk von »Zieraten«, stellte die *tektonische* Notwendigkeit wieder her, die der Barock durch überladene Ornamentik verhüllt hatte, und schuf Entwürfe von spartanischer Einfachheit (Abb. 302). Gillys klare Formensprache hat neue Wege gewiesen.

Wenn es auch nicht gelang, einen neuen Stil zu begründen, so schufen seine Nachfolger doch charaktervolle Bauten. Heinrich Gentz (1766—1811) stellte die »Alte Münze« in Berlin als straff gefügten Block hin (Abb. 303). Düstere Großartigkeit und spröde Wucht haben den (1886 abgebrochenen) Bau ausgezeichnet.

Friedrich Gilly, Entwurf für ein Monument

302 *Friedrich Gilly, Entwurf für ein Denkmal Friedrichs d. Gr., 1797*

Die klassizistische Baukunst

Das Bauideal der Antike war auch im Barock nicht völlig in Vergessenheit geraten. In England, Holland und Frankreich hatte man sich um 1700 unter dem Einfluß *Palladios* den Vorbildern des Altertums zugewandt. Die Motive entnahm man mehr der römischen als der griechischen Antike. Als in Frankreich das revolutionäre Experiment verkümmert war und in Deutschland das Wirken Gillys ohne rechte Auswirkung blieb, glaubte die junge Generation den Neubeginn in der Nachahmung der strengen griechischen *Dorik* gefunden zu haben. Von nun an stand die Architektur im Schatten der Vergangenheit.

In England

nahm Sir JOHN SOANE (1753—1837) die kargen Formen des dorischen Tempelbaus auf. Im Entwurf für ein Landhaus verzichtete er auf jedes schmückende Beiwerk. Die glatte Hauswand wird nur durch einen monumentalen Portikus unterbrochen, und ein Triglyphenfries von strengem Schnitt umzieht das Gebäude.

303 *Heinr. Gentz, Alte Münze in Berlin, 1798/1802. (1886 abgebrochen)*

John Soane, Entwurf für eine Villa

Die schönsten Leistungen des klassizistischen England liegen im Kunstgewerbe. Der Kunsttischler Thomas Chippendale wurde berühmt durch die edle Form seiner Mahagonimöbel, der Töpfer Josiah Wedgewood durch die antikische Schönheit seiner Gefäße, auf deren pastellblauem Untergrund helle, hart modellierte Reliefs leuchten.

In Frankreich

berief sich der Klassizismus auf die republikanischen Bürgertugenden der Römer. Als »Empire« wurde er zum großen Stil des napoleonischen Kaiserreichs. Westlich der barocken Stadtviertel Ludwigs XIV. entstand das klassizistische Paris Napoleons. Charles Percier (1764—1838) und Pierre Fontaine (1762—1853) bauten den Louvre aus und errichteten den Triumphbogen an der Place du Caroussel. Noch in napoleonischer Zeit begann die Planung der Prachtstraße an den Champs Elyseés; ihr Ausbau stellte dem ganzen Jahrhundert große Bauaufgaben.

Prächtige Formen schuf das Empire in der Möbelkunst, bei der sich griechische und ägyptische Motive verbanden. Würdevolle Steifheit erfüllte die in Weiß, Gold und kühlem Blau leuchtenden Innenräume.

In Deutschland

hatte *Johann Joachim Winckelmann* (1717—1768) den Klassizismus wissenschaftlich unterbaut. Mit seiner »Geschichte der Kunst des Altertums« (1764) begründete er die klassische Archäologie. Die Baukunst des deutschen Klassizismus stand unter dem Eindruck seiner Lehren.

In **Berlin** erbaute Carl Gotthard Langhans (1732—1808) das Brandenburger Tor in den strengen Formen einer nachempfundenen Dorik (vollendet 1791). Über der mächtigen Attika der hohen Säulenhalle bekrönte ein Viergespann das spartanisch schlichte Bauwerk, das — Denkmal und Tor zugleich — das alte Berlin abschloß und die neue Chaussee durch den Tiergarten eröffnete.

Seine reinste Verwirklichung fand der Berliner Klassizismus im Werk des genialen Gillyschülers Karl Friedrich Schinkel (1781—1841). Er versuchte den Geist der Antike mit dem eigenen Zeitcharakter zu einer stilbildenden Synthese zu bringen. Seine Berliner Bauten, die Neue Wache, das Schauspielhaus und das Alte Museum (Abb. 304), zeugen von diesem Bemühen. Sie wirken durch den klaren Aufbau der

304 *Karl Friedrich Schinkel, Das Alte Museum in Berlin, 1822/28 im Stil ionisch-antiker Säulenhallen errichtet.*

Massen, durch die ruhige Ordnung reiner Flächen und durch die straffe Gliederung der tektonischen Elemente. In der machtvollen Fassade seiner Nikolaikirche in Potsdam, deren Bauform den Kubus der revolutionären Architektur mit Stilmotiven des Altertums verbindet, lebt die herbe Klarheit dieser Bauideen (Abb. 305).

Man würde dem schöpferischen Wesen Schinkels jedoch nicht gerecht, wenn man in ihm nur den Klassizisten sähe. Die Grenzen des Historismus hat er selbst erkannt, als er 1826 in England die Welt der Technik erblickte. Er sah die Häßlichkeit der Fabriken und Massenquartiere, spürte aber auch, daß hier etwas Neues heraufkam, das eigene Gestaltungsformen forderte. Angesichts eines Hüttenwerkes schrieb er in sein Tagebuch: »Die Tausende von rauchenden Obelisken gewährten einen grandiosen Eindruck.« Von den Baumwollfabriken in Manchester zeichnete er eine Skizze.

305
Karl Friedrich Schinkel, Nikolaikirche in Potsdam, 1830/37

Nach seiner Rückkehr äußerte er Zweifel an der Richtigkeit des klassizistischen Weges: »Überall ist man nur da wahrhaft lebendig, wo man Neues schafft ...! Warum sollen wir immer nur nach dem Styl einer anderen Zeit bauen?« Die Antwort gab er selbst in einem Bauwerk, das nicht der staatlichen Repräsentation diente, sondern dem tätigen Leben: im Haus der Berliner Bauakademie fand er eine Lösung, die sich allen historischen Einflüssen entzog (Abb. 306). Eine radikale Neuerung ist schon die Ausführung als unverputzter Backsteinbau, dessen schlichte Würfelform durch glatte Wandpfeiler straff gegliedert ist. In diesem Bauwerk hat Schinkel seinem Grundsatz, Baukunst müsse die »höchstmögliche Darstellung des Ideals der Zweckmäßigkeit« sein, ein Denkmal gesetzt. So treffen sich im Werk Schinkels die beiden Komponenten der Baukunst des 19. Jahrhunderts: die Wiederholung historischer Formen und die konstruktiven Möglichkeiten der Technik.

Karl Friedrich Schinkel, Fabrikviertel in Manchester

306
Karl Friedrich Schinkel, Bauakademie in Berlin, 1831/35

In **München** schuf unter Maximilian I. Joseph der Mannheimer Karl von Fischer (1782—1820) das Prinz-Carl-Palais, dessen großformige Geschlossenheit für den späteren Münchener Klassizismus verbindlich wurde. Sein Hauptwerk ist das »*Kgl. Hof- und Nationaltheater*«, das, 1823 durch einen Brand stark zerstört, 1825 von *Klenze* mit geringen Änderungen wieder errichtet wurde (Abb. 307).

König Ludwig I. von Bayern war selbst ein leidenschaftlicher Verfechter neuer Bauideen. Gestalter seiner Bauwünsche wurde der Niederdeutsche Leo von Klenze (1784—1864), der die Antike in der Vorstellungswelt der Renaissance sah: Baukunst sei vornehmlich Stadtbaukunst, sei Einfügung der Einzelform in ein monumentales Ganzes. Seine Leistung liegt in der großen Ruhe, mit der seine Bauwerke Plätze von wandhafter Geschlossenheit säumen. Am Max-Josephs-Platz führte er im rechten

307
Karl v. Fischer, Hoftheater (Nationaltheater) in München, 1811/18. Nach dem Brand von 1823 Restauration durch Leo von Klenze, 1825

308 *Leo von Klenze, Glyptothek in München, 1816/30*

Winkel zu Karl von Fischers Hoftheater den Königsbau der Residenz als schwere, quadergefügte Front im Stil des Palazzo Pitti auf. Den Odeonsplatz rahmte er mit Palästen im Geist des italienischen Cinquecento, den *Königsplatz* mit griechischen Propyläen und römisch-antiken Tempeln (Abb. 308). Selbst die breite Triumphstraße, die er vom Odeonsplatz nach Norden führte, wurde zu einem riesigen Forum. Die starke Bindung des einzelnen Bauwerks in eine monumentale Gemeinschaft verhütete, daß nach 1830 unter FRIEDRICH VON GÄRTNER, der die Ludwigstraße zu vollenden hatte, die große Reihung auseinanderfiel. Gärtner machte die stilistische Schwenkung des königlichen Bauherrn mit, der die im Süden mit klassischer Architektur begonnene Straße im Norden mit frühmittelalterlichen Formen vollenden wollte. Der Gang des Romantikers Gärtner durch die historischen Stile von der römischen Antike (Siegestor) über die Romanik (Universität, Ludwigskirche) zur englischen Backsteingotik (Wittelsbacher Palais, zerstört 1945) und zur florentinischen Frührenaissance (Feldherrnhalle) geschah im gleichen Zeitraum, in dem der Klassizist Klenze die dorische Formenstrenge in der Ruhmeshalle bei Kelheim und in der *Walhalla* bei Regensburg nachempfand (Abb. 309).

309 *Leo v. Klenze, Walhalla bei Regensburg, 1830/42*

310 *Friedrich Weinbrenner, Kath. Stadtkirche in Karlsruhe, 1814*

Romantische Rückkehr zum Mittelalter

Das Beispiel der Münchener Ludwigstraße zeigt, daß der klassizistischen Hinwendung zur Antike bald eine romantische Neigung zur mittelalterlichen Kunst folgte. FRIEDRICH WEINBRENNER (1766—1826) schuf in Karlsruhe wenige Jahre nach seiner klassizistischen evangelischen Stadtkirche eine katholische *Basilika* im Stil des frühen Mittelalters (Abb. 310). Ähnlich wiederholte in München GEORG ZIEBLAND um 1840 in der Benediktinerkirche *St. Bonifaz* mit ihren fünf Schiffen die Gliederung der frühchristlichen Basiliken Roms (Abb. 311).

Romantik ist nicht selten Flucht aus der Gegenwart in eine idealisierte Vergangenheit. Die empfindsamen Naturen des 19. Jahrhunderts sahen nicht die wachsenden Probleme ihrer Zeit, deren Lösung, wie schon Schinkel bekannte, Mut und Entschlossenheit voraussetzte. Die verhängnisvolle Frage: »In welchem Style sollen wir bauen?« beantworteten die Romantiker mit einem anachronistischen Rückgriff auf das Mittelalter. Die Arbeiten an den alten Domen wurden, wie 1840 in Köln, wieder aufgenommen und die Kirchenbauten der Neugotik begonnen. In München wurde Maximilian II. zum Bauherrn einer neuen Monumentalstraße, die *Friedrich Bürklein* vom Residenzplatz zur Isar führte. Er schuf an ihr lange Gebäudereihen in einem der englischen Gotik nachempfundenen Einheitsstil und gab dem Straßenzug in der Kulisse des Maximilianeums einen romantischen Blickpunkt. Der »Maximiliansstil« ist ein letzter Versuch, ein historisches Vorbild in eine eigene Kunstform zu verwandeln.

311 *Georg Ziebland, St. Bonifaz-Basilika in München, 1835/50*

Der romantische Park

Der Absolutismus hatte selbst die Natur dem Willen des Herrschers unterworfen: der Barockgarten war eine geometrische Anlage, in der das Sommerschloß der beherrschende Mittelpunkt war (vgl. Teil III, Seite 300). Gegen diese kalte Regelstrenge erhob sich das schwärmerische Weltgefühl der Romantik, die pantheistisch die Gottesschöpfung in einer unverbildeten Natur suchte.

In England

das sich dem Absolutismus nicht gebeugt hatte, erhob sich zuerst der Protest gegen die »Unnatur« des Barockparks. Schon im frühen 18. Jahrhundert legten *Alexander Pope* und *William Shenstone* ihre Gärten als künstliche Wildnis an, aus der jede Regelmäßigkeit und Symmetrie verbannt war. Das Bauwerk trat hinter das freie Wachstum zurück. Es erschien als romantische Ruine oder als chinesische Pagode, versteckt in der grünen Einsamkeit des von Schlängelwegen durchzogenen Landschaftsgartens.

Frankreich

übernahm in der zweiten Hälfte des 18. Jahrhunderts den sentimentalen Stil des englischen Freiparks. Der Ruf des Aufklärers *Jean Jacques Rousseau*: »Zurück zur

Natur!« brach sich Bahn. Selbst die Königin Marie Antoinette fand Geschmack an der strohgedeckten Mühle und den Bauernhütten bei Klein-Trianon, die der Gartenkünstler *Antoine Richard* im Park von Versailles errichtet hatte.

Deutschland

erhielt den ersten englischen Park in Wörlitz (beg. 1764). Ihm folgte der Garten von Schwetzingen (beg. 1777), der seinen Gestalter LUDWIG VON SCKELL (1750—1823), weithin berühmt machte. Nach München berufen, legte er ab 1789 den heutigen Englischen Garten an. Er folgte dabei den natürlichen Linien der Isarauen und verwandelte die Wildnis in romantisch verklärte »Natur«, die nach seinen eigenen Worten »Erinnerungen an Arkadien oder ans Elysium« wecken sollte.

Der Historismus der zweiten Jahrhunderthälfte

Mehr und mehr erwies es sich als unmöglich, alle Bauaufgaben der Zeit durch Wiederholung vergangener Formen zu lösen. In der zweiten Jahrhunderthälfte sank die »Nachahmung der Alten« zur bloßen Nachmacherei herab, die Architektur wurde zu einem wahren Jahrmarkt der Stile, die nur noch als leere Dekorationsformeln verwendet wurden. Der Neugotik folgten rasch die Neu-Renaissance, der Neubarock und ein Neu-Rokoko, bis gegen Ende des Jahrhunderts ein Neo-Klassizismus mit einer dritten Auflage der Dorik die »Nachahmung der Alten« als sinnlos erwies. Historische Dekorationsformen überzogen — ohne Rücksicht auf den Zweck der Bauten — die Fassaden von Bahnhöfen, Kaufhäusern, Banken, Justiz-»Palästen« und Wohnhäusern (Abb. 312).

312
München, Wohnhäuser aus der 2. Hälfte des 19. Jahrhunderts

313
John Wilkinson, Eisenbrücke über den Severn bei Coalbrookdale, England, 1779. (*Die erste gußeiserne Brücke der Welt*)

Das technische Bauwerk

Die Technik stellte der Architektur neue Aufgaben, aber die Baumeister überließen ihre Lösung den Ingenieuren. Bis zur industriellen Revolution waren Stein und Holz die Grundstoffe des Bauens gewesen; nun erwuchsen aus dem Werkstoff Eisen neue Gestaltungsmöglichkeiten. Da sich der Aufschwung der Technik abseits von künstlerischen Auseinandersetzungen vollzog, bot sich dem Ingenieurbau ein weites Feld für Experimente.

314 *J. Fowler u. B. Baker, Brücke über den Firth of Forth* (*Schottland*), *1888*

315 *Joseph Paxton, Kristallpalast in London, 1851*

Technische Konstruktionen sind Ausdruck von Funktionen und stehen als Gerüst dem Ornament fern (Abb. 313). Die Reinheit, in der sich ihre Statik dem Auge zeigt, der Reichtum der Beziehungen und Spannungen zwischen den Gliedern und die Durchsichtigkeit ihres Gefüges ergeben die neuartige »Schönheit der Technik«. Sie erfüllt das trotz seiner Riesenmaße feingliedrige Strebewerk der *Brücke über den Firth of Forth* (J. Fowler und B. Baker), die 1888 vollendet wurde (Abb. 314). In zwei Bögen von je 520 Metern überspannt sie den Meeresarm. Solche Spannweiten waren erst durch die Erfindung des Stahls möglich geworden.

Eisengerüste wirken leicht und sind doch äußerst stabil; man braucht keine tragenden Wände mehr wie beim Schichtbau aus Stein: im Skelettbau kann die Wand zur gläsernen Haut werden. Das erste große Bauwerk aus Eisen und Glas errichtete Joseph Paxton 1851 in nur sechs Monaten für die erste aller Weltausstellungen in London. Dieser Bau, der *Kristallpalast* (Abb. 315), ist ein zeltartiges, transparentes Gehäuse aus eisernen Linien und gläsernen Flächen, die »blendende Lichtstrahlen durchbrechen, so daß sich alle Körperlichkeit in die Atmosphäre verliert«, wie ein Zeitgenosse schrieb.

Nicht immer aber durfte die Konstruktion so unverhüllt hervortreten wie am Londoner Crystal-Palace, am Münchener Glaspalast (1854) und am Pariser *Eiffelturm* (1889; Abb. 316). Bemächtigten sich die Künstler solcher Bauaufgaben, so erhielten die technischen Gebilde oft eine ornamentale Verkleidung aus dem Musterbuch der Stile. Stehende Dampfzylinder zeigten sich im

316
Jean Eiffel, Eiffelturm in Paris, 1889. Blick in das Gerüst

Schmuck ionischer Kapitelle, Schwungräder in den Formen gotischer Fensterrosen, während die Eisenstützen der Bahnhöfe mit korinthischen Säulenhäuptern »verziert« wurden. Damit hatte sich der Historismus selbst ad absurdum geführt.

Der Jugendstil

Als gegen Ende des 19. Jahrhunderts alle historischen Vorlagen verbraucht waren, entstand eine Bewegung, die nach neuen Wegen suchte. Überall in Europa forderte die Jugend, den verfälschten Formen der Vergangenheit eine Kunst entgegenzusetzen, deren Formgesetze der eigenen Zeit entwuchsen. Man fand in Deutschland für die neuen künstlerischen Bestrebungen die Bezeichnung »Jugendstil«. Der Begriff geht auf den Titel der 1896 von Otto Eckmann in München gegründeten Zeitschrift »Die Jugend« zurück.

Dem neuen Stil war keine lange Dauer beschieden. Sein Ende kam mit dem Ersten Weltkrieg und den sozialen Veränderungen der frühen zwanziger Jahre. Seither pflegt man ihn etwas geringschätzig als eine um 1900 tonangebende

317
Antoni Gaudi, Kirche Sagrada Familia, Barcelona, 1883/1926

kunstgewerbliche Richtung zu betrachten, deren Stilmerkmal aus einem bewegungsvollen, dem Wellenschlag des Wassers und den knorpeligen Formen von Wurzeln nachgebildeten Ornament bestand. Seit der Mitte unseres Jahrhunderts hat sich jedoch die Erkenntnis durchgesetzt, daß diese enge Auffassung der Bedeutung des neuen Stils nicht gerecht wird. Die Wirklichkeit war komplizierter. Das Neue beschränkte sich nicht auf eine modische Stilisierung der Natur, sondern erwuchs dem Umschichtungsprozeß, der sich um 1900 zwischen zwei Generationen vollzog. Man betrachtet heute den Jugendstil als eine selbständige Epoche, die aus dem 19. in das 20. Jahrhundert führte. Die neue Kunstauffassung wurde zum Bekenntnis einer Jugend, die sich gegen das positivistische Zweckdenken der bürgerlichen Ordnung von 1890 erhob. Ziel des Jugendstils (der Begriff im weitesten Sinn verstanden) war die Formung der *gesamten* Lebensäußerungen. Es ging der um 1860/70 geborenen Generation um nichts geringeres als die Wiederherstellung der seit dem Barock verlorenen »Einheit von Kunst und Leben« und die Wiedervereinigung der Baukunst, Malerei und Plastik zum Gesamtkunstwerk. An der Verwirklichung dieses Programms arbeitete die Jugend in ganz Europa.

Der Jugendstil, der sich in England »*Modern Style*« oder »*Arts and Crafts*« nannte, in Frankreich und Belgien »*Art Nouveau*«, in Holland »*Nieuwe Kunst*«, in Österreich »*Sezession*« und in Italien »*Stile floreale*«, wurde zur europäischen Bewegung.

Die Epoche des Jugendstils steht zwischen der Tradition des 19. und dem künstlerischen Aufbruch des 20. Jahrhunderts. Von einer Bewegung, die sich vom Alten nie ganz lösen konnte und das Neue nicht gewann, wird man im Formalen keinen reinen Stil erwarten dürfen. Das äußere Bild des Jugendstils ist daher nicht ohne Widersprüche.

Frühe Beispiele einer neuen Baugesinnung hinterließ in **Spanien** ANTONI GAUDI (1852—1926) in seinen Kirchen und Stadthäusern für Barcelona. Es wäre zu einfach, seine Bauten uneingeschränkt dem Art Nouveau einzureihen. Sein Werk basiert auf der gründlichen Kenntnis aller Stile, die er jedoch genial in seine persönliche Aussage zu verwandeln verstand. So ist seine Kirche der *Sagrada Familia* trotz ihrer Verwandtschaft mit katalanischer Gotik ein selbständiges Werk von geradezu phantastischer Formgebung (Abb. 317). In Gaudis Bauwerken schießen Gebilde wie Pilze und Zuckerhüte empor, verbiegen sich Wände zu Wellenformen, liegen die Decken auf gekrümmten Pfeilern und Säulen, bewegen sich Gesimse in Schlangenlinien und werden die Dächer mit bunten Fayence-Scherben bedeckt.

318
Fassade eines Mietshauses in Paris, um 1900

Deutlicher als die Raumphantasien des Spaniers zeigt die Architektur in **Frankreich** und **Belgien** die Vorliebe des Jugendstils für gekrümmte, dem Vegetativen erwachsene Dekorationen, wie beispielsweise die Fassade eines *Mietshauses* in Paris (Abb. 318). Die französische Baukunst der Jahrhundertwende blieb jedoch im allgemeinen rational und der Tradition verbunden. Die beiden großen Baumeister des Art Nouveau in Frankreich, TONY GARNIER (1867—1948) und AUGUSTE PERRET (1874 bis

319
Charles Rennie Mackintosh, Haupteingang der School of Art in Glasgow, 1897/99

1955), erkannten frühzeitig die richtungweisenden Möglichkeiten des neuen Baustoffs Eisenbeton. — In Brüssel ist VICTOR HORTA (1861—1947) Repräsentant des neuen Stils. Ihm gebührt das Verdienst, das typische Jugendstil-Ornament der »Peitschenhieb«-Schwingung ins Räumlich-Struktive übertragen zu haben.

Eigene Wege ging in **Großbritannien** der Schotte CHARLES RENNIE MACKINTOSH (1868—1928). Für die »*School of Art*« in Glasgow erfand er ein Gebäude von spartanischer Nüchternheit. Zwischen langen Reihen riesiger Glasfenster stehen Fassadenteile aus ungefügem Stein, deren Strenge Erinnerungen an die alte schottische Festungsarchitektur erweckt (Abb. 319). Die puritanischen Kubenformen der Glasgower Kunstschule machen deutlich, daß die neue Kunst nicht so sehr ein gemeinsamer Stil als eine Bewegung war.

Auch in **Deutschland** fanden die Architekten im allgemeinen zu maßvoller Formgebung. Für die Gestaltung des Baukörpers blieb meist die Überlieferung verbindlich. Das Neue beschränkte sich zuweilen auf üppige Dekorierung der Fassaden. Das Photographen-Atelier *Elvira* in München, 1896 von AUGUST ENDELL errichtet, ist hierfür ein Beispiel (Abb. 320). Auf persönlichen Befehl Hitlers wurde das Relief, das eine einzigartige Leistung des Jugendstils darstellte, als typisch für die »Entartung der Kunst« 1937 entfernt. — Eine harmonische Lösung fand RICHARD RIEMERSCHMID (1868—1967) für den Zuschauerraum des Münchener *Schauspielhauses*, das 1900 errichtet wurde (Abb. 321).

320 *August Endell, Fassade des Ateliers Elvira in München, 1898. 1937 zerstört.*

321 *Richard Riemerschmid, Schauspielhaus in München, 1900*

322
Joseph Maria Olbrich, »Hochzeitsturm« und Ausstellungsgebäude, Darmstadt, 1899/1908

Zwischen 1899 und 1908 entstand in Darmstadt im Auftrag des Großherzogs Ernst-Ludwig von Hessen in Verbindung mit der Ausstellung »Dokumente deutscher Kunst« eine Wohnsiedlung für Künstler. Als Baumeister wurde JOSEPH MARIA OLBRICH (1867—1908) aus Wien berufen, wo er 1898 das Gebäude der »Secession« errichtet hatte. Neben jüngeren Helfern wurde sein engster Mitarbeiter PETER BEHRENS (1868—1940), begabter Architekt, Maler, Graphiker und Kunsthandwerker in einer Person. Es gelang Olbrich, eine Synthese aus der knappen Formensprache des Schotten Mackintosh und dem Wiener Sezessionsstil zu schaffen. Er verzichtete weitgehend auf das Ornament und unterwarf die Bauform dem Gesetz der Zweckmäßigkeit. Zum Wahrzeichen des Darmstädter Jugendstils wurde der »*Hochzeitsturm*«, dessen Dach die stilisierte Form einer Schwurhand erhielt —, Symbol der Eheschließung des Großherzogs mit Eleonore zu Solms-Lich (M. Rheims). Im Verzicht auf schmückendes Beiwerk fand das junge Darmstädter Architekten-Team einen Weg zur Überwindung des Jugendstils (Abb. 322).

Die Plastik im 19. Jahrhundert

»Seit dem Tode Michelangelos wird die Plastik zu einem Dialog mit der Vergangenheit.«

André Malraux

Aus der freien Wirtschaft in England und der politischen Gleichberechtigung in Frankreich zog man in Deutschland zunächst keine politischen und sozialen Konsequenzen. Der deutsche Idealismus trug zur europäischen Entwicklung nur im rein geistigen Bereich bei: das Leitbild der freien Persönlichkeit wurde philosophisch erarbeitet. Auch in den Bildkünsten blieb die Revolution rein ästhetisch. Der Geist Winckelmanns, der an der griechischen Kunst nur die ideal-schöne Seite sah, bestimmte in der ersten Jahrhunderthälfte die Form des plastischen Bildes.

Die Plastik des Klassizismus

Das Wort Goethes, daß »der Mensch der höchste, ja der eigentliche Gegenstand der bildenden Kunst« sei, wurde von den Bildhauern als Forderung verstanden, auch in der Plastik antiken Idealen nachzustreben.

323
Bertel Thorvaldsen, *Jason*, *1828*.
Kopenhagen, *Thorvaldsen Museum*

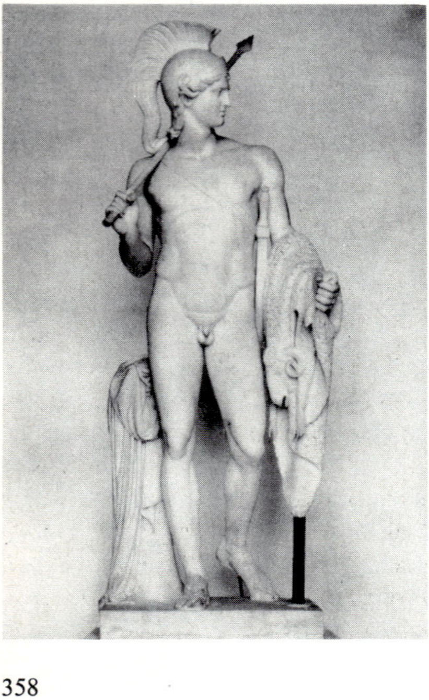

324
Antonio Canova,
Hebe, *1796*. *Berlin*, *Nationalgalerie*

325
Johann Gottfried Schadow, Kronprinzessin Luise von Preußen und ihre Schwester Friederike, 1795. Berlin

Der Italiener ANTONIO CANOVA (1757—1822) und der Däne BERTEL THORVALDSEN (1768—1844) haben dieses Neugriechentum am reinsten verwirklicht (Abb. 323 und 324); ihre Werke besitzen Ruhe, abgewogenes Gleichmaß, edle Konturen und milde Schönheit. Doch lassen sie bei aller formalen Vollendung jene Größe vermissen, die der Klassik eigen war. Es fehlen Fülle und Kraft der Antike. Die große Haltung wird oft zur kunstvollen Pose.

Die stärkste Begabung in Deutschland war JOHANN GOTTFRIED SCHADOW (1764—1850). Sein Schaffen gipfelt in der Gruppe der *Prinzessinnen Luise und Friederike* (Abb. 325). Anmut und Empfindung stellen dieses Bildwerk über die bloße Nachahmung des Griechentums. — Auch Schadows Schüler CHRISTIAN RAUCH (1777—1857) suchte wie sein Lehrer die Bildkunst zu verinnerlichen. Der Natur nachgebildet, aber an der Antike geläutert ist sein Bildnis der *Königin Luise*, für deren Jugendfrische er im hellen Marmor das rechte Ausdrucksmittel fand (Abb. 326).

Im München Ludwigs I. wurde LUDWIG SCHWANTHALER (1802–1848) zum bedeutendsten Klassizisten. Zu seinen vielen Aufträgen gehörten das Giebelfeld für die Glyptothek, der Aphrodite-Fries im Königsbau der Residenz und die Giebelgruppe für die Walhalla. Sein Werk muß im Zusammenhang mit der Architektur verstanden werden.

Eine der schönsten Schöpfungen Schwanthalers ist die bezaubernde *Quellnymphe* im Münchner Hofgarten — eine Brunnenfigur, die nicht eine heroisch gesehene Antike nachahmt, sondern dem deutschen Märchen anzugehören scheint (Abb. 327).

326
Christian Rauch, Königin Luise, 1817. Berlin, ehem. Hohenzollern-Museum

327
Ludwig Schwanthaler, Quellnymphe, 1840/45. München, Hofgarten

Ludwig Richter, Der Watzmann, 1824. München, Neue Pinakothek

Karl Spitzweg, Die Dachstube, 1882. München, Privatbesitz

Tafel 50

Wilhelm Leibl, Drei Frauen in der Kirche, 1882
Hamburg, Kunsthalle

Edouard Manet, Das Frühstück im Atelier, 1868.
München, Bayerische Staatsgemäldesammlungen

328 *Reinhold Begas, Neptunbrunnen in Berlin, 1891*

Realismus und Idealismus

Nach 1850 bestanden in der Bildhauerkunst realistische und idealistische Auffassungen nebeneinander.

Vertraut mit der Plastik des Hellenismus und Michelangelos, suchte der Berliner Reinhold Begas (1831—1911) seine Schöpfungen mit sinnenhafter Lebensnähe zu erfüllen. Da er die handwerklichen Mittel virtuos beherrschte, gelang ihm ein prunkvoller Formenüberschwang, dessen naturalistischer Illusionismus jedoch echter Monumentalität fernsteht. Der *Neptunbrunnen* vor dem Berliner Schloß (1891) nahm das Pathos barocker Denkmalkunst neu auf; Berninis römische Skulpturen sind hier in einen illustrativen Realismus umgedeutet (Abb. 328).

329 *Adolf von Hildebrand, Der Wittelsbacher Brunnen in München, 1895*

330
Constantin Meunier, Heimkehr der Bergleute (Bronzerelief für ein geplantes »Denkmal der Arbeit«), um 1900

Die idealistische Richtung der Plastik vertrat in der zweiten Jahrhunderthälfte ADOLF VON HILDEBRAND (1847—1921). Er erscheint als Antipode des »barocken« Begas. Aus einem neuen Begreifen des Klassischen suchte er die beruhigte Form. Seine Gedanken über die Beziehung zwischen Plastik und Raum brachen mit dem seit dem Barock gültigen Gesetz von der Allseitigkeit der Skulptur und forderten die Hauptansicht. In dieser Auffassung ordnete er die Plastik der städtebaulichen Gestaltung ein wie beim *Wittelsbacher Brunnen* in München (Abb. 329).

Die bildnerische Wirklichkeit von CONSTANTIN MEUNIER (1831—1905) hat anderen Charakter. Seine Gestalten sind in den belgischen Kohlenrevieren beheimatet. Sein Reliefbild der Grubenarbeiter, »*Heimkehr der Bergleute*« (um 1900), erfaßt die Gruppe der Männer in einer großen Silhouette. Im Bewegungszug der Arbeiter liegt ruhige Verhaltenheit ohne Pose. Meunier formte das Ethos der Handarbeit zum Bild und griff damit als erster soziale Themen in seinem Werke auf (Abb. 330).

Symbolismus und Jugendstil

Die Bewegung des Art Nouveau überzeugt in der Bildhauerkunst am wenigsten. Die Skulptur entlehnte dem Jugendstil im allgemeinen nur eine Reihe äußerer Formmittel — das Vorherrschen der Kurve, den rhythmischen Verlauf gebündelter Linien, eine weiche, verschwimmende Modellierung — und begnügte sich meist mit kleinen Formaten. Es gab um 1900 einen Überfluß an Statuetten und Nippsachen, an denen der bürgerliche Geschmack Gefallen

331
Raoul Larche, Die Schleiertänzerin Loïe Fuller, um 1900. Privatbesitz

fand. Zuweilen verband man »das Schöne mit dem Nützlichen«. Raoul Larche (1860—1912) schuf um 1900 eine vergoldete Bronzestatuette der *Tänzerin Loïe Fuller*, zwischen deren schwingenden Schleiern sich über dem Kopf elektrische Lampen verbargen (Abb. 331). Die Vorliebe der Zeit für symbolträchtige Darstellungen schlug sich in Themen nieder wie Freude, Trauer, Liebe, Hoffnung, Verzweiflung, Geheimnis und ähnlichen: Themen, die dem Künstler Gelegenheit gaben, dem Frauenideal des Fin de siècle Form zu geben. Es war meist ein sehnsuchtsvoller Typus von elegischer Grundstimmung wie bei der Holz-Elfenbein-Büste der »Reflexion«, die *Jean-Auguste Dampt* um die Jahrhundertwende geschaffen hat.

Nur wenige Bildhauer wagten sich an die Großplastik. Sie blieb eine Domäne einzelner hervorragender Künstler, die gewisse Elemente des Jugendstils aufnahmen, ohne ihm anzugehören. Zu ihnen zählt Auguste Rodin (1840—1917), dessen Genius außerhalb jeder Richtung steht. Er gehört thematisch dem *Symbolismus* an (vgl. Seite 400), aber die meist zerklüftete Oberfläche seiner Figuren und das Spontane ihrer Erscheinung lassen an den Impressionismus denken. Seine Kunst mutet barock-realistisch an und besitzt die Vollendung des Klassischen. Er drang tief in seelische Bereiche ein, ohne affektierten Gefühlen zu erliegen wie viele seiner Zeitgenossen. Die »*Bürger von Calais*« (1884/88) geben einen historischen Vorgang in lebensgroßen Einzelfiguren mit einem Höchstmaß an Wirklichkeitsnähe wieder (Abb. 332).

332 *Auguste Rodin, Die Bürger von Calais, 1884/88. Paris, Musée Rodin*

In jedem der sechs Bürger, die zum äußersten Opfer entschlossen sind, hat Rodin die Erwartung des dunklen Schicksals psychologisch anders gedeutet. Der bewegte Umriß der Gruppe und der zerwühlte Faltenwurf der Gewänder steigern die Dramatik. Die große Gebärde wird zum Formmittel des Tragischen. Das Bildwerk sollte

333 *Auguste Rodin, Danaide, 1885. Marmor. Paris, Musée Rodin*

334
Georges Minne, Brunnen mit fünf knienden Knaben, 1906. Essen, Folkwang-Museum

ursprünglich mitten auf dem Markt aufgestellt werden, damit die Grenze zwischen Leben und Kunst falle, — ein Gedanke, der in der zweiten Hälfte unseres Jahrhunderts eine neue Bedeutung erhalten hat.

Bei der »*Danaide*« (1885) gibt die Skulptur des schönen Frauenkörpers, der im Marmorgrund zu versinken scheint, den düsteren Hintergrund der griechischen Sage nicht zu erkennen (Abb. 333). Was an dieser Plastik bewegt, ist die Verbundenheit von Mensch und Natur. Wie flutendes Wasser — ein Motiv des Jugendstils — ergießt sich die Masse des schönen Haares über den rauhen Felsen, der wie eine Schale den kauernden Leib aufnimmt. Die Glätte der Haut und das grobe Korn des Steins sind so starke Gegensätze, daß der Eindruck des Unvollendeten entsteht, — eines der Ausdrucksmittel des Symbolismus.

Die Danaide Rodins entstand im ersten Jahrzehnt des Art Nouveau, der *Brunnen* des Vlamen Georges Minne (1866—1941) steht am Ende der Epoche. Er wurde 1898 entworfen und 1906 für das Folkwang-Museum in Essen ausgeführt. Das große Thema Minnes ist der menschliche Körper, vor allem der des Jünglings. Seine überschlanken Gestalten sind den Figuren der hohen Gotik verwandt. Häufig ordnete der Bildhauer die Körper zu »plastischen Ornamenten« (Meier-Gräfe), so auch die auf dem Brunnenrand knienden Knaben (Abb. 334). Die fünffache Wiederholung der genau gleichen Gestalt auf der Form des Kreises läßt eine nicht endende Bewegung entstehen, die in sich selbst zurückkehrt. Unter völligem Verzicht auf Jugendstil-Ornamente steht die Skulptur in großer Reinheit vor dem Betrachter. Ihr Geist steht dem Expressionismus näher als dem Jugendstil.

Die Malerei im 19. Jahrhundert

»Der Maler soll nicht nur malen, was er vor sich sieht, sondern auch, was er in sich sieht.«

Caspar David Friedrich

Der radikale Bruch mit der Vergangenheit, zu dem es überall im europäischen Geistesleben am Ende des 18. Jahrhunderts kam, erfaßte auch die Malerei, die sich nun vom geistvoll zarten Formenspiel des Rokoko abwandte und zu einer streng rationalen Ordnung bekannte. Wie in der Baukunst und Plastik glaubte man ganz von vorn anfangen zu müssen, um zu einem eigenen Stil zu gelangen. Die Abkehr vom Barock geschah nach den Forderungen des Aufklärers *Diderot*, der den Künstlern heroische Vorwürfe, aber auch Schlichtheit und Natürlichkeit der Darstellung empfahl.

Die Malerei des Klassizismus

In Frankreich

vertritt die empfindsame Seite der klassizistischen Malerei am reinsten eine Frau: Marie Elisabeth Vigée-Lebrun (1755—1842). Sie erfüllte ihr Bild »*Mutter und Kind*« mit natürlicher Beseelung, wie sie die effektvoll posierende spätbarocke Hof-

335
Mme. Vigée-Lebrun, Mutter und Kind, um 1787. Paris, Louvre

336
Jacques-Louis David, Der ermordete Marat, 1793. Brüssel, Kgl. Belgisches Museum der Schönen Künste

malerei nicht kannte (Abb. 335). Eine elegische Grundstimmung wirft ihre Schatten über die verträumte Gruppe.

Neben dem sentimentalen Klassizismus, der schon die Keime der Romantik in sich birgt, steht eine härtere Gesinnung, die auf die altrömische *virtus*, die Bürgertugend, zurückgreift. Die Revolution der Kunstform entsprach beinahe zwangsläufig den ethischen Forderungen der jungen französischen Republik an ihre Bürger. Zum Wortführer ihrer Parolen wurde in der Malerei Jacques-Louis David (1748—1825), dessen künstlerischer Beitrag so vehement wirkte, daß seine Zeit von einer »révolution Davidienne« sprach.

Den »*Tod des Marat*« malte David mit vollendeter Regiekunst als das Ende eines Märtyrers (Abb. 336). In der erhabenen Haltung eines sterbenden antiken Philosophen ist der Volkstribun in die Laken zurückgesunken, mit denen die Wanne verhüllt ist. Kraftlos ist die rechte Hand im Todeskampf zu Boden geglitten, während die linke in erstarrten Fingern das Bittgesuch hält, das ihm die Mörderin vor dem Todesstoß überreicht hat. Die düstere Situation ist unmittelbare Wirklichkeits-

337
J. A. Dom. Ingres, Tu Marcellus eris, 1819. Brüssel, Museum

nähe. Es gibt nach Inhalt und Form keinen größeren Gegensatz als den zwischen diesem Gemälde und einem Bild Fragonards (Abb. 299). Dort wolkig-zarte, in der Tiefe verfließende Umrisse, hier die kahle Wand als Hintergrund und Formen von puritanischer Strenge.

Davids großer Schüler Jean Auguste Dominique Ingres (1780—1867) schuf eine neue Farbkultur, in der sich die kühlen Grautöne der klassizistischen Malerei zu warmen, emaillehaft leuchtenden Farben wandelten.

Noch ganz vom Geist des römischen Altertums ist sein Jugendwerk »*Tu Marcellus eris*« erfüllt, das im ehernen Stil antiker Plastik Vergil beim Vortrag seiner Aeneis vor Frauen des Kaiserhauses festhält (Abb. 337). Im 6. Gesang schildert der Dichter den Besuch des Aeneas in der Unterwelt und die gespenstische Szene, in der Anchises einem der Schatten verkündet, in einem neuen irdischen Leben werde er Marcellus sein, Retter des Vaterlandes und Ahnherr des ersten römischen Kaisers. Später wandte sich Ingres lebensfroheren Themen, vor allem dem Bildnis zu.

In Deutschland

trat der Klassizismus in der bildenden Kunst hinter die Klassik von Weimar zurück. Die deutschen Maler der Goethezeit wollten die Öffentlichkeit zum Guten, Wahren und Schönen erziehen. Unter ihnen war *Joh. Heinr. Wilhelm Tischbein* (1751—1829) ein vielseitiges Talent: Porträtist, Landschafter und Historienmaler. Das bedeutende Bildnis Goethes auf der Rast in der Campagna (1787) zeigt, wie der Maler das klassische Ideal in großer Bildform zu verwirklichen verstand.

John Flaxman,
Zeichnung zu den
Tragödien des Aischylos,
1795

In England

war die Kunst nie völlig barockem Formenüberschwang erlegen. Die klassische Form wurde dort auch in Barock und Rokoko bewahrt. Verhältnismäßig früh verband sich auf der Insel der Klassizismus mit romantischen Vorstellungen. Dies galt vor allem für die Graphik.

Der Schweizer *Heinrich Fueßli* (1741—1825), der in England eine zweite Heimat fand, hat Zeichnungen zur griechischen Mythologie und zu den Dramen Shakespeares angefertigt, die in ihrer heftigen Phantastik unter dem Eindruck des Geniekults entstanden sind. Sie suchen in pathetischer Weise das Visionäre und verleihen hintergründigen Traumgebilden beängstigend spukhafte Form. Von diesen nächtlichen Gesichten führt ein Weg zum »Surrealismus«, der unterbewußte Traumzustände darzustellen sucht.

Den Stil der reinen Kontur vertritt JOHN FLAXMAN (1755—1826), dessen Zeichnungen zu Homer und Aischylos in ganz Europa verbreitet waren. Aber auch bei ihm ist manches Motiv der Welt des Traums entnommen.

Beiden Künstlern verwandt ist WILLIAM BLAKE (1757—1827), der bedeutendste Vorläufer der romantischen Dichtung in England; als Zeichner hat er die mystischen Prophezeiungen seiner Verse selbst illustriert. Obwohl seine Kunst noch im Herrschaftsbereich des Klassizismus entstanden ist, gilt Blake heute als Vorläufer des Jugendstils. Seine Graphik nimmt das Leitmotiv des Art Nouveau vorweg: die in seltsamer Krümmung langfließende Bewegung paralleler Linien (R. Schmutzler).

The Divine Image.

To Mercy Pity Peace and Love,
All pray in their distress:
And to these virtues of delight
Return their thankfulness.

For Mercy Pity Peace and Love,
Is God our father dear:
And Mercy Pity Peace and Love
Is Man his child and care.

For Mercy has a human heart
Pity, a human face:
And Love the human form divine,
And Peace, the human dress.

Then every man of every clime,
That prays in his distress,
Prays to the human form divine
Love Mercy Pity Peace.

And all must love the human form,
In heathen, turk or jew;
Where Mercy, Love & Pity dwell
There God is dwelling too.

William Blake, Buchseite aus der Gedichtsammlung »Songs of Innocence«:
The Divine Image, 1789

Die Malerei der Romantik

Die Aufklärung, die dem Ideal einer allgemeinen Menschheitsbildung folgte, glaubte diesen Traum am reinsten in einer an der Antike geschulten Kunst verwirklichen zu können. In der späteren »Restauration« aber wurden diese Pläne von den realen Mächten der Gegenwart beiseitegeschoben. Seit der napoleonischen Unterdrückung wurden sich die Völker Europas mehr und mehr ihrer Eigenart bewußt. An die Stelle des Weltbürgertums trat das Nationalbewußtsein.

Auflösung des Rokoko in Spanien

Die Anfänge des FRANCISCO DE GOYA (1746—1828), des größten spanischen Malers seit Velazquez, liegen noch im Rokoko. Seine Entwürfe für die Madrider Teppichmanufaktur, in denen er Landleben, Spiele und Maskeraden schilderte, gehören in ihrer hellen Farbigkeit noch dem Stil des 18. Jahrhunderts an. Als Hofmaler Karls III. malte er manches gefällige Bildnis in der glatten Manier des damaligen Kunstpapstes *Raffael Mengs*, des überschätzten Vertreters eines eklektischen Klassizismus. Bald aber führte ihn sein Überfluß an künstlerischer Kraft zur großen Malerei Tizians und Tiepolos und zur graphischen Kunst Rembrandts. Zum eigentlichen Ahnherrn seiner Malerei aber wurde sein Landsmann Velazquez.

Wenig später trieb es ihn, dem lebensfrohen, kraftvollen Dasein die Bosheit und Grausamkeit der menschlichen Raubtiernatur gegenüberzustellen: in den Bildern vom Kampf der spanischen Patrioten gegen Napoleon sind die Greuel des Guerillakriegs mit einer bösen Lust am Abgründigen verdichtet. Das Gemälde »Erschießung

Goya, Y no hay remedio — Es gibt keinen Ausweg. Radierung, 1810

338 *Francisco de Goya, Die Familie Karls IV., 1800. Madrid, Prado*

spanischer Insurgenten« ist eine grausige Variation über das Thema der Todesangst, die hier von stumpfer Gleichgültigkeit bis zu wütender Empörung und schreiendem Entsetzen reicht. Die Menschenverachtung des Malers schreckte nicht davor zurück, in dem riesigen Gemälde der »*Familie Karls IV.*« (1800) die Mitglieder des Königshauses als Versammlung aller Torheit und Eitelkeit darzustellen; daß die Porträts trotzdem den Beifall der Auftraggeber fanden, wirkt wir ein gespenstisches Zeugnis des Zerfalls einer bisher wohlgefügten Welt (Abb. 338).

Noch düsterer ist die Stimmung seiner Radierungen. Aus den »Desastres de la Guerra« spricht Verzweiflung über die Schrecken des Krieges, aus den »Caprichos« Hohn auf die menschlichen Unzulänglichkeiten. Die brillanten Zeichnungen der »Tauromaquia« kosten die wilden Erregungen der Stierkämpfe bis zur Neige aus. Das Unheimliche aller Blätter wird durch die Helldunkel-Wirkung der Aquatinta gesteigert. In Goyas einsamen letzten Lebensjahren entstanden die grausigen Visionen der »Sueños« (Träume) — erschütternde Gleichnisse einer Menschheit, über der die Todesangst schwebt.

Goya war ein Genie, das die Zukunft der Welt aus der Sicht einer isolierten Begabung sah; er war ein Revolutionär, dessen Kunst ein Stück politischer Wirklichkeit wurde, und er war bis in die letzte Faser Spanier. Seine Malerei überspannte die Entwicklung des ganzen 19. Jahrhunderts: den klassischen Beginn, die romantische Mitte und den Realismus des Ausgangs. »Goya läßt die ganze moderne Kunst ahnen, denn die moderne Kunst nimmt ihren Aufstieg aus dieser Freiheit« (André Malraux).

339
Jos. Anton Koch, Schmadribachfall, 1821/22. München, Neue Pinakothek

Die Malerei der deutschen Romantik

Die künstlerische Leistung der deutschen Romantik wurde getragen von der vaterländischen Begeisterung der Freiheitskriege. Die Geschichte des eigenen Volkes bot eine Fülle von Themen. Das Mittelalter verdrängte die Antike, die deutsche Heldensage den Mythos des klassischen Altertums. Aus dem Bannkreis der rationalistischen Aufklärung fand man in eine Welt der Gefühle und Empfindungen. Es entstand eine neue Schau der Natur, die sich vom Vorbild der antikischen Ideallandschaft löste und die Schönheit der Heimat wiederentdeckte.

Ergriffen von der Erhabenheit der Schweizer Bergwelt, schuf der Tiroler Bauernsohn Joseph Anton Koch (1768—1839) die **heroische Landschaft**. In neuer übermächtiger Erfindung baute er das grandiose Gefüge eisbedeckter Berge über dem »*Schmadribachfall*« auf, dessen schäumende Wasser über Felsen und Klippen zu Tal stürzen (Abb. 339). Hier ist zum erstenmal die ungebändigte Naturkraft ohne verbindliche Staffagen darstellungswürdig geworden. Dem Beispiel Kochs folgte der junge Dresdener Maler

340 *C. D. Friedrich, Böhmische Landschaft, um 1818. Stuttgart, Staatsgalerie*

LUDWIG RICHTER (1803—1884) in seinem Bild »*Der Watzmann*« (Farbtafel 49), bevor er sich gemütvoll der kleinbürgerlichen Idylle zuwandte.

Der schwerblütige Pommer CASPAR DAVID FRIEDRICH (1774—1840) suchte die **vergeistigte Natur** und erhob sie in seinen Gemälden zum Gleichnis der Unendlichkeit. Der klassischen Bezwingung der Wirklichkeit setzte er die romantische Erlösung aus ihr entgegen. Im Umgang mit Tieck und Kleist wurde er eine Zeitlang zum Führer eines schwärmerischen Kreises junger Maler, zog sich dann aber in selbstauferlegte Einsamkeit zurück. In seinen Landschaften wählte er stets die einfachste und klarste Ansicht ohne jeden dramatisierenden Effekt. In unbeschreiblicher Reinheit steht die Natur vor unseren Augen; ihr einfacher Aufbau ist von allen Zufallsbildungen befreit. Immer wird der Blick des Beschauers in die Ferne geführt. Der vom Sonnenlicht übergossenen »*Böhmischen Landschaft*« wohnt in ihrer gläsernen Weiträumigkeit eine melancholische Verlassenheit inne (Abb. 340). Die schwermütige Stimmung der Kunst Friedrichs erwächst aus dem tragischen Gefühl des Alleinseins, das die romantische Flucht aus der brüderlich-menschlichen Gemeinschaft hervorruft.

Ihm geistesverwandt ist sein in Hamburg heimisch gewordener Landsmann PHILIPP OTTO RUNGE (1777—1810), der die **beseelte Natur** zum Gegenstand der Kunst zu erheben strebte. Seine »Tageszeiten« sind der Versuch einer schwärmerischen Naturallegorie, einer pantheistischen Deutung des Lebens. Stärker als die wirklichkeitsfernen Spekulationen dieser Naturmystik sind seine Familienbilder. Seine Menschen sind streng, ernst und verschlossen und verharren — ganz im Sinn der Romantik — in selbstbewußter Individualität. Sein schönstes Gruppenbildnis, »*Wir drei*«, das ihn mit Gattin und Bruder elegisch verbunden zeigt, ist beim Brand des Münchener Glaspalastes 1931 zugrunde gegangen (Abb. 341).

341 *Philipp Otto Runge, Wir drei, 1806. (1931 verbrannt)*

Das Werk des Wieners MORITZ VON SCHWIND (1804—1871) steht im Licht einer poetisch gesehenen Natur, die von den bekannten Gestalten des deutschen Märchens bevölkert ist. In München wurde er der Hauptmeister der süddeutschen, mit biedermeierlichen Zügen gemischten Romantik. Neben seinen Fresken in den Räumen der Wartburg hat er Staffeleibilder geschaffen wie »Die Rose«, »Des Knaben Wunderhorn« und »Die Erscheinung im Walde«. »*Die Symphonie*« ist eine Komposition stiller Begebenheiten aus einem Künstlerleben, deren Mitte die Begegnung auf steilem Bergweg einnimmt (Abb. 342).

Als Maler religiöser Stoffe (Altarblätter in der Frauenkirche zu München) stand Schwind dem Kreis der **Nazarener** nahe, der sich auf Perugino, Raffael und Dürer berief und eine »neudeutsch-religiöse« Kunst schaffen wollte. Dem verstandeskühlen Klassizismus stellte der in Wien gegründete »Lukasbund« eine neue, aus frommem Gemüt schöpfende Gesinnung entgegen. 1810 übersiedelte der Kreis nach Rom und begann im Kloster San Isidoro eine christliche Kunst aus »Herz, Seele und Empfindung« zu erwecken. Um den Lübecker FRIEDRICH OVERBECK (1789—1869) sammelten sich *Franz Pforr*, *Peter Cornelius*, *Wilhelm von Schadow*, *Julius Schnorr von Carolsfeld* und andere. Overbecks in sich ruhendes Bildnis der »*Vittoria Caldoni*« mag als Zeugnis nazarenischer Gesinnung gelten (Abb. 343).

342
Moritz v. Schwind, Die Symphonie, 1847 (Teilbild). München, Neue Pinakothek

Die stille Beschaulichkeit des Nazarenerkreises durchbrach eine einzige Kraft: die monumentale Kunst des Düsseldorfers *Peter Cornelius*. Sein Arbeitsfeld war das große Wandbild. In seinem Karton zu den »Apokalyptischen Reitern« wirken dramatische Spannungen und leidenschaftliche Erregung, wie sie den Nazarenern fremd blieben. Seine Ideenmalerei verschmolz klassische Form und romantische Gesinnung.

343
Friedrich Overbeck, Vittoria Caldoni, 1821. München, Neue Pinakothek

Die Malerei der französischen Romantik

Die französische Romantik unterscheidet sich von der deutschen durch die leidenschaftliche Verkündung revolutionärer Ideen. Was uns an den Bildern des romantischen Deutschland ergriff — gemütvolle Versenkung in die Natur, poetische Verklärung des Mittelalters, mystische Weltbetrachtung und Streben nach religiöser Erneuerung —, das suchen wir vergeblich in der gleichzeitigen Malerei Frankreichs, die sich zur Wortführerin der Revolution von 1830 macht. Ihr Großmeister Delacroix verherrlichte in einem frühen Meisterwerk die Barrikadenkämpfe des Juliaufstands.

Das politische Pathos fand seinen künstlerischen Niederschlag in einer malerischen Pracht, die einer Erneuerung des Barock gleichkommt. Die französischen Romantiker finden ihre Bildaufgaben in der zeitgenössischen Geschichte, auf den Schlachtfeldern Napoleons, in den Schreckensszenen des griechischen Freiheitskampfes und in der exotischen Welt des Orients.

Der Begründer der französischen Romantik war in der Malerei THÉODORE GÉRICAULT (1791—1824). In seinem Bild der »*Pferdebändiger*« verband sich klassische Idealität mit der stürmischen Empfindung der Romantik. Jünglinge von heroischem Wuchs bringen in kühnem Lauf ein rasendes Pferd zum Stehen, dessen Freiheitswille

344 *Théodore Géricault, Pferdebändiger, um 1817. Rouen, Museum*

Edgar Degas, Das Ballett, um 1880. London, Sammlung Courtauld

Auguste Renoir, Das Frühstück, 1879.
Frankfurt, Städelsches Kunstinstitut

Paul Signac, Paris la Cité. 1912. Essen, Folkwang-Museum

Lovis Corinth, Ostern am Walchensee, 1922. New York, Privatbesitz

Tafel 56

345 *Eugène Delacroix, Die Reitstunde, 1838. Paris, Sammlung M. Tauber*

sich gegen ihren harten Griff aufbäumt (Abb. 344). Später gestaltete der Maler die zeitgenössische Wirklichkeit. Er schildert die Bravour der Reiterattacken auf den russischen Schlachtfeldern, den Todeskampf napoleonischer Offiziere, das Grauen der Schiffbrüchigen auf schwankendem Floß.

Eugène Delacroix (1798—1863) hat schon in seinem Jugendwerk »Die Dantebarke« den Klassizismus durch vehemente Dynamik und glühende Farbigkeit überwunden. Die Fahrt der Verdammten über die dunklen Wasser des Styx wird ihm zu einer düsteren Vision. Später fand der Maler seine Bildthemen meist in der Zeitgeschichte. Er malte das Blutbad, das die Türken unter den Griechen von Chios anrichteten, und die Straßenkämpfe der Pariser Revolution. Im Gefolge der französischen Kolonialpolitik entdeckte er die bunte Schönheit des Orients (Abb. 345). Seine Sehweise blieb immer dramatisch, seine Palette malerisch.

Der dritte große Romantiker der französischen Malerei ist Honoré Daumier (1808—1879). Seine Hinterlassenschaft macht neue Seiten der Romantik in Frankreich sichtbar. In überraschender Hinwendung zu sozialen Motiven, zum mühseligen Tageslauf der unteren Volksschichten gestaltete Daumier ohne sentimentale Verbrämung das Leben der Armen. Oft malte er Wäscherinnen, die unter ihrer Bürde gebeugt am Abend vom Fluß heraufsteigen, Mütter mit ihren Kindern in einem dumpfen Eisenbahnabteil, Menschen auf der Flucht. Ein sozialer Realismus ist hier im Aufbruch (Abb. 346).

Eine andere Seite seines Wesens gehörte der satirischen Zeitkritik. Daumier sah seine Umwelt mit der scharfen Ironie des Franzosen: den Dünkel der Richter, die Käuflichkeit der Advokaten, die Eigensucht der Parlamentarier, die Frömmelei der Kleinbürger und die Aufgeblasenheit der Militärs. Seine Karikaturen bedienten sich eines neuen Vervielfältigungsmittels, der Lithographie.

Honoré Daumier,
Der Senatspräsident

Die Lithographie

wurde von Alois Senefelder 1798 in München erfunden. Im Gegensatz zum Hochdruck des Holzschnitts und zum Tiefdruck des Kupferstichs und der Radierung ist sie ein Flachdruck. Auf eine glattgeschliffene Platte aus Solnhofener Kalkstein, der Wasser und Fett einsaugt, wird die Zeichnung mit fetthaltiger Kreide aufgetragen. Dann wird die Platte mit einer säurehaltigen Gummilösung überzogen, die bewirkt, daß die von der Zeichnung nicht bedeckten Stellen angeätzt werden und so Wasser aufnehmen und die Druckerschwärze abstoßen können. Die Druckerschwärze haftet dann nur an der Zeichnung. Unter einer Presse kann schließlich die Zeichnung auf Papier gedruckt werden. Sie erscheint im Spiegelbild.

Beim Umdruckverfahren wird mit Lithographenkreide auf ein besonders präpariertes Papier gezeichnet. Diese Darstellung wird auf die Platte durch Abdruck als Negativ übertragen, von dem sich positive Papierdrucke herstellen lassen. Die Farblithographie entsteht durch Übereinanderdrucken mehrerer Farbplatten.

346 *Honoré Daumier, In der dritten Klasse, um 1860. Winterthur, Slg. Oskar Reinhart*

347 *John Constable, Das weiße Pferd. 1819. New York, Frick Collection*

Stilrichtungen der Jahrhundertmitte

Landschaft und Atmosphäre

In der Malerei des Rokoko wurde die Landschaft zum zärtlich verschwimmenden Hintergrund für galante Feste. *Watteau* formte in dem Bild des »Gilles« den Baumschlag des Hintergrundes nicht zu Natur und Realität, sondern zu einer malerischen, im Unbekannten verfließenden Kulisse (Teil III, Abb. 300). In der Romantik wurde die Landschaft zum religiösen Erlebnis der Natur, deren Harmonien der Mensch erfühlte. Dann aber drängte die Entwicklung im Lauf des 19. Jahrhunderts immer mehr zur wirklichkeitsnahen Darstellung, die ihre Frische vom unmittelbaren Eindruck, von der spontanen Impression empfing. Dabei mußten den wechselnden Erscheinungen des Lichts und der Atmosphäre besondere Aufgaben zufallen.

In England

entdeckte der Müllerssohn John Constable (1776—1837) diese neue Welt. In seinen Landschaftsbildern erreicht die englische Malerei ihre größte Form (Abb. 347). Unbekümmert um Systeme und Lehrsätze schöpfte er aus der unbefangenen Naturbeobachtung. Er suchte nicht eine ideale Natur, sondern das Elementare der Schöpfung, in der »nicht zwei Tage gleich sind, nicht einmal zwei Stunden«, wie er einmal sagte. Diese Erkenntnis führte ihn aus der Werkstatt in den freien Landschaftsraum,

348 *Camille Corot, Flußlandschaft, 1865. London, National Gallery*

dessen wechselnde Erscheinung er in Skizzen festhielt. Seine Arbeitsweise machte ihn zum Begründer des Pleinairismus, der Freilichtmalerei, die schließlich über das Atelierbild siegte.

Ähnliche Ziele verfolgte sein Landsmann *William Turner* (1775—1851). Sein konsequentes Studium des Lichts in der Begegnung mit atmosphärischen Erscheinungen wie Nebel, Schneedunst und Wasser führte ihn zu einer Malweise, die in ihrer formauflösenden Tendenz den Impressionismus vorwegnahm.

In Frankreich

gab es gleichfalls Maler, die bereit waren, die Stimmungswerte der Natur in der freien Landschaft zu suchen. Im Dorf Barbizon lebten sie nahe den Wäldern von Fontainebleau in einer brüderlichen Gemeinschaft. Zu ihnen gehörten *Théodore Rousseau*, in dessen Bildern braune, rote und gelbe Töne die abendlichen Wälder zu spätem Leuchten bringen, der Tiermaler *Constantin Troyon* mit seiner malerischen Formgebung und der Bauernsohn *Jean François Millet*, der den mühevollen Werktag des Schaffenden gestaltete.

Die liebenswürdigste Erscheinung aber war CAMILLE COROT (1796—1875). Seine träumerischen Landschaftsbilder überführten den dramatischen Gehalt der französischen Romantik in stille Lyrik. Corot war der eigentliche Entdecker der »paisage intime«, der »Stimmungslandschaft«, wie diese sachlich-innige Naturmalerei bezeichnet wird. Seine wahlverwandten Ahnen sind Poussin und Claude Lorrain. Auch seine Art ist es, leise zu sein und mit silbriger Palette die Landschaft zu verzaubern. Über den Wäldern, Wiesen und Flüssen seiner Landschaft, deren Geschöpfe in heiterer Gelassenheit leben, schwebt der Duft der Atmosphäre (Abb. 348).

Auch Deutschland

folgte dem Drang, die Natur an ihren Quellen aufzusuchen. Schon der Münchener *Wilhelm von Kobell* begann in seinen Isarlandschaften das Licht als Stimmungsmittel zu verwenden. In Norddeutschland waren es *Karl Blechen* und *Karl Steffeck*, im österreichischen Raum *Georg Ferdinand Waldmüller*, die in kleinen intimen Ausschnitten die Natur im hellen Tageslicht festhielten.

In München hinterließ Karl Spitzweg (1808—1885), der Malerpoet des Biedermeier, einen Schatz liebevoll verklärter Landschaftsbilder von juwelenhaftem Farbreichtum. Erscheint auch bei ihm die Natur nicht allein um ihrer selbst willen, sondern als freundlicher Schauplatz gemütvoller Anekdoten, so wird das neue Verhältnis zu ihr doch in den farbigen Reizen der Lichtführung sichtbar: in die Schatten sind helle Tupfen und lichte Sonnenkringel gemalt. Spitzweg hat als erster die romantische Schönheit enger Gassen und Winkel in alten Städten entdeckt, in denen schrullige Käuze ein beschauliches Dasein führen (Farbtafel 50).

Der Realismus in Deutschland und Frankreich

Die Malerei der Biedermeierzeit hatte in Deutschland trotz aller romantischen Verklärung ihrer Motive realistische Züge. Ihre Wirklichkeitstreue hat in Berlin Adolf Menzel (1815—1905) zu einem malerischen Höhepunkt geführt. Sein Pinsel hat uns den ganzen Reichtum der Realität erschlossen. Die Sachlichkeit seiner Kunst wirkt auf uns wie eine notwendige Reaktion auf den Ideenflug der Romantik. Er malte das Zeitgenössische mit einer Besessenheit, als wollte er alles festhalten, was die Gegenwart schenkte.

In seinen Bildern suchte er die Überraschungen des Lichts und der Zufälligkeiten immer in packende Wirklichkeit zu verwandeln. Ein wehender Vorhang, durch den die Sonnenstrahlen schräg einfallen, und ein schiefgerückter Stuhl sind ihm ein Thema, in dem er das Momentane der Situation zum Endgültigen erhebt. Bälle und Cercles bei Hof, mit dem Spiel des Lichts auf blitzenden Uniformen und seidenen Roben (Abb. 349), gaben diesem Fanatiker des malerischen Realismus ebensoviel wie die brodelnde Atmosphäre in einem Eisenwalzwerk.

Wilhelm Leibl (1844—1900) fand seine künstlerischen Aufgaben inmitten des Volkes, das er mit äußerstem Realismus dargestellt hat. Er erfaßte die malerische Erscheinung seiner Modelle mit einer technischen Vollendung, die der gediegenen Malweise der alten Meister gleichkommt. Seine Bauerngestalten sind kraftvoll modelliert und in verhalten leuchtenden Lokalfarben wiedergegeben. Die Gruppe »*Drei Frauen in der Kirche*« faßt den ganzen stofflichen

349 *Adolf Menzel, Das Ballsouper (Ausschnitt), 1878. Berlin-Dahlem, Staatl. Museen, Gemäldegalerie*

Reichtum des Motivs in eine malerische Einheit: das kühle Licht der Dorfkirche, das altersbraune Holz des Rokokogestühls, das schwere Tuch der Volkstracht und den Fleischton der Gesichter und Hände; die schlichte Existenz der Frauen ist zum Stilleben geworden (Farbtafel 51).

Leibls Bekenntnis zur Wirklichkeit beeinflußte den poetisch veranlagten Badener *Hans Thoma* (1839—1924), in dessen Werk sich realistische Beobachtungsweise und romantischer Idealismus begegnen. Sein Bestes sind die Bilder von Schwarzwaldbauern, die er in einfachen, großen Silhouetten vor den landschaftlichen Hintergrund stellte.

In Frankreich nahm der Realismus des Malers GUSTAVE COURBET (1819 bis 1877) erneut die politisch-sozialen Seiten des Lebens in die Kunst auf. Sein künstlerischer Leitsatz war: »Das Schöne ist das Wahre!« »Vérité«, Wahrheit, schrieb er in großen Lettern über den Eingang der Baracke, in der er seine aufrührerischen Gemälde einer entsetzten Öffentlichkeit vorstellte.

350 *Gustave Courbet, Die Steinklopfer, 1851.*
Ehemals Dresden, Gemäldegalerie. (1945 verbrannt)

Courbets Sprache galt als unerhört, weil man, an die glatte Kunstfertigkeit der Akademiker gewöhnt, die reine Prosa der Wirklichkeit nicht mehr verstand; einen »Verhäßlicher der Menschheit« nannte man den großen Realisten. Er war aber nicht nur in der Wahl der Themen, sondern auch in einer neuen Sicht des Gegenständlichen revolutionär. Seine »Fräulein an der Seine« nehmen in der Bildanordnung nicht die Pose ein, die das Paris von 1850 als allein schicklich für junge Damen empfand, sondern ruhen im Gras mit einer Natürlichkeit, die Proteststürme hervorrief. Er malte »*Die Steinklopfer*« bei ihrer Arbeit in einer Weise, die die ganze Hoffnungslosigkeit des proletarischen Lebens unbeschönigt hervortreten ließ (Abb. 350).

Der Idealismus der Deutschrömer

Einen Ausgleich zwischen realistischer Objektivität und ideal gesehener Bildfügung suchten in Deutschland Maler, die Jahre ihres Lebens in Italien verbracht hatten und deshalb Deutschrömer genannt wurden. Sie sahen in Rom die Antike.

Anselm Feuerbach (1829—1880) vertrat in seiner Malerei, die sich von der Humanität der griechischen Kultur leiten ließ, die klassizistischen Bildungsideale des 19. Jahrhunderts. Nach Lehrjahren in Frankreich, wo er die Bedeutung Courbets erkannte, suchte er in der Berührung mit der Antike die klassischen Figuren seiner Bildwelt zur großen Form zu steigern. Das Gastmahl des Platon, die Schuld der Medea und die Sehnsucht der Iphigenie nach ihrer Heimat gehören zum Themenkreis des Malers. Bei aller Schönheit der Form erwuchs seiner Kunst Gefahr, wenn sie in großen Kompositionen zum Monumentalen drängte. — Umso inniger gestaltete er in kleineren Formaten Themen der zwischenmenschlichen Beziehungen.

Sein Gemälde »*Paolo und Francesca*«, das die tragische Liebe der Francesca da Rimini zu ihrem Schwager Paolo (in Dantes »Divina commedia«) zum Inhalt hat, ist in ein zartes, graues Kolorit gebettet (Abb. 351). »Die starken Farben habe ich auch«, schrieb Feuerbach an seine Mutter, »aber ich lasse sie in der Schublade liegen.«

Der Schweizer ARNOLD BÖCKLIN (1827—1901) sah die antike Welt nicht als Bildungsgut wie Feuerbach, sondern als elementare Kraft von ewiger Wirksamkeit. Seine Erfindungsgabe bevölkerte die Natur mit den Fabelwesen der griechischen Mythologie, mit scheuen Nymphen, tierhaften Meergöttern und dem bocksfüßigen Pan, der am hellen Mittag den Hirten erschreckt oder im Abendschatten die Flöte bläst (Abb. 352).

351
Anselm Feuerbach, Paolo und Francesca, 1864. München, Schackgalerie

352
Arnold Böcklin, Faun einer Amsel zupfeifend, 1864. München, Schackgalerie

Der dritte große Deutschrömer war HANS VON MARÉES (1837—1887). Er sah die Größe der Kunst nicht in der Schönheit, sondern in der Vollkommenheit. Obwohl seine Bilder im ungewissen Helldunkel aufleuchten, sind sie von einer tektonischen Festigkeit, die dem Geist der Antike entspringt. Denkmalhaft stehen die mythologischen Figuren im Bildraum, ihre Leiber sind nach den Gesetzen der Architektur angeordnet. Sie sind Sinnbilder der Selbstvollendung. Wie sich Realismus und Idealismus scheiden, erkennen wir im Vergleich: Courbets »Steinklopfer« sind Menschen des Alltags und der Fron; Marées' »*Pferdeführer und Nymphe*« sind Halbgötter, die sich in arkadischen Gefilden begegnen (Abb. 353).

353
Hans von Marées, Pferdeführer und Nymphe, 1881/83. München, Neue Pinakothek

Die Historienmalerei der Akademiker

Die romantische Entdeckung des Volkes und seiner Geschichte und der politische Nationalismus gaben der Geschichtsmalerei im 19. Jahrhundert mächtige Anstöße.

In Deutschland steht der eigenwilligste Meister der Geschichtsmalerei gleich an ihrem Beginn: Alfred Rethel (1816—1859), aus dem Kreis der Nazarener hervorgegangen. Er erhielt schon in jungen Jahren den Auftrag, im Aachener Rathaus Wandbilder aus dem Leben Karls des Großen zu malen. Volkstümlicher wurden seine Holzschnitte zum Totentanz der deutschen Revolution von 1848, in denen ihm eine Wiedererweckung der Kunst Holbeins gelang.

Alfred Rethel, Holzschnitt aus der Totentanzfolge, 1848

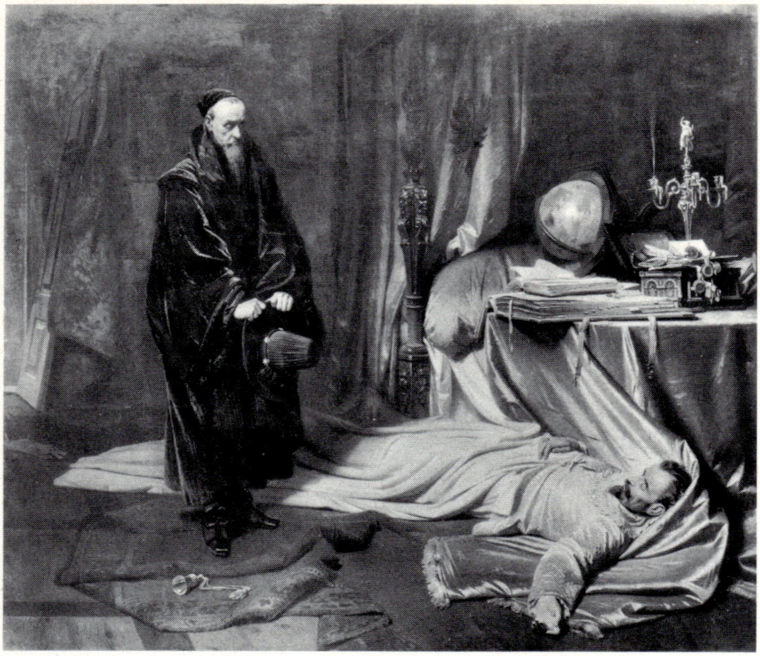

354 *Karl Piloty, Seni vor der Leiche Wallensteins, 1855. München, Neue Pinakothek*

Wenige Jahre später verlor das Geschichtsbild seine lebensvolle Verbindung mit der Gegenwart. Die Geschichte wurde zum Anlaß, naturnah gesehene Szenen effektvoll wiederzugeben. Es kam die Zeit der großen Formate, die das historische Ereignis fast wie ein Bühnenbild aufnahmen. Der Münchener Akademieprofessor KARL PILOTY (1826—1886) malte »*Seni vor der Leiche Wallensteins*« mit einem pompösen Aufbau von Requisiten und mit den trügerischen Mitteln der Bühnenbeleuchtung in einem gesuchten Naturalismus (Abb. 354).

Sein Schüler *Hans Makart* (1840—1884) schuf in Wien Riesengemälde historischen und allegorischen Inhalts mit neubarockem Farbenprunk und einem Gewühl affektiert posierender Gestalten. »Makartstil« wurde zur Bezeichnung für die hohle Pracht der Wohnweise des neureichen Bürgertums.

Die Malerei des Impressionismus

Von der Historienmalerei schlug das Pendel zum Impressionismus aus. Repräsentierte das im Halbdunkel der Ateliers entstandene historische Gemälde auf illusionistische Weise die Welt der Vergangenheit, so entdeckte der Impressionismus die bunte Erscheinung der Gegenwart, deren flüchtige Sekunde der spontane Eindruck, die *Impression*, einfangen sollte.

Aus dem vibrierenden Bewegungsreichtum japanischer Pinselzeichnungen und Farbholzschnitte gewann die neue malerische Auffassung viele Anregungen.

Nur in der freien Natur konnte der Eindruck unmittelbar empfangen und wiedergegeben werden. Die Malerei unter dem freien Himmel, die sich im »Pleinair« Constables schon angekündigt hatte, setzte sich jetzt vollends durch. Die Unbeständigkeit der Lichtstimmungen und der ständige Wechsel der atmosphärischen Erscheinung forderten eine rasche Arbeitsweise, die wiederum ein besonderes Malverfahren notwendig machte. Es bestand in einer skizzenhaft anmutenden Technik des Farbauftrags, der, entsprechend der auflösenden Kraft von Licht und Luft, die Objektwelt in farbige Flecken und Tupfen zerlegte. Damit begannen die festen Formen und die geschlossenen Umrisse zu verfließen. Was blieb, war der flimmernde Widerschein des Gegenständlichen im farbigen Licht der Atmosphäre.

Eine Malerei, die sich dem Reiz des Augenblicks verschrieb, mußte zu Themen gelangen, die den Bewegungsreichtum des Lebens besonders verschwenderisch widerspiegeln. Man fand sie auf Boulevards und Rennplätzen, in Kaffeehäusern und Gartenlokalen, im Theater, Varieté und Zirkus. Die flackernde Unruhe dieser Stätten stachelte die Impressionisten an, alle Bewegungsreize eines Augenblicks wie bei einer Momentaufnahme ins Bild zu bannen. Ein im »Blitzlicht« erraffter Ausschnitt des Lebens konnte nicht nach den Regeln der Alten komponiert werden. Seine Erscheinungsformen hängen vom Zufall ab, doch verwandelte die heimliche Regie des Malers diesen Zufall in eine unmerkliche Bildordnung.

355 *Edouard Manet, Im Wintergarten, 1879. Berlin-Dahlem, Staatl. Museen, Gemäldegalerie*

Den Impressionismus schieden sonach von der Tradition: der Lichtkult des Pleinair, die Auflösung des Gegenständlichen in der Fleckentechnik, das Momentbild der Bewegung und die Zufälligkeit des Ausschnitts. »Impressionisten« nannte diese Gruppe von Malern ein Kritiker ironisch nach Manets 1874 gezeigtem Bild »Impression — soleil levant«.

In Frankreich

wurde Edouard Manet (1832—1883) Führer dieser Richtung. Sein Bild »*Im Wintergarten*« zeigt, wie sehr der Impressionismus ursprünglich dem Realismus verhaftet ist (Abb. 355). Man könnte an Velazquez denken, wenn man die tonschöne Qualität des Stofflichen in diesem Bild betrachtet. Neu, impressionistisch sind die Zwanglosigkeit der Bildordnung, das scheinbar Zufällige des Bildausschnitts, das Momenterlebnis der Situation, die Gegenwärtigkeit der Unterhaltung, die Flut des hellen Tageslichts und die warme Durchsonnung des Hintergrunds. Auch das frühere Bild »*Frühstück im Atelier*« ist in jenem straffen Pinselstrich gemalt, der an die realistische Malweise des großen Spaniers erinnert (Farbtafel 52).

Edgar Degas (1834—1917) fand die bezauberndsten Stoffe im Ballett. Seine Gemälde und Pastelle von Sängerinnen und Tänzerinnen sprühen im Licht der Bühnenscheinwerfer auf oder erglühen im Schein der Soffittenlampen. Sein Pinsel verwandelte die Bewegungen des Tanzes vor den gedämpften Farbklängen der Kulissen in aufblitzende Lichtvisionen (Farbtafel 53). Auch das bunte Treiben auf den Rennplätzen diente ihm als Thema. Die nervöse Stimmung an den Sattelplätzen vor dem Rennen, das erregende Dahinrasen der Pferde und das Gewoge der Zuschauer gaben ihm die Eindrücke für ein lebendiges Konterfei des sinnenfrohen Paris um 1880.

Edgar Degas, Pinselzeichnung

Claude Monet (1840—1926) lockten sonnenüberflutete Blumenwiesen, im Lichtglanz zitternde Laubwälder, die milde Schönheit des Seinetals und die im Abendschein flammenden Fassaden der Kathedralen. Seine »*Ansicht von Vetheuil*« flimmert in zart-hellen Tupfen und Flecken, die das Bild der Natur in ein gleißendes Gewebe vibrierender Lichter verwandeln (Abb. 356).

Auguste Renoir (1841—1919) war der Lyriker der Gruppe. Blühende Gärten, bunte Sommerblumen, spielende Kinder und verträumte junge Mädchen füllen eine Welt unbeschwerten Glücks. Ein Stück Rokoko blieb in seiner zarten Kunst lebendig. Wer in der Kunst »Weltanschauung« sucht, wird von Renoir enttäuscht sein. Sein Werk kommt aus einem frohen, weltoffenen Gemüt. An dieser Freude hat auch die kleine Gesellschaft beim »*Frühstück im Freien*« an einem strahlenden Sommermorgen Anteil (Farbtafel 54).

356 *Claude Monet, Ansicht von Vetheuil an der Seine, 1880. Berlin-Dahlem, Staatl. Museen, Gemäldegalerie*

357
Camille Pissarro, Die kleine Bäuerin, 1881. Paris, Louvre

Camille Pissarro (1830—1903) verschrieb sich fast ausschließlich der Landschaft. Bei seinen Obstgärten, Landhäusern, Dorfstraßen, Flußufern und Erntefeldern treten die tektonischen Elemente hinter die Beobachtung atmosphärischer Erscheinungen zurück. Wie stark die Bildgerüste des späten Pleinairismus von den Tupfen der Lichtmalerei überspielt werden, lehrt ein Vergleich seiner »*Kleinen Bäuerin*« (Abb. 357) mit Manets »*Wintergarten*« (Abb. 355): hier noch die Festigkeit der Körper und die Klarheit des Raums, dort die Auflösung aller Umrisse in einen aus flimmernden Lichtern gewebten Farbteppich!

Der Neoimpressionismus der Jahrhundertwende versuchte diese Maltechnik zu einem wissenschaftlichen System zu erheben. In Umkehrung der Spektralanalyse, die das farblose Licht in die Regenbogenfarben zerlegt, setzte Paul Signac (1863 bis 1935) seine Landschaftsbilder aus vielen winzigen Farbpunkten zusammen, aus deren Summe die Naturerscheinung wieder erstehen sollte. Der Mischungsprozeß der Spektralfarben sollte sich nicht im Gemälde, sondern im Auge des Beschauers vollziehen (Farbtafel 55). Trotz dieser Hinwendung zur wissenschaftlichen Analyse hat der Pointillismus (auch Divisionismus genannt) Kunstwerke hervorgebracht. Unbeabsichtigt gewann er durch die enge Besetzung der Bildflächen mit unzähligen Farbpunkten eine neue Formfestigung.

358 (*rechts oben*) *Max Liebermann, Reiter am Strand, 1901. Ehem. Berlin, Nationalgalerie*

359 *Max Slevogt, Francisco d'Andrade als Don Giovanni (Champagner-Arie), 1902. Stuttgart, Staatsgalerie*

In Deutschland

hatte der Impressionismus Vorläufer in manchen Bildern Adolf Menzels. Zum Führer der neuen Richtung wurde MAX LIEBERMANN (1847—1935). In seinem Realismus verbanden sich die Erkenntnisse des französischen Pleinair mit der zuchtvollen Art der holländischen Malerei. Die Oberflächenreize des französischen Impressionismus genügten seinem scharfen Intellekt nicht. Er suchte nicht das schillernde Bild der Erscheinung, sondern das Wesen der Dinge. Sein Werk ist ohne Phrasen. Seine »*Reiter am Strand*« sind im lockeren Farbauftrag der Franzosen gemalt, sie besitzen das impressionistische Element der Bewegung und den Schein des zufällig erhaschten Moments — und doch ist das Bild *mehr* als bloße Impression. In ihm verdichtet sich die Nordseelandschaft zum Wesenhaften (Abb. 358).

Gemessen an Liebermann war MAX SLEVOGT (1868—1931) ein phantasievoller Erzähler, der den Impressionismus mehr zum Illustrativen hin entwickelte. Mit einer Palette von hellen Farben erfaßte er auf geistvolle Weise die Persönlichkeit eines Menschen wie etwa den Sänger d'Andrade in der Rolle des Don Giovanni in Mozarts Oper (Abb. 359). Die Freude an der pointierten Erzählung ließ ihn zu einem bedeutenden Graphiker werden, der in seinen vielen Illustrationen zur Weltliteratur in wenigen Strichen das Typische einer Situation meisterte.

LOVIS CORINTH (1858—1925) ist der Schwerblütigste im Dreigestirn des deutschen Impressionismus. Der Ostpreuße, der in München und Berlin große Erfolge hatte, malte mit einem Überschwang von Sinnenfreude, die selbst das Häßliche zum Rang des Schönen erhob. Wie Bilder Liebermanns zuweilen an Frans Hals erinnern, so die von Lebensfülle überschäumenden Gemälde Corinths an Rubens. Figurale Kompositionen, Bildnisse, Stilleben und Landschaften wurden zu wahren Symphonien der Farbe, die breit dahinströmt oder in tiefleuchtenden Tönen erglüht. Seine späten Walchenseelandschaften stehen in ihrer aufwühlenden Zeichnung und Farbgebung dem kommenden Expressionismus näher als dem Impressionismus (Farbtafel 56).

Symbolismus und Jugendstil

Aus der Kritik der Jugend am Impressionismus, dem man Oberflächlichkeit vorwarf, entstand in der Malerei ein neuer Stil, der nicht dem Augenblick verschrieben war, sondern bleibende Werte suchte. Die künstlerische Antithese zum Naturalismus nannte sich Symbolismus (vgl. Seite 366). Er war kein großer und revolutionärer Stil, sondern Aufbruch der Jugend gegen den Konformismus ihrer Zeit.

Die Erneuerung der Malerei ging in den achtziger Jahren von Frankreich aus. Begründer und verehrter Führer der Bewegung war Puvis de Chavannes (1824—1898), dessen Bilder eine der Wirklichkeit entrückte Welt spiegeln. Seine durchdachten Kompositionen bestehen aus groß gesehenen Figurengruppen, die in ruhiger Haltung vor silbergrau getönten Landschaften stehen. Gemessen am zupackenden Realismus der Impressionisten ist seine der Linie verpflichtete Malerei immateriell und von tiefer Melancholie (Abb. 360).

360
Puvis de Chavannes, Junge Mädchen am Ufer des Meeres, um 1879. Paris, Louvre

Aus dem Kreis der Symbolisten gingen die »**Nabis**« (hebr. »Propheten«) hervor, die in Paris 1889 erstmals als Gruppe ausstellten. Auch ihr Programm war antinaturalistisch und unterschied sich von dem der Symbolisten lediglich durch die Abkehr von aristokratischen Ideen in Richtung auf ein poetisch verklärtes Dasein. Theoretiker des Kreises war Maurice Denis (1870—1943), der als Maler viele Versionen eines »Goldenen Zeitalters« geschaffen hat (Abb. 361).

In **England** knüpfte der neue Stil an die phantastische Kunst von William Blake an (vgl. Seite 373), dessen künstlerische Vorstellungen bis in das Vorfeld des Symbolismus gelangt waren. Auch aus der Buchkunst, die *William Morris* auf neue Grundlagen gestellt hatte, erhielt der »Modern Style« Anregungen. Dies gilt besonders für Aubrey Beardsley (1872—1898), der es verstand, seine graphische Aussage auf die verschiedenste Weise zu intensivieren. Bald stellt er großen Flächen detaillierte Füllungen gegenüber, bald naturalistischen Einzelheiten abstrakte Arabesken. Er knüpft an mittelalterliche Holzschneider an, an Stecher des französischen Rokoko, an den

Paul Cézanne, Blick in das Arc-Tal, 1887. Nantes, Privatbesitz

Tafel 57

Vincent van Gogh, Die Kirche von Auvers, 1890. Paris, Louvre

Paul Gauguin, Das weiße Pferd, 1898. Paris, Louvre

Juan Gris, L'Album, 1926. Bern, Sammlung Rupf

Tafel 60

361
Maurice Denis, Gallische Herdengöttin, um 1890. München, Neue Pinakothek

Flächenstil Japans und an das Lineament attischer Vasen. Seine Thematik reicht von zarter Lyrik bis an die Grenze des Obszönen. Mit 26 Jahren starb der hochbegabte Künstler an der Tuberkulose.

Aubrey Beardsley. Der Pfauenrock, 1880 (aus den Illustrationen zu »Salome« von Oscar Wilde)

Der aus **Belgien** stammende, vornehmlich in Deutschland tätige HENRY CLEMENS VAN DE VELDE (1863—1927) war Architekt, Maler, Graphiker, Designer, Dekorateur und Ingenieur in einer Person. Sein Gemälde »*Im Garten der Frau van de Velde*« teilte er in rhythmisch geschwungene Farbflächen ein, die mit parallel geführten züngelnden Pinselstrichen gefüllt sind, wie sie auch van Gogh seinen flammenden Landschaften eingeschrieben hat. Trotz der starken Farbunterschiede besteht innerhalb der dynamisch ondulierten Flächen absolute Gleichwertigkeit. Sie fügen sich batikartig in die Bildform ein, und

362
Henry Clemens van de Velde, Im Garten der Frau van de Velde, um 1891. München, Neue Pinakothek

ihre vielfach verschlungenen Bewegungen bilden das für den Jugendstil typische Ornament fließenden Wassers. In der zweidimensionalen Ordnung halbabstrakter Formen scheint sich die kommende Abstraktion anzukündigen (Abb. 362).

In **Österreich** ist der Jugendstil an die Hauptstadt gebunden. Der Hauptmeister der Wiener Sezession ist GUSTAV KLIMT (1862—1918), in dessen Gemälden realistische Körperformen und abstrakte Flächenornamente hart aneinanderstoßen. Er ist der Arrangeur, der den Stil ägyptischer Reliefs, antiker Vasenbilder, byzantinischer Mosaiken und irischer Buchkunst in die Empfindung seiner Zeit übertrug. Oft übernahm er kunstgewerbliche Elemente in seine Gemälde, wie in der 1909 entstandenen Komposition mit dem Jugendstil-Titel »*Erfüllung*« (Abb. 363). Vor einem aus großen Spiralen durchzogenen Hintergrund bilden die Gewänder des sich umarmenden Paares ein Ornament von strenger Schönheit. Von hier ist es zur absoluten Abstraktion nur noch ein kurzer Schritt.

Auch in **Deutschland** wird um die Jahrhundertwende der Weg in die Welt des Gegenstandslosen beschritten. Die abstrakte »*Komposition*« des Malers und Innenarchitekten HANS SCHMITHALS (1878—1965) bietet dafür ein Beispiel. Ihre Formen, die etwa zehn Jahre vor dem ersten gegenstandslosen Aquarell Kandinskys entstanden, sind dinglich nicht assoziierbar. Wie bei aller gegenstandslosen Malerei beruht die Wirkung des Gemäldes im Psychologischen: abstrakte Rhythmen werden zu Entsprechungen seelischer Vorgänge. Die in sich kreisenden Formen der »Komposition« bilden im Prozeß der Verwandlung immer neue Welten, die jedoch ohne Bezug auf die diesseitige, sinnlich faßbare Wirklichkeit bleiben (Abb. 364). Das Bild öffnet den Weg vom Art Nouveau zur Abstraktion.

363
Gustav Klimt, Die Erfüllung, 1905/09. Aquarell und Gouache, Papier auf Holz aufgezogen. Strasbourg, Musée des Beaux-Arts

364
Hans Schmithals, Komposition, um 1900. Pastell-Mischtechnik mit Gold. München, Stadtmuseum (Neue Sammlung)

365
Ferdinand Hodler, Der Holzfäller, 1910. Bern, Kunstmuseum

Symbolismus der Jahrhundertwende

An dieser Entwicklung nahmen zwei bedeutende Maler der Jahrhundertwende keinen Anteil. Der Schweizer FERDINAND HODLER (1853—1918) gelangte zur Monumentalität des großen geschlossenen Figurenbilds. Seine von hoher Gesinnung getragenen Kompositionen füllte er mit Figuren von spannungsreicher Bewegung. Oft reihte er seine Gestalten choreographisch in rhythmischen Wiederholungen. Auch er suchte den Sinn des Lebens in Symbolen auszudrücken. Sein »*Holzfäller*« (1910) erscheint wie ein Gleichnis des einfachen Arbeitslebens. Der weit ausholende Schwung der Axt ist in den Bruchteil einer Sekunde gebannt, — und doch unterscheidet sich hier der Augenblick vom impressionistischen Moment: er wird von Hodler ins Monumentale, Denkmalhafte gesteigert. Tätiges Leben ist zur klaren, gültigen Aussage geworden (Abb. 365).

Der Norweger EDVARD MUNCH (1863—1944) ist in seinen frühen Schaffensjahren ganz den Schattenseiten des Lebens zugewandt, der Not, Armut und Angst, der Krankheit und dem Tod. Die Bilder dieser Zeit spiegeln etwas von den Dramen Ibsens und Strindbergs wider, in denen das Verhängnis gespenstisch waltet. Später wandelt sich sein düsterer Symbolismus zu kraftvollen Gleichnissen des Arbeitslebens und einfacher zwischenmenschlicher Bindungen. Diese Lebensbejahung strahlt sein Bild der »*Zwei Menschen unter einem Apfelbaum*« (1910/12) in hellen, starken Farben zurück (Abb. 366). In diesem glücklichen Abschnitt seines Lebens ordnet er den Menschen nicht mehr als ein den Schicksalsmächten unterworfenes Wesen der Landschaft unter, sondern erhebt ihn aufrecht und in voller Freiheit über den Horizont. Die Komposition des Gemäldes besteht aus einfachen linearen Elementen, aus betonten Senkrechten, Waagrechten und straff geführten Bögen, die Mann und Frau zum Paar zusammenschließen. — Von nun an erschien der arbeitende Mensch immer häufiger in ausdrucksstarken Darstellungen als Vertreter einer neuen Lebensordnung.

Munchs visionäre Malerei kündigt den Expressionismus an, der die Kunst des 20. Jahrhunderts einleiten wird. Sein Werk wies der nächsten Generation den Weg.

366 *Edvard Munch, Zwei Menschen unter einem Apfelbaum, um 1910/12*

Die Kunst im 20. Jahrhundert

»Der abendländische Mensch der Gegenwart weiß nicht mehr, für welche Sterne er lebt.«
Ortega y Gasset 1883—1955

Eine Betrachtung der modernen Kunst sollte mit einer Klärung der Begriffe beginnen. Wenn die Kunst unseres Jahrhunderts in oft hitzigen Streitgesprächen diskutiert wird, so gilt dies meist der Malerei. Die Baukunst, die als Gemeinschaftswerk von Architekten und Ingenieuren inzwischen eine besondere Betrachtungsweise erfahren hat, steht im allgemeinen der Polemik fern. Alle Deutungsversuche gewännen daher an Sachlichkeit, wenn man zwischen den bauenden und den bildenden Künsten unterschiede, selbst wenn dadurch die »Kunst« schon vom Begriff her fragwürdig werden sollte. Ihre *Werke* sind längst schon »fragwürdig« geworden, das heißt, sie verstehen sich nicht mehr von selbst, sondern bedürfen der Erklärung und Rechtfertigung.

Die Kunst des Mittelalters war noch »selbstverständlich«. Sie entstand als Ausdruck der gemeinsamen Weltanschauung, die in der Kathedrale die Kunstgattungen zur Einheit zusammenführte. Die Rangordnung bestimmte die Baukunst. Malerei und Plastik fügten sich der Architektur ein. Das *Gesamtkunstwerk* war entstanden.

Seit Beginn der Neuzeit fand die Befreiung des Individuums ihre Entsprechung in der Kunst. Als Tafelbild löste sich die Malerei von der Architektur und erhob sich zum selbständigen, nach eigenen Gesetzen strebenden Kunstwerk. Ähnliches geschah in der Plastik. Noch besaßen Renaissance und Barock die Kraft, die auseinanderstrebenden Disziplinen dem Gesamtkunstwerk einzuordnen. Die Dissonanz begann im 19. Jahrhundert, als Malerei und Plastik die letzten Bindungen abstreiften und zu autonomen Künsten wurden. Die Freiheit der Kunst, die von Victor Cousin 1836 auf die Formel »l'art pour l'art« gebracht worden war, führte zur Ungebundenheit, aus der »Richtungen« nach Auswegen suchten. Gleichnishaft spiegelte die Entwicklung der Kunst den Widerstreit der Meinungen des bürgerlichen Jahrhunderts (H. Weigert). Im Auseinanderstreben der Gruppen verloren die bildenden Künste immer mehr die lebendige Berührung mit ihrer Umgebung. Diese Selbstisolierung der Künste und die mangelnde Gleichstimmung des Menschen in ihrer Haltung zum Weltganzen erklären das moderne »Unbehagen an der Kultur« (Sigmund Freud).

Der Exklusivität der Kunst entsprach die Sonderstellung des Künstlers. In der neuen bürgerlichen Gesellschaft spielte er die Rolle des unverstandenen Außenseiters. Oskar Kokoschka bekannte einmal resigniert: »Ich sehe keine

Zukunft für den Künstler ... Dies ist nicht eine Welt mit irgendeiner Zukunft, Hoffnung oder Glauben ...« Und Paul Klee klagte: »Uns trägt kein Volk.«

Es ist der Pessimismus der zwanziger Jahre, der aus solchen Sätzen spricht. Wird sich in der zweiten Hälfte unseres Jahrhunderts die gesellschaftliche Situation des Künstlers und das Verhältnis der Allgemeinheit zum Kunstwerk entscheidend ändern? Wird der »Turm aus Elfenbein« einstürzen?

Die Baukunst unserer Zeit

»Freunde, unser Einsatz kann ein Wunder verwirklichen!
Für wen soll es geschehen? Für das Publikum.
Für welches Publikum? Man hat geantwortet: für das Volk.
Ich glaube: für die Menschen.«

Le Corbusier

Seit der Mitte des 19. Jahrhunderts hat die industrielle Revolution das menschliche Zusammenleben von Grund auf verändert. Die rapide Bevölkerungszunahme ließ die Städte gewaltig anwachsen. Verkehr und Versorgung, Arbeit und Erholung, Bildung und Wohnen wurden in ständig steigendem Maße mechanisiert.

367 *William le Baron Jenney, Leiter-Building in Chicago, 1889*

368
Ludwig Mies van der Rohe, Apartment-Häuser in Chicago, 1951

Die Großbauten der Wirtschaft im Stadtkern begannen den Organismus der alten Städte zu sprengen, die Fabrikanlagen an den Rändern schnürten ihr natürliches Wachstum ein. Freudlose Massenquartiere drängten sich neben die Zeugnisse vergangener Jahrhunderte. Ihr Bau wurde den Ingenieuren überlassen, die ihre Aufgabe allein vom Zweck her lösten. Eine neue Baukunst konnte erst entstehen, als sich der Architekt bereit fand, die Nachahmung der Vergangenheit aufzugeben und die Wandlungen des menschlichen Zusammenlebens zu bejahen. Sollte die Architektur ihre Aufgabe, Lebensräume zu formen, erfüllen, so mußten Architekt und Ingenieur zu einem neuen Typus verschmelzen, der die Kluft zwischen Kunst und Technik schloß.

Das Hochhaus

Die Verschmelzung von Architektur und Ingenieurkunst bahnte sich zuerst in Amerika an, wo die Baukunst am wenigsten mit Traditionen belastet war. Das stürmische Wachstum der Städte zwang dazu, die verfügbaren teuren Flächen möglichst auszunutzen: der Bauraum mußte in der Höhe gewonnen werden.

Die ersten Hochhäuser wurden in der bisher üblichen Steinbauweise errichtet. Um alles Licht aufzufangen, das die benachbarten Hochbauten heranließen, war man bestrebt, ihnen große Fensteröffnungen zu geben. Hier waren jedoch Grenzen gesetzt: ein Schichtbau braucht aus statischen Gründen massive, nur wenig durchbrochene Mauern. — Der Eisenbeton dagegen ermöglichte die Auflockerung der Gebäudefronten und die Aussparung großer Glasflächen durch die Konstruktion freitragender Bauelemente. In fast unbeschränkter Spannweite ließen sich jetzt die Bauglieder verbinden. Hinzu kam, daß die neue Bauweise nicht nur feuersicherer, sondern auch billiger und schneller war.

Der erste, der den Stahl als Konstruktionsmittel im Hochbau verwendete, war der in Frankreich ausgebildete WILLIAM LE BARON JENNEY (1832—1907), dessen *Leiter-Building* in Chicago (1889) keine tragenden Mauern mehr besitzt. Ein Gerüst von Stahlstützen erlaubte es, die Fronten in voller Höhe und Breite zu verglasen. Da Jenney jedoch die Eisenträger hinter rustizierten Pfeilern verbarg, ist das konstruktive Skelett von außen nicht zu erkennen (Abb. 367).

Sechzig Jahre später schuf LUDWIG MIES VAN DER ROHE (geb. 1886) in der gleichen Stadt die *Lake Shore Drive Apartments* als reine Stahlskelett-Bauten,

369
Niemeyer, Costa u. a., Unterrichtsministerium in Rio de Janeiro, 1937

370
Emil Freymuth, Hochhäuser der Siemens-Siedlung in München, 1953/55

deren vertikale und horizontale Träger große Glaswände unterteilen. Die beiden vertikalen Blöcke, nur durch einen engen Zwischenraum getrennt, sind im rechten Winkel gegeneinander gesetzt. Die Gleichförmigkeit der Fassaden mag zunächst erschrecken; doch erschließt sich die strenge Schönheit der beiden hohen Quader aus Stahlträgern und Glas demjenigen, der die Vernunft als Ordnungsmacht anerkennt (Abb. 368).

Diesen Bauprinzipien folgten im Konstruktiven die Architekten LUCIO COSTA (geb. 1902) und OSKAR NIEMEYER (geb. 1907) beim Entwurf des 1937 in Rio de Janeiro errichteten *Unterrichtsministeriums*, fanden jedoch für die Fassadengestaltung eine andere Lösung. Statt der blitzenden Glashaut der Apartmenthäuser erhielt die hohe Außenwand des Gebäudes einen »Grill« aus Betonblenden, der die Fenster vor unmittelbarer Sonnenbestrahlung schützt. Dieses Rahmenwerk verleiht der Fassade im Wechsel von Licht und Schatten eine überraschende Plastizität. Die fünfzehn Geschosse ruhen auf hohen Pfosten, die den Verkehr unter dem Gebäude ungehindert hindurchfließen lassen (Abb. 369).

Auch in Europa wurden die überraschenden Möglichkeiten des Stahlgerüstbaus erfaßt. In Deutschland half das Hochhaus nach dem Zusammenbruch von 1945 die Raumnot überwinden. Als Beispiel seien hier die schönen Hochbauten der *Siemens-Siedlung* in München von EMIL FREYMUTH (1890—1961) genannt, deren steile Fronten sich sternförmig dem Licht öffnen (Abb. 370).

Reihen- und Einzelhaus

Mehr und mehr erkannten die Architekten, daß das städtische Wohnen in erster Linie eine rationelle Organisation verlangt. Programmatisch formuliert wurden diese Ideen schon 1917 von THEO VAN DOESBURG (1883—1931), dem Begründer der avantgardistischen holländischen »Stijl-Gruppe« (vgl. S. 456).

Als Elemente der modernen Baukunst betrachtet er Linie, Fläche, Volumen, Raum, Zeit, Leere, Material. Um die gleiche Zeit entdeckt der Maler *Paul Klee* ähnliche »Elemente« für das Bildgefüge: Punkt, Gerade, Linie, Kreis, Wellenbewegung usw. Die Suche nach den Prinzipien der Gestaltung hatte alle Künste ergriffen.

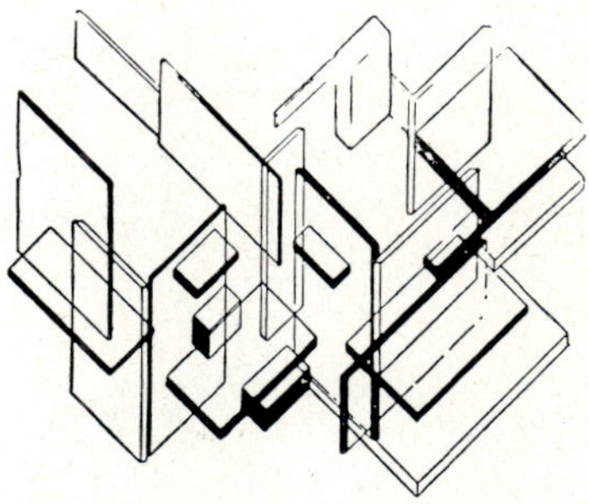

Th. van Doesburg, Elementare Ausdrucksmittel der Architektur

Bei diesem Bemühen fiel dem *Reihenhaus* eine wichtige Rolle zu. Einer der ersten Versuche, zahlreiche Wohnungen in einer großen baulichen Anlage zusammenzu-

371 *Reihenhäuser der Weißenhof-Siedlung in Stuttgart, 1927*

372 *Frank Lloyd Wright, Haus über dem Wasserfall, Pennsylvania, 1937*

fassen, ist die Häuserreihe am Strand von Scheveningen, die 1917 der Holländer *J. J. Pieter Oud* (1890—1963) entwarf. Sein Wohnblock »*Tusschendijken*« (1920 in Rotterdam) ersetzte die bisher üblichen Hinterhöfe durch eine lichterfüllte, baumbestandene Grünfläche.

Einen Höhepunkt der neuen Wohnarchitektur bildete die »*Weißenhofsiedlung*«, die 1927 am Stuttgarter Stadtrand errichtet wurde. An diesem Experiment beteiligten sich unter der Leitung von *Mies van der Rohe* alle führenden Architekten Europas. Trotz der Vielheit entstand ein harmonisches Ganzes: die neue Architektur besiegte den künstlerischen Individualismus. Von der Weißenhofsiedlung gehen bedeutende Anregungen aus: Geborgenheit *und* Freiheit werden zum baukünstlerischen Gesetz der Wohnarchitektur (Abb. 371).

Auch im Einzelhaus kommen die »elementaren Ausdrucksmittel« zur Geltung. Beispiele gibt es in allen Städten. Ein berühmtes, wenn auch phantastisch anmutendes ist das »*Haus über dem Wasserfall*«, das FRANK LLOYD WRIGHT (1869—1959) in Pennsylvania 1937 errichtet hat. Die schwierige Aufgabe, die ihm der Bauherr stellte, hat er durch den Bau kreuzweise angeordneter, weitauskragender Betonterrassen meisterhaft gelöst; Natur und Bauwerk durchdringen sich dabei völlig (Abb. 372).

Wohneinheit und Stadtplanung

Zu den Pionieren der neuen Bauweise gehörte *Auguste Perret* (1874—1955), der schon 1903 den Eisenbeton in die Architektur eingeführt hatte (vgl. S. 354). Um das technische Verfahren in ein künstlerisches Ausdrucksmittel zu verwandeln, stellte sein Schüler LE CORBUSIER (eig. *Charles-Edouard Jeanneret*, 1887—1965) folgende Richtlinien auf:

1. Der Bau soll, von der Erde abgehoben, auf freistehenden Stützen (Pilotis) ruhen! Begründet wird diese Forderung technisch mit der Skelettkonstruktion, praktisch mit der Erhaltung der Bodenfläche und ästhetisch mit dem Gewinn an Freiheit und Leichtigkeit.
2. Gerüst und Wand sollen unabhängig voneinander sein! Die tragende Wand wird zur Außenhaut, die aus der Durchmodellierung des Raums ihre Form empfängt.
3. Der Grundriß soll frei sein! Er darf nach allen Seiten ausgreifen. Das gilt auch für den Grundriß der Wohnung.
4. Die Fassade soll frei sein! Ein Bauwerk hat verschiedene Gesichter. Man kann um sie herumgehen.
5. Auch das Dach soll sich frei bilden! Seine Fläche wird den Lebensbedürfnissen der Bewohner erschlossen als Garten, Spielplatz, Freibad, Sportfeld usw.

Die »*Unité d'Habitation*« — **Wohneinheit** —, die Le Corbusier 1952 in Marseille errichtet hat, will dieses Programm verwirklichen. Ihr Außenbau unterscheidet sich stark von den Apartmenthäusern van der Rohes: die Kristallhaut der Hochhäuser von Chicago (Abb. 368) trennt, die Wohneinheit von Marseille (Abb. 373) verzahnt Innen und Außen durch tief eingeschnittene Loggien. Mit der Unité d'Habitation hat Le Corbusier seinen Plan der

373 *Le Corbusier, Fassade der Unité von Marseille, 1952*

»vertikalen Stadt« verwirklicht, in der 1600 Menschen in 337 Appartements wohnen und mit allen täglichen Lebensbedürfnissen versorgt sind: Geschäfte, Restaurant, Post, Waschanstalt, Friseur, Apotheke usw. liegen an einer »Straße« im Innern des Gebäudes.

Stützen heben das Bauwerk trotz seiner gewaltigen Ausmaße leicht und frei über die Erde. Die straffe Gliederung und der Wechsel von hellen Wandflächen mit farbig getönten Loggien beleben es. Das oft mißdeutete Wort Le Corbusiers, ein Haus sei eine Maschine zum Wohnen, bezieht sich auf die Organisation des Innenraums, die alle Funktionen der Wohngemeinschaft reibungslos erfüllen soll.

Le Corbusier,
Entwurf einer modernen Stadtanlage

Rücksicht auf die Bedürfnisse des Zusammenlebens beherrscht auch Le Corbusiers *Stadtplanung*. Seine Entwurf gebliebene »Cité mondiale« (Weltstadt) ist nicht von geschlossenen Straßenzügen und Plätzen gegliedert, sondern stellt ein weites, freies System gewaltiger Baukörper im Landschaftsraum dar, mit einem »Gemeinschaftszentrum« und besonderen Industrie- und Wohnbezirken. In einem Aufsatz über das Problem der Straße beschreibt der Architekt die neue Stadt als eine weiträumige Anlage, über deren riesigen Grünflächen sich die Kristallprismen der Wohn- und Büroeinheiten erheben. Die Verkehrsadern sind nicht enge Schluchten zwischen hohen Häuserfronten, sondern breite Bahnen abseits der Wohnquartiere, für die eigene Wege angelegt sind. — Die Planung der heutigen »Trabantenstädte« folgt oft bis in Einzelheiten den Vorschlägen des großen Architekten.

Hallenbauten

Angesichts der Stillosigkeit der Industriebauten und ihrer Massenware war 1906 der »*Deutsche Werkbund*« gegründet worden, der sich zum Ziele setzte, Bauwerken, Räumen und Geräten zeiteigene Formen zu verleihen und den Jugendstil zu überwinden. Zu seinen Gründern gehörte der Architekt, Maler und Kunstgewerbler Peter Behrens (1868—1940). Für die AEG errichtete er 1909 eine *Turbinenfabrik* als hohen *Hallenbau*, der auf schweren Eckpfeilern ruht und imposante Würde ausstrahlt. Er ist allseitig mit Glaswänden geschlossen, die zwischen schmale Eisenträger eingespannt sind. Jedes Ornament ist aus den Fronten verbannt (Abb. 374).

Einige Jahre später schuf sein Schüler Walter Gropius (1883—1969) ein Fabrikgebäude, das einen Wendepunkt im Industriebau darstellt: die »*Fagus-Werke*« in Alfeld (Abb. 375). Sie muten uns an, als seien sie erst heute entstanden: kein zyklopisches Denkmal der Technik mehr wie die Werkhalle von Behrens, sondern ein fast schwerelos schwebender Bau. Seine Glashaut ist nicht mehr zwischen massiven

374 *Peter Behrens, Turbinenhaus der AEG in Berlin, 1909*

375 *Walter Gropius und Adolf Meyer, Fagus-Werke in Alfeld b. Hannover, 1914*

376 *Max Berg, Kuppel der Jahrhunderthalle in Breslau, 1911/13. Eisenbeton*

Eckpfeilern eingespannt, vielmehr sind die stützenden Pfeiler in den Innenraum verlegt und die gläsernen Außenwände an ihnen »aufgehängt«. Hier hat die Wand nicht mehr zu tragen, sondern nur noch Regen und Kälte abzuhalten (vgl. Abb. 368).

Gropius gründete 1919 in Weimar das »**Staatliche Bauhaus**«, das Schule und Versuchsstätte der modernen Gestaltung wurde. Alle werkkünstlerischen Disziplinen sollten in einer neuen Baukunst vereint werden. Hier fand die Malerei aus ihrer Isolierung heraus und erfüllte die technische Form mit ihren Impulsen. — Das Bauhaus übersiedelte 1925 nach Dessau und 1932 nach Berlin. Die für moderne Architektur verständnislosen nationalsozialistischen Machthaber lösten es 1933 auf. Seine Lehrer wurden in der Emigration zu bedeutenden Bauaufgaben berufen. 1937 erhielt das Bauhaus in Chicago einen neuen Sitz.

Die *Hallenkonstruktionen* aus Eisenbeton beschränkten sich nicht auf den Industriebau, sondern fanden in den wachsenden Städten mannigfache Möglichkeiten der Anwendung. Eine gesteigerte Internationalität der Architektur war die Folge. Gegensätze zwischen Ländern und Erdteilen wurden überbrückt. Nationale Sonderformen traten immer mehr zurück.

Am Anfang der modernen Großraumbauten steht die *Jahrhunderthalle* in Breslau, 1913 von MAX BERG (1870—1940) errichtet. Das Problem der Überdachung mit großer Spannweite, das bisher mit Hilfe von Eisenträgern gelöst wurde, ging Berg mit Stahlbeton an. Der neue Werkstoff entsteht aus dem in Schalungen gegossenen Beton, der zur Festigung eine Armierung aus Stahlstäben erhält. Berg überspannte den Zentralraum mit einer Kuppel, deren Rippen ein freiliegendes Netz bilden, und schuf damit den kühnsten Stahlbeton-Bau seiner Zeit (Abb. 376).

377
Hans Poelzig, Innenraum des Großen Schauspielhauses in Berlin, 1918/19

Nach dem ersten Weltkrieg setzte eine sprunghafte Entwicklung ein. Der Zuschauerraum des *Großen Schauspielhauses* in Berlin, den HANS POELZIG (1869—1936) durch den Umbau einer Zirkushalle 1919 geschaffen hat, steht in seiner visionären Phantasie zwischen Jugendstil und Expressionismus. Einem maurischen Stalaktitengewölbe ähnlich, umgeben Bogengirlanden aus Beton das Kuppelrund. Den »Tropfstein«-Charakter dieser Architektur betonen die dünnen, sich nach unten verjüngenden Pfeiler, deren tragende Funktion nicht mehr zu erkennen ist. Die statische Festigkeit des Stahlbetons ließ hier einen scheinbar schwerelosen Kuppelraum von verwirrender Phantastik erstehen (Abb. 377).

Das Berliner Schauspielhaus war ein spätes Beispiel für den Beitrag des *Künstlers* zur neuen Architektur. Für die gigantischen Bauobjekte der letzten Jahrzehnte hat die Unterscheidung zwischen Technik und Baukunst keine Gültigkeit mehr. Ihre Verschmelzung wird in der Persönlichkeit des italienischen Architekten PIER LUIGI NERVI (geb. 1891) sichtbar. Seine Kenntnisse der Möglichkeiten des Stahlbetons lassen seiner schöpferischen Phantasie volle Freiheit. Eigene Versuche führten ihn zur »Widerstandskraft durch Form«, d. h. zur Festigung gekrümmter Flächen. Seine Ergebnisse trugen dazu bei, das bisherige orthogonale System von Balken und Trägern zu überwinden. Er erfand räumliche Tragwerke von netz- und wabenähnlichen Formen, die

378
Pier Luigi Nervi und Annibale Vitellozzi, Kuppel des Palazzetto dello Sport in Rom, 1956/57

geeignet waren, den linearen Verlauf der Kräfte in eine Vielzahl von Kraftlinien zu verwandeln. Die neuen Wölbformen, die auch für die Vorfabrikation geeignet sind, besitzen neben ihren konstruktiven auch ästhetische Qualitäten. Die Decke des von Nervi gemeinsam mit ANNIBALE VITELLOZZI 1956/57 geschaffenen *Palazzetto dello Sport* in Rom zeigt die konsequenteste Ausbildung der neuen Konstruktionen (Abb. 378).

Bauformen, die das funktionelle Element so nachdrücklich betonen, sind im besonderen Maße auf Gebäude anwendbar, die vorwiegend materiellen Zwecken dienen. Bauwerke dagegen, deren Bestimmung ideeller Art ist, fordern differenziertere Raumlösungen als die der technischen Perfektion. Das Verlangen nach einer Architektur, deren Formgebung nicht allein aus Zweck und Material resultiert, ist seit der Jahrhundertmitte immer stärker geworden. Überall ist eine »Revolte gegen die Vernunft« im Entstehen begriffen (N. Pevsner). Sie äußert sich in der Abkehr von der strengen Logik des Funktionalismus und in der Hinwendung zum »Außerordentlichen« und Phantastischen. Als ein frühes Beispiel dieser Baugesinnung mag das bereits erwähnte Haus über dem Wasserfall von *Frank Lloyd Wright* gelten (Abb. 372).

Eine überraschende Lösung bietet die Berliner *Philharmonie* von HANS SCHAROUN (geb. 1893). Der Architekt erhielt den Auftrag zum Neubau des Konzerthauses auf Grund seines preisgekrönten Entwurfs für einen Wettbe-

379
Hans Scharoun, Innenraum der Neuen Philharmonie in Berlin, 1963

werb, der die Einheit von Musik und Raum zur Aufgabe gestellt hatte. Scharoun schuf 1963 mit Hilfe moderner Wölbkonstruktionen einen phantastischen Innenraum, der sich, wie einst die Raumwunder des Barock, einer vordergründigen Logik entzieht und irrational erscheint (Abb. 379). In diesem reich differenzierten Raumgebilde wirkt die Gestaltung der »Zu- und Abgänge, der Treppen, Galerien und Aufzüge ... wie ein Stück Städtebau ... Der Entwurf der Philharmonie ist einer der seltenen Beweise, daß schöpferische Kraft den Zusammenhang von Mensch, Raum und Technik sichtbar machen kann. Er weist auf etwas hin, das in dieser Zeit der Mechanisierung fast verloren gegangen ist: das Wunder vom totalen Raum, in dem alles entsteht und wird« (J. Bakema).

Im **Sakralbau** richteten sich die Bemühungen um eine gegenwartsnahe Baukunst zunächst auf eine neue Schlichtheit der Bauform. So errichtete 1928 *Hans Herkommer* (geb. 1887) die Frauenfriedenskirche in Frankfurt in der traditionellen Schichtbauweise als mächtigen Steinbau von ruhiger Würde. — Ihr Gegenstück in Stahl und Glas wurde die Stahlkirche, die *Otto Bartning* (1883—1959) im gleichen Jahr in Köln erbaute. Sie ist ein frühes Beispiel für das Prinzip, die Funktion der Strukturelemente in voller Klarheit sichtbar zu machen. Das Ergebnis war ein schwereloser Raum, den hohe Wände aus farbigem Glas mit diffusem Licht erfüllen. Die neue Bauweise mit Stahlträgern lieferte hierzu die Mittel.

380
Egon Eiermann, Matthäuskirche in Pforzheim, 1953

Die von Egon Eiermann (1904—1970) 1953 in Pforzheim errichtete *Matthäuskirche* ist auf allen Seiten dem Licht geöffnet. Im Gegensatz zu Scharoun, der das Bauwerk wie mit den Mitteln des Bildhauers plastisch formt, sind Eiermanns überschaubare Gliederungen das Ergebnis exakter Funktionsanalysen. Im Innenraum seiner Matthäuskirche sind die konstruktiven und stofflichen Mittel mit großer Strenge verwendet. Als Element der Sammlung schwebt über Altar, Kanzel und Taufstein baldachinartig eine rund ausgeschnittene Betonplatte (Abb. 380).

Von den Kirchenbauten des Auslands ist die von Le Corbusier 1953 erbaute *Wallfahrtskirche* bei Ronchamp in aller Welt bekannt geworden. Sie gehört der anti-logischen Richtung moderner Architektur an. Sie erhebt sich auf dem Grundriß einer asymmetrischen Figur. Ihre hellen, hohen Außenwände umfassen wie die Mauern einer Burg den Innenraum und schließen ihn völlig von der Außenwelt ab. Die schmalen Fensterschlitze und die zyklopischen Türme verstärken die bunkerartige Wirkung. Die konvexen Tragflächen des ungeheuren Daches bestehen aus einer doppelten Schale von rohem Beton (Abb. 381). — Der Innenraum liegt im Dämmerlicht. Die Decke hängt wie ein dunkles Segel tief ins Kirchenschiff hinab. Der mystische Raum bildet eine Sphäre weltentrückter Geborgenheit.

381 *Le Corbusier, Wallfahrtskapelle in Ronchamp (Frankreich), 1953*

Im äußersten Gegensatz zu Ronchamp steht die *Pilgerkapelle*, die John Lloyd Wright (geb. 1904), der Sohn des großen amerikanischen Architekten, 1951 in Palos Verdes, Kalifornien, errichtet hat. Wie ein Zelt aus Glas steht ihr bizarrer Außenbau im Sand der Meeresküste. Ihre Stützen aus Stahlbeton sind nach innen geneigt und geknickt. Die große Glasfläche wird von spitzen Dreiecksformen durchschossen, die sich mit dem Betongerüst eigenartig verschränken. Die Kirche liegt wie ein offener Platz unter der Glocke des blauen Himmels, allseitig dem Licht aufgetan (Abb. 382).

382 *John Lloyd Wright, Pilgerkapelle in Palos Verdes (Kalifornien), 1951*

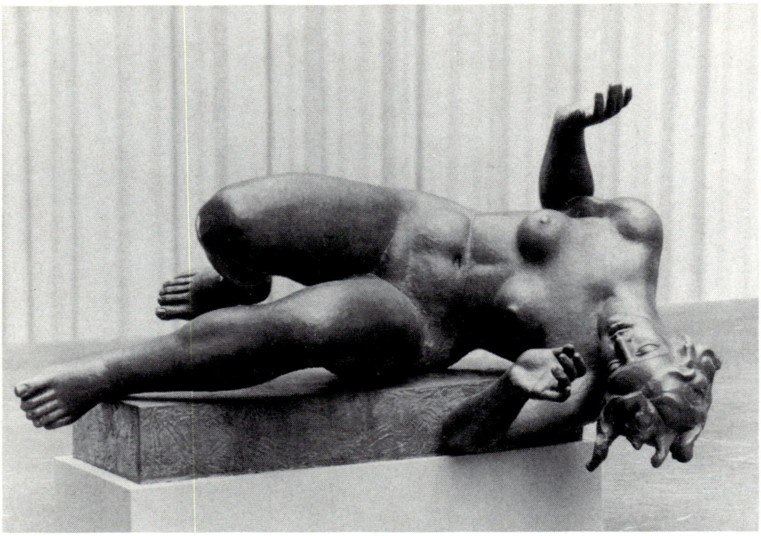

383 *Aristide Maillol, der Fluß, 1938/43. Hamburg, Kunsthalle*

Die Plastik unseres Jahrhunderts

»Einfachheit ist kein Ziel in der Kunst, aber man gelangt zu ihr, ohne es zu wollen, indem man sich dem W e s e n t l i c h e n nähert.«

Constantin Brancusi

Auguste Rodin stand am Ausgang einer langen bildnerischen Entwicklung, in der die Skulptur aus einem zeitlosen Sinnbild zum Abbild des Gegenwärtigen wurde. Seine »*Bürger von Calais*« (Abb. 332) wandern durch den Staub der Straße, als weilten sie noch mitten unter uns. Die flüchtige Sekunde hat sich hier im Monument verdichtet. Was einst als Symbol des Ewigen begann, mündete in die Vergänglichkeit des Tages.

Der malerischen Offenheit Rodins stellte ARISTIDE MAILLOL (1861—1945) eine Formgeschlossenheit entgegen, die, von der Klassik ausgehend, die ruhige Zuständlichkeit sucht. Die seelische Grundstimmung seiner Figuren ist unkompliziert. Das bloße Sein ist hier zum Symbol des Endgültigen geworden (Abb. 383). Die Kunst Maillols wirkte stark auf Bildhauer, die in ähnlicher Weise Strenge und Geschlossenheit suchten: Georg Kolbe, Karl Albiker, Richard Scheibe, Hermann Haller, Ernesto de Fiori u. a. Sie gehörten zwar jener um 1880 geborenen Generation von Bildhauern an, die sich von der bürgerlichen Denkmalskunst Hildebrands abwandte, fanden jedoch selbst nicht den Weg zu einem neuen Stil. Das Wagnis, wieder zu den Ur- und Grundformen der Gestaltung zu gelangen, nahmen andere auf sich.

Die erste Generation

Am Beginn des Neuen steht die verinnerlichte Plastik WILHELM LEHMBRUCKS (1881—1919). Die Vergeistigung seiner Gestalten findet ihren Ausdruck in einer gestreckten Körperlichkeit, die an die Figuren der hohen Gotik erinnert. Sein großes Thema sind Jünglinge und Mädchen mit überschlanken Körpern, zarte, fast entfleischte Gestalten, die das Seelische sichtbar machen. Die wachsende Abstraktion wird in dem *weiblichen Kopf* von 1911 spürbar (Abb. 384).

Intensiver als bei Lehmbruck äußert sich das Streben nach elementarem Ausdruck bei dem Niederdeutschen ERNST BARLACH (1870—1938), dem bekanntesten Bildhauer des Expressionismus (vgl. S. 464 f.). Fern jeder Konvention schuf er seine holzgeschnitzten kantigen Figuren, hinter deren harten Gesichtern Leid und Sehnsucht beheimatet sind. Die Kargheit ihrer Formen und ihre expressive Kraft rücken sie in die Nachbarschaft der Bildwerke der Frühromanik. Er selbst hat sich einen Schüler der mittelalterlichen Meister genannt. Wie alle Expressionisten ist Barlach der Ausdrucksgewalt des Häßlichen nachgegangen (Abb. 385). Er war auch Graphiker und Dichter. In seinen Holzschnitten gestaltete er in erregtem Linienstil dramatisch zugespitzte Handlungen. — Sein Erbe setzte *Gerhard Marcks* (geb. 1889) fort, doch wirken seine Gestalten trotz ihrer großen, geschlossenen Formen leichter.

384
Wilhelm Lehmbruck, Weiblicher Kopf, 1911. New York

385
Ernst Barlach, Das Wiedersehen (Christus und Thomas), 1926. Privatbesitz

386 *Karl Knappe, Ziehendes Heer. Relief am Ehrenmal in München, 1924*

Für Karl Knappe (1884–1970) entsteht die Skulptur aus der Begegnung des Künstlers mit dem Widerstand des Materials, dessen Härte ihn vor Entscheidungen stellt. Holz oder Stein ist für ihn nicht »Verwendungsmaterial für eine Idee, sondern muß erhalten bleiben in seinem eigenen Wesen« (Knappe). Auch er gehört dem deutschen Expressionismus an. Ein Werk, das ihn bekannt machte, ist das *Relief des ziehenden Heeres* am Ehrenmal für die Gefallenen des ersten Weltkrieges in München (1924). Seine konkaven und konvexen Formen bilden ein bewegtes Spiel von Licht und Schatten, das die materielle Substanz in den reinen Rhythmus verwandelt (Abb. 386).

387
Rudolf Belling, Dreiklang, 1919. München, Neue Pinakothek

Lyonel Feininger, Gelmeroda IX, 1926. Essen, Folkwang-Museum

Willi Baumeister, Formen auf Gelb, 1948/49. Privatbesitz

Tafel 62

Der Berliner RUDOLF BELLING (geb. 1886) ist der Begründer der abstrakten Plastik in Deutschland. In Auflehnung gegen Hildebrands Wort vom »Quälenden des Kubischen« (vgl. S. 366) forderte er das Dreidimensionale und Allseitige des Bildwerks. Das Problem der Durchbrüche und der Beziehungen zwischen Volumen und Leerform führten ihn früh zur gegenstandslosen Gestaltung. 1918/19 schuf er den berühmten »*Dreiklang*«, eine Komposition abstrakter Formen, die als Ganzes ein räumlich-plastisches Gebilde ergeben, das dem Betrachter beim Umschreiten immer neue Möglichkeiten offenbart (Abb. 387). Bellings Inventionen haben bis in unsere Tage hinein die Bildhauer zu verwandten Formfindungen inspiriert.

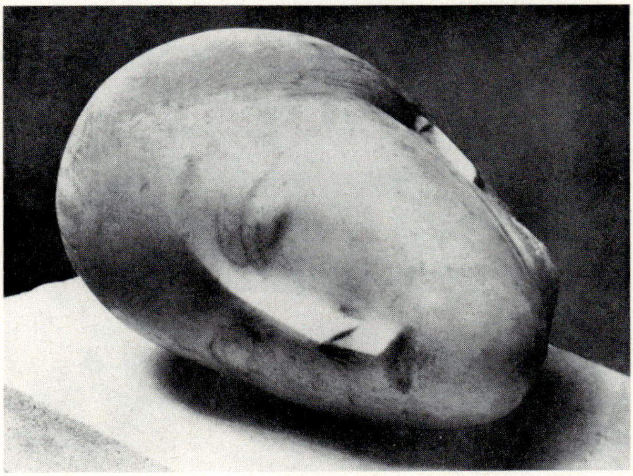

388
Constantin Brancusi, Schlummernde Muse, 1910. Paris, Musée d'Art Moderne

Um die gleiche Zeit nahmen in Frankreich vor allem Künstler aus dem Ausland Einfluß auf die Entwicklung. Der Rumäne CONSTANTIN BRANCUSI (1876–1957) schuf schon vor dem Ersten Weltkrieg seine großen geschlossenen Körper, die auf einfachste Zeichen zurückgeführt sind. Der Kopf der »*Schlummernden Muse*« opfert alle Einzelheiten einem geschlossenen Umriß, dessen Eiform als plastisches Urelement den Bildhauer seitdem immer beschäftigt (Abb. 388). Fische, Vögel und Köpfe gibt er als Natursymbole, die aus den Tiefen menschlicher Anfänge emporsteigen. Sein Bildwerk »*Weltenanfang*« (1924) zeigt sich als glattgeschliffenes Ei aus Marmor.

Der in Paris lebende Russe ANTOINE PEVSNER (geb. 1886) und sein Bruder NAUM GABO (geb. 1890) suchten den Elementen von Form und Raum die Zeit hinzuzufügen. »Da Raum und Zeit die realen Grundlagen des Lebens sind, hat auch die Kunst unser Welterleben in Raum und Zeit zu verwirklichen«, heißt es in ihrem »Realistischen Manifest« von 1920. In Pevsners Bild-

389
Antoine Pevsner, Projektion in den Raum, 1939. Bronze. Basel, Sammlung Maja Sacher

390 *(unten)*
Henri Laurens, Komposition aus schwarzem und rotem Eisenblech, 1914. Paris, Sammlung Mme. Maurice Raynal

werk »*Projektion in den Raum*« vollzieht sich eine komplizierte Bewegung in einer dichten Folge metallener Stäbe, deren Drehflächen den Raum dynamisch umspielen. Ganz allgemein sind diese Modelle für monumentale Ausführungen geplant (Abb. 389).

Der in Paris geborene HENRI LAURENS (1885—1954) ging einen Schritt weiter als seine russischen Freunde. Er schloß sich zunächst den Kubisten an. Dann experimentierte er mit Collagen und arbeitete an polychromen Bildwerken aus Holz und Stein. In seiner 1914 geschaffenen »*Komposition aus schwarzem und rotem Eisenblech*« gelang ihm ein Werk von verblüffender Modernität (Abb. 390). Es besitzt als *Objekt* bereits die Züge eines neuen Kunstbewußtseins. Seine Montage aus verbogenen Eisenblechen hat heute in der aus Fundstücken zusammengesetzten »Junk-Art« (Abfall-Kunst) zahlreiche Geschwister erhalten (vgl. S. 441).

Die Betrachtung der Plastik führt zu einem Ereignis, das damals ganz Europa schockierte: die Gründung eines Künstlerkreises, der sich »*Dada*« nannte. Seine Anhänger hatten sich 1916 in Zürich im gemeinsamen Protest gegen die Kunst der »Bourgeoisie« im »*Cabaret Voltaire*« zusammengefunden. Nach der Aussage eines Gründungsmitgliedes ergab sich die Benennung, indem man eine Messerklinge zwischen die Seiten eines Lexikons schob und das Wort traf, das im Französischen das Steckenpferd bezeichnet. Der Zufall, so war die Meinung, sollte in der bildenden Kunst schöpferische Funktionen übernehmen. So wurden oft wahllos die profansten Stoffe in den Hervorbringungen

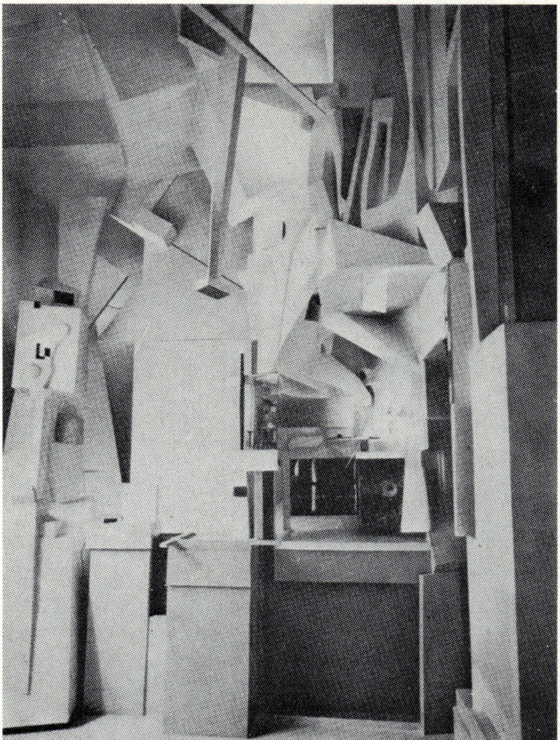

391
Kurt Schwitters, Merzbau, begonnen 1920 (1943 zerstört)

des Dada zusammengeführt und zu Bildzeichen erhoben. Diese willkürlichen Montagen sollten jede Vernunftbindung in Frage stellen und alle Kausalität aufheben. Dem Kreis schlossen sich neben anderen an: Hans Arp, Sophie Täuber, Hans Richter, Raoul Hausmann, George Grosz, Kurt Schwitters, Max Ernst, Francis Picabia und Marcel Duchamp. — Das letzte Dada-Treffen fand 1922 in Weimar statt.

Der Maler und Dichter KURT SCHWITTERS (1887—1948) gründete 1919 in Hannover einen Ableger des Dada, den er mit dem aus Commerzbank fragmentierten Begriff Merz benannte. Auch er führte Abfälle des Alltags in Collagen und Assemblagen zusammen. Ein Werk, dem seine ganze Liebe galt, war der »*Merzbau*«, an dem er seit 1918 unverdrossen arbeitete. Er hatte ihn als ein riesiges Bildwerk angelegt, das in steter Verwandlung begriffen war. Es wuchs unaufhörlich, so daß er die Decke durchbrechen mußte. Das kuriose Werk ist niemals fertig geworden und wurde nach seiner Emigration (1938) zerstört (Abb. 391). Schwitters' Merzbau ist der Archetypus des heutigen »Umraums«, des *environments.*

Was in der »Komposition« von Laurens unbewußt anklang, erhob Dada zum System. Bei dieser Art montierter Skulpturen ging es darum, den trivialsten Objekten durch entsprechende Zusammenstellung und Isolierung eine geheimnisvolle Bedeutung zu unterschieben. Die Verherrlichung des Banalen war ein für Dada charakteristischer Scherz, der nicht selten zu überraschend schönen Wirkungen führte, wie etwa die gerahmte *Assemblage* (1919) von MAX ERNST (geb. 1891), dem späteren Hauptmeister des Surrealismus (vgl. S. 477). Ihr launiger Titel »*Frucht einer langen Erfahrung*« macht jedoch deutlich, wie das Opus gemeint war (Abb. 392).

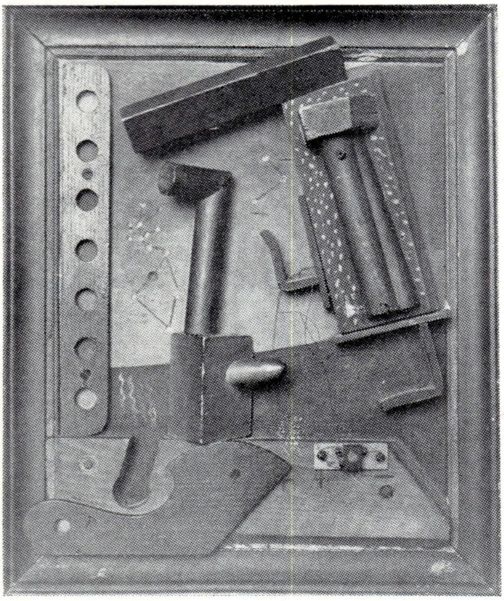

392
Max Ernst, Frucht einer langen Erfahrung, 1919. Bemaltes Relief mit aufgeschraubten Holzteilen und Drähten. London, Sammlung Roland Penrose

Dada war in der Lage, die erstaunlichsten Widersprüche in sich zu vereinen. Trotz seiner destruktiven Tendenz hielten einige Künstler an den wesentlichen Prinzipien der Kunst fest. Max Ernst wurde genannt. Auch Hans Arp (1887–1966) hat damals Werke geschaffen, die für die Zukunft Bedeutung gewannen. Die Absichten Dadas hat Arp formuliert: »Dada wollte dem Menschen den materialistischen und rationalistischen Schwindel zerstören, um ihn wieder demütig in die Natur einzuordnen.« Er schuf in jener Zeit farbig gehaltene Reliefs, die durch Schichtung von Formfragmenten urtümlicher Art gebildet waren. Hans Arp ist seinen Ideen bis in die Gegenwart hinein treu geblieben.

Die nachhaltigste Wirkung auf die Kunst unserer Tage hatte der Franzose Marcel Duchamp (1887—1968), der seit 1915 dem New York–Dada angehörte. Er wurde der Begründer des heutigen *Neuen Realismus*, was er damals wohl nicht geahnt hat. Bald konfrontierte er die Öffentlichkeit mit seinen »Ready-mades«, einem auf einen Schemel montierten Rad eines Velozipeds, einem *eisernen Flaschentrockner*, einer Kohlenschaufel und einem Pissoirbecken. Nach seinen Worten wurden diese Gegenstände Kunstwerke dadurch, daß er sie dazu ernannte (Abb. 393).

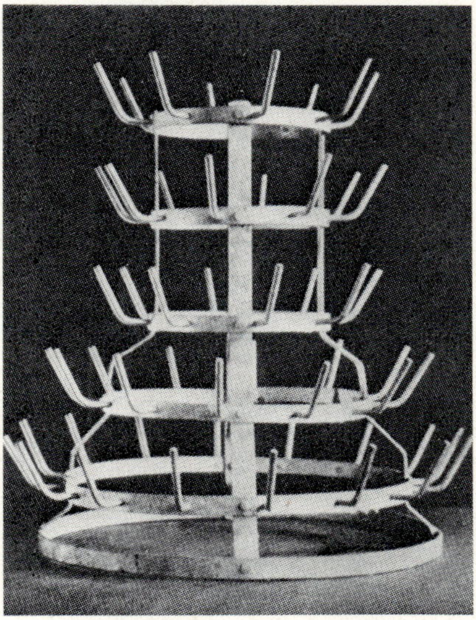

393 *Marcel Duchamp, Flaschentrockner (»Ready-made«), 1915*

Hans Richter, dem Dada seit der Gründung verbunden, schreibt 1963: »So wurde der Leib der Kunst mit Pfeilen der Lächerlichkeit gespickt. Mit den Ready-mades demonstrierte Duchamp eine Realität, die dem Laokoon und der Venus von Milo gegenübergestellt wurde als Abführmittel gegen eine restlos verlogene Gegenwart — und eine Gesellschaft, die dazu geführt hat...«

Mit Dada ist die Kunst an ihrem Ende angelangt, im Nichts aufgelöst. Dada war Anti-Kunst.

Die zweite Generation

Der Generation der Erfinder folgte die der Bewahrer, die das Werk der Väter weiterführten und durch eigene Beiträge ergänzten.

Das Zentralthema für den Engländer Henry Moore (geb. 1898) war stets der Mensch, für dessen Bild er figurative und abstrakte Elemente verwendet

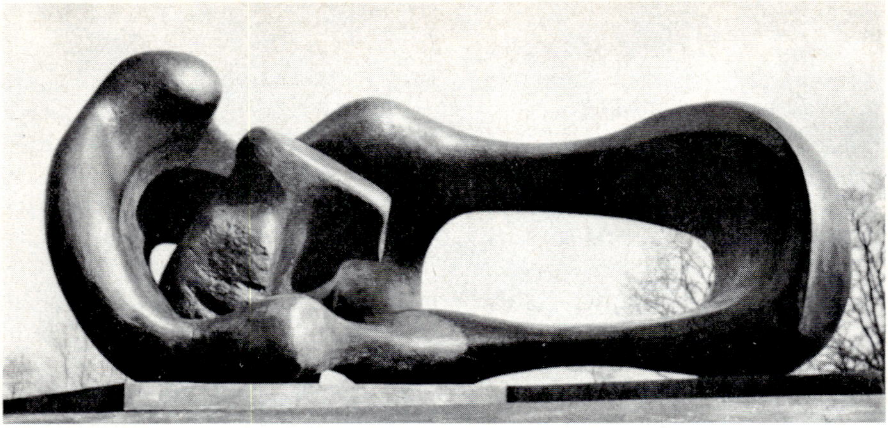

394 *Henry Moore, Liegende Mutter und Kind, 1960/61. Bronze. London, Marlborough Fine Art Ltd.*

(Abb. 394). Auf der Suche nach Urformen hat er das Archaische in sein Werk aufgenommen. Er fand — nach eigenen Worten — erste Anregungen in altangelsächsischen und altmexikanischen Skulpturen. Die spezifisch plastischen Probleme — Körper und Raum, Positiv und Negativ, Volumen und Oberfläche — haben in allen Phasen seiner Entwicklung Bedeutung. Dabei zeigt seine Kunst »ein stets sich vertiefendes Gefühl für das Numinose ... für die animistische Lebenskraft, die alle Naturgebilde beseelt, — nicht nur die organischen Wesen, sondern auch die unorganischen Dinge, soweit diese durch Wachstum oder durch Naturkräfte ihre Gestalt erhielten« (Herbert Read).

Wie Moore wendet sich der deutsche Bildhauer HEINRICH KIRCHNER (geb. 1902) archaischen Formen zu, doch begnügt er sich nicht mit formalistischen Lösungen. Kirchner ist dem deutschen Expressionismus verpflichtet. Aussage und Form sind für ihn die Pole, zwischen die das Kunstwerk eingespannt ist. Für ihn ist die Figur kein tektonisch interessantes Gerüst, sondern abstrakt gebildeter Ausdrucksträger. Seine biblischen Gestalten sind wie die Schöpfungen des frühen Mittelalters dem Gegenwärtigen entrückt (Abb. 395).

395
Heinrich Kirchner, Abraham, 1957. Bronze. Privatbesitz

396
Bernhard Heiliger, Montana (Bronze), 1968

397
Marino Marini, Der Reiter, 1947. Mailand, Sammlung Jucker

Für BERNHARD HEILIGER (geb. 1915) ist die »Plastik kein Spiel mit ästhetischen Formen«, sondern »gebannte Vitalität, nicht Stillstand, sondern Bewegung«. Seine Bronzen, deren organische Formen sich vegetativ und animalisch deuten lassen, verloren in den letzten Jahren immer mehr an Erdenschwere. Ihre Oberflächen sind aufgerauht und von tiefen Furchen durchzogen oder mit dem Stahl geglättet, so daß sie neben dem dunklen Korn des erstarrten Metalls wie Gold leuchten. Nach den Worten des Künstlers ist das Bildwerk Form, die »im Entstehen« begriffen ist — »werdende Skulptur«, die in das Unbekannte führt (Abb. 396).

In Italien schuf MARINO MARINI (geb. 1901) Skulpturen, die von Lebendigkeit und mimischer Ausdruckskraft sprühen. Trotz ihrer Vereinfachung sind sie mehr realistisch als archaisierend. Dies gilt vor allem für sein Thema Reiter und Pferd, das ihn bekannt gemacht hat. In seltsamer Verzückung sitzt der Mann auf dem hochbeinigen Pferd, den Kopf in jäher Hingabe an das Sonnenlicht zurückgeworfen, während das Tier in ruhiger Bewegung sein Haupt zur Erde senkt. Bei aller Gegenläufigkeit der Richtungen verschmelzen Roß und Reiter zu einem Einzelwesen (Abb. 397).

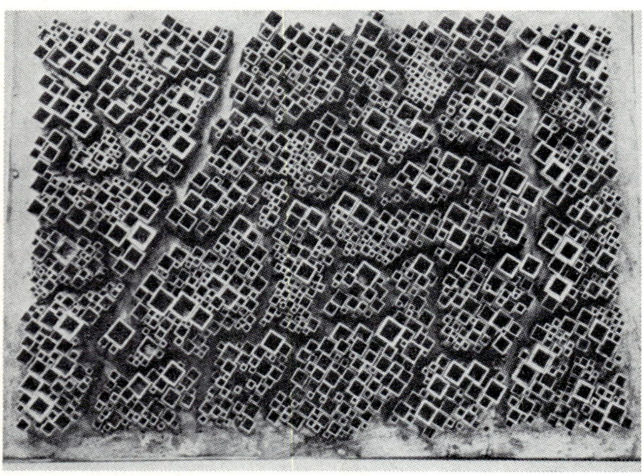

398
Zoltán Kemeny, Vorort der Engel, 1958. Paris, Galerie Paul Facchetti

Der Ungar ZOLTAN KEMENY (geb. 1907, 1930—1940 in Paris, seit 1942 in Zürich) arbeitet mit fertigen Elementen, Nägeln, Schrauben, Metallstücken und ähnlichem, die er zu »Materialbildern« zusammenfügt. Seine abstrakten Schöpfungen erhalten überraschende Oberflächenwirkungen. In seinen Bildern verwendet er immer nur gleiche Elemente, deren Zusammensetzung eigenartige Strukturen ergeben. Ihre phantastischen Formen erinnern zuweilen an elektronenmikroskopische Aufnahmen, wie das Kupferrelief »*Vorort der Engel*« (1958; Abb. 398).

399
Alexander Calder, Stahlfisch, 1934. Mobile aus Stahlstäben und Metallplatten. Richmond (USA), Museum of Fine Arts

In äußerster Gegensätzlichkeit zu Kemenys festgefügten Montagen steht der »*Stahlfisch*« des Amerikaners Alexander Calder (geb. 1898), ein Mobile aus Stahlruten und dünnen Blechplatten. Beim leisesten Windhauch schwingen die leichten Formen in einem ausbalancierten Spiel von mannigfachen Variationen auf und ab. In Ruhestellung bieten sie einen ziemlich freudlosen Anblick. Mit seiner Erfindung hat Calder den Faktor einer vom Zufall gesteuerten Bewegung in die Plastik eingeführt (Abb. 399). Die dritte Generation wird diesem Gedanken Möglichkeiten einer exakteren Anwendung verschaffen.

Die dritte Generation

Der Zweite Weltkrieg hatte in allen Ländern eine für die Entwicklung der Kunst folgenschwere Zäsur geschaffen. In Deutschland, das schon seit 1933 nicht mehr am allgemeinen Gespräch beteiligt war, ließ das Intervall die zweite Generation nicht mehr recht zu Wort kommen. Während hier viele den Abstraktionen der zwanziger Jahre nachträumten, setzten sich anderswo Tendenzen durch, die ihre Anregungen im Alltag der Konsumgesellschaft suchten. Die Hoffnung, daß die Synthese von Abstraktion und Realität eine neue Figuration großer, bedeutender Formen ergäbe, sah sich enttäuscht. Der *Neue Realismus* bezog seine Inventionen zumeist aus den Banalitäten des massengesellschaftlichen Daseins, das von nun an die Kunst nivellierte. Ursprungsland dieser zweiten Auflage von Dada, die **Pop Art** genannt wird, sind die Vereinigten Staaten; aber auch England und Frankreich nahmen an der

Entstehung Anteil. — Der Künstler fand inzwischen zu der durch atomare Vernichtung bedrohten Welt ein neues Verhältnis. Er lebt heute inmitten einer Gesellschaft, die ihn zu den Ihren zählt und die auch er im allgemeinen anerkennt. Er spielt heute nicht mehr die romantische Rolle des unverstandenen Außenseiters. Sein nüchterner Pragmatismus ließ ihn in die moderne Konsumgesellschaft integrieren.

Der Begriff Pop Art läßt eine zweifache Deutung zu. Pop bedeutet nach dem Wörterbuch von Muret-Sanders (1889): »paff«, »platsch«, aber auch »plötzlich« und »knallen«. In der Kunst fand sich die Bezeichnung erstmals auf einer Collage von *Richard Hamilton* von 1956. »Darin trägt die Hauptfigur einen Tennisschläger mit der Aufschrift POP. ›Pop‹ ist also ein Kunstwort wie ›Dada‹. Die Deutung *popular Art* ist späteren Kritikern eingefallen« (Evelyn Weiss).

Hören wir, was Hans Richter über den modernen Neo-Dada zu sagen hat: »Die anti-ästhetische Deklaration des ›Ready-made‹, die Blasphemien Picabias erscheinen im Neo-Dada jetzt wie in Kreuzstich oder in Holzbrand, als Comic Strips oder als zusammengepreßte Auto-Karosserien. Sie sind nicht Anti-Kunst, sondern Genußobjekt geworden ... Es ist eine aus dada-surrealistischen Erfahrungen uminterpretierte Romantik geworden, in der man die Dinge gemütlich betrachten kann. Aus der bedingungslosen Empörung ist eine bedingungslose Anpassung geworden, in der Duchamps Schaufeln, Flaschentrockner und Pissoir in Ruhe ästhetisch bewertet werden können ..., genau das, was Duchamp vor vierzig Jahren voller Hohn persiflierte. Das Anti ist zum Ruhekissen geworden ...«

Mit dem Neuen Realismus sind auch wieder die Materialien zu neuer Bedeutung gelangt, die Dada vor fünfzig Jahren verwendet hat. Man arbeitet

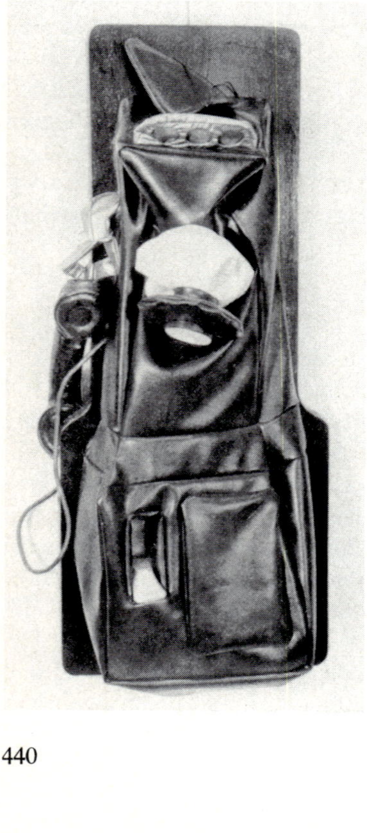

400
Claes Oldenburg, Soft Telephone, 1963. New York, Sidney Tanis Gallery

mit Holz, Metall, Glas, Kunststoffen u. a., aber auch mit dem »junk« aus Mülltonnen und von Schrottplätzen. Dabei verwischen sich die Unterschiede zwischen Malerei und Plastik. Die Frage, ob das noch Kunst sei, beantwortet *Will Grohmann* damit, daß »auch der Begriff der Kunst nicht unwandelbar ist und daß man doch wohl Kunst nennen muß, was Gestalt geworden ist«. Er fährt fort: »Der Unterschied zum Gegenstand liegt oft nur darin, daß das Werk des Schaffenden dem *Geistigen* verhaftet bleibt.«

Diese Voraussetzung scheinen die fabrizierten »*Objekte*« des Amerikaners CLAES OLDENBURG (geb. 1929), der sich mit überdimensionalen Schaugerichten aus bemalter Leinwand und Gips schon 1960 einen Namen gemacht hat, nicht zu erfüllen. Er fand später eine neue Aufgabe in der »Veredelung« von Telefonen, Schreibmaschinen und Waschbecken (Abb. 400). Sam Hunter schreibt dazu: »Wir verstehen unter Telefonen etwas Hartes, Metallisches; die von Oldenburg sind eingefallene, beutelähnliche Hüllen und bestehen nur aus Haut und Weichteilen. Sie stehen auf der Schwelle zum Beseelten und Magischen ... Indem er seine Objekte poetisch verwandelt ..., macht Oldenburg seine Telefone ... zu Kunstobjekten, die ihrem Wesen nach nutzlos sind. Das Spiel wechselseitiger Identität ist den Attrappen ... Oldenburgs ebenso eigen wie jedem Kunstwerk.« Man sollte bei dieser Interpretation das Märchen Andersens von des Kaisers neuen Kleidern nicht vergessen!

401 *George Segal, Frau auf einem Bett sitzend, 1963. Gips und Metall. Seattle (USA), Coll. Mr. u. Mrs. Ch. B. Wright*

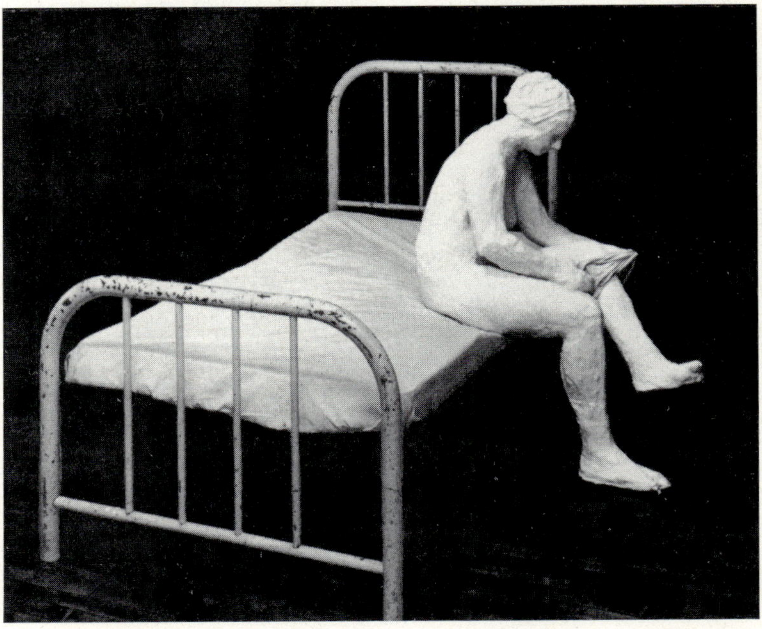

Ein Kriterium des Kunstwerks ist neben seinem Verhältnis zum Geist der Grad seiner Faszination. Der Reflex im Betrachter ist bei Oldenburgs Werk Unbehagen. Die Figuren seines Landsmanns George Segal (geb. 1925) sind nicht weniger ungewöhnlich. Seine geisterhaften Nachbildungen von Menschen entstehen als Gipsabgüsse nach lebendem Modell, die später mit der Hand frei nachgearbeitet werden. Doch sind diese stummen Figuren von einer starken Aussagekraft, die durch den beigegebenen *Umraum*, das Environment, an Eindringlichkeit gewinnt (Abb. 401).

Dem *Environment* gilt das besondere Interesse der dritten Generation. Es ist längst über das bloße Attribut hinausgewachsen und autonome Kunstgattung geworden.

Hier drängt sich die Frage auf: Was geschieht mit so aufwendigen Produkten eines modernen Manierismus nach Beendigung der Ausstellung? Werden sie einen privaten Käufer finden oder bleibt ihre weitere Existenz an ein Museum gebunden?

Die aus Autoblechen geformten Plastiken des Amerikaners *John Chamberlain* (geb. 1927) faszinieren durch ihre materielle und formale Schönheit, die den Betrachter vergessen läßt, daß es sich bei seinen blitzenden oder buntlackierten Objekten um Junk-Art handelt.

Ein direkter Abkömmling Duchamps ist der Franzose Jean Tinguely (geb. 1925), der seine Aufmerksamkeit auf Maschinen richtete. Er erfand Zeichenmaschinen, die abstrakte Rhythmen zu Papier bringen. Die vom Modernen Museum in Stockholm erworbene »*Meta-Matic 17*« ist selbstfahrend, gibt Töne von sich, erzeugt Gerüche und ist imstande, stündlich bis zu 1000 Zeichnungen hervorzubringen (Abb. 402). Den Höhepunkt seiner Erfindungen bildete eine riesige, sich selbst zerstörende Maschine mit dem Namen Luzifer, die ihren Schöpfer 1500 Dollar kostete. Ihre Selbstzerstörung am 17. März

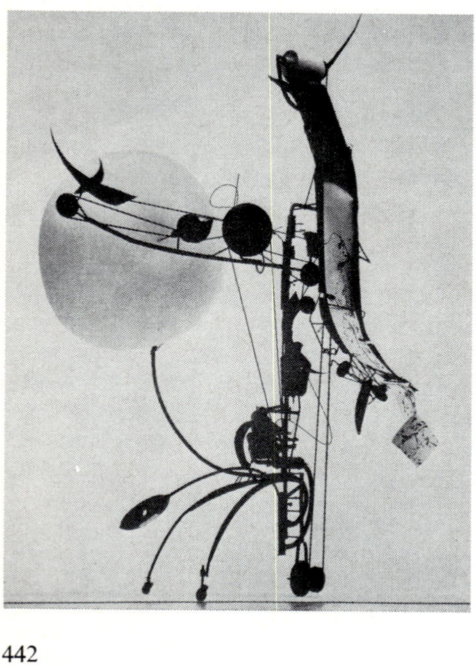

402
Jean Tinguely, Meta-Matic No. 17, 1959. Eisen. Stockholm, Moderna Museet

403 *Ronald Bladen, Ohne Titel, 1967. New York, Fischbach Gallery*

1960, die als öffentliches *Happening* veranstaltet wurde, dauerte 28 Minuten (A. Jouffroy).

Die jüngst in den USA entstandene **Minimal Art** ist eine neue, mit einfachsten Elementen arbeitende Kunst des Plastischen. Ihre Bezeichnung ist irreführend, da sich mit »minimal« die Vorstellung von Kleinkunst verbindet. Das Gegenteil trifft zu! Minimal Art bevorzugt elementare Formen, Ordnungen und Strukturen, die sie ins Gigantische vergrößert. Um ihre Einfachheit begrifflich zu fassen, hat man andere Bezeichnungen vorgeschlagen wie »ABC – Kunst« und »Primärstrukturen«. Ihre absolute Sachlichkeit folgte auf das Pathos des abstrakten Expressionismus. Sie verzichtet auf jede Bildhaftigkeit und begnügt sich, wie einst der europäische Konstruktivismus, mit den Grundformen des Kubischen. Die monumentalen Objekte des Amerikaners Ronald Bladen (geb. 1918) bieten hierfür ein Beispiel (Abb. 403).

Im deutschsprachigen Raum scheint die junge Generation großenteils noch immer unter dem Eindruck des Expressionismus zu stehen. Sie bringt daher eher traditionelle als avantgardistische Formfindungen hervor. Bei der Unübersehbarkeit ihres Schaffens ist jede Auswahl ungerecht. Unsere Beispiele, mit denen keine Wertung verbunden ist, wollen neue Möglichkeiten aufzeigen:

Heinz Mack (geb. 1931) ist Vertreter der **Op Art** (*optical art*), die in der Schweiz *Konkrete Kunst* genannt wird. In dieser Richtung hatte schon das Bauhaus experimentiert, dessen Ergebnisse der Schweizer *Max Bill* weiterentwickelte. Nach Grohmann handelt es sich bei Op »um abstrakte, meist farbige, zur Bewegung tendierende Entwürfe, wie sie in den Zwanziger Jahren in Gang kamen«. Inzwischen wurde der Begriff durch Einbeziehen wechselnden Lichtes erweitert. Die Lichtmaschinen von Mack bestehen aus einer kreis-

404
Heinz Mack, ›Silberrotor‹, 1965, Aluminium. Privatbesitz

runden, in ein Gehäuse montierten beweglichen Aluminiumscheibe, die bei Drehung auf einer gewellten Glasplatte wechselnde Licht- und Raumeindrücke hinterläßt (Abb. 404).

Der junge Bildhauer NIKOLAUS LANG (geb. 1941) hat sich der *Multiplen Kunst* zugewandt, deren Objekte sich ohne Schwierigkeit serienmäßig herstellen lassen und den Betrachter zu Aktivität provozieren sollen. Die technischen Möglichkeiten von Polyester—Fiberglas erlauben ihm die Entwicklung von Bausätzen, die ein Verändern, ein Mit-sich-spielenlassen ermöglichen. Es steht dem Betrachter frei, die Rolle des Spielers zu übernehmen und die mannigfachen Möglichkeiten des variablen Objekts zu erproben (Abb. 405).

405
Nikolaus Lang, Variables Objekt I, 1967. Polyester und Fiberglas. Privatbesitz

Die Malerei unserer Zeit

»Ich möchte viel lieber im Einklang mit der Natur sein als sie nachahmen.«

Georges Braque

Die Erkenntnis der Wirklichkeit ist ein uraltes Problem der Menschheit. Platon unterschied zwischen der sinnlich wahrnehmbaren Welt und einem Reich der Ideen als Urgrund des Seins. Das christliche Mittelalter sah über der irdischen Wirklichkeit eine himmlische. Diesen Dualismus haben gegenwärtige Erkenntnisse der Wissenschaft besonders scharf sichtbar gemacht: im Bereich der sinnlichen Anschauung behalten die Gesetze der klassischen Mechanik ihre Gültigkeit, in einer höheren, nur noch mathematisch erfaßbaren Wirklichkeit gelten aber die Grundkonstanten unserer Anschauung (Raum, Zeit, Materie, Energie, Gravitation) nur noch bedingt (relativ). In diesem neuentdeckten Wirklichkeitsraum, der mit vier Dimensionen rechnet, scheinen bisherige Naturgesetze aufgehoben zu sein.

Das Gefühl, einer höheren, unfaßbaren Wirklichkeit gegenüberzustehen, erfüllt die moderne Malerei mit Mißtrauen gegen die Erscheinungen der dinglich-wahrnehmbaren Welt. Sie hat den naturnachahmenden, abbildenden Charakter verloren und sucht statt dessen die *erweiterte Wirklichkeit* zu deuten. Sie kann daher auch nicht die soziale Funktion erfüllen, die ihr in dem überlieferten religiösen, gesellschaftlichen oder humanitären Bereich zufiel. Vielmehr will sie »die verschwiegenen Zonen des Menschen als Einzelnen verwalten«. Sie »dient der Begegnung des einzelnen Menschen mit dem, was er selbst ist in seiner Gegenwart« (Werner Haftmann).

Bahnbrecher des Neuen

Paul Cézanne

Allgemein gilt heute Paul Cézanne (1839—1906) als der Künstler, dem die moderne Malerei Ausgang und Ziel verdankt. Als einer der ersten suchte er, die Welt in ihrem elementaren Gefüge sichtbar zu machen.

Über den Impressionismus fand Cézanne den Weg zu sich selbst. Er überwand in seiner Malerei das flüchtige Augenblickserlebnis und begann, die Natur in ihrer Tiefe zu suchen. In seiner klassischen Periode ging es ihm darum, Raum und Körper verfestigt und vereinfacht allein von der Farbe her zu gestalten. Die Farbe als geistigen Wert entdeckt zu haben, ist seine für die moderne Malerei grundlegende Erkenntnisleistung. Sie ist für ihn nicht bloßes Mittel zum Modellieren des Körperrunden, sondern ein Medium der Zeichnung, durch das in feinen Verwandlungen die Oberfläche »moduliert« wird. Die »Modulationen« erzeugen höchsten farbigen Reichtum. Dieser findet sich zuerst in der Landschaft, die Cézanne durch die konstruktive Logik seines Malverfahrens zu einem geschlossenen Gesamtgebilde macht

406 *Paul Cézanne, Stilleben mit Obstschale, Glas und Äpfeln, 1882. Paris, Sammlung Lecomte*

(Farbtafel 57). Er sagt: »Zeichnung und Farbe sind nicht getrennt. Wenn die Zeichnung den höchsten Reichtum zeigt, zeigt die Form die größte Fülle.«

Die Verwandlung der Natur zum Bildorganismus vollzog sich bei Cézanne durch Verzicht auf das Unwesentliche. Was blieb, war die große Form. Den Weg zur inneren Gesetzhaftigkeit der Natur beschrieb er mit dem Satz: »Man behandle die Natur gemäß Zylinder, Kugel und Kegel und bringe das Ganze in die richtige Perspektive, so daß jede Seite eines Objekts, einer Fläche nach einem zentralen Punkt führt.« Diese Worte kennzeichnen die angestrebte Vereinfachung, zeigen aber auch, daß er die Natur als Modell nie aufgab. Bei seinen Stilleben (Abb. 406) gelang es ihm, »die reine malerische Wahrheit der Dinge« aus der Tiefe zu heben. Für Cézanne ist »die Kunst eine Harmonie *parallel* zur Natur.«

Vincent van Gogh

Viel leidenschaftlicher bestimmte der Ausdruckswert der Farbe die Malerei des Holländers Vincent van Gogh (1853—1890). Doch ist sie für ihn keine logisch ordnende Kraft wie für Cézanne, sondern Mittel, seiner persönlichen Weltsicht Ausdruck zu verleihen.

Religiöses Verlangen führte den jungen van Gogh als Gehilfen eines Methodistenpredigers zu den Bergarbeitern der Borinage, doch scheiterte er an seiner seelischen

Henri Matisse, Junges Mädchen mit Anemonen, 1944.
Paris, Galerie Maeght

Tafel 63

Maurice Vlaminck, Dorfplatz, um 1935.
New York, Collection B. Raymond

Tafel 64

Marc Chagall, Der Künstler und sein Modell, 1949.
Ottawa, Nationalgalerie von Kanada

Pablo Picasso, Porträt der Madame Z., 1954.
Im Besitz des Künstlers

Tafel 66

Überempfindlichkeit. In der Malerei fand er neue Erfüllung: seine ersten Zeichnungen von Bergleuten und Grubenarbeiterfrauen sind in ihren dunklen Tönen Bekenntnisse zum Mitmenschen.

Von seinem Bruder Theo nach Paris eingeladen, lernte er die helle Palette der Impressionisten kennen. Der Umgang mit Gauguin bestärkte ihn jedoch in der Auffassung, daß der Impressionismus nichts Endgültiges sein könne. Im Winter 1888 begab er sich nach Südfrankreich, wo er wenige Monate später in Arles die Wunder des südlichen Lichts erlebte. Wie im Fieber drückte er die Farben unmittelbar auf die Leinwand und malte flammende Kornfelder, züngelnde Zypressen und leuchtende Sonnenblumen. »Ich habe Augenblicke, in denen die Begeisterung bis zum Wahnsinn oder der Prophetie gesteigert ist.« Über zeitweilige Bewußtseinsstörungen half ihm die Ruhe im Sanatorium Saint-Remy hinweg. Sie gab ihm die Kraft, neue mächtige Landschaften mit kreisenden Gestirnen zu schaffen. 1890 fand der Vereinsamte in seinem Arzt Dr. Gachet einen Menschen, der seiner Kunst wirkliches Verständnis entgegenbrachte. In diesem letzten Sommer seines Lebens schuf er aufwühlende Bildnisse der ihm Nahestehenden und visionäre Landschaften wie das glühende Bild der *Kirche von Auvers* (Farbtafel 58).

Die Leidenschaft des Ausdrucks, das Expressive, prägt van Goghs sonnentrunkene Malerei. Wie Cézanne hat auch er einen Weg ins 20. Jahrhundert freigelegt. Beide haben das künstlerische Weltbegreifen in neue Bahnen gelenkt: »Cézanne mit den Kräften, die er im Innern der Natur zu ahnen glaubte, van Gogh mit den Erregungsstößen, die aus dem Innern des Menschen kommen und in das All greifen« (Werner Hofmann).

407 *Paul Gauguin, Drei Tahitianer, 1889. Edinburgh, Sammlung A. Maitland*

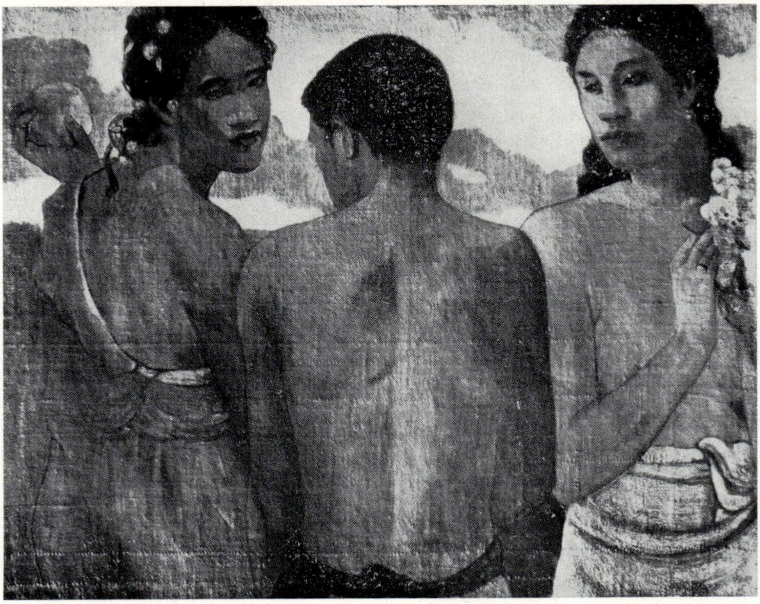

Paul Gauguin

Einen dritten entscheidenden Anstoß erhielt die moderne Malerei durch die dekorative Flächenkunst des in Peru geborenen Franzosen PAUL GAUGUIN (1848—1903). Übersättigt von Europa suchte er eine Erneuerung der Malerei im unverbrauchten Zauber primitiver Kulturen. In Tahiti fand er sein großes Thema im einfachen Leben der Eingeborenen.

Sein großes Thema wurde die vegetative Schönheit des Naturmenschen, die wie die Blume rätselhaft blüht und vergeht. Großformige Konturen füllte er mit leuchtenden Farben von gobelinhafter Wirkung. Die Magie der Farbe und die Musikalität der Form verleihen seinen Bildern suggestive Kraft (Abb. 407).

Gauguin wirkte nicht nur auf den Kreis der französischen Symbolisten, sondern noch umfassender auf den deutschen Expressionismus. Er schenkte der modernen Malerei das exotische Thema, die rhythmische Schönheit der Linie und bisher nie vernommene farbige Akkorde (Farbtafel 59).

Dokumente der Vergeistigung

»Die Sinne deformieren, aber der Geist formt.«
Georges Braque

Der französische Kubismus

Die Lehre Cézannes von der anschaulichen Ordnung wurde in Frankreich von einer kleinen Gruppe avantgardistischer Maler radikalisiert. Um die Gegenstände in ein festes Gerüst zu spannen, suchten sie das Konstruktive in Cézannes Bildbau und das Kubische der Gegenstände noch deutlicher sichtbar zu machen als er. Das erste Bild des **frühen Kubismus** sind die 1907 vollendeten »Demoiselles d'Avignon« von PABLO PICASSO (1881—1973). Auf den ersten Blick erscheint die Welt hier erschreckend verändert. Der Naturraum mit seinen gewohnten Perspektiven hat sich in splittrige, scharfkantige Flächen verwandelt; Figuren und Gegenstände scheinen gewalttätig zu Flächenornamenten deformiert; das Licht hat seine Funktion als Beleuchtung verloren: nicht Sonnenlicht wechselt mit Schatten, sondern Helles kontrastiert zu Dunklem. Raum, Figur und Gegenstand sind nicht mehr Abbild.

Bald wird sich die junge Bewegung ihrer eigentlichen Problematik bewußt. Das Bestreben, einen eigengesetzlichen Bildorganismus aufzubauen, zeigt Picassos »*Stillleben mit Früchten*« (1909). Der Raum wird in straffe Begrenzungen eingespannt. Er hat keine Tiefe im Sinn einer illusionistischen Perspektive. Die horizontale Fläche der Tischplatte erscheint im Bild vertikal hochgeklappt und die Gegenstände wirken wie an ihr festgefroren. Vase, Früchte und Serviette formieren sich zu harten stereometrischen Gebilden. Alle Erscheinungsreize wurden dem bildnerischen Gesamtwerk geopfert (Abb. 408).

Um 1910 begannen die Maler, das Verhältnis von Körper und Raum zu analysieren. Dieser Trieb des **analytischen Kubismus** führte dazu, die stereometrische

408
Pablo Picasso, Stillleben mit Früchten, 1909. New York, Museum of Modern Art

409
Georges Braque, Geige und Krug (Ausschnitt), 1910. Basel, Kunstsammlung

Großform der Gegenstände in kristallinische Kleinformen zu zerlegen und diese planimetrisch zusammenzuordnen. Man begnügte sich nicht mehr damit, die Dinge von *einem* Punkt aus zu betrachten, sondern registrierte ihre verschiedenen Ansichten und kombinierte diese zu einer Ganzheit (Abb. 409). Damit gelangte der Kubismus, der einmal vom Kubus ausgegangen war, zu seinem äußersten Gegensatz, zur Fläche. Die Welt des schönen Scheins wurde der Autonomie des Bildes geopfert — Sinnbild des drohenden Zerbrechens altüberkommener Werte. An diesem Punkt war um 1911 der Weg zur »absoluten«, gegenstandslosen Malerei frei geworden.

Der vollendeten Abstraktion folgte wieder ein stärkeres Bedürfnis nach Anschaulichkeit. Nach 1914 ging der **synthetische Kubismus** dazu über, Malerei und greifbare Gegenstände zusammenzusetzen, indem er Farbflecke, Zeitungsausschnitte, Wellpappen, Haare und dergleichen zu Collagen zusammenführte. Daraus erwuchsen der Darstellung von Wirklichkeitsformen neue Möglichkeiten. Die Maler GEORGES BRAQUE (1882—1963) und JUAN GRIS (1887—1927) bewahrten das flächenmäßig Aufgespaltene der kubistischen Form, führten aber das Gegenständliche in starker Vereinfachung wieder in den Bildraum ein. Sie vollendeten den Kubismus damit zu klassischer Ausgewogenheit. Das harmonieerfüllte Stilleben *L'Album* von Juan Gris kann als Beispiel dieser schönen Phase des Kubismus gelten (Farbtafel 60).

Der italienische Futurismus

Aus der Zustimmung zu den technischen Entdeckungen der Zeit schloß sich 1910 in Italien eine Gruppe von Malern (*C. Carrà*, *U. Boccioni*, *L. Russolo*,

410
Gino Severini, Bal Tabarin, 1912. New York, Museum of Modern Art

G. Balla und *G. Severini*) zusammen und verkündete in einem »futuristischen Manifest« ihre Entschlossenheit, alle Traditionen zu zertrümmern, damit die Schönheit des zivilisatorischen Fortschritts an ihre Stelle treten könne. Bewegung und Geschwindigkeit sollten in die Malerei einziehen. Man nahm sich vor, das Nacheinander eines Bewegungsablaufs gleichzeitig im Bild darzustellen.

In dieser kinematographischen Mitteilungsform malen die Futuristen die wirbelnde Bewegtheit eines Nachtlokals, das Schütteln einer Droschke auf holprigem Pflaster, den Lärm der Straße, der ins Haus dringt, eine Luftschlacht über der Bucht von Neapel, das Schwirren einer Hundeleine über dem Gehsteig oder die entfesselten Bewegungen exotischer Tänzerinnen (Abb. 410).

Der russische Konstruktivismus

Eine dem Kubismus verwandte Bewegung in Rußland wandte sich um 1912 stärker dem Konstruktiven und damit dem Abstrakten zu. Die im Kubismus enthaltene Verneinung des Sinnenhaften trieb *Kasimir Malevitsch* (1878 bis

411 *El Lissitzky, Prun (Komposition), 1919. Basel, Kunstmuseum*

1935) so weit, daß er 1913 ein Bild ausstellte, das auf seiner weißen Fläche ein einfaches schwarzes Quadrat zeigte. Ein neuer Nullpunkt war gesetzt. Malevitsch verkündete in seinem Manifest des **Suprematismus**: »Kunstwerke sind keine Spiegelbilder der Natur, sondern neue Tatsächlichkeiten, die nicht weniger bedeutend sind als die Tatsächlichkeiten der Natur selbst.« Hier will Kunst zur Wirklichkeitserfindung werden, das Abstrakte wird »konkret«.

Auch die 1919 entstandene »*Komposition*« von EL LISSITZKY (1899—1941) verzichtet auf Gegenständlichkeit, indem sie sich auf planimetrische Grundformen — Senkrechte, Waagrechte, Diagonale und Kreis — beschränkt; nur durch eine Parallelperspektive wird eine schwache Illusion des Räumlichen aufrechterhalten (Abb. 411).

412 *Wassily Kandinsky, Improvisation – Sintflut, 1913. München, Städtische Galerie im Lenbachhaus*

Am bekanntesten von allen russischen Neuerern wurde WASSILY KANDINSKY (1866—1944). Seine Entwicklung, veranschaulicht durch seine von 1897 bis 1914 in München entstandenen Werke, führte von der impressionistisch gestimmten Münchener Landschaftsmalerei auf dem Weg der Abstraktion und Vergeistigung schon 1910 zum gegenstandslosen Bild, bis sein Werk in den reinen Farbklang mündete (Abb. 412).

Die holländische Stijl-Gruppe

In den Jahren von 1910 bis 1914 übernahm auch der Holländer PIET MONDRIAAN (1872—1944) aus der kubistischen Ordnung das Bildgerüst.

Zusammen mit *Theo van Doesburg* gab er seit 1917 die Zeitschrift »De Stijl« heraus, die sich gegen jeden Subjektivismus in der Kunst richtete (vgl. S. 415). Eine Erneue-

413
Piet Mondriaan, Komposition, 1921. 's-Gravenhage, Gemeentemuseum

rung der Malerei könne nur im Rahmen der Baukunst erfolgen; aus dem Zusammenwirken der Baumeister, Bildhauer und Maler solle das Gesamtwerk entstehen. Die Bilder Mondriaans bilden den Gegenpol zu den oft leidenschaftlichen Schöpfungen Kandinskys. Der »*Neoplastizismus*« (ein von Mondriaan verwendeter Begriff) verbannte alle Kurven und Diagonalen, einzig Waagrechte und Lotrechte bauen die Form (Abb. 413). Die Farben beschränken sich auf die Grundtöne. Die ruhige Aufteilung der Bildflächen soll zu einer universalen Harmonie führen.

Das deutsche Bauhaus

Eine der Stijl-Gruppe verwandte Gesinnung vertrat das Bauhaus (vgl. S. 420).

Zu seinen bedeutendsten Malern gehörte Lyonel Feininger (1871—1956). Seine Bilder sind Abstraktion architektonischer Phänomene mit den Mitteln der Malerei. Sein lasierender Farbauftrag schafft eine Transparenz, in der die Bauwerke wie kristalline Gebilde dastehen (Farbtafel 61).

Oskar Schlemmer (1888—1943) folgte 1920 einem Ruf an das Weimarer Bauhaus. Dort leitete er die Bühnenwerkstatt, entwarf Kostüme und Dekorationen und schrieb

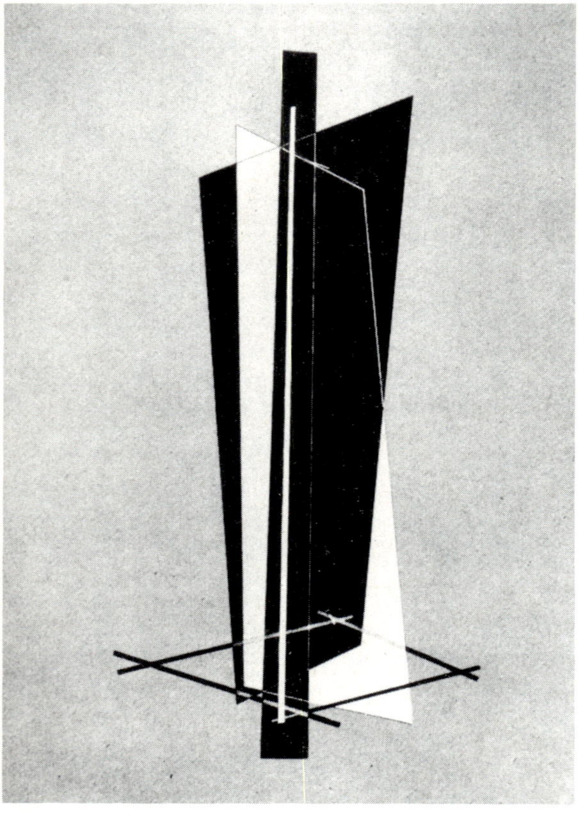

414 *(oben)*
Oskar Schlemmer, Zwölfergruppe im Raum, 1930. Stuttgart, Privatbesitz

415
Làszlo Moholy-Nagy, Konstruktion, 1923. Paris, Sammlung Jeanne Coppel

selbst Ballette. Seine ausgewogenen, klaren Kompositionen sind aus dem Zusammenklang weniger Farben aufgebaut und rational geordnet (Abb. 414).

LÀSZLO MOHOLY-NAGY (1895—1946) machte sich in Weimar nicht nur durch seine abstrakten »Konstruktionen«, sondern auch durch Photogramme und Montagen einen Namen (Abb. 415).

WILLI BAUMEISTER (1889—1955) stand den Bauhausideen nahe, doch verwendete er die »Freie Form«, die an das Organische anklingt. Bald vertauschte er sie jedoch mit urzeitlichen Sinnzeichen, die einen unerschöpflichen Vorrat an Einfällen boten. Seine sog. Han-Bilder gleichen altersdunklen Tafeln der Vorzeit, deren Sinngehalt der Mensch nur ahnen kann (Farbtafel 62).

Zeugnisse des Menschlichen

»Das Traumhafte unserer Existenz gleichzeitig mit dem unsagbar süßen Schein der Wirklichkeit!«

Max Beckmann, Tagebuch

Die »Fauves«

Nicht alle Wege in die Moderne führten zur Gegenstandslosigkeit. Die Anhänger des »Fauvismus« zogen aus den Lehren der Bahnbrecher andere Konsequenzen als die Kubisten. Sie blieben der Wirklichkeit treu, erkannten jedoch deren zwei Ebenen: die erfaßbare und die metaphysische. Ihre Mittel waren die reinen, ungebrochenen Farben und der Verzicht auf Körpermodellierung. Ihre Malweise trug ihnen den Spottnamen der »fauves«, der Wilden, ein. Nach einem Wort André Derains war der Fauvismus »die Feuerprobe, welche die Malerei gereinigt hat«. Um 1908 lief ein Teil zu den Kubisten über.

Das Haupt der Gruppe war HENRI MATISSE (1869—1954). Er wurde zum Interpreten des Einklangs von Lebensfülle und Harmonie. Zunächst allerdings malte er gänzlich unmodellierte Akte von heftiger Gebärdensprache auf einfarbig zugestrichenem Flächengrund. Bald aber gab Matisse dem fauvistischen Ausdrucksdrang jene Gelassenheit, die zum Wesen französischer Kunst gehört. »Mein Traum ist eine Kunst voll Gleichgewicht, Reinheit und Ruhe«, sagte er selbst von seiner Malerei. Am besten fand er die Erfüllung seines Wollens im Stilleben und in ruhevollen Kompositionen junger Frauen und Mädchen, die selbst zum Stilleben werden (Farbtafel 63).

Vom Erregungsstil des Vincent van Gogh ist der »fauvisme pathétique« geprägt, der am überzeugendsten in der heftigen Malerei von MAURICE VLAMINCK (1876—1958) verkörpert wird. Seine stürmischen Landschaften setzen sich auf leidenschaftliche Weise mit der Dramatik des Naturgeschehens auseinander (Farbtafel 64).

416
André Derain, Westminster Bridge, 1907. Paris, Privatbesitz

417
Georges Rouault, Au Salon, 1906. Brüssel, Sammlung Baronin Lembert

André Derain (1880—1954) malte wie seine Freunde mit schnellen Pinselstrichen ungemischte Farben auf die Leinwand. Blau, Grün, Purpurrot und Violett dominieren. 1907 schuf er eines der besten Bilder des Fauvismus, »*Westminster Bridge*«, ein großgesehenes Stadtbild von dynamischer Komposition und flammender Farbgebung (Abb. 416).

Georges Rouault (1871—1958) ist von der frohen Gelassenheit eines Matisse weit entfernt. Sein Frühwerk gestaltete vorzugsweise das Thema menschlicher Verworfenheit (Abb. 417). In den Jahren der Reife fand er zum religiösen Bild, das er mit der Strenge alter Ikonen erfüllte und zu statuarischer Größe erhob.

Der Orphismus

Der Kubismus hatte die sichtbaren Formen zerlegt und war über die Abstraktion der analytischen Phase zu einer Synthese des »geläuterten« Gegenstands gelangt. Der Maler Robert Delaunay (1885—1941) fand auf einem anderen Weg zu ähnlichem: mittels einer noch anschaubaren Gegenständlichkeit in *einem* Bild verschiedene Lebenslagen simultan zu versammeln.

Den Begriff Orphismus hatte *Guillaume Apollinaire* 1912 mit Bezug auf Delaunay verwendet, der nach seiner Meinung die Urpoesie des Orpheus als Malerei verwirklichte. Delaunay hatte entdeckt, daß die Farbe ebenso wie die Form Rhythmus und Bewegung aus sich allein schaffen kann. Seine Fol-

418
Robert Delaunay, Rugby-Mannschaft von Cardiff, 1913. München, Neue Pinakothek

419
Marc Chagall, Die drei Leuchter, 1940. Privatbesitz

gerungen zeigten sich in der reinen Abstraktion seiner »Disques simultanés«, der Scheibenbilder von 1912. Bald darauf fand er zur Naturform zurück, der er von nun an eine eigentümliche Transparenz mitteilte. Er verband das Gegenständliche kontrapunktisch mit den Rhythmen des Abstrakten. Sein Gemälde »*Rugby-Mannschaft von Cardiff*« (1912/13) ist hierfür ein Beispiel (Abb. 418).

Die Malerei Delaunays gab dem in Paris lebenden Russen MARC CHAGALL (geb. 1890) die Mittel an die Hand, seine verträumten Bilder zu gestalten. Seine Herkunft aus dem bäuerlichen Judentum lieferte ihm die Themen. Die patriarchalischen Gestalten der Eltern, das russische Dorfleben und seine Kindheitserinnerungen legten den Grund zu seinen Traumphantasien, die russische Märchen, chassidische Mystik und die kubistische Simultaneität in eine neue Bildform verschmolzen. Sein poetisches Gefühl trug seine Bildstoffe ins Magisch-Geheimnisvolle. Man sollte seinen Träumereien keine vernunftgemäße Deutung unterlegen: vor dieser malerischen Wunderwelt müssen alle rationalen Erklärungen verstummen (Abb. 419, Farbtafel 65).

420
Pablo Picasso, Die Gaukler, 1905. Privatbesitz

Das Phänomen Pablo Picasso

Auf den gebürtigen Spanier und Wahlfranzosen PABLO PICASSO (1881—1973) beriefen sich noch um 1960 fast alle Richtungen der modernen Malerei.

Mit neunzehn Jahren betrat er zum erstenmal Paris, wo sein vielschichtiges Talent den rechten Boden fand. Bald wurde die Linie zum formbildenden Element seiner Kunst. Sie verleiht den Bildern der »Blauen Periode«, an die sich die »Rosa Periode« anschloß, eine eigentümliche Klassizität von lyrischen Gehalten. Gaukler und Pierrots, Arme und Ausgestoßene der Gesellschaft wurden ihm zu Gleichnissen der Verlassenheit und Lebensangst. In traurige Gedanken versunken, beugt sich eine junge Mutter über den Tisch, auf dem die Reste eines kargen Mahls stehen. Wie erstarrt wendet sich der Knabe zur Seite; sein blasses Gesicht steht zu seinem bunten Gauklerkleid in melancholischem Kontrast. Die Blicke der beiden gehen aneinander vorbei ins Leere (Abb. 420).

Den Kubismus wandelt sein Erfinder von den Frühformen (vgl. Abb. 408) über die analytische Periode zur synthetischen Beruhigung. Wer aber könnte die Kunst Picassos in eine zusammenhängende Entwicklung einordnen? »Ich entwickle mich nicht, ich bin«, hat er einmal gesagt. Wenn er dazu noch verkündete: »Ich suche nicht, ich finde«, so hätte er seine Arbeitsweise nicht treffender kennzeichnen können (Farbtafel 66).

Der Einfluß afrikanischer Negerplastik führte ihn zu heftigen Bildformen, die an den deutschen Expressionismus erinnern. Beinahe gleichzeitig malte er Frauengestalten

421 *Pablo Picasso, Guernica, 1937. New York, Museum of Modern Art*

mit voluminösen Körpern und plumpen Gliedmaßen in einem realistisch gesehenen »Neoklassizismus«. Auf einer späteren Entwicklungsstufe gab er — den Gegenstand gleichsam umschreitend — Seiten- und Frontansicht in *einer* Gesamtform wieder, auch wenn dabei Organismen entstanden, die mit zerstückelten Leibern und anderen Mißbildungen den Naturformen widersprechen, aber im Sinn einer Ausdruckssteigerung zu verstehen sind. Aus seinem verwirrenden Lebenswerk ragt ein zentrales Thema auf: der Mensch und der Stier.

Der wilde Stier verkörpert ihm das böse Prinzip, dem er im Pferd Unschuld und Schwäche gegenüberstellt. Der Stier, gleichbedeutend mit Grausamkeit und Brutalität, steht als düsterer Schatten über unserer Gegenwart. Diese Bedrohung wollte Picasso auch in seinem großflächigen Werk »*Guernica*« darstellen: das Bild dieser im spanischen Bürgerkrieg durch einen Luftangriff zerschmetterten Stadt zeigt eine Schreckenswelt von Fetzen, Köpfen und Gliedern. Der Maler stellt das Dämonische hier mit einer Härte dar, die in unserem dem Lebensgenuß zugewandten Dasein Befremden und Bestürzung hervorruft. In dieser Vision der Untergangs hat der Landsmann Goyas die Abgründigkeit unserer auf dem Gleichgewicht des Schreckens gegründeten Existenz schonungslos formuliert (Abb. 421).

Pablo Picasso blieb trotz mancher verschlungener Seitenwege in die künstlerische Spekulation stets ein Wortführer des Menschlichen.

Der deutsche Expressionismus

Das Ausdrucksverlangen der Fauves fand sein Maß in den klassischen Traditionen Frankreichs. Der deutsche Expressionismus dagegen entstand im ersten Jahrzehnt unseres Jahrhunderts als abrupte Entladung lang zurückgestauter Gefühle.

422
Ernst Ludwig Kirchner, Fünf Frauen auf der Straße, 1913. Köln, Wallraf-Richartz-Museum (Sammlung Haubrich)

Nicht die optische Erscheinung fesselte die Expressionisten, sondern das hinter den Dingen waltende Geheimnis. Dieses weltanschauliche Programm gab ihrem Werk inhaltliche Tiefe, um deretwillen sie Naturformen vergröberten und verzerrten. Die Wirklichkeit war nicht mehr Vorbild, sondern Anlaß zu visionären Steigerungen.

Diese Ideen führten 1905 in Dresden die Maler Kirchner, Heckel und Schmidt-Rottluff zur Gründung der Künstlervereinigung »**Die Brücke**«; sie sollte »alle revolutionären und gärenden Elemente an sich ziehen«. Wenig später stießen Pechstein und Otto Müller und für kurze Zeit Emil Nolde zu diesem Kreis. Ihre Intuition entzündete sich an mittelalterlicher Kunst, aber auch an den elementaren Bildwerken der Naturvölker.

Der Mainfranke Ernst Ludwig Kirchner (1880—1938) macht in seinem gewaltigen Ausdrucksstil die Formmerkmale der Gruppe am deutlichsten. Erregte Farben und splitternde Formen kennzeichnen sein malerisches Werk, in dem die Natur zerklüftet erscheint und die Gestalten heftig gestikulieren (Abb. 422). Seine besondere Liebe gehörte dem Holzschnitt, den er wieder mit grob geschnitzten Flächen wirken läßt.

Der aus Zwickau gebürtige Maler und Graphiker Max Pechstein (1881—1955) hat nach dem leidenschaftlichen Beginn in der »Brücke« später zu ruhigeren Formen gefunden. In seinen groß gesehenen Landschaften herrscht ein gemäßigter Expressionismus, der die Natur in ihrem kosmischen Zusammenhang erfaßt (Farbtafel 67).

Karl Schmidt-Rottluff,
Gang nach Emmaus
(Holzschnitt)

Pechsteins Landsmann KARL SCHMIDT-ROTTLUFF (geb. 1884) wagte das Äußerste an Vereinfachung der Naturform, um zum stärksten Gefühlsausdruck zu gelangen. Ernsthaftigkeit und Strenge seines Formdenkens machten ihn zum großen Stilbildner, der das Naturbild in seine persönliche Vorstellungsform verwandelte. Neben seiner mit ungebrochenen Farben wirkenden Malerei stand von Anfang an die Graphik, die in starken Kontrasten von Schwarz und Weiß seelische Erschütterungen ausspricht. In seinen religiösen Holzschnitten lagen die Ansätze zur Erneuerung der christlichen Buchkunst.

423 *Erich Heckel, Holsteinische Landschaft, 1913. Frankfurt a. M., Städtische Galerie*

Max Pechstein, Boot bei aufgehender Sonne, 1949.
Bonn, Privatbesitz

Tafel 67

Franz Marc, Tiger, 1912.
München, Städtische Galerie im Lenbachhaus

August Macke, Promenade, 1913.
München, Städtische Galerie im Lenbachhaus

Paul Klee, Kleines Tannenbild, 1922.
Basel, Sammlung Doetsch-Benziger

Tafel 70

ERICH HECKEL (1883—1970) stellte anfangs in Übereinstimmung mit dem Programm des Expressionismus die Natur als ekstatischen Kampf der Elemente dar (Abb. 423). Später beruhigte sich die expressive Gewalt seiner künstlerischen Sprache.

Beinahe gleichzeitig mit der Gründung der »Brücke« schlossen sich seit 1911 in München Maler in der Künstlervereinigung »*Der Blaue Reiter*« zusammen. Gründer und geistiger Führer war *Wassily Kandinsky* (1861—1944; vgl. S. 456). Eines seiner Bilder gab der Gruppe den Namen. Sein Drang nach Vergeistigung beeinflußte auch das Werk seiner Freunde. Doch finden sich im engeren Kreis des Blauen Reiters auch romantische Interpreten des Gegenständlichen (Abb. 412).

Kandinskys Landsmann ALEXEJ VON JAWLENSKY (1864—1941) begegnete 1905 der Malerei von Henri Matisse, dessen reiner Farbauftrag seitdem sein Schaffen beeinflußte. Die reich und gefühlsstark gemalten Bilder Jawlenskys besitzen die Ausdruckskraft russischer Volkskunst. Von 1917 an führt sein künstlerischer Weg in die Vergeistigung. Das menschliche Anlitz, fast bis zur Abstraktion verdichtet, wird sein großes Thema (Abb. 424).

Für FRANZ MARC (1880—1916) ist eine überwirkliche Natursymbolik Ausgang und Ziel. Dabei mußte er frühzeitig die Unzulänglichkeit der realistischen Wiedergabe erkennen. Nur die Mystik der Farbe konnte das Stoffliche überwinden und zur

424
Alexej von Jawlensky, Kind mit Puppe, 1911. München, Galerie Stangl

»Weltdurchschauung«, wie er sein Fernziel nannte, führen. Die Enge des Menschlichen trieb ihn zu den Tieren, bei denen er die Schöpfung am reinsten zu erfühlen glaubte. Angeregt von bäuerlichen Hinterglasbildern, wollte er die Seele der Kreatur symbolisch darstellen. Für ihn ist die Welt eine Landschaft des »Ganz-Reinen«. Schon 1914 schuf er sein erstes gegenstandsloses Bild. Sein früher Tod in den Kämpfen um Verdun brach seine vielversprechende Entwicklung ab (Farbtafel 68).

Sein aus Westfalen stammender Freund AUGUST MACKE (1887—1914), der in den ersten Weltkriegstagen fiel, beläßt seine bunten und fröhlichen Begegnungen in der Welt des Wirklichen. Seepromenaden, Parkwege und Boulevards sind seine Themen, in denen das Bild des Menschen eine glücklich-heitere Erfüllung findet (Farbtafel 69).

Der Schweizer PAUL KLEE (1879—1940) steht scheinbar außerhalb jeder Richtung. Er gestaltete aus Farben und Formen eine irreale Welt, in der er oft weit auseinanderliegende Dinge auf überraschende Weise verknüpfte. Seine meist kleinen Bilder sind traumhafte Erinnerungen an unbewußte Zustände, in denen Schwerkraft, Zeit und Raum aufgehoben erscheinen. In diesem Reich gibt es keine logischen Zusammenhänge. Seine zarten Gebilde entstehen wie in kindlichem Spieltrieb, doch hat er sein Verhältnis zur Welt in ein System gebracht, das sich auf den Grundelementen des Graphischen aufbaut (Farbtafel 70).

In Berlin gründete der Publizist *Herwarth Walden* 1910 die expressionistische Zeitschrift »**Der Sturm**« und 1912 eine Kunstgalerie gleichen Namens, in der eine Avantgarde von Künstlern der »Brücke« und des »Blauen Reiters«, aber auch von Einzelgängern, wie *Oskar Kokoschka*, neben französischen Kubisten und italienischen Futuristen ausstellte. Höhepunkt war der von Walden 1913 nach Pariser Vorbild arrangierte »Erste Deutsche Herbstsalon«, der mit 360 Gemälden einem überraschten Publikum die verschiedenartigen Bestrebungen der modernen Malerei vorstellte. Seine Ausstellungen wirkten, wie sie gemeint waren, als Provokation. Die Futuristen fuhren mit aufreizenden Plakaten durch die Straßen und verbreiteten ihre aufrührerischen Manifeste. Walden bewährte sich in jenen Jahren als scharfzüngiger Polemiker. Aus Resignation über die politische Entwicklung emigrierte er 1932 nach Rußland.

Einzelgänger

In den Jahren zwischen den Kriegen formten sich künstlerische Persönlichkeiten, die dem Expressionismus nahe stehen, ohne sich jedoch an seine Formeln gebunden zu haben.

EMIL NOLDE (eigentlich Hansen, 1867—1956) zog sich nach kurzer Berührung mit der »Brücke« in die Einsamkeit des deutsch-dänischen Grenzlandes, dem er entstammt, zurück. Sein künstlerisches Ziel war die »absolute Ursprünglichkeit«, zu der ihn die einfache Formensprache der Naturvölker hinführen sollte. In den menschenleeren Weiten seiner Landschaften und Meeresküsten wollte er das Urgeheimnis der Schöpfung sprechen lassen (Farbtafel 71). Sein Drang, die Welt zu deuten, stellte ihn vor das Wagnis, die Botschaft des Neuen Testaments mit der heftigen expressionistischen Pinselschrift zu verkünden. Sein künstlerisches Mittel war eine ungewöhnliche Farbgebung, die grell leuchtend oder dunkel glühend den seelischen Ausdruck zum heftigen Ausbruch steigerte.

425
Karl Hofer, Maskerade, 1925. (Vermutlich 1943 in Berlin verbrannt)

Karl Hofer (1878—1955) nahm zuerst unter dem Einfluß Cézannes zarte Farbmodulierungen in seine Malerei auf. Seine Bildmotive entstammen meist gegensätzlichen Welten: südliche Landschaften, in tektonischer Klarheit gebaut, heitere Gruppen schöner Mädchen zwischen Blumen und Früchten — und auf der anderen Seite schreckhafte Visionen der Angst, gespenstische Masken und teuflischer Spuk. Eines aber haben alle Bilder gemeinsam: eine feste Formarchitektur, klare Konturen und eine zur Melancholie neigende gedämpfte Farbigkeit (Abb. 425).

Der Österreicher Oskar Kokoschka (geb. 1886) gelangte ohne Umwege aus der verführerischen Welt seines Lehrers *Gustav Klimt* zu eigenem Ausdruck. Am Anfang stehen Bildnisse, die das Modell seelisch durchleuchten, um sein »inneres Gesicht« bloßzulegen. Diese Bildnisse haben seinen Ruhm begründet.

Immer sucht er die bunte Vielfalt der Welt festzuhalten. Aller lebendigen Bewegung gibt sich Kokoschka hin — allem, was aus der Erde quillt, fühlt er sich verbunden. Sein ruheloser Geist hinderte ihn in jungen Jahren, seßhaft zu werden: die 1920 erlangte Professur an der Dresdener Akademie verließ er schon 1924, um in langen Wanderjahren das Bild der europäischen Städte in leuchtenden Farben festzuhalten. Er malte sie nicht idealisiert, sondern in den lebensvollen Rhythmen der Gegenwart.

426 *Oskar Kokoschka, Madrid – Puerta del Sol, 1925. Luzern, Galerie Fischer*

Meist sind es Überschau-Landschaften, in denen mächtige Diagonalen in die Tiefe führen oder Bewegungsströme um ein Zentrum kreisen wie im sprühenden Stadtbild »*Madrid – Puerta del Sol*« (Abb. 426).

Seine letzten Werke stehen im Zeichen der großen Wandmalerei allegorischen Inhalts. Das Triptychon »*Thermopylae*« meint in Wahrheit den Kampf, den wir Menschen mit dem Barbaren in uns zu bestehen haben. — Das Lebenswerk Kokoschkas gehört zu den großen Zeugnissen des Menschlichen.

In Max Beckmann (1884—1950) verfestigte sich der Expressionismus zum illusionslosen Zeitbild. Als der Maler 1918 aus dem Weltkrieg krank in seine Berliner Wahlheimat zurückgekommen war, erfüllte ihn das Treiben der großstädtischen Gesellschaft mit Abscheu. Die Nachkriegssituation fand ihren Niederschlag in Bildern von spätgotischer Eckigkeit, auf denen sich hagere Figuren seltsam verschachtelt zusammendrängen. Mit fast grausamer Lust rückt er die Menschen in grelle Beleuchtung.

Beckmann besaß die Größe, in seinen reifen Lebensjahren aus Wirrnis und Grauen herauszufinden. »Gerade jetzt müssen wir uns dem Menschen so nahe wie möglich stellen«, lautet ein Eintrag in seinem Tagebuch. Dieses Ethos gab ihm Bilder ein, die Mensch und Welt in einem neuen Klang zusammenführen. Die Akkorde dieses Schaffens sind nicht zärtlich, sondern metallisch hart, und die Formen bewahren ihre eiskalte Klarheit. Die Farben aber erhalten neue Leuchtkraft. Beckmanns Kunst bewahrt die Ausdruckskraft der Expressionisten, die Formenreinheit der Abstraktion, die Lebensnähe des Realismus und die Hintergründigkeit des Surrealismus (Farbtafel 72).

Der Realismus

In den ersten Jahrzehnten des 20. Jahrhunderts führte ein **Sozialer Realismus** das Erbe Daumiers und Courbets weiter. Die Not der Unterdrückten gestaltete die Ostpreußin KÄTHE KOLLWITZ (1867—1945) im Zyklus der »Weber«. In zahlreichen Lithographien und Radierungen ging sie dem grauen Alltag des Fabrikarbeiters nach. Das Thema der Mütter und Kinder wurde in ihrer packenden Schwarzweißkunst zum Dokument menschlicher Ohnmacht und Verzweiflung.

Käthe Kollwitz, Frau aus den »Webern« (Zeichnung)

Der Berliner GEORGE GROSZ (1893—1959) stellte mit spitzer Feder die Gier des Schiebers und die Heuchelei des Spießbürgers an den Pranger. — Der Thüringer OTTO DIX (1891—1969) registrierte in seinem Bildnis der *Eltern* den Befund eines mühevollen Arbeiterlebens (Abb. 427). Ohne Beschönigung gibt er die vom Werktag gezeichneten Gesichter wieder. Ihr ängstlicher Blick meidet das Auge des Betrachters; unbeholfen hängen ihre Arme herab und ihre rissigen Hände liegen plump und kraftlos im Schoß. Trotz dieser anklagenden Realistik ist die Sohnesliebe verhalten zu spüren.

427 *Otto Dix, Die Eltern, 1924. Hannover, Landesgalerie*

428 *Henri Rousseau, Der hungrige Löwe, um 1905. Zürich, Dr. Franz Mayer*

Eine besondere Spielart des Realismus wurde die **Neue Sachlichkeit**, für die Franz Roh den Begriff »Magischer Realismus« prägte. Sie suchte den Menschen und die Natur in ihrer vegetativen Existenz darzustellen, wobei sie sich der altmeisterlichen Mittel einer subtilen Zeichnung und eines dünnen Farbauftrags in Lokaltönen bediente. Einer ihrer Vertreter war *Georg Schrimpf* (1889—1938), der gern weite Landschaften und ruhige Mädchengestalten darstellte.

Lange vorher hatte sich in Frankreich der verträumte Realismus des Zollbeamten HENRI ROUSSEAU (1844—1910) geformt, der in reiner Naivität seine kindlich anmutenden Landschaften malte. Seine Werke gehören der **Sonntagsmalerei** an, wie man Autodidaktenschöpfungen zu nennen pflegt (Abb. 428).

Pittura Metafisica

Die seltsame Verzauberung von Raum und Gegenstand bewegte die italienischen Maler CARLO CARRÀ (1881—1966) und GIORGIO DE CHIRICO (geb. 1888). Sie erhoben das Übersinnliche zu einem bildnerischen System, dem sie den Namen Pittura Metafisica gaben. Leitmotiv ihrer Gestaltung wurde »die magische Stille der Form und die Brüderlichkeit mit den Dingen«. *Carrà* schuf Bilder der weiten tyrrhenischen Küstenlandschaft, in deren kargen Raum einsame Pinien und dumpfe, fensterlose Gebäude melancholisch hineinragen (Farbtafel 73). Die Malerei *Chiricos* flieht aus der Gegenwart in ein antikes Traumland. Mag sie archäologische Fragmente zu gespenstischen Stilleben verbinden, mag sie auf menschenleere Stadtplätze riesenhafte Figuren stellen, die lange Schatten werfen — immer wird sie hinter den sichtbaren Dingen eine zweite geheimnisvolle Wirklichkeit aufrichten (Abb. 429).

429 *Giorgio de Chirico, Das Denkmal, um 1914*

Surrealismus

Das Hintergründige dieser Malerei steigerte der Surrealismus zur Phantastik. Auf dem Umweg über die seltsamen Spielformen des Dadaismus (vgl. S. 433) wurde er vom Rheinländer Max Ernst (geb. 1891) mitbegründet. Im Surrealismus protestiert das unbewußt Schöpferische gegen jeden Rationalismus. Im Bestreben, Unbewußtes ans Licht zu heben, setzt er das Verfahren der Psychoanalyse in eine Kunstform um. Auch bei ihm steht der *Traum* als Beobachtungsfeld des Unbewußten an erster Stelle. Wie der Traum alle Arten von Erlebnissen beliebig durcheinanderrüttelt, so gestaltet diese Malerei die Vorgänge außerhalb aller logischen Zusammenhänge, jedoch mit den Mitteln eines präzisen Realismus. Der Surrealismus holt seine rätselhaften Bildgehalte wie der Seelenarzt aus den Tiefen des Menschlichen. So schuf Max Ernst in seinem Bild »*Abendlied*« eine Landschaft, die kaum noch etwas mit dem sentimentalen Titel gemein hat. Urwaldhaft erhebt sich vor dem hellen Himmel eine dunkle Wand gespenstischer vegetabilischer Formen, die wie aus Blech ausgeschnitten scheinen. Zwischen ihnen bewegen sich seltsame Lebewesen amorpher Natur — korallenartig, insektenhaft. Unter dem trügerisch lächelnden Abendhimmel wächst diese Welt des Bösen drohend und feindselig empor, ein pessimistisches Gleichnis menschlicher Ohnmacht (Abb. 430).

Der Spanier Salvador Dali (geb. 1904) trieb das System bis über die Grenzen des Burlesken. In seinem Bild »*Die Beharrlichkeit des Erinnerns*« koppelt er auf unheimliche Weise Bezüge, die im Alltagsleben weit auseinanderliegen, zusammen, um das oft quälende Verharren menschlichen Erinnerns in ein gespenstisches Licht zu rücken. Das zähe Dahinrinnen der Zeit versinnbildlicht sich in Taschenuhren, die im trägen Fluß der Stunden »aufzuweichen« beginnen, in der klebrigen Langsamkeit des Kriechtieres und in der Eiseskälte der weiten Küstenlandschaft. Dämonie und Satire liegen im Werk Dalis dicht nebeneinander (Abb. 431).

430 *Max Ernst, Abendlied, 1938. Privatsammlung*

431 *Salvador Dali, Die Beharrlichkeit des Erinnerns, 1941*

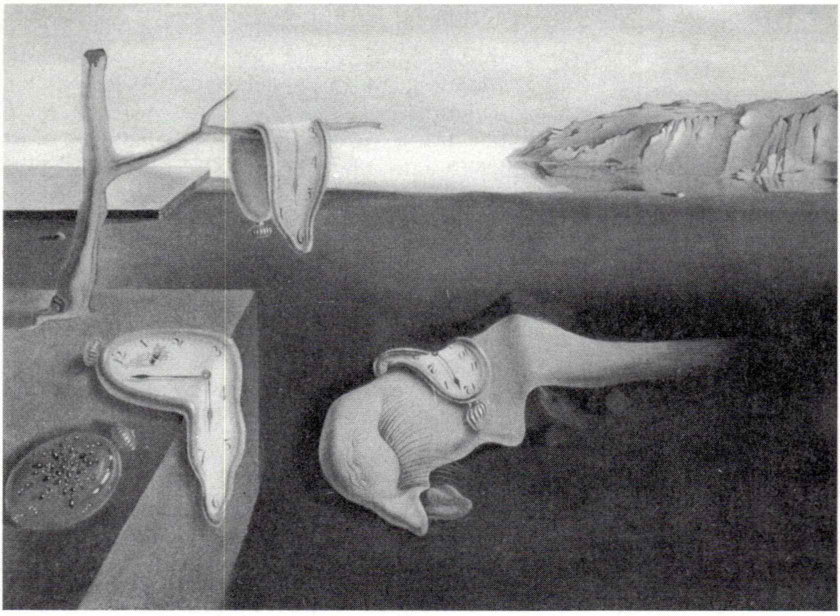

Emil Nolde, Mühle, 1924.
Stiftung Seebüll Ada und Emil Nolde

Tafel 71

Max Beckmann, Die Loge, 1928.
Stuttgart, Staatsgalerie

Carlo Carrà, Pinie am Meer, 1921.
Rom, Sammlung A. Casella

Fernand Leger, Gelbe Blumen in blauer Vase, 1950.
London, Collection A. Revai

Tafel 74

Nouveau Réalisme

In Frankreich gilt FERNAND LÉGER (1881—1955) als Begründer eines Réalisme nouveau. Der eigenwillige Maler begann mit einer persönlichen Sonderform des Kubismus; er baute seine Kompositionen aus ineinandergeschachtelten Rohren, was seinem Stil den Scherznamen »Tubismus« eintrug. Gänzlich unromantisch deutet er die Welt weder geistig wie die Abstrakten, noch erblickt er sie in ihrer Schönheit wie Picasso, der bei aller Deformation des Gegenständlichen immer Ästhet bleibt. Légers Liebe gilt der Maschine und ihren blitzenden Teilen. Der »Mechaniker mit der Palette« verbannt alles Persönliche aus dem Bild. Auch der Mensch wird hier zum sachlichen Objekt wie das Gerüst eines Neubaus oder die Form eines Zahnrads. So verzichtet seine Malerei auf den metaphysischen Hintergrund und kennt keine Tragik des Geschehens (Farbtafel 74).

Die zweite Generation

Die Maler, die uns bisher begegneten, gehörten ohne Ausnahme der ersten Generation an. Die Disposition des ihnen gewidmeten Abschnitts konnte sich — anders als bei den Bildhauern — nach den Schulen, Richtungen und Lebenskreisen ausrichten, die sie geschaffen haben.

Wie bei der Skulptur bewahrte und ergänzte die zweite Generation das Erbe. In **Amerika** trat die gegenstandslose Malerei erstmals nach 1945 in der Form des *Abstrakten Expressionismus* in Erscheinung. Sein Begründer wurde dort JACKSON POLLOCK (1912—1956). Er entdeckte für die Gestaltung neue Möglichkeiten, die im schöpferischen Akt selbst lagen. Seine Kompositionen

432 *Jackson Pollock, Graugetönter Regenbogen, 1953. The Art Institute of Chicago*

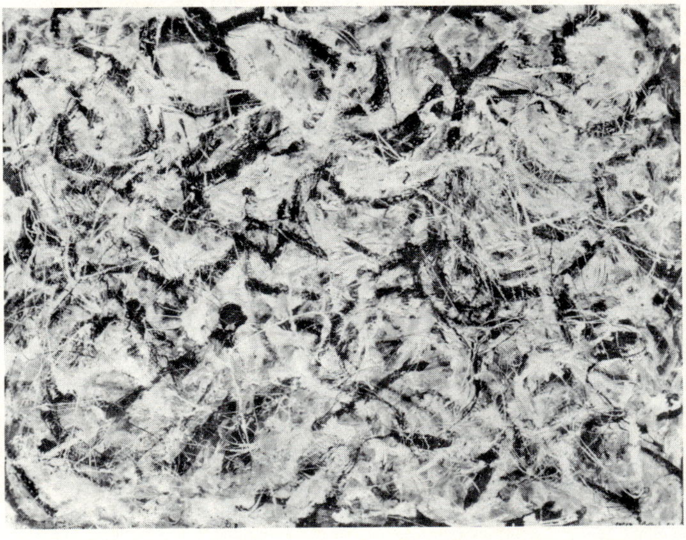

433
Kenneth Noland, Bridge, 1964. Acrylicfarbe auf Leinwand. New York, André Emmerich Gallery

entstanden spontan mittels Träufel- oder Schleudertechnik, bei der die Farbe allein aus dem Schwung des Arms auf die Leinwand gebracht und dort mit Pinsel oder Spachtel zu einem dichten Geflecht verwebt wird. Pollocks Abstraktion bezog ihren Gehalt nicht aus der rationalen Überlegung, sondern aus der emotionalen Aktion. In seinen Bildern verschmolzen Zufall, Improvisation und seelische Gestimmtheit zu einem freien, amorphen Expressionismus. Das motorische Element gab seiner Malweise in den USA die Bezeichnung *Action-Painting* (Abb. 432).

Im dialektischen Gegensatz zur Malerei Pollocks und seiner Anhänger entstand in den fünfziger Jahren in Amerika eine anti-emotionale Richtung, die sich einer harten geometrischen Formgebung verschrieb und — wie die *Konkrete Kunst* Europas — nicht die Illusion, sondern wirkliche Objekteigenschaft anstrebte. Diese Abkehr vom abstrakten Expressionismus leitete 1951 *Barnett Newman* (geb. 1905) mit dem Gemälde »*Vir Heroicus Sublimis*« ein, dessen riesiges rotes Farbfeld lediglich durch vier feine Vertikale gegliedert ist. Seine *Neue Abstraktion* fand Freunde in der dritten Generation, deren harte farbige Signale unter der Bezeichnung *Hard Edge* (harte Kante) bekannt wurden. Entschiedene Vertreter des Hard Edge sind *Elsworth Kelly* (geb. 1923) und KENNETH NOLAND (geb. 1924; Abb. 433).

In **England** wird die zweite Generation überzeugend durch die Maler *Sutherland* und *Bacon* vertreten. — GRAHAM SUTHERLAND (geb. 1903) wurde in den dreißiger Jahren mit dem Surrealismus vertraut, der ihn zu phantastischen Formfindungen anregte und ihn immer entschiedener in Richtung auf das Monströse, Spukhafte und Erschreckende drängte. 1945 fand er das Thema der »Horned Shapes« — hornig-stachliger Gebilde naturhaften Charakters —

434
Graham Sutherland, Dornenbaum (Thorn trees), 1946. London, Collection British Council

und von da aus zu Dornenkränzen, Dornenbäumen und Dornenlauben als Metaphern der Kreuzigung (Abb. 434).

Die »kritische Paranoia-Malerei« (Herbert Read) des FRANCIS BACON (geb. 1909) geht andere Wege. Er ist Nachfahre von Hieronymus Bosch und William Blake. Sein schockierender Realismus ging von den marktschreierischen Aktualitäten der Tagespresse und den Titelbildern der Magazine aus. Er entdeckte jedoch in der geräuschvollen Betriebsamkeit der Gegenwart hinter der bunten Szenerie das grauenvolle Bild der Angst: *homo hominis lupus.* Mit grausamer Sachlichkeit, dabei völlig unbeteiligt, schildert er den Zustand des geschundenen und gemarterten Menschen bis zum Grad der Selbstzerstörung (Abb. 435).

435
Francis Bacon, Sitzende Figur, 1961. London, Tate Gallery

In **Frankreich** hat der Maler Wols (eigtl. Wolfgang Schulze, 1913—1951) bis zu seinem frühen Tod träumerische abstrakte Phantasien geschaffen, die dort den *Tachismus* (auch *Art informel* und *Art autre*, die europäische Bezeichnung für den abstrakten Expressionismus) einleiteten. Seine zarten kleinen Bilder mit ihren wolkigen Formen und feinen Strichen haben den Charakter spontaner Aufzeichnung. Es sind nicht die vehementen Techniken des Action Painting, die das Bild aus den Tiefen des Unbewußten heben, sondern die leisen Bewegungen einer sensiblen Hand.

Der gebürtige Ungar Victor Vasarely (geb. 1908, seit 1930 in Paris) wurde von Moholy-Nagy mit jener Form der Abstraktion, die sich konkret nennt, bekannt gemacht. Seine subtilen optischen Einfälle wenden sich direkt an den Betrachter, den sie zur Mitarbeit zwingen. Seine Bilder bestehen aus einer Summe kleiner Grundformen, die sich durch bestimmte Reihung, Drehung und Stufung zu einer rätselhaften Gesamterscheinung zusammenfinden, wobei für das betrachtende Auge innerhalb der Fläche eine fließende Bewegung entsteht (Farbtafel 75).

Optical Art im eigentlichsten Sinn sind die Arbeiten von Rupprecht Geiger (geb. 1908), in deren meist quadratischen Formaten sich die Grundfiguren der Geometrie mit einer magisch leuchtenden Farbgebung verbinden und surrealistische Tiefe suggerieren. Trotz ihres evokativen Charakters stehen sie als *Konkrete Kunst* (vgl. S. 456 und S. 484) dem modernen Weltbild nahe (Abb. 436).

436
Rupprecht Geiger, Ohne Titel, 1967. Acryl auf Leinwand. Privatbesitz

437
Richard Lindner,
42 nd Street, 1964.
Öl auf Leinwand. Dallas,
Collection Guiberson

»Früher waren die Maler verrückt und die Bilderkäufer clever. Jetzt sind die Maler clever und die Bilderkäufer verrückt.«

Giorgio de Chirico

Neuer Realismus — Pop Art

ist die Kunst der dritten Generation. Die Hoffnung, ein neuer Humanismus werde die Mathematik der Konkreten Malerei und das Pathos des Abstrakten Expressionismus durch eine *Neue Figuration* ersetzen, hat sich nicht erfüllt. Die Wurzeln des neuen Kunstwillens — nenne man ihn Pop oder Neuen Realismus — führen im Grunde auf zwei Quellen zurück, deren eine das »Ready-made« Duchamps, die andere der *Nouveau Réalisme* Légers bildet. Beide Künstler lieferten die Grundlagen für eine »Wirklichkeit«, deren Ursprünge im modernen Leben selbst liegen.

Der konsequenteste und härteste Neue-Realist **Amerikas,** RICHARD LINDNER (geb. 1901, 1933—1941 in Paris, seit 1941 in New York), gehört noch der zweiten Generation an. Man hat seinen Stil mit der Malerei der zwanziger Jahre in Verbindung gebracht, mit der Neuen Sachlichkeit, mit dem Surrealismus, mit dem Realismus Légers. Mit jenem Jahrzehnt verbinden ihn die Kritik an der Gesellschaft und die Aggressivität. Lindners langbeinige, gestiefelte Girls sind nicht »Puppen in einem ästhetischen Spiel«, wie Hunter meint, sondern Schwestern der Geschöpfe von George Grosz (Abb. 437).

Im allgemeinen hat die amerikanische Pop Art keine echten sozial-kritischen Tendenzen, ebenso wenig weltanschauliche Ambitionen. Eher ist sie eine Kunst fröhlicher Fellows, die das Leben nicht sonderlich tragisch nehmen. Die

438
Jasper Jones, Scheibe mit vier Gesichtern (Target with four faces), 1955. Gipsabdrücke, Enkaustik und Zeitungspapier auf Leinwand. New York, Museum of Modern Art

formalen Anregungen der Pop Art kommen aus der Reklame, dem Showbusiness und dem Film. Es ist inzwischen Mode geworden, den zuweilen amüsanten Nonsens des Pop philosophisch zu interpretieren.

Jasper Jones (geb. 1930) kam auf den Einfall, seine *Scheibenbilder* mit bemalten Gipsköpfen zu assemblieren (Abb. 438). »In der formalen Strenge der

439
Roy Lichtenstein, M-Maybe... (A girl's picture), 1965. Öl und Magna auf Leinwand. New York, Privatbesitz

hypnotisch wirkenden Scheibe und den zurücktretenden menschlichen Fragmenten stoßen zwei gegensätzliche Bereiche aufeinander; menschliche Gefühle schweben zwischen Gipsfiguren und strenger Geometrie ... Geheime Botschaften aus psychischen Regionen scheinen sich der Entzifferung anzubieten, tatsächlich sind sie jedoch durch das ›Unpersönliche‹ der Darstellung ausgelöscht.« So Sam Hunter. Jones' »enges Verhältnis zur Dingwelt« ließ ihn ganze Gegenstände kunstvoll nachbilden. Seine Bierdosen sind bemalte Bronzeabgüsse der wirklichen Gegenstände. »Das Faksimile-Objekt wird zur Kunst« (Hunter).

Roy Lichtenstein (geb. 1923) machte die Bildchen der Comic-strips in enormen Abmessungen ausstellungsfähig. Bewußt verwendete er dabei die Punkte des Zeitungsrasters als bildnerisches Mittel. — Zu seinen Gemälden schrieb Lucy R. Lippard: »Besonders deutlich wird hier, welch kraftvoll strenge Bildwirkung Lichtenstein aus dem banalen Vorbild herausarbeitet« (Abb. 439).

Bekannte amerikanische Pop-Künstler sind neben vielen anderen: *Robert Rauschenberg* (geb. 1925), der Leitern, Stühle und andere Objekte in *Assemblagen* mit seinen Bildern verbindet, *Tom Wesselmann* (geb. 1931), der in seiner Reihe »*Great American Nude*« Bildmaterial für gewisse Herrenmagazine schuf, und *Andy Warhol* (geb. 1930), der nicht müde wurde, seine Leinwände mit aneinander gereihten Siebdrucken von Photos der Monroe oder karambolierter Automobile zu füllen.

In **England** brachte die Jugend der von Bacon geschaffenen *Neuen Figuration* nur geringes Interesse entgegen. Sie fühlte sich mit der industriellen Zivilisation enger verbunden. Dank der gemeinsamen Sprache ist den jungen englischen Künstlern heute New York näher als Paris. Sie zogen es daher vor, die Verbindungen zum Kontinent zu lösen und sich mehr an der amerikanischen Malerei zu orientieren. Sie neigten jedoch im Gegensatz zu den Amerikanern zu mehr kritischem Engagement.

440
Peter Blake, The Beatles, 1964. London, Robert Fraser Gallery

Die Gemälde PETER BLAKES (geb. 1932) spiegeln die Elemente moderner Massenkultur: Fußballplätze, Automobile, Fernseh-Stars, Pin-up-Girls. Seine Malerei hat eine neue figurative Phase der englischen Pop Art vorbereitet (Abb. 440).

Nach Lucy R. Lippard scheint Pop Art das ureigenste Produkt der anglo-amerikanischen Wohlstandsgesellschaft zu sein. Je weiter die Kultur eines Landes vom amerikanischen »way of life« entfernt sei, desto geringer ihre Affinität zum Pop-Stil. Man hat in Europa vorgezogen, die neuen Bestrebungen unter dem Begriff *Neuer Realismus* zusammenzufassen.

Eine Definition der Pop Art findet sich bei Heinz Ohff: »Pop ist keine Partei, keine Sekte, keine Heilsverkündigung, kein Weltverbesserungsversuch (freilich auch kein Weltverschlechterungsversuch). — Pop und die Folgen, eigentlich schon von weiterher Dada und die Folgen, sollten zur Ernüchterung führen, nicht zur Ideologisierung. Der Weg führt weg vom Podest, weg vom Lorbeerbaum, weg vom Museum. Pop, das große Augenöffnen ..., die Kunst, keine Kunst zu machen, sondern Kunst zu finden ... Destruktives muß konstruktiv werden.«

Der europäischen Version des Pop stehen in **Frankreich** die Schöpfungen des früh verstorbenen YVES KLEIN (1928—1962) nahe. Er schuf seine großformatigen »*Anthropometries*«, indem er von seinen mit blauer Farbe überzogenen Aktmodellen auf der Leinwand dunkle Abdrücke bildete oder auch die Umrisse ihrer Körper mit dem Pinsel nachzeichnete. Gewiß ein ungewöhnliches Malverfahren! Doch geht von seinen flächenhaften Figuren etwas Faszinierendes aus, wie von den Handabdrücken in den Höhlen der Eiszeit (Abb. 441).

441 *Yves Klein, Grande empreinte negative positive multiple, 1960. Paris, Galerie Alexander Iolas*

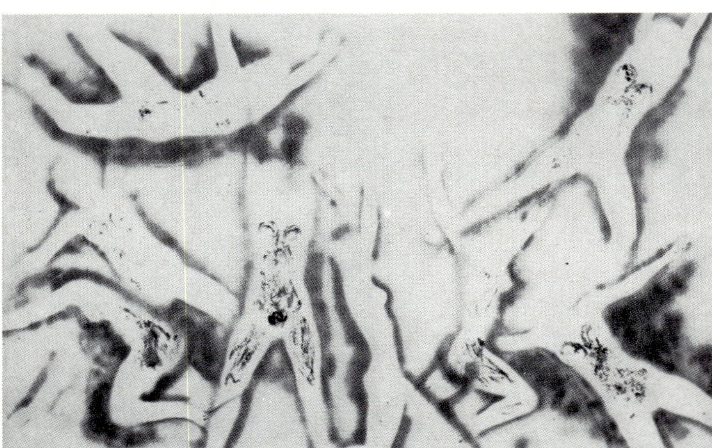

Victor Vasarely, Eridan rouge, 1957.
Chicago, Collection Mrs. Rautborb

Friedrich Hundertwasser, Der siebente Bezirk, 1966.
London, Hanover Gallery

Tafel 76

442
Franz Luby, Hermetische Landschaft, 1968. Privatbesitz

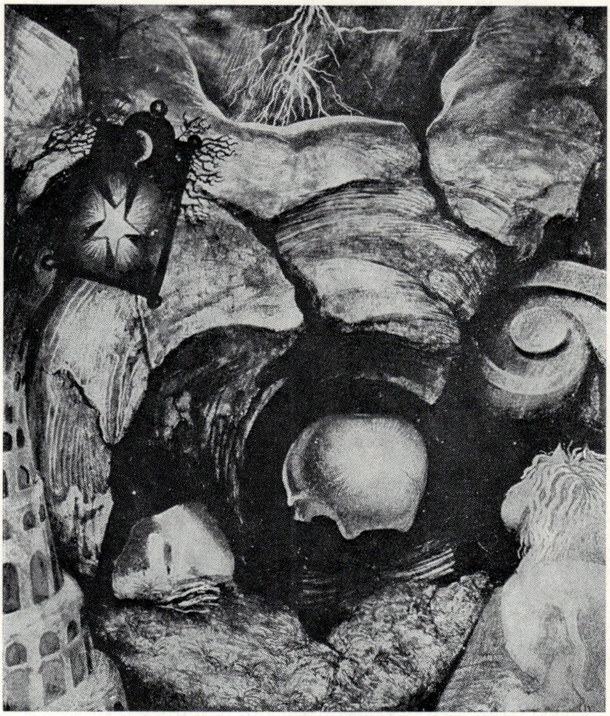

In **Österreichs** Bundeshauptstadt macht ein neuer *Phantastischer Realismus* von sich reden. Die Wiener Schule tendiert zur Vergangenheit und gibt sich literarisch. Ihre Jünger bevorzugen technisch einen altmeisterlichen Realismus, der zuweilen manieristische Züge besitzt. — FRANZ LUBY (geb. 1902) steht den Wiener Phantasten nahe. Seine Malerei wurzelt nicht in der meist dämonischen Attitude des Surrealismus, sondern ist Ausdruck eines metaphysisch begründeten Glaubens an das Leben — an Geburt, Wachstum, Verfall und Tod. Sie gehört dem Manierismus an, dessen Wellen die europäische Kunst immer wieder überfluteten. Ihr Stil und ihre Technik erinnern an byzantinische Ikonen oder an gotische Tafelbilder. Franz Luby ist Deuter und Mahner, der seine Kompositionen mit Symbolismen schmückt, um die rätselhafte Verbundenheit des Daseins mit dem Überirdischen sichtbar zu machen (Abb. 442).

Auch der Maler HUNDERTWASSER (eig. *Friedrich Stowasser*, geb. 1928) geht eigene Wege. Er kommt vom Wiener Jugendstil, von Gustav Klimt und Egon Schiele. Seine Bilder malt er in komplizierten Mischtechniken mit großer Sorgfalt, wobei Silber- und Goldauflagen eine Rolle spielen. Die Schlüsselfigur seiner geheimnisvollen Welt ist die Spirale, die als »Labyrinth« oder als »ewiger Kreislauf« gedeutet werden kann. Seine dicht geknüpften Kompositionen sind magisch und märchenhaft zugleich (Farbtafel 76).

443 *Michelangelo Pistoletto, Corteo, 1965. Turin, Galleria Sperone*

In **Italien** ist die Bildwelt des Malers MICHELANGELO PISTOLETTO (geb. 1933) oft vom aktuellen Ereignis geprägt. Sein künstlerischer Grundsatz lautet: »... meine beiden Bilder einander anzunähern: das Bild, das der Spiegel gibt, und das Bild, das ich gebe«. Er überträgt seine Figuren auf Platten aus poliertem Stahl, die den Betrachter reflektieren, wie hier die Frauenfigur rechts. Die Photographie kommt ihm bei seinem Verfahren zu Hilfe (Abb. 443).

Die Pop Art angelsächsischer Provenienz findet auch in **Deutschland** nicht das richtige Klima. Noch am nächsten stehen ihr die Gemälde und Siebdrucke von WERNER BERGES (geb. 1941), den mit einigen amerikanischen Pop-Künstlern der fröhliche Optimismus seiner figurativen Kompositionen verbindet. Sein Repertoire ist die Welt des Twen. Fern jeder Problematik schildert er die oft hektische Ausgelassenheit der Jugend in hellen scharfen Farben und in einer flotten Zeichnung, die ihre Herkunft von der Magazin-Illustration und dem Reklameplakat nicht verleugnen will. Die scherzhaften Titel seiner Blätter sprechen den Zusammenhang dieser neuen Kunst mit der banalen Lebenswirklichkeit offen aus (Abb. 444).

444
Werner Berges, DuDu, 1967.
Siebdruck. Privatbesitz

445
Rainer Wittenborn, Zielpunkt, 1968. Privatbesitz

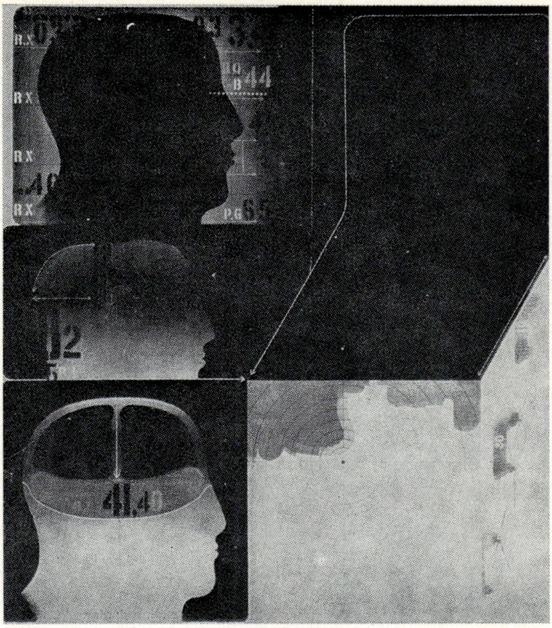

Andere Maler stehen dem Neuen Realismus näher als dem Pop. *Konrad Klapheck* (geb. 1935) verherrlicht in seiner sachlichen Kunst Schreib- und Nähmaschinen, Telefone und Rohrleitungen. Er gibt mit großer Exaktheit das Dreidimensionale der technischen Objekte wieder, die er so stark vergrößert, daß sie Beklemmung hervorrufen. — Schließlich sei am Schluß der Auswahl, die nicht den Anspruch erhebt, repräsentativ zu sein, mit RAINER WITTENBORN (geb. 1941) ein junger Maler vorgestellt, der den Menschen als Element eines Systems beschreibt, in dem sich eine perfekte Propaganda mit einer reibungslos funktionierenden Rüstungsproduktion verbündet hat. Wittenborn zeigt diese Welt in jener Anonymität, in der jedes autonome Bewußtsein verkümmert (C.-A. Haenlein). Seine Menschen sind perfekt funktionierende Bestandteile des sozialen, industriellen und militärischen Automatismus (Abb. 445).

Die Kunst unserer Zeit stellt uns in allen Ländern der Erde vor Formen, in denen der radikale Bruch mit der Überlieferung vollzogen ist. Der Neue Realismus ist im Wesentlichen eine »Desillusionierung durch Kunst«. Zwei Weltkriege haben über die Lebenslage des Menschen dunkle Schatten geworfen. Das Elend der Kriegszeiten, die politische Zerklüftung unserer Erde, die drohenden Veränderungen unseres Daseins durch die Technik und die Angst vor neuen Katastrophen führten den Menschen in eine Isolierung, aus der heraus ihm die Welt oft nicht mehr verständlich ist. Auch der Künstler vermag sie nur zu deuten. Daß uns seine Deutung nicht alle Fragen beantworten kann, liegt wohl am Zustand dieser Welt selbst.

INHALT

Die Kunst im 19. Jahrhundert 339

Die Baukunst im 19. Jahrhundert 339

Das revolutionäre Experiment 340; Die klassizistische Baukunst 341; Romantische Rückkehr zum Mittelalter 347; Der Historismus der zweiten Jahrhunderthälfte 349; Das technische Bauwerk 350; Der Jugendstil 352

Die Plastik im 19. Jahrhundert 358

Die Plastik des Klassizismus 358; Realismus und Idealismus 365; Symbolismus und Jugendstil 366

Die Malerei im 19. Jahrhundert 370

Die Malerei des Klassizismus 370; Die Malerei der Romantik 374 (Auflösung des Rokoko in Spanien 374; Die Malerei der deutschen Romantik 376; Die Malerei der französischen Romantik 380); Die Lithographie 386; Stilrichtungen der Jahrhundertmitte 387 (Landschaft und Atmosphäre 387; Der Realismus in Deutschland und Frankreich 389; Der Idealismus der Deutschrömer 391; Die Historienmalerei der Akademiker 393); Die Malerei des Impressionismus 394; Symbolismus und Jugendstil 400; Symbolismus der Jahrhundertwende 408

Die Kunst im 20. Jahrhundert 410

Die Baukunst unserer Zeit 411

Das Hochhaus 412; Reihen- und Einzelhaus 415; Wohneinheit und Stadtplanung 417; Hallenbauten 418

Die Plastik unseres Jahrhunderts 426

Die erste Generation 427; Die zweite Generation 435; Die dritte Generation 439

Die Malerei unserer Zeit 445

Bahnbrecher des Neuen 445 (Paul Cézanne, Vincent van Gogh, Paul Gauguin); Dokumente der Vergeistigung 452 (Der französische Kubismus, Der italienische Futurismus, Der russische Konstruktivismus, Die holländische Stijl-Gruppe, Das deutsche Bauhaus); Zeugnisse des Menschlichen 459 (Die »Fauves«, Der Orphismus, Das Phänomen Pablo Picasso, Der deutsche Expressionismus, Einzelgänger, Der Realismus, Pittura Metafisica, Surrealismus, Nouveau Réalisme); Die zweite Generation 483; Neuer Realismus – Pop Art 487

Erklärendes Fachwortverzeichnis

Abakus Deckplatte des → Kapitells. S. 46.
abstrakt (lat. abgezogen) gedacht, rein begrifflich. Gegensatz: konkret.
Abstraktion 1. das Bilden von allgemeinen Begriffen. 2. in der bildenden Kunst: die Vereinfachung der Naturform zur Wesensform. S 11.
Action-Painting amerikan. Bezeichnung für den → Abstrakten Expressionismus. S. 483, 484.
Adyton von der → Cella, separierter Nebenraum (Allerheiligstes) des griechischen Tempels. S. 45.
akademisch Bezeichnung eines Kunstwerks, das sich streng an überlieferte, in Schulen gebildete Regeln hält und daher meist der Ursprünglichkeit entbehrt.
Akanthus griechisch-römisches Blattornament, dessen → stilisierte Formen einer distelartigen Pflanze (Bärenklau) nachgebildet sind. S. 52, Abb. 38.
Akroter Giebelschmuck des antiken Tempels auf Spitze und Ecken des Dachdreiecks in Form von → Palmetten oder → mythischen Figuren. S. 46.
Alabaster feinkörniger, durchscheinender Gipsstein.
alla prima Malweise, die ihre frische Bildwirkung mit dem ersten Farbauftrag ohne weitere Übermalungen erreicht.
Allegorie Gleichnis.
Amarna-Kunst altägyptische Plastik der 18. Dynastie (Neues Reich), nach ihrem Hauptfundort Amarna benannt. Ihr Kennzeichen: Weichheit und Anmut. S. 31.
Ambiente Umgebung, Umraum. S. 442.
Amphiprostylos antiker Tempel mit offenen Säulenvorhallen an Front- und Rückseite. S. 45.
Amphitheater antikes Freilichttheater von elliptischem Grundriß.
Amphora antikes Gefäß mit zwei Henkeln.
Anna selbdritt Darstellung der hl. Anna mit Maria und dem Jesuskind.
Anten wangenartig vorgezogene Längsmauern des antiken Tempels. S. 45.
Antependium Verkleidung der Stirnseite des Altars.
Antike die Zeit der Griechen und Römer, die Kultur des → klassischen Altertums.
antikisierend dem Vorbild der antiken Kunst folgend.
Antiqua aus der römischen Antike abgeleitete Schriftform. S. 87.
Apotheose die Vergöttlichung eines Sterblichen.
Apoxyomenos (griech. Schaber); Athlet, der mit dem Schabeisen das vom Staub verunreinigte Körperöl von der Haut abstreift.
Apsis halbrunde oder vieleckig gebrochene Nische in der Abschlußwand des → Langhauses oder der Seitenschiffe einer Kirche. S. 80.
Aquarell Malerei mit Wasserfarben auf Papier in einer → lasierenden Technik.
Aquatinta ein aus der → Radierung entwickeltes Verfahren des Tiefdrucks. S. 325.
Aquädukte römische Wasserleitungen auf hohen Bogen. S. 89.
archaisch anfänglich, altertümlich, einer Frühkunst zugehörig.
archaisierend die Stilmerkmale einer altertümlichen Kunst nachahmend.
Architrav die über den → Kapitellen liegenden waagrechten Steinbalken.
Archivolte Bogenlauf über → Pfeilern oder Säulen.
Arkade auf einer Säule oder einem → Pfeiler ruhender Bogen.
Arkatur auf Säulen oder → Pfeilern ruhende Bogenreihe.
Art Nouveau frz. Bezeichnung für Jugendstil. S. 352ff., 366ff., 400ff.
Arts and Crafts engl. Bezeichnung für → Jugendstil.
Assemblage Zusammenführung verschiedenartiger Materialien oder Gegenstände in *einem* Kunstwerk. S. 488, 489.
Assunta Darstellung der Himmelfahrt Mariä.
Ästhetik die Lehre vom Schönen.
Astragal antikes Ornament in Form eines Perlstabes. → Eierstab.
Atlant → Konsole in Gestalt einer männlichen Figur (Atlas).
Atrium im altrömischen Haus ein oben offener, hofartiger Raum; im Mittelalter Vorhof einer → Basilika. S. 88, 109.
Attika verkürztes Scheingeschoß über dem → Kranzgesims. S. 87, Abb. 90.

Attribut der einem antiken Gott oder einer mittelalterlichen Heiligenfigur zur Kennzeichnung beigegebene Gegenstand.
Aula Regia repräsentative Halle im römischen Kaiserpalast.
Aureole ein den ganzen Körper umgebender Heiligenschein in Strahlen- oder Flammenform.
Ausladung Vorsprung, Vorkragung.
Avantgardist Vorkämpfer.

Baldachin Traghimmel bei Prozessionen; Altarüberdachung; Schirmdach über Statuen.
Baluster kleine Säule mit ausgebauchtem Körper.
Balustrade von → Balustern getragenes Geländer.
Bandwerk-Bandelwerk Ziermotiv des Barock in Form von geschwungenen Bändern. S. 255.
Baptisterium Taufkirche.
Basilika in der Antike eine Versammlungshalle; in der christlichen Baukunst mehrschiffige Kirche, deren Mittelschiff die Seitenschiffe überragt und im → Obergaden eigene Fenster besitzt. S. 26, 84, 110.

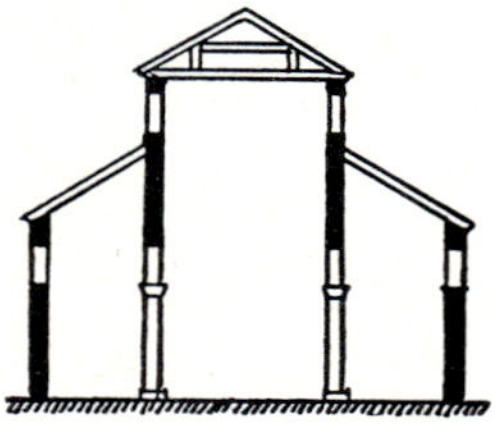
Obergaden

Querschnitt (schem.) einer Basilika

Basis Säulen- oder Pfeilerfuß.
»**Bauhaus**« eine von W. Gropius 1919 begründete Werkgemeinschaft von Architekten, Bildhauern und Malern, die in Lehrwerkstätten (Weimar, Dessau) theoretisch und praktisch eine Erneuerung der Künste anstrebten. S. 420, 457f.
Bauhütte mittelalterliche Werk- und Ausbildungsgemeinschaft der am Kirchenbau beschäftigten Meister, Gesellen und Lehrlinge (Baumeister, Bauverwalter, Steinmetzen, Maurer und Bildhauer). Die B. lehrte und vererbte das künstlerische, handwerkliche und technische Wissen, besonders die in Form der Schlüsselfiguren niedergelegten Proportionsgesetze. S. 163.
Biedermeier die Zeit zwischen 1820 und 1860, in der eine gemütvolle und → idyllische Kunst von bürgerlichem Charakter entstand.
»**Blauer Reiter**« Vereinigung von modernen Künstlern in München 1911. S. 471f.
Blendarkaden → Arkaden, die nicht offene Durchgänge besitzen, sondern einer Wand vorgelegt (vorgeblendet) sind.
Blendbogen Bogen ohne Durchgang, einer Wand vorgelegt.
Blendfassade eine der Stirnmauer eines Bauwerks vorgeblendete → Fassade. S. 280; s. auch Abb. 181.
Bogenfeld → Tympanon.
Bogenformen 1. Rundbogen (Halbkreisbogen) 2. Hufeisenbogen 3. Kleeblattbogen 4. Segmentbogen 5. hoher Korbbogen 6. flacher Korbbogen 7. Spitzbogen 8. Kielbogen 9. englischer Tudorbogen. (Siehe Abb. S. 499 oben)
Boskett gestutzte Hecken- und Buschgruppen im → französischen Barockpark.
Broderie mit farbigen Steinen ausgelegte Zierbeete im → französischen Park.
Bronze Metallegierung von $^8/_{10}$ Kupfer und $^2/_{10}$ Zinn. S. 68.
»**Brücke**« Vereinigung → expressionistischer Maler in Dresden 1905. S. 465ff.

Bündelpfeiler gotischer → Pfeiler, dessen Kern mehrere Halb- oder Dreiviertelsäulen (→ Dienste) umgeben. S. 164.

Querschnitt

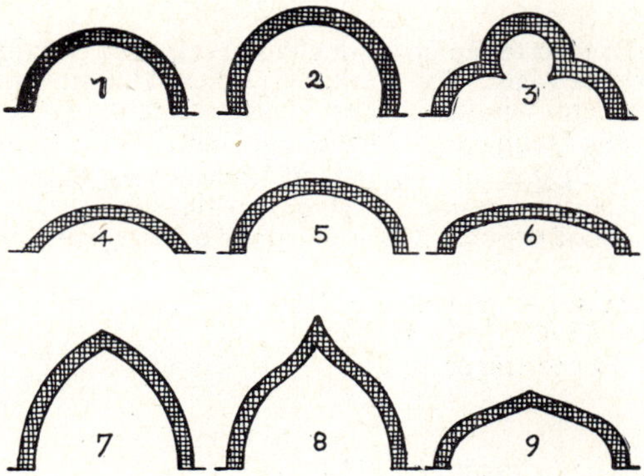

Bogenformen

Campanile freistehender Glockenturm.

Capitalis altrömische Schriftform. S. 87.

Cella Innenraum des griechischen Tempels.

Chinoiserie aus der chinesischen Kunst entlehnte Zierformen des Rokoko.

Chor der für den Chorgesang der Priester bestimmte Ostteil der Kirche, meist bestehend aus dem Langchor mit halbrundem (oder polygonalem) Schluß oder Apsis.

Chorumgang um den Chor einer Kirche herumgeführtes Seitenschiff.

Ciborium viersäuliger, baldachinartiger Altarüberbau.

Cinquecento (ital.) 16. Jahrhundert.

Collage Klebebild des → Kubismus. S. 454; auch der Merz-Produkte. S. 434.

Corps de logis Wohnkörper eines Barockschlosses.

Cour d'honneur → Ehrenhof.

Curvatur feine Krümmung des → Stylobats beim griechischen Tempel. S. 47.

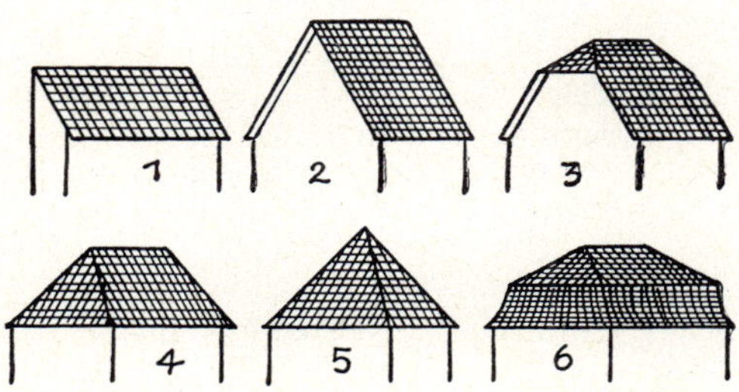

Dachformen 1. Pultdach 2. Satteldach 3. abgewalmtes Satteldach 4. Walmdach 5. Pyramidendach (Zeltdach) 6. Mansardendach.

Dachreiter Türmchen auf dem Dachfirst, meist auf der Kreuzung von Langhaus und Querschiff.

»Dada« eine 1916 in Zürich gegründete Vereinigung von Dichtern und bildenden Künstlern, die in ihren Werken der Logik und Vernunft den Kampf ansagten und alle Bindungen an die Tradition ablehnten. S. 433ff.

Decorated Style der festländischen Hochgotik entsprechender Baustil in England. S. 169.

Deutscher Werkbund S. 418.

Dienst Halb- oder Dreiviertelsäulen an der Wand oder am → Bündelpfeiler gotischer Kirchen als Gewölbeträger. Die stärkeren »alten Dienste« tragen die → Gurtrippen, die schwächeren »jungen Dienste« die → Kreuzrippen. S. 164.

Dilettant Künstler aus Liebhaberei, Nichtfachmann.

Dipteros griechischer Tempel mit doppeltem Säulenkranz. S. 50.

Dipylon (-Stil) (griech. Doppeltor). 1. Haupttor des antiken Athen, in dessen Nähe sich der Staatsfriedhof befand. 2. Vasengruppe des geometrischen Stils. S. 75.

»Donaustil« S. 272.

dorische Säule basislose, → kannelierte Säule mit einfachem → Kapitell aus Wulst und Deckplatte. S. 45, 46. Abb. 33, 34, 35, 36.

Doryphoros (griech.) Speerträger.

Early English englische Frühgotik. S. 168.

Echinus Wulst des dorischen → Kapitells zwischen Säulenschaft und Deckplatte. S. 46. Abb. 36.

Ehrenhof der durch drei Flügelbauten gebildete Hof des Barockschlosses. S. 296.

Eierstab griechisch-antiker Ornamentstreifen aus eiförmigen Schmuckformen. 1: ionisches Kyma, 2: Astragal.

elegisch empfindsam, wehmütig.

Elysium in der griechischen → Mythologie das Land der Seligen.

Empire (-Stil) die im Kaiserreich Napoleons I. (1804—1814) verbreiteten Kunstformen. S. 342.

Empore zweites Geschoß über den Seitenschiffen von Langkirchen. S. 129.

Englischer Garten von England ausgehender Gartenstil der Romantik; er beläßt dem Gelände und den Gewächsen ihre Naturformen (Landschaftsgarten). S. 348f.

Enkaustik antike Maltechnik mit erhitzten Wachsfarben. S. 103.

Environment Umraum, Umgebung. S. 442.

Erbärmdegruppe plastische Gruppe mit Christus als → Schmerzensmann, betrauert von Maria und Johannes. S. 259.

Erzguß siehe S. 68

Evangeliar Text der Evangelien.

Expressionismus das künstlerische Bestreben, den subjektiven, persönlichen Ausdruck im Kunstwerk zu übersteigern, bei weitgehendem Verzicht auf objektive, sachliche Darstellung. S. 464ff.

Fachwerk Holzrahmenwerk im Hausbau, dessen freie Fächer mit Lehm oder Ziegelsteinen gefüllt werden.

Faksimile-Objekt das in fremdem Material nachgebildete *Objekt* als Kunstwerk. S. 441, 489.

Fassade Schauseite eines Bauwerks.

Fassung Bemalung und Vergoldung von Holzbildwerken.

Faszien die drei Stufen des ionischen → Architravs. S. 50, Abb. 38.

Faun römische Fruchtbarkeitsgottheit mit Bocksfüßen und Hörnern.

Fauvismus (frz. fauves = Wilde); Bezeichnung für den französischen → Expressionismus. S. 459f.

Fensterrose mit → Maßwerk reich verzierter Kreisfenster.

Feston Schmuckgehänge aus Blumen, Blättern oder Früchten in römischer Antike und Barock.

Fiale turmartige Bekrönung eines gotischen → Strebepfeilers. S. 166.
Figura piramidale Kompositionsschema der italienischen Hochrenaissance in Form eines gleichseitigen Dreiecks. S. 238.
Fischblasenmuster gotische Maßwerkstruktur in Form des Fischblasenumrisses.
Flügelaltar deutsche Sonderform des Retabels (Tafelbau), bei der der Schrein durch Flügeltüren geschlossen werden kann. S. 192, 194. (Siehe nebenstehende Abb.)
Fraktur Schriftform in Renaissance und Barock. S. 275.
Französischer Park von Holland übernommene und in Frankreich zur Vollendung geführte Gartenanlage der Barockzeit, bei der das Gelände geometrischen und die Gewächse stereometrischen Figuren unterworfen werden S. 300.
Fresko Wandgemälde auf frischem Kalkverputz.
Fries waagrechter gemalter oder gemeißelter Zierstreifen.
Front die Stirnseite eines Bauwerks.
Frontalität Darstellung einer Figur in der Vorderansicht als Hauptansicht. S. 29.
Futurismus eine in Italien 1910 entstandene Richtung der modernen Malerei, die es sich zum Ziel setzte, verschiedene Bewegungsabläufe gleichzeitig im Bild festzuhalten. S. 454f.

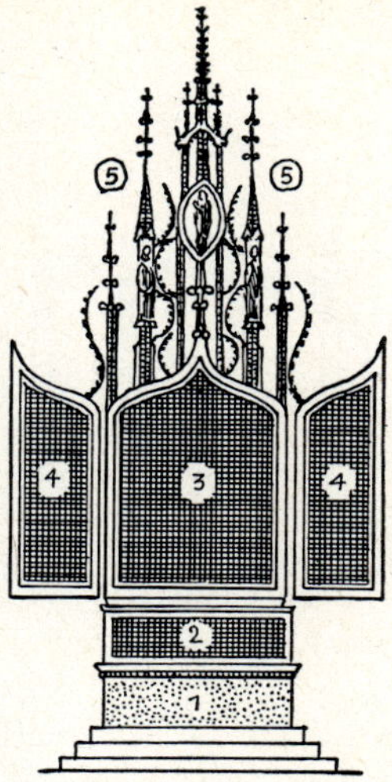

1. Mensa, 2. Predella
3., 4. Retabel
(Schrein und Flügel)
5. Gesprenge

Galerie 1. langer, schmaler Raum. 2. in der Barockarchitektur: niedriger Verbindungstrakt zwischen Baugliedern.
gebundenes System Grundrißeinteilung der romanischen Kirchen, der als Einheitsmaß das Quadrat zugrunde liegt. S. 129, 134.
Geison → Kranzgesims des griechischen Tempels. S. 46.
Gemme Edel- oder Halbedelstein mit vertiefter Darstellung (Negativschnitt). S. 99.
Genremalerei Darstellung einer Szene aus dem alltäglichen Leben.
Gesims waagrechter, aus der Wand vortretender Mauerstreifen, der ein Geschoß vom andern trennt.

Kranzgesims
Mezzaningeschoß
Gurtgesims
Gurtgesims
Sockelgesims

Gewände schräg in die Mauer eingeschnittene Portalwände.
Gewölbe Tonnengewölbe, Keilschnittgewölbe, Kreuzgratgewölbe, Kreuzrippengewölbe, Kugelgewölbe, Böhmische Kappe, Kalotte, Klostergewölbe, Sterngewölbe, Netzgewölbe, Fächergewölbe.
Giebelformen (Verdachungen) S. 223, 277.
Glasur glasflüssiger Überzug von Tonwaren.
Glorie — **Gloriole** Heiligenschein.
Glyptothek Gebäude, in dem plastische Bildwerke verwahrt werden.
Grat die Trennungslinie zweier Gewölbefelder.
Gurt aus der Außenwand hervortretendes, waagrecht verlaufendes Steinband.
Gurtbogen gurtförmiger Verstärkungsbogen eines → Tonnengewölbes.
Gurtgesims → Gesims.
Gurtrippe → Rippe.
Gymnasion in der Antike zunächst Stätte der körperlichen Ertüchtigung, später Bildungsstätte.

Hallenkirche Kirche mit gleichhohen Schiffen. (sh. Abb.)

Hängekuppel → Kuppelformen.

Happening öffentliche Vorführung der Entstehung eines Kunstwerks. S. 442f.

Hard Edge amerikan. Bezeichnung für eine Malerei einfacher geometrischer Formen. S. 484.

Hellenismus von der griechischen Kultur bestimmte Epoche der Antike zwischen Alexander d. Gr. und Augustus.

Herme → Pfeiler mit oberem Abschluß durch eine Halbfigur oder Kopf.

Hieroglyphe ägyptisches Bilderschriftzeichen.

Historismus in der bildenden Kunst: die im 19. Jahrh. aufeinanderfolgenden stilistischen Entlehnungen aus der Vergangenheit. S. 349, 393f.

Holzschnitt Bilddruck von einer Holzplatte (Hochdruck). S. 198.

Idealismus in der Kunst die Gestaltung der Natur auf ein Ideal hin.

Idol (griech. kleines Bild) Götzenbild.

Idyll — idyllisch Darstellung des einfachen, friedlichen Lebens.

Ikone Tafelbild (meist auf Holz gemalt) der griechisch-orthodoxen Kirchenkunst. S. 116, Farbtafel 11.

Ikonostasis eine aus Ikonen zusammengesetzte Bildwand in den orthodoxen Kirchen. S. 116.

Impressionismus Bildkunst, die den Schein, den flüchtigen Eindruck der Dinge wiedergeben will. S. 394ff. Gegensatz: → Expressionismus.

Informel europäische Bezeichnung für den → Abstrakten Expressionismus. S. 483 f.

Initiale reich verzierter Anfangsbuchstabe.

Inkarnat Hautfarbe, Fleischton.

Intarsien Einlegearbeiten (auch Marketerie genannt).

Interieur (frz.) Innenraum, Darstellung von Innenräumen.

Interkolumnium der Abstand zwischen zwei Säulen.

ionische Säule antike Säule mit → Basis, → kanneliertem Schaft und → Volutenkapitell. S. 50, Abb. 37.

ionisches Kyma → Eierstab.

Joch von einem → Gewölbe überspannter Raumabschnitt, durch → Gurtbögen begrenzt.

Jugendstil eine künstlerische Bewegung um 1900, die in Architektur und Innenraumkunst zu zeiteigenen Formen zu gelangen suchte und den Stilimitationen des Historismus den Kampf ansagte. S. 352ff, 366ff, 400ff.

Junk Art amerikan. Bezeichnung für »Kunst vom Schrottplatz«. S. 433, 441, 442.

Kalotte → Gewölbe.

Kaltnadelradierung S. 324.

Kameo (Kamée) Edel- oder Halbedelstein mit erhabener Darstellung. S. 99.

Kämpfer blockartiges Bauglied zwischen → Kapitell und → Archivolte, also zwischen Stütze und Last.

Kannelüren Längsrillen im Säulenschaft oder → Pfeiler.

Kanzelaltar architektonische Schöpfung, in der Altar und Kanzel zu einer künstlerischen Einheit verbunden sind. S. 291.

Kappe das von → Graten oder → Rippen begrenzte Gewölbefeld.

Kapellenkranz Reihe von kranzförmig um den → Chor gelagerten Kapellen. Textabb. S. 166.

Kapitell Kopf der Säule oder des → Pfeilers; vermittelndes Glied zwischen Säulenschaft und → Architrav.

Karikatur Porträt mit spaßhafter Übertreibung der besonderen Merkmale eines Menschen.

Karton Entwurfszeichnung für ein → Fresko, meist im Maßstab 1 : 1.

Kartusche Rahmung eines Inschriftenschildes oder Wappens, im Barock — mit → Rollwerk versehen — beliebtes Ornament. S. 277, Textabb. 6.

Kartusche

Kassette vertieftes quadratisches Feld; seit der Antike häufig als Gliederungsmittel von Decken verwendet. Abb. 82.

Katakomben unterirdische Begräbnisstätten bei den Römern und den ersten Christen. S. 107.

Kathedra Bischofsstuhl.

Kehle ausgehöhlte Rinne an einer Architekturleiste.

Kerameikos Töpferviertel im antiken Athen. S. 57.

Keramik Geräte und Gefäße aus gebranntem Ton. S. 37.

Kielbogen → Bogenformen.

Klassik der ideale Höhepunkt einer Stilphase.

Klassizismus Stil, der sein Vorbild in der klassischen Antike sucht.

Klostergewölbe S. 214.

Kolonnade Säulengang.

Kolorit die farbige Gesamtwirkung eines Gemäldes.

Kolossalordnung die Gliederung einer → Fassade mit durchlaufenden Säulen oder → Pilastern (ohne Geschoßtrennung durch Gurtgesimse). S. 222/223, Abb. 215.

Komposition Gesamtordnung eines Kunstwerks.

Kompositkapitell römische Mischform des → Kapitells aus korinthischen und ionischen Bestandteilen. S. 82.

Konkrete Kunst schweiz. Bezeichnung für die neue geometrisierende Malerei (Hard Edge). S. 443, 486.

Konsole aus der Wand ragender Tragstein.

Konstruktivismus eine vornehmlich von russischen Malern um 1910 begründete Richtung der abstrakten Malerei, die das Konstruktive zum bildnerischen Gesetz erhob. S. 455f.

Kontrapost Gegensatz von Stand- und Spielbein in der Plastik. S. 66, 67.

Kontur Umriß.

Korbbogen → Bogenformen.

Kore (griech.) Mädchen.

korinthische Säule Säule mit mehrfach geteilter → Basis, → kanneliertem Schaft und →Akanthuskapitell. S. 52, Abb. 38.

Krabbe Kriechblume; knospenförmiger Schmuck der Gotik. S. 165.

Kranzgesims → Gewölbe.

Kreuzblume blumenförmige Krönung einer → Fiale oder eines Turmhelms in der Gotik. S. 165.

Kreuzgewölbe Durchdringung zweier → Tonnengewölbe.

Kreuzrippe → Rippe.

Krypta unterirdische Grabkapelle, meist unter dem → Chor.

Kubismus eine 1907 in Paris entstandene Richtung der modernen Malerei, die das Gegenständliche zuerst in Kuben, dann in geometrische Kleinformen zerlegte. S. 452ff.

Küchenstück → Stilleben, das sich aus den Leckerbissen einer festlichen Tafel zusammensetzt (Wild, Fische, Hummern, Früchte).

Kugelgewölbe → Gewölbe.

Kupferstich Tiefdruckverfahren mittels gravierter Kupferplatten. S. 198.

Kuppel S. 214, 217.

Kuppelformen Kugelgewölbe, Kalotte, Böhmische Kappe S. 81; Stutzkuppel S. 112; Zwickelkuppel (Pendentifkuppel) S. 114; Tambourkuppel S. 217.

Kuros (griech.) Jüngling.

Kursive Laufschrift. S. 87, 275.

Kyma(tion) (griech.) Welle; Zierleiste aus stilisierten Blattformen.

Labyrinth Bauwerk mit verschlungen angelegten Gängen; im Barock: Irrgarten.
Landschaftsgarten → englischer Garten.
Langhaus längsgerichteter Gemeinderaum einer Kirche.
Lasur — lasieren Malweise in dünnen, durchscheinenden Schichten.
Laterne türmchenartiger Aufsatz über der → Kuppel für die Lichtzufuhr.
Lettner architektonischer Abschluß des Priesterraumes vom Gemeinderaum S. 128.
Lisene Wandpfeiler ohne → Basis und → Kapitell.
Lithographie Flachdruckverfahren (Steindruck). S. 386.
Liturgie Ordnung des Gottesdienstes, besonders der Gebete und Gesänge.
Loggia hallenförmiger Vorbau eines Gebäudes.
Lokalfarbe die Eigenfarbe der Gegenstände; Gegensatz: Erscheinungsfarbe.
Lukasbund → Nazarener.

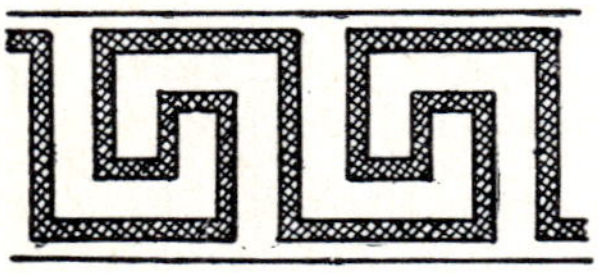

Mäander stark gekrümmter Fluß in Kleinasien; rechtwinklig verlaufendes Ornamentband. S. 75.
Majestas (lat.) Herrlichkeit; monumentale Darstellung des thronenden Christus. S. 126.
Majolika mit Schmelzfarben bemalte, doppelt gebrannte Keramik.
Majuskel Großbuchstabe. S. 87.
Mandorla mandelförmiger, die ganze Gestalt umgebender Heiligenschein.
Manier Handfertigkeit, Geschicklichkeit; meist in geringschätzigem Sinn gebraucht.
manieriert in einer bestimmten Manier gefertigt; gekünstelt, unecht.
Manierismus der Stil etwa zwischen 1530 und 1600, der auf die Hochrenaissance folgt. S. 232, 247.
Mansarde ausgebautes Dachgeschoß mit geknicktem Dach, benannt nach dem franz. Baumeister François Mansart.
Maßwerk Bauornament der Gotik, aus Zirkelschlägen konstruiert. S. 165.
Materialbild aus verschiedenen Materialien zusammengesetztes, meist zweidimensionales Kunstwerk. S. 438.
Mauerwerk (Anfänge) S. 41, 42.
Mausoleum monumentaler Grabbau. S. 55.
Medaillon in der Architektur: kreisförmige Schmuckform.
Megaron altgriechisches Herrenhaus. S. 38.
Mensa Altartisch, Deckplatte des Altars.
Metopen Reliefplatten über dem → Architrav des griechischen Tempels, durch → Triglyphen voneinander getrennt. S. 46.
Mezzanin Halb- oder Zwischengeschoß, → Gesims.
Minimal Art plastische Kunst aus einfachsten Elementen. S. 443.
Minuskel Kleinbuchstabe; Schriftform der Romanik. S. 87, 207.
Mittelschiff längsgerichteter Mittelraum der Kirche.
Modern Style angelsächs. Bezeichnung für → Jugendstil.
Modul Maßeinheit in der Architekturplanung des 16. und 17. Jahrhunderts. S. 224.
Monolith aus einem einzigen Steinblock gearbeitetes Bauglied.
Mosaik ein aus farbigen Stein- und Glaswürfeln zusammengesetztes Bild. S. 103, Abb. 113.
Mythos Erzählung aus grauer Vorzeit, in der die Naturerscheinungen durch persönliche Wesen verkörpert sind. Die Mythologie ist sowohl die Kunde von den Mythen, als auch die Gesamtheit der Mythen eines Volkes.

Naos griechischer Tempel.
Naturalismus Stil, der vom Kunstwerk größte Naturnähe auch in Einzelheiten fordert.
Nazarener eine Vereinigung von Malern der Romantik, die in Rom um 1810 eine Erneuerung der religiösen Malerei anstrebten. S. 378.

Neo . . . Neu . . .
Netzgewölbe → Gewölbe.
Neue Figuration Bezeichnung für eine neue Malerei gegenständlicher Art. S. 487.
Neue Sachlichkeit eine Sonderform der → realistischen Malerei um 1925. S. 476.
Neuer Realismus Bezeichnung für die vom Dada inspirierte neue realistische Richtung der Kunst. S. 487ff.
Nieuwe Kunst niederländ. Bezeichnung für → Jugendstil.
Nike griechische Siegesgöttin.
Nimbus Heiligenschein.
Nouveau Réalisme eine von Léger ausgehende realistische Richtung der franz. Malerei nach dem Zweiten Weltkrieg. S. 483.
Nymphäum antikes Brunnenhaus, oft mit Statuen von Wassergottheiten und → Nymphen geschmückt.
Nymphen weibliche Naturgottheiten im alten Griechenland (Baum-, Berg- und Quellnymphen).

Obelisk frei stehender, vierkantiger, sich nach oben verjüngender → Pfeiler.
Obergaden der obere, die Dächer der Seitenschiffe überragende Raum der → Basilika.
Objekt gewöhnlicher, zum Kunstwerk erklärter Gebrauchsgegenstand. S. 435, 440ff.
Oikos (griech.) Haus.
Op Art (Optical Art) abstrakte, zu Bewegung und Lichteffekten tendierende Kunst. S. 443f.
Orant Beter mit ausgebreiteten Armen. S. 107.
Orchestra im antiken Theater der runde für den Chor bestimmte Platz vor der Bühne. S. 54, 85.
Ornament Schmuck, Verzierung.
Orphismus eine dem → Kubismus verwandte Richtung der modernen Malerei, bei der auseinanderliegende Vorgänge in einem Bild dargestellt werden. S. 461f.

Pagode freistehender, turmartiger ostasiatischer Tempel (»Chinesischer Turm«).
Palas Herrenhaus der mittelalterlichen Burg.
Palazzo (ital.) Palast.
Palmette Ornamente in Form von Palmblättern.
Pan griechischer Herdengott mit Bocksfüßen und Bockshörnern.
Panathenäen alljährliches Fest der Athener zu Ehren ihrer Stadtgöttin.
Pantheon ein allen Göttern geweihter Tempel.
Papyrus ägyptischer Schrifttext in Rollenform.
Paradoxon (griech.) das Widersprüchliche.
Paradies Vorraum einer mittelalterlichen Kirche. S. 129.
Parterre kunstvoll bepflanzte Blumenbeete im → französischen Park, unmittelbar vor der Gartenfassade des Barockschlosses gelegen.
Paß mit Zirkelschlägen konstruierte Figur des gotischen → Maßwerks (Drei-, Vier-, Fünfpaß).

pastos dicker, deckender Farbauftrag.

Pathos — pathetisch (griech.) Leidenschaft — leidenschaftlich.

Patina grünlicher Edelrost auf Kupfer oder Bronze.

Pendentif → Kuppel. S. 114, 217.

Perikopenbuch Meßtexte aus Evangelien und Briefen.

Peripteros von einem Säulenkranz umgebener antiker Tempel. S. 45.

Peristyl Säulenhof.

Perpendicular Style Spätstil der englischen Gotik. S. 169.

Pfeiler vierkantige Stütze.

Pietà Darstellung der Maria mit dem Leichnam Christi.

Pilaster Wandpfeiler mit → Basis und → Kapitell.

Pinakothek Gebäude, das der Aufbewahrung von Gemälden dient.

Pittura Metafisica eine dem → Surrealismus verwandte Richtung der modernen italienischen Malerei. S. 476.

Plafond Deckenfläche.

Pleinair Freilichtmalerei. S. 387, 394ff.

Plinthe quadratische Fußplatte unter der Säulenbasis.

Pointillismus die dem → Impressionismus folgende Malweise, bei der die Mischtöne der Naturerscheinung in Punkte (points) von reiner Farbe zerlegt werden. S. 398.

Ponderation die gleichmäßige Verteilung des Körpergewichts in der Statue. S. 66, 67.

Pop Art amerikan. Bezeichnung eines neuen, aus den Bedürfnissen der Massengesellschaft gewonnenen Realismus. S. 439ff., 487ff.

Portal durch Schmuck besonders betonte Türe oder Tor.

Portikus die einem Portal vorgelegte Säulenhalle.

Porzellan weißglänzendes keramisches Erzeugnis aus Kaolinerde und Feldspat; ursprünglich in China um 700 erfunden; J. Fr. Böttger entdeckte 1708 in Dresden die Zusammensetzung aufs neue.

Pose gekünstelte Haltung.

Predella → Flügelaltar.

profan ungeweiht, weltlich.

Profil der sich im Querschnitt zeigende Umriß einer → Rippe oder eines → Gesimses.

Pronaon Vorhalle des griechischen Tempels.

Propyläen monumentale Toranlagen.

Propylon (griech.) Vortor.

Proskenion im griechischen Theater Platz vor der → Skene, auf dem die Schauspieler auftraten.

Prostylos Tempel mit offener Säulenhalle an der Frontseite. S. 45.

Pultdach → Dachformen.

Pylon (griech.) Tor; turmartiges, den Eingang ägyptischer Tempel flankierendes Bauwerk.

Pyramidendach → Dachformen.

Pyxis antikes Gefäß von zylindrischer Form mit Deckel.

Quader rechtwinklig behauener Stein mit glatten Flächen.

Quadriga Gespann von vier nebeneinander geschirrten Pferden.

Quattrocento (ital.) 15. Jahrhundert.

Querhaus der das → Langhaus einer Kirche rechtwinklig schneidende Querraum.

Radierung Tiefdruckverfahren. S. 324.

Ready-made amerikan. Bezeichnung für das *Objekt*. S. 435.

Realismus das stilistische Bestreben, die Welt sachlich (objektiv) darzustellen. S. 389 ff. Gegensatz: → Idealismus.

Relief plastische (erhabene) Arbeit auf flachem Grund. S. 31.

Remter Speisesaal in den Deutschordensburgen.

Retabel → Flügelaltar.

Rippe stabförmige Verstärkung an der Schnittlinie der → Kappen. Man unterscheidet Gurtrippen, die die → Joche begrenzen, und Kreuzrippen, die das Joch diagonal überspannen.

Risalit vorspringender Gebäudeteil.

Rocaille das aus der Muschelform entstandene unsymmetrische Ornament des Rokoko, auch Muschelwerk genannt. S. 298.

Rollwerk Ornament des Manierismus und des Barock, dessen Formen sich an den Enden einrollen. S. 255. Siehe: Kartusche (Abb. im Register).

Romanismus Bestreben in der niederländischen Tafelmalerei des 16. Jahrhunderts, italienischer Formgebung nachzueifern.

Rondell Rundplatz im Städtebau und in der Gartenkunst.

Rocaille

Rosette rosenartige Schmuckform.

Rustika 1. grob behauenes Quaderwerk. 2. römisch-antike Schriftform. S. 87.

Sacra (Santa) Conversatione (ital.) heilige Unterhaltung. In der Malerei: Bild der Madonna zwischen Heiligen. S. 238.

Sakramentshaus hohes gotisches Gehäuse für die Hostie an der Nordwand des Chores.

Sarkophag (griech. Fleischfresser) monumentaler Sarg aus Stein oder Metall.

Satteldach → Dachformen.

Satyr halbtierische Gestalt der griechischen → Mythologie mit Bockshörnern und Bocksschwanz.

Säulenordnungen Siehe S. 46, 47, 49, 52, 221.

Schema (griech.) Plan; die äußere Form einer Anordnung.

Schlüsselfigur planimetrische Figuren (der Kreisgeometrie), denen der Baumeister der Gotik die Maßverhältnisse des Bauwerks entnahm. S. 223/224.

Schmerzensmann Darstellung des dornengekrönten Christus nach der Geißelung (ecce homo!).

Schriftformen Siehe S. 87, 207, 275.

»Schwabacher« halbrunde gotische Schrift. S. 275.

sentimental gefühlvoll.

Sezession österr. Bezeichnung für → Jugendstil.

Sgraffito eine Kratzputz-Technik, bei der verschiedenfarbige Putzschichten verwendet werden.

Silen halbtierische Gestalt der griechischen → Mythologie mit Pferdeohren und Pferdeschwanz.

Silhouette Schattenriß.

Sima Rinnleiste auf dem griechischen Tempel. S. 46.

Skene Bühnenrückwand des griechischen Theaters.

Sonntagsmalerei die Kunstübung von Nichtfachleuten als private Liebhaberei.

Sphinx Mischwesen in Gestalt eines ruhenden Löwen mit Menschenhaupt.

Spielbein in der Ruhestellung des Körpers das unbelastete Bein; Gegensatz: → Standbein.

Spielobjekte Kunstwerke aus variablen Teilen, die sich verschiedenartig zusammensetzen lassen und den »Benutzer« zum Partner des Künstlers werden lassen. S. 444.

Stabwerk in der gotischen Baukunst Füllungen mit Mustern, die sich aus Stäben zusammensetzen.

Stadion (griech.) Rennbahn in architektonischer Form.

Staffage die in ein Landschaftsbild zur Belebung eingefügten Figuren.

Standbein das in der Ruhestellung des Körpers belastete Bein; Gegensatz: → Spielbein

Stele säulen- oder pfeilerartiges Denkmal.

Sterngewölbe → Gewölbe.

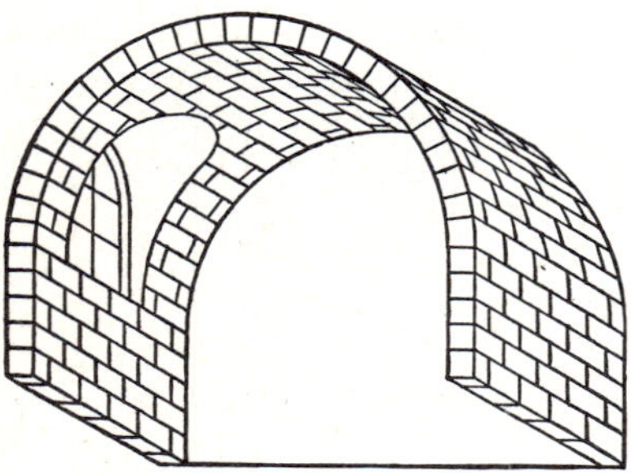

Stichkappe die bei der Durchdringung von zwei Tonnen verschiedener Höhe entstehende Gewölbekappe der niedrigeren Tonne.

Stijlgruppe eine Gruppe holländischer Architekten und Maler, die den Versuch unternahmen, die Kunstformen auf einfachste Elemente zurückzuführen. S. 456.

Stil das Formprinzip im Einzelkunstwerk, im Gesamtwerk eines Künstlers oder einer Kunstepoche.

Stile florale ital. Bezeichnung für → Jugendstil.

stilisieren das Vereinfachen einer Naturform auf ein Stilideal hin.

Stilleben Darstellung stiller, oft toter Gegenstände im Gemälde (Blumen, Früchte, Gefäße, Stoffe, Waffen usw.).

Strebepfeiler Pfeiler an der Außenwand einer Kirche zum Auffangen des Gewölbeschubes.

Stuck plastischer Werkstoff aus Gips, Kalk und Sand, in Wasser angerührt.

Sturz waagrechter Abschluß einer Tür- oder Fensteröffnung.

Stutzkuppel → Kuppel.

Stützenwechsel der rhythmische Wechsel von Säulen und Pfeilern in der romanischen Basilika. S. 129.

Stylobat obere Fläche des dreistufigen Sockels des griechischen Tempels. S. 45.

Suprematismus eine 1913 durch in Frankreich lebende Russen geschaffene Richtung der abstrakten Kunst, die mit den Mitteln des Konstruktiven eine neue künstlerische Wirklichkeit zu schaffen beabsichtigte. S. 456.

Surrealismus eine Richtung der modernen Malerei, die mit realistischen Mitteln überwirkliche Zustände (Traumhaftes) darzustellen beabsichtigt. S. 477f.

Symbol Sinnzeichen für einen geistigen Gehalt.

Symmetrie Gleichheit und Entsprechung der Seiten zu einer Mittelachse.

System, römisches römische Bauordnung mit → Arkadengeschossen. S. 85, 86, Abb. 88, 221.

Tabernakel Gehäuse aus vier Säulen und Dach über der Mensa; gleichbedeutend mit → Ciborium.

Tachismus eine neue Richtung der abstrakten Malerei, die weder den Gegenstand noch eine bewußte Komposition gelten läßt, sondern das Bild mit Farbflecken batikartig füllt. S. 483ff., 486.

Tambour trommelförmiger Baukörper zwischen Kuppelträger und Kuppel. S. 217.

Tektonik in der Sprache der Baukunst das Sichtbarwerden der statischen Elemente eines Bauwerks.

Textura spätgotische Gitterschrift. S. 207.

Thermen römische Badeanlagen. S. 85.

Tholos griechische Form des Rundbaues.

Tondo Rundbild.

Tonnengewölbe ein Gewölbe mit dem Querschnitt eines Halbkreises.

Torso Bruchstück.

Trecento (ital.) 14. Jahrhundert.

Tribunabogen Bogen zwischen Querhaus und Apsis einer Basilika.

Triforium offene oder vorgeblendete → Arkatur zwischen den Erdgeschoßarkaden und den → Obergadenfenstern in einer Kirche.

Triglyphen dreigeschlitzte Zierplatten zwischen den → Metopen über dem Gebälk des dorischen Tempels. S. 46.

Triptychon dreiteiliges Tafelbild.

Triumphbogen römische Ehrenpforte; in der → Basilika: Bogen zwischen Mittelschiff und Querhaus.

Trompe architektonische Überbrückung der rechten Winkel quadratischer Räume durch Halbkreisbögen mit trichterförmiger Ausmauerung und Unterfangung. Sie bilden das achtseitige Auflager für die hochgezogenen Wangen der Kuppel.

Trompenkuppel S. 214

Tympanon das dreieckige Giebelfeld des griechischen Tempels; Bogenfeld eines Portals. S. 46.

Unzialis Schriftform der Spätantike und der Merowingerzeit. S. 207.

Valeurs in der Malerei des → Impressionismus feine Tonwerte und Farbstufen.

Variable Kunst → Spielobjekte.

Vedute Abbildung einer Landschaft oder einer Stadt.

Verdachungsformen S. 223, 277.

Verismus eine Richtung der → realistischen Malerei mit krasser Betonung der Wirklichkeitstreue.

Verkröpfung Vorspringen eines Gebälkstücks über einem Wandpfeiler. S. 277, Textabb. 3.

Vesperbild → Pietà.

Vielpaß aus mehreren → Pässen zusammengesetztes → Maßwerk.

Vierung der durch die Durchschneidung von Langhaus und Querhaus gebildete Mittelraum in einer → Basilika.

Volute Ornament in Form einer Schneckenlinie. S. 50, Abb. 37.

Walmdach → Dachformen.

Wandelaltar → Flügelaltar, dessen Mittelschrein mit je zwei Flügeln geschlossen werden kann.

Wandpfeilerkirche Kirche, bei der die stützenden Wandpfeiler den Innenwänden des Langhauses vorgelegt sind.

Westwerk karolingischen Kirchen im Westen vorgelegte burgartige Vorkirche mit Emporen, die dem Kaiser Gelegenheit gab, am Gottesdienst der Abteikirche von erhöhter Stelle aus teilzunehmen.

Wimperg gotischer Ziergiebel über einem Spitzbogen. S. 166.

Würfelkapitell → Kapitell in Würfelform mit abgerundeten unteren Kanten. S. 130.

Zahnschnitt Schmuckmotiv aus vorstehenden Steinklötzchen an Stelle eines Frieses bei kleinasiatisch-ionischen Tempeln. S. 50.

Zikkurat altorientalischer Hochtempel. S. 13, 16.

Zwerchgiebel quer zur Dachrichtung liegender Giebel.

Zwerggalerie kleinsäulige Ziergalerie als Schmuck an der Außenmauer romanischer Kirchen. Abb. 144.

Zwickel dreieckige Wölbfläche zwischen zwei sich begegnenden Bögen.

Zwickelkuppel S. 217.

Namenregister

Die halbfett gedruckten Zahlen beziehen sich auf Abbildungen. (FT = Farbtafel)

Alberti L. B. 214 215 216 221 279 **209** **210**
Albiker K. 426
Altdorfer A. 272 318 **258** **FT 35**
Amasis 76
Anthemios von Tralles 113
Apelles 72
Apollinaire G. 461
Arp H. 434 435
Asam C. D. 290 302
Asam E. Qu. 290 302 **279**
Athanadoros **73**

Bacon F. 484 485 489 **435**
Bähr G. 291 292 **268**
Baker B. 351 **314**
Balla G. 455
Barberi de J. 267
Barelli A. 281 282 **262** **277**
Barlach E. 427 **385**
Bartning O. 423
Baumeister W. 459 **FT 62**
Beardsley A. 400 **405**
Beckmann M. 459 474 **FT 72**
Begas R. 365 **328**
Behrens P. 357 418 **322** **374**
Belling R. 431 **387**
Bellini G. 238 268 **FT 25**
Berg M. 420 **376**
Berges W. 494 **444**
Berliner Maler 76 **75**
Bernini L. 280 294 301 **278**
Bertram von Minden 194 **197**
Bladen R. 443 **403**
Blake P. 490 **440**
Blake W. 373 400 485
Blechen K. 389
Boccioni U. 454
Böcklin A. 392 **352**
Borromini F. 280 **262**
Bosch H. 273
Botticelli S. 237 **229**
Boucher F. 333 **FT 48**
Boullée E. L. 339 340
Bramante D. 216 217 218 219
Brancusi C. 431 **388**
Braque G. 454 **409**
Brueghel d.Ä. P. 274 **259**
Brunellesco F. 213 214 **208**
Brygos 76
Bürklein Fr. 347
Burgkmair d.Ä. H. 271 **FT 34**
Bustelli F. 308

Caliari P. siehe Veronese
Calder A. 439 **399**
Campen J. van 293
Canova A. 359 **324**
Caravaggio M. 310 311 312 **286**
Carrà C. 454 476 **FT 73**
Cézanne P. 445 446 **406** **FT 57**
Chagall M. 462 **419**
Chamberlain J. 442
Chardin J. B. S. 335 **301**
Chavannes P. de 400 **360**
Chippendale Th. 342
Chirico G. de 476 **429**
Cimabue 205 **FT 22**
Constable J. 387 388 **347**
Corbusier 411 417 418 424 **373** **381**
Corinth L. 399 **FT 56**
Cornelius P. 378 379
Corot C. 388 389 **348**
Costa L. 414 **369**
Courbet G. 390 391 392 475 **350**
Cousin V. 410
Cranach d.Ä. L. 271 272 **257** **FT 33**
Cuvilliés d.Ä. F. 298 **276**
Cuvilliés d.J. F. 282

Dali S. 477 **431**
Dampt J.-A. 367
Daumier H. 385 386 475 **346**
Daucher H. 259 **249**
David J.-L. 371 372 **336**
Degas E. 396 **FT 53**
Delacroix E. 380 385 **345**
Denis M. 396 **361**
Delaunay R. 461 462 **418**
Derain A. 459 461 **416**
Diderot 370
Dietrich W. **237**
Dix O. 475 **427**
Donatello 228 229 **219** **221**
Duchamp M. 434 435 487 **393**
Dürer A. 267 268 269 271 272 318 **254** **255** **FT 31**
Duris 72 76
Dyck A. van 320 321 **FT 41**

Eckmann O. 352
Effner J. **277**
Eiermann E. 424 **380**
Eiffel J. 351 352 **316**
El Greco siehe Greco
Elsheimer A. 318
Endell A. 355 **320**
Ensingen Ulrich von 172
Ergotimos 76
Ernst M. 434 435 477 **392** **430**

Erwin von Steinbach 171
Exekias 76
Eyck Brüder van 198 273 **203/204**

Feininger L. 457 **FT 61**
Feuerbach A. 391 392 **351**
Fiori E. de 426
Fischer J. M. 290 **266**
Fischer K. von 345 346 **307**
Fischer von Erlach J. B. 287 **265**
Flaxman J. 373
Floris C. 258 **248**
Fontana C. 295
Fontaine P. 342
Fouquet J. 206
Fowler J. 351 **314**
Fra Angelico 206 **206**
Fra Filippo Lippi 237 **230**
Fragonard J. 333 334 **299**
Freymuth E. 414 **370**
Friedrich C.D. 377 **340**
Fueßli H. 373

Gärtner Fr. von 346
Gainsborough Th. 333 **FT 47**
Garnier T. 354 355
Gaudi A. 354 **317**
Gauguin P. 451 452 **407 FT 59**
Geiger R. 486 **436**
Gentz H. 340 341 **303**
Gerhard H. **236**
Géricault Th. 380 381 **344**
Ghiberti L. 228 **217**
Gilly Fr. 340 341 **302**
Giotto 205 234 **FT 23**
Goethe J. W. von 358
Goya Fr. de 374 375 **338**
Greco 232 312 **FT 37**
Gris J. 454 **FT 60**
Gropius W. 418 419 420 **375**
Grosz G. 434 475 487
Grünewald 261 267 **252 253 FT 30**
Günther I. 302 **280**

Hagesandros **73**
Haller H. 426
Hals F. 329 **FT 43**
Hamilton R. 440
Hausmann R. 434
Heckel E. 465 471 **423**
Heiliger B. 438 **396**
Hering L. 261 **250**
Herkommer H. 423
Hildebrand A. von 366 426 431 **329**
Hildebrandt L. von 298 **274**
Hodler F. 408 **365**
Hofer K. 472 473 **425**
Holbein d.J. H. 270 **256 FT 32**
Holl E. 253 **241**

Hooch P. de 329 **295**
Horta V. 355
Hültz J. 172
Hundertwasser F. 493 **FT 76**

Iktinos 47 **34**
Ingres J. A. D. 372 **337**
Isidoros von Milet 113 **122**

Janssens P. 330 **FT 45**
Jawlensky A. von 471 **424**
Jeanneret Ch.-E. siehe Corbusier
Jenney W. 413 **367**
Jentsch A. 287 **264**
Jones I. 292
Jones J. 488 489 **438**

Kändler J. J. 308 **284**
Kalf W. 330 **297**
Kallikrates 47 **34**
Kandinsky W. 456 471 **412**
Kelly E. 484
Kemeny Z. 438 **398**
Keyser H. de 293
Kirchner E. L. 465 **422**
Kirchner H. 436 **395**
Klapheck K. 495
Klee P. 411 415 472 **FT 70**
Klein Y. 490 **441**
Klenze L. von 345 346 **307 308 309**
Kleophon-Maler 72 76 **FT 6**
Klimt G. 406 473 493 **363**
Klitias 76
Knappe K. 428 **386**
Knobelsdorff G. von 299 **275**
Kobell W. von 389
Koch J. A. 376 **339**
Kokoschka O. 410 472 473 474 **426**
Kolbe G. 426
Kollwitz K. 475
Kraft A. 257 **246**

Lang N. 444 **405**
Langhans C. G. 342
Larche R. 367 **331**
Laurens H. 433 434 **390**
Ledoux Cl. N. 339 340
Léger F. 483 487 **FT 74**
Lehmbruck W. 427 **384**
Leibl W. 389 390 **FT 51**
Leinberger H. 256 **245**
Lenôtre A. 300
Leochares 69 **70**
Leonardo da Vinci 239 240 241 **231 232 FT 27**
Lichtenstein R. 489 **439**
Liebermann M. 399 **358**
Limburg Brüder von 207
Lindner R. 487 **437**
Lissitzky 456 **411**

Lochner St. 195 **FT 19**
Lorrain Cl. 319 **291**
Luby F. 493 **442**
Lüder von Bentheim 253 254 **242**
Lysipp 69 **69**

Mack H. 443 444 **404**
Macke A. 472 **FT 69**
Mackintosh Ch. R. 355 357 **319**
Maderna C. 280 **212**
Maillol A. 426 **383**
Makart H. 394
Malevitsch K. 455 456
Manet E. 396 398 **355 FT 52**
Mansart J. H. 295 **271**
Mantegna A. 235 267 **227**
Marc F. 471 472 **FT 68**
Marcks G. 427
Marées, H. von 392 **353**
Marini M. 438 **397**
Masaccio 233 234 235 **226**
Matisse H. 459 **FT 63**
Mausolos von Halikarnaß 55
Meidias 76
Memling H. 199 273 **205**
Mengs R. 374
Menzel A. 389 **349**
Meunier C. 366 **330**
Meyer A. **375**
Michelangelo Buonarotti 217 222 223 231 232 233 238 239 280 320 **211 212 214 223 224 225 FT 26**
Mies van der Rohe 413 414 416 417 **368 371**
Miller W. **236**
Millet J. Fr. 388
Minne G. 369 **334**
Moholy-Nagy L. 459 486 **415**
Mondriaan P. 456 **413**
Monet Cl. 396 **356**
Monges G. du 224
Moore H. 435 436 **394**
Morris W. 400
Munch E. 404 405 **366**
Murillo B. E. 318 **289 FT 39**
Myron 68 **67**

Naum Gabo 431 432
Nervi P. L. 421 422 **378**
Neumann J. B. 290 296 **267 273**
Niemeyer O. 414 **369**
Newman B. 484
Noland K. 484 **433**
Nolde E. 472 **FT 61**

Olbrich J. M. 357 **322**
Oldenburg C. 441
Ostade A. van 330
Oud J. J. P. 416
Overbeck Fr. 378 **343**

Pacher M. 187 189 **201**
Palladio A. 220 292 341 **216**
Parler (Baumeisterfamilie) 174
Paxton J. 351 **315**
Pechstein M. 465 **FT 67**
Penelope-Maler 76 **76**
Percier Ch. 342
Permoser B. 306 307 **283**
Perrault Cl. 294 **270**
Perret A. 354 355 417
Pevsner A. 431 432 **389**
Pforr Fr. 378
Phidias 63 64 65 **58 59 60 61 62**
Picabia F. 434
Picasso P. 452 453 454 463 464 **408 420 421 FT 66**
Piero della Francesca 235 **228**
Piloty K. 394 **354**
Piranesi C. B. 217 **212**
Pisano N. 227
Pissarro C. 398 **357**
Pistoletto M. 494 **443**
Poelzig H. 421 **377**
Pöppelmann M. D. 295 296 **272**
Pollock J. 483 484 **432**
Polydoros **73**
Polygnot 72
Polyklet 66 67 **65**
Pope A. 348
Porta della G. 279
Poussin N. 319 **290**
Pozzo A. del 224 312 **287**
Praxiteles 69 **68**

Raffaello Santi 232 241 242 **233 FT 28**
Rauch Chr. 359 **326**
Rauschenberg R. 489
Rembrandt 322 323 324 329 **293 294 FT 42**
Renoir A. 396 **FT 54**
Rethel A. 393
Richard A. 349
Richter H. 434 435 440
Richter L. 376 377 **FT 49**
Ridinger G. 252 **239**
Riemenschneider T. 190 256 **195 196**
Riemerschmid R. 355 **321**
Robbia della L. 230 **222**
Robusti J. siehe Tintoretto
Rodin A. 367 368 369 426 **332 333**
Rouault G. 461 **417**
Rousseau H. 476 **428**
Rousseau J. J. 333 348 349
Rousseau Th. 388
Rubens P. P. 320 **292 FT 40**
Ruisdael J. van 330 **296**
Runge O. 377 **341**
Russolo L. 454

Sangallo A. de 221 222 **214**
Schadow J. G. 359 **325**
Schadow W. von 378
Scharoun H. 422 423 **379**
Scheibe R. 426
Schinkel K. Fr. 342 343 344 345 347 **304 305 306**
Schlemmer O. 457 458 **414**
Schliemann H. 38
Schlüter A. 305 306 **281 282**
Schmidt-Rottluff K. 466
Schmithals H. 406 **364**
Schnorr von Carolsfeld J. 378
Schongauer M. 198 **202**
Schrimpf G. 476
Schwanthaler L. 360 **327**
Schwind M. von 378 **342**
Schwitters K. 434 **391**
Sckell L. von 349
Segal G. 442 **401**
Senefelder A. 386
Severini G. 455 **410**
Shentone W. 348
Signac P. 398 **FT 55**
Slevogt M. 399 **359**
Soane J. 341 342
Sosias 76
Spitzweg K. 389 **FT 50**
Steen J. 330
Steffeck K. 389
Stoß Veit 189 194 256 **FT 15**
Sturm L. Chr. 291
Sustris F. 250 251 **236 237**
Sutherland G. 484 485 **434**

Täuber S. 434
Terborch G. 329 330 **FT 44**
Theotokopulos D. siehe Greco
Thoma H. 390
Thorwaldsen B. 359 **323**
Tiepolo G. B. 296 331 **273 298**
Tinguely J. 442 443 **402**
Tintoretto J. 309 310 **FT 36**
Tischbein J. H. W. 372
Tizian 247 309 320 **FT 29**
Troyon C. 388
Turner W. 388

van Doesburg Th. 415
van Gogh V. 446 451 459 **FT 58**
van der Rohe siehe Mies van der Rohe
van de Velde H. 405 406 **362**
Vasarely V. 486 **FT 75**
Vasari G. 232
Velázquez D. 312 **288 FT 38**
Veneziano D. 238
Vermeer van Delft J. 329
Veronese P. 309 **285**
Verrocchio del A. 229 230 **219 220**
Vigée-Lebrun M. E. 370 371 **335**
Vignola G. 279 280 **260**
Vischer d. Ä. P. 257 258 **247**
Vitellozzi A. 422 **378**
Vitruvius Pollio 79 220
Vlaminck M. 459 **FT 64**

Walch S. u. B. **240**
Walden H. 472
Waldmüller G. F. 389
Warhol A. 489
Watteau A. 334 387 **300**
Wedgewood J. 342
Weinbrenner Fr. 347 **310**
Welsch M. V. 297
Wesselmann T. 489
Weyden R. van der 199 273 **FT 21**
Wilkinson J. **313**
Winckelmann J. J. 342 358
Wittenborn R. 495 **445**
Witz K. 196 **FT 20**
Wohlgemuth M. 196 267
Wols 486
Wren Chr. 293 **269**
Wright F. L. 416 422 425 **372**
Wright J. L. 425 **382**
Wurzelbauer B. 258 **248**

Zeuxis 72
Ziebland G. 347 **311**
Zimmermann D. 290
Zimmermann J. B. 331 **FT 46**
Zuccalli E. 281 282 **262 263 277**

Ortsregister

Die halbfett gedruckten Zahlen beziehen sich auf Abbildungen. (FT = Farbtafel)

Aachen Palastkirche 124 **132**
Rathaus 393
Abu Simbel Felsentempel 27 **14**
Ägina Aphaia-Tempel 60 62 **36 51 52**
Akkad 14 15 **3**
Alfeld Fagus-Werke 418 419 420 **375**
Altamira 9 10
Altenberg Abteikirche 176 **179**
Amiens Kathedrale 168
Amsterdam Rathaus 293
Westkirche 291
Zuiderkerk 293
Annaberg (Sachsen) 174
Arezzo Franziskanerkirche 235
Arles Amphitheater 86 **89**
Aschaffenburg Schloß 252 253 **239**
Athen Akropolis 47–51 59 **49 66 FT 5**
Dionysos-Theater 55 **45**
Dipylon 75
Erechtheion 65 **40 58**
Korenhalle 59 **40**
Lysikrates-Denkmal 52 **41**
Niketempel 50 **39**
Olympieion 52 **42**
Parthenon 47 48 **34 59 62**
Propyläen 54
Stoa poikíle 72
Augsburg Dom 144 159 **170**
Fuggerkapelle 259 **249**
Rathaus 253 **241**
Avignon Pietà 206 **207**

Baalbek Rundtempel 81 **83**
Babylon Stadtanlage 19
»Babylonischer Turm« 19
Ischtar-Tor 19 **FT 2**
Bamberg Dom 138 154 186 **147 163 165 166 189**
Barcelona Sagrada Familia 354 **317**
Berlin Alte Münze 340 **303**
Altes Museum 342 **304**
Bauakademie 344 **306**
Brandenburger Tor 342
Großes Schauspielhaus 421 **377**
Neptunbrunnen 361 **328**
Neue Wache 342
Nikolaikirche 343 **305**
Philharmonie 422 423 **379**
Schauspielhaus 342
Schloß 305
»Staatliches Bauhaus« 420
Turbinenfabrik der AEG 418 **374**
Zeughaus 306 **281**
Braunschweig 146 157 **158 164**
Gewandhaus 255

Bremen Krameramtshaus 255
Rathaus 249 253 **242**
Breslau Jahrhunderthalle 420 **376**

Calais »Bürger von Calais« 367 368 369 **332**
Calapata 11
Canterbury Kathedrale 168
Castel del Monte 141 **151**
Chartres 147 159 **159 171**
Chicago Apartment-Häuser 413 414 **368**
Leiter-Building 413 **367**
»Neues Bauhaus« 420
Cluny 133
Coalbrookdale Brücke über den Severn 350 **313**

Darmstadt »Hochzeitsturm« 357 **322**
Künstlerkolonie a. d. Mathildenhöhe 357
Delphi Theater 55
Tholos 48 **35**
Wagenlenker 62 **54**
Dessau »Staatliches Bauhaus« 420
Dießen Stiftskirche 290
Donaustauf b. Regensburg Walhalla 346 **309**
Dresden Frauenkirche 291 292 **268**
Zwinger 295 296 **272**

Eichstädt Dom 261 **250**
Essen Museum Folkwang (Brunnen) 369 **334**

Firth of Forth Brücke 350 **314**
Florenz Bibliotheca Laurenziana 277
Brancaccikapelle 233 234 235 **226**
Dom 213 214 **208 222**
Medicikapelle 232 233
Palazzo Pitti 221 **213**
Palazzo Ruccelai 221
S. Lorenzo 214
Sta. Croce 229 **221**
Sta. Maria del Carmine 233 **226**
Taufkirche (Baptisterium) 228 **217**
Frankfurt a. M. Frauenfriedenskirche 423
Freiberg (Sachsen) Dom 153 **162**
Freiburg Münster 172
Freising Dom **161**

Gelnhausen 141 **150**
Gernrode Stiftskirche 131 **138**
Giseh Pyramiden 20 21 **10**
Glasgow School of Art 355 **319**

Grüssau Klosterkirche 287 **264**
Gurk (Kärnten) 159 **FT 14**
Gusalla-Schlucht 10

Heidelberg Haus zum »Ritter« 255
Schloß 252 **238**
Herkulaneum Wandbild 101 **111**
Herrenhausen Schloßpark 300
Hildesheim Dom 143 144 **152**
Knochenhauerhaus 249 **235**
St. Michael 131 132 **139** **140**
Hirsau 132

Innsbruck Maximilian-Grab 257 **247**

Karlsruhe Evangelische Kirche 347
Katholische Basilika 347 **310**
Karnak Chons-Tempel 24 **12**
Ammon-Tempel 25
Kassel Wilhelmshöhe 300
Kelheim a. Donau Ruhmeshalle 346
Kisch Palast 13
Knossos Fresko 37 **FT 4**
Palast 33–37 **23** **24** **25** **27**
Köln Dom 144 171 184 187 193 195 347 **156** **174** **188** **190** **FT 18** **FT 19**
Maria im Kapitol 138 141 187 **193**
St. Aposteln 141
Stahlkirche 423
Konstantinopel 113 **122**

Lagasch 15 **4**
Landshut St. Martin 256 **245**
Stadtresidenz 253 **240**
Les Combarelles 9
Limburg Dom 137 138 **148**
London Covent Garden St. Paulskirche 292
Kristallpalast 351 **315**
St. Paulskathedrale 293 **269**
Wilton House 292
Lorsch Königshalle 124 **133**
Lübeck Holstentor 181 **182**
Marienkirche 173
Luksor Tempel 24 **11**

Mailand Sta. Maria della Grazie 239 240 **231** **FT 27**
Mainz Dom 133
Manchester Fabrikviertel 344
Mantua S. Andrea 214 215 216 220 251 279 **209** **210**
Mari Palast 17
Maria Laach Abteikirche 137 **145**
Marienburg 181 **183** **184**
Marseille »Unité d'Habitation« 417 418 **373**
Maulbronn Kloster 176 177
Mont St. Michel Inselkloster 177 **180**
München Amalienburg 298 **276**
Atelier »Elvira« 255 **320**
Englischer Garten 349
Feldherrnhalle 346
Glasfenster 191 **FT 17**
Glaspalast 351 373
Glyptothek 346 360 **308**
Hofgarten, Quellnymphe 360 **327**
Hoftheater 345 **307**
Königsplatz 346
Ludwigskirche 346
Maximilianstraße 347
Nymphenburg Schloß 331 **FT 46**
Nymphenburg Schloßpark 300 **277**
St. Johann-Nepomuk (Asamkirche) 290
Odeonsplatz 346
Prinz-Carl-Palais 345
Propyläen 346
Residenz, Königsbau 346 360
Richard-Wagner-Straße 349 **312**
Schauspielhaus 355 **321**
Siegestor 346
Siemens-Hochhaus 414 **370**
St. Bonifaz 347 **311**
St. Michael 250 251 252 **236** **237**
Theatinerkirche St. Kajetan 281 282 **262** **263**
Universität 346
Wittelsbacher Brunnen 362 **329**
Wittelsbacher Palais 346
Münster Rathaus 177 **181**
Mykene Burg 38–41 **32**
Löwentor 41 **29**

Naumburg Dom 138 145 **155** **167**
Nîmes Aquädukt 90
»Maison Carée« 80 **80**
Nymphäum 90 **94**
Ninive 18 **8**
Nördlingen Georgskirche 174 **177**
Nürnberg Lorenzkirche 189 196 257 **200** **FT 15**
Pellerhaus 255 **243**
Schöner Brunnen 183 **185**
Stadtwaage (alte) Relief 257 **246**
Tugendbrunnen 258 **248**

Olympia Zeus-Tempel 62 63 **56** **57**
Orange Theater 85 **87**
Ottobeuren Benediktinerkirche 287 288 **266**

Padua Eremitani-Kapelle 235 **227**
Paestum Poseidon-Tempel 47 **33**
Palos Verdes Pilgerkapelle 425 **382**
Paris Champs Elysées 342
Eiffelturm 351 **316**
Louvre 293 294 342 **270**
Mietshaus (Jugendstil) 354 **318**
Notre Dame 168
Place du Caroussel 342
St. Denis 166

Parma Sta. Maria dei Servi **234**
Paulinzella 132
Pennsylvania »Haus über dem Wasserfall« 416 422 **372**
Pergamon Athenahalle 54 **44**
Zeusaltar 53 54 **43**
Pforzheim Matthäuskirche 424 **380**
Pisa Dom 141 **149**
Pompeji »Haus der silbernen Hochzeit« **96**
»Haus der Vettier« 100 **110**
Villa der Mysterien 102 **FT 8**
Potsdam Nikolaikirche 343 **305**
Schloß Sanssouci 299 **275**
Prüfening Klosterkirche 159 **168** **169**
Pylakopi sog. Haus des Odysseus 38

Ravenna Grabkirche der Galla Placidia 111 115
S. Apollinare in Classe 111 **121**
S. Apollinare Nuovo 111 115 **120** **FT 10**
S. Vitale 114 115 **123** **125**
Theoderich-Grabmal 115 **124**
Regensburg Dom 173 183 **175** **187**
St. Jakob 147 **160**
Reichenau St. Georg 158
Reims Kathedrale 168 **172**
Rio de Janeiro Unterrichtsministerium 413 414 **369**
Rohr Klosterkirche 302 **279**
Rom Ara Pacis 97 **104** **105**
Basilika des Konstantin 84 **86**
Cancelleria 221
Diokletians-Thermen 85
Domitians-Palast 83
Flavisches Amphitheater (Colosseum) 85 86 **88**
Fontana Trevi 90
Il Gesù 252 279 280 282 **260**
Katakomben 107 **116**
Kolonnaden 280
Konservatorenpalast 222 223 **215**
Konstantin-Basilika 251
Konstantinsbogen 86 87 **90**
Marc-Aurel-Säule 99 **106** **108**
Medici-Kapelle 232
Palazzetto dello Sport 422 **378**
Palazzo Farnese 221 222 **214**
Palazzo Rondanini 233 **225**
Pantheon 80 81 287 **81** **82**
Petersdom 216 217 231 280 **211** **212** **223**
S. Andrea della Valle 281
S. Carlo alle Quattro Fontane 280 281 **261**
San Isidoro 378
S. Ignazio 312 **287**
Sta. Maria degli Angeli 85
Sta. Maria Rotonda 80
Sta. Maria della Vittoria **278**
St. Peter 109
S. Pietro in Vincoli **224**
Tempel der Fortuna virilis 79
Tempietto 218 219
Trajan-Säule 99 287 **107**
Villa Hadriana 102
Ronchamp Wallfahrtskapelle 424 **381**
Rott (Inn) Klosterkirche 290
Rotterdam Wohnblock »Tusschendijken« 416

Salisbury Kathedrale 168 **173**
Scheveningen Reihenhäuser 416
Schleißheim Schloßpark 300
Schwetzingen Park 349
Segovia Aquädukt 89 90 **93**
Speyer Dom 134 **141** **142** **143**
Split Diokletians-Palast 83
Steinbach Einhardsbasilika 125
Steinhausen Wallfahrtskirche 290
Straßburg Münster 157 171 183 **186**
Stuppach Pfarrkirche 267 **FT 30**
Stuttgart Weißenhofsiedlung 416 **371**
Susa Palast 19 **9**

Tarquinia Wandbild 77 **FT 7**
Tenea Apollostatue 56 58 59 **50**
Theben (Ägypten) Totentempel 27 **13**
Grabmalerei 32 **FT 3**
Tiryns Burg 41
Trier Porta Nigra 88 **91**
Tübingen Stiftskirche **176**

Ur Mosaikstandarte 13 **FT 1**
Nanna-Zikkurat 16 **4**
Uruk Inanna-Heiligtum 13
Weißer Tempel 13
Frauenkopf 13 **1**

Valltorta-Schlucht 11
Vaphio Goldbecher 37 **28**
Veitshöchheim Schloßpark 300
Venedig Il Redentore 220
S. Giorgio Maggiore 220
Versailles Klein-Trianon 349
Schloß 295 296 **271**
Vicenza Palazzo Chiericati 220 **216**
Vierzehnheiligen Wallfahrtskirche 290 **267**

Weimar »Staatliches Bauhaus« 420
Wörlitz Park 349
Weltenburg Klosterkirche 290
Weyarn Stiftskirche 280
Wien Belvedere-Schloß 298 **274**
Karlskirche 287 288 **265**
Stephansdom 174 **178**
Wies Wallfahrtskirche 290
Winchester Kathedrale 169
Worms Dom 137 **144**
Würzburg ehem. Lusamgärtlein 137 **146**
Residenz 296 331 **273** **298**

Hinweise auf Schrifttum

Lexika

Johann Jahn, Wörterbuch der Kunst. (KTB 165). Stuttgart 1966[7]
Wörterbuch der Antike (Lamer/Kroh). (KTB 96). Stuttgart 1966[7]
Willi A Koch, Musisches Lexikon. Stuttgart 1964[2]
Knaurs Lexikon der modernen Architektur (Hatje). München/Zürich 1965
Knaurs Lexikon moderner Kunst (Buchheim). München/Zürich 1965[2]
Knaurs Lexikon abstrakter Malerei (Seuphor). München/Zürich 1957
Knaurs Lexikon der modernen Plastik. München/Zürich 1964[2]

Allgemeine Kunstgeschichte

Richard Hamann, Geschichte der Kunst. 2 Bände. München 1962
Knaurs Weltkunstgeschichte (Braunfels). 2 Bände. München 1964
Hans Weigert, Geschichte der deutschen Kunst. 2 Bände. Frankfurt 1963
Hans Weigert, Geschichte der europäischen Kunst. 2 Bände. Stuttgart 1967[3]
Hans Weigert, Kleine Kunstgeschichte Europas. Stuttgart 1967[2]
Wilhelm Hausenstein, Kunstgeschichte. Berlin 1928
Ernst Hans Gombrich, Die Geschichte der Kunst. Köln 1959
Peter Meyer, Europäische Kunst. 2 Bände. Zürich 1947

Deutsche Kunstgeschichte

Georg Dehio, Geschichte der deutschen Kunst. 4 Bände. Berlin 1934
Bruckmanns Deutsche Kunstgeschichte. 6 Bände. München 1951/58
  Eberhard Hempel, Geschichte der deutschen Baukunst. 1956[2]
  Ad. Feulner / Theod. Müller, Geschichte der deutschen Plastik. 1953
  Otto Fischer, Geschichte der deutschen Malerei. 1956[3]
  Otto Fischer, Geschichte der deutschen Zeichnung und Graphik. 1951
  Heinrich Kohlhaussen, Geschichte des deutschen Kunsthandwerks. 1955
  Franz Roh, Geschichte der deutschen Kunst von 1900 bis zur Gegenwart. 1958
Hans Karlinger / Jos. Maria Ritz, Bayerische Kunstgeschichte. 2 Bände. München 1963/67
Herbert Schindler, Große bayerische Kunstgeschichte. 2 Bände. München 1966[2]

Topographie

Georg Dehio / Ernst Gall, Handbuch der deutschen Kunstdenkmäler. München/Berlin 1956. Neuauflagen München 1964ff.
Reclams Kunstführer Deutschland, Stuttgart 1957ff.
  Bd. 1 Bayern, 1966[6]; Bd. 2 Baden-Württemberg, Pfalz, Saarland, 1967[5]; Bd. 3 Rheinlande und Westfalen, 1964[3]; Bd. 4 Hessen, 1967[3]; Bd. 5 Niedersachsen, Hansestädte, Schleswig-Holstein, 1967[3].

Kunstbetrachtung

Heinrich Wölfflin, Kunstgeschichtliche Grundbegriffe. Basel/Stuttgart 1963[13]
Paul Brandt, Sehen und Erkennen. Stuttgart 1967[12]
Heinrich Lützeler, Führer zur Kunst. Freiburg 1956[7]

Wilhelm Waetzold, Du und die Kunst. Berlin/Darmstadt o. J.
Otto Stelzer / Franz Winzinger, Kunstbetrachtung (Handbuch der Kunst- und Werkerziehung Bd. 5). Berlin 1964

Die Kunst der Gegenwart

Die Kunst des 20. Jahrhunderts (Piper). Hans Platte, Malerei. München 1957. Hans Platte, Plastik. München 1957. W. Fischer, Bau — Raum — Gerät. München 1957.
Bern. S. Myers, Die Malerei des Expressionismus. Köln 1967[2]
Werner Haftmann, Malerei im 20. Jahrhundert. München 1965[4]
C. Gideon-Welcker, Plastik des 20. Jahrhunderts. Stuttgart 1955
Lothar-Günther Buchheim, Graphik des deutschen Expressionismus. Feldafing 1959
Paul Ferdinand Schmidt, Geschichte der modernen Malerei. Stuttgart 1961[9]
Hans Konrad Röthel, Moderne deutsche Malerei. Wiesbaden o. J.
Werner Hofmann, Grundlagen der modernen Kunst (KTB 355). Stuttgart 1966
Robert Schmutzler, Art Nouveau — Jugendstil. Stuttgart 1962
Maurice Rheims, Kunst um 1900. Wien/München 1965
Italo Cremona, Die Zeit des Jugendstils. München/Wien 1966
Hans H. Hofstätter, Geschichte der europäischen Jugendstilmalerei. Köln 1963
Hans Richter, DaDa – Kunst und Antikunst. Köln 1964
Kunst unserer Zeit. Malerei und Plastik (W. Grohmann). DuMont-Dokumente. Köln 1966
Herbert Read, Geschichte der modernen Malerei. München 1964[2]
Herbert Read, Geschichte der modernen Plastik. München 1966

Taschenbuch-Ausgaben

Fischer-Bücherei: Herbert Kühn, Die Entfaltung der Menschheit (Nr. 221); Herbert Kühn, Das Erwachen der Menschheit (Nr. 53); Walter Gropius, Architektur (Nr. 127); Werner Hofmann, Zeichen und Gestalt (Nr. 161); Werner Hofmann, Die Plastik des 20. Jahrhunderts (Nr. 239). – *Sammlung Göschen:* Hans Weigert, Stilkunde, 2 Teile (Nr 80 u. 781). – *Humboldt-Taschenbücher:* Emerich Schaffran, Taschenlexikon der Kunst (Nr. 13). – *Knaur-Taschenbücher:* Richard Hamann, Geschichte der Kunst, 6 Bände (Nr. 24–26, Nr. 35–37); Lexikon der modernen Plastik (Nr. 30); Michel Seuphor, Abstrakte Malerei (Nr. 72); Lexikon der modernen Architektur (Nr. 119); Lucy R. Lippard, Pop Art (Nr. 194). – *Reclams Universal-Bibliothek:* Alexander Frhr. von Reitzenstein, Deutsche Baukunst (Nr. 7838/40). – *Rowohlts deutsche Enzyklopädie:* S. Gideon, Architektur und Gemeinschaft (Nr. 18); Walter Hess, Dokumente zum Verständnis der modernen Malerei (Nr. 19); Hans Sedlmayr, Die Revolution der modernen Kunst (Nr. 1); R. Benedikt, Urformen der Kultur (Nr. 7); Ernesto Grassi, Kunst und Mythos (Nr. 36); André Malraux, Psychologie der Kunst (Nr. 39); Arn. Hauser, Sozialgeschichte der mittelalterlichen Kunst (Nr. 45); Hans Jantzen, Kunst der Gotik (Nr. 48); Hans Sedlmayr, Verlust der Mitte (Nr. 39); – *Ullstein-Bücher:* Leopold Zahn, Geschichte der modernen Kunst (Nr. 92); Ullstein-Kunstgeschichte in 20 Bänden (Nr. 4001 ff.).

Bildnachweis

Wir danken den folgenden Museen, Kunstanstalten, Verlagen, Agenturen, Privatpersonen für die Nachdruckerlaubnis der Farbtafeln und die Bereitstellung der Druckstöcke:

Kunstverlag F. A. Ackermann, München: Tafeln 29, 40

Foto Alinari, Florenz: Tafel 8

Verlag Ars Liturgica, Maria Laach: Tafeln 9, 12

Bayerische Staatsgemäldesammlungen, München: Tafeln 35, 37, 52

Frau Margaret Baumeister, Stuttgart: Tafel 62

Staatliche Museen zu Berlin: Tafel 2

Max-Beckmann-Gesellschaft, Ohlstadt/Murnau: Tafel 72

Britisches Museum, London: Tafel 1

F. Bruckmann Verlag (Bildarchiv), München: Tafeln 23, 43, 49, 58

Verlag DuMont Schauberg, Köln: Tafel 75

Buch – Kunstverlag Ettal: Tafeln 11, 17, 18, 26, 33, 59

Kunstverlag Fingerle & Co., Eßlingen: Tafel 72

Domkustodie Gurk/Kärnten – Druck und Verlag Leon, Klagenfurt: Tafel 14

Kunst- und Verlagsanstalt F. Hanfstaengl, München: Tafeln 22, 25, 27, 28, 30, 31, 32, 38, 39, 41, 42, 44, 45, 48, 51, 52, 53, 54, 55, 56, 57, 60, 61, 67, 68, 69, 73

Verlag Herder, Freiburg i. Br.: Tafeln 8, 10, 47

Hirmer Fotoarchiv, München: Tafeln 1, 3, 4, 5, 13, 16, 35, 36, 37, 46

Friedrich Hundertwasser, Venedig: Tafel 76

Reproduktionsanstalt F. Kaufmann, München: Tafel 6

Woldemar Klein Verlag, Baden-Baden; Tafeln 62, 70

Verlag Karl Robert Langewiesche Nachf. Hans Köster, Königstein im Taunus: Tafel 20 (aus dem Bändchen der Langewiesche-Bücherei »Konrad Witz« von Georg Schmidt/Basel)

Städtische Galerie im Lenbachhaus, München: Tafeln 68, 69

Marlborough Gerson Gallery, New York: Tafel 61

Pallas Gallery Ltd., London: Tafeln 64, 65, 74

Frau Marta Pechstein, Berlin: Tafel 67

Stiftung Seebüll Ada und Emil Nolde: Tafel 71

Verlag E. A. Seemann, Leipzig: Tafel 19

Soho Gallery Ltd., London: Tafeln 7, 63, 66

Victor Vasarely, Annet-sur-Marne: Tafel 75

Kunstverlag Hermann A. Wiechmann, Starnberg: Tafel 21

Fotovorlagen und Reproduktionsgenehmigungen für die einfarbigen Abbildungen stellten freundlicherweise zur Verfügung:

Verlag Ars Liturgica, Maria Laach; Lala Aufsberg, Sonthofen; Bayerische Staatsbibliothek, München; Bayerische Staatsgemäldesammlungen, München; Bayerisches Landesamt für Denkmalpflege, München; Bayerisches Nationalmuseum, München; Bayerische Verwaltung der staatlichen Schlösser, Gärten und Seen, München; Bildarchiv Foto Marburg; Dipl. Ing. Albrecht Busch, München; Foto Georg Böing, München; Hans Dennhöfer, München; Deutsche Gesellschaft für christliche Kunst, München; Dompfarramt, München; Verlag DuMont Schauberg, Köln; Firma Dyckerhoff & Widmann, München; Direktor Hans Eckstein, München; Evang. Pfarramt, Pforzheim; Arch. Emil Freymuth, München; Prof. Rupprecht Geiger, München; Arch. Friedrich F. Haindl, München; Kunst- und Verlagsanstalt F. Hanfstaengl, München; Prälat Prof. Dr. Michael Hartig, München; Hirmer Fotoarchiv, München; Historisches Stadtmuseum, München; Foto F. Höch, Coburg; Kath. Propstpfarramt St. Peter, Worms; Prof. Heinrich Kirchner, München; Foto Franz Klimm, Speyer; Kunstverein München; Landesbildstelle Berlin; Landesbildstelle Stuttgart; Nikolaus Lang, München; Dr. Heinz Mack, M.-Gladbach; Musées de la Ville de Strasbourg; Foto A. Ohmayer, Rothenburg o.d.T.; Pallas Gallery Ltd., London; Prestel-Verlag, München; Dir. Dr. Hans Konrad Röthel, München; Helga Schmidt-Glassner, Stuttgart; Städtische Galerie im Lenbachhaus, München; Galerie Stangl, München; Bildarchiv Dr. Stoedtner, Düsseldorf; Rainer Wittenborn, München; Zentralinstitut für Kunstgeschichte, München.

Für die Erlaubnis zur Veröffentlichung von geschützten Werken ausländischer Künstler danken wir COSMOPRESS, Genf und ADAGP, Paris.

Darüber hinaus standen umfangreiche Archive der Verfasser und des Verlages zur Verfügung.

Verzeichnis der Farbtafeln

Tafel	1	Mosaikstandarte aus Ur	21
	2	Ischtar-Tor, Babylon	22
	3	Wandbild der Königin Nefertari	39
	4	Fresko aus dem Palast von Knossos	40
	5	Attische Kore	73
	6	Weinkrug des Kleophon-Malers	74
	7	Etruskischer Flötenspieler	91
	8	Villa der Mysterien, Pompeji	92
	9	Christus Pantokrator, Daphni	121
	10	Mosaik Ravenna	122
	11	Hl. Georg mit dem Drachen, Ikone	139
	12	Evangeliar Kaiser Lothars	140
	13	Evangeliar Kaiser Ottos III.	149
	14	Klosterkirche Gurk, Wandmalerei	150
	15	Veit Stoß, Der englische Gruß	151
	16	Perikopenbuch Kaiser Heinrichs II.	152
	17	Glasfenster, München	161
	18	Kölner Meister, Madonna mit der Wickenblüte	162
	19	Lochner, Madonna im Rosenhag	179
	20	Witz, Hl. Christophorus	180
	21	v. d. Weyden, Mariae Verkündigung	201
	22	Cimabue, Thronende Madonna	202
	23	Giotto, Hl. Franziskus	203
	24	Manessische Liederhandschrift	204
	25	Bellini, Doge Leonardo Loredano	225
	26	Michelangelo, Adam	226
	27	Leonardo da Vinci, Abendmahl	243
	28	Raffael, Sixtinische Madonna	244
	29	Tizian, Der Zinsgroschen	245
	30	Grünewald, Stuppacher Madonna	246
	31	Dürer, Vier Apostel	263
	32	Hans Holbein d. J. Bildnis des Kaufmanns Georg Gisze	264
	33	Lucas Cranach d. Ä., Christus am Kreuz	265
	34	Hans Burgkmair d. Ä., Johannes auf Patmos	266
	35	Albrecht Altdorfer, Alexanderschlacht	283
	36	Tintoretto, Christus bei Maria und Martha	284
	37	El Greco, Entkleidung Christi	285

Tafel	38	Diëgo Velázquez, Infantin Margareta Theresia	386
	39	Murillo, Immaculata	303
	40	Peter Paul Rubens, Selbstbildnis mit seiner ersten Frau	304
	41	Anton van Dyck, Ruhe auf der Flucht	313
	42	Rembrandt, Der Mann mit dem Goldhelm	314
	43	Frans Hals, Singende Knaben	315
	44	Gerard Terborch, Das Konzert	316
	45	Pieter Janssens, Lesende Frau	329
	46	J. B. Zimmermann, Deckenfresko Nymphenburg	330
	47	Thomas Gainsborough, Mrs. Robinson	331
	48	François Boucher, Madame Pompadour	332
	49	Ludwig Richter, Der Watzmann	361
	50	Karl Spitzweg, Die Dachstube	362
	51	Wilhelm Leibl, Drei Frauen in der Kirche	363
	52	Edouard Manet, Das Frühstück im Atelier	364
	53	Edgar Degas, Das Ballett	381
	54	Auguste Renoir, Das Frühstück	382
	55	Paul Signac, Paris la Cité	383
	56	Lovis Corinth, Ostern am Walchensee	384
	57	Paul Cézanne, Blick in das Arc-Tal	401
	58	Vincent van Gogh, Die Kirche von Auvers	402
	59	Paul Gauguin, Das weiße Pferd	403
	60	Juan Gris, L'Album	404
	61	Lyonel Feininger, Gelmeroda IX	429
	62	Willi Baumeister, Formen auf Gelb	430
	63	Henri Matisse, Junges Mädchen mit Anemonen	447
	64	Maurice Vlaminck, Dorfplatz	448
	65	Marc Chagall, Der Künstler und sein Modell	449
	66	Pablo Picasso, Porträt der Madame Z.	450
	67	Max Pechstein, Boot bei aufgehender Sonne	467
	68	Franz Marc, Tiger	468
	69	August Macke, Promenade	469
	70	Paul Klee, Kleines Tannenbild	470
	71	Emil Nolde, Mühle	479
	72	Max Beckmann, Die Loge	480
	73	Carlo Carrà, Pinie am Meer	481
	74	Fernand Léger, Gelbe Blumen in blauer Vase	482
	75	Victor Vasarely, Eridan rouge	491
	76	Friedrich Hundertwasser, Der siebente Bezirk	492